国家金融安全与风险治理译丛

肖忠意　余劲松　主编

数字时代
审计生态系统与战略会计
全球方法与新机遇

Auditing Ecosystem and Strategic Accounting in the Digital Era
Global Approaches and New Opportunities

〔土耳其〕塔梅尔·阿克索伊　乌米特·哈西奥卢　主编
郑国洪　郑一玮　何秋霓　肖忠意　译

商務印書館
The Commercial Press

Tamer Aksoy, Umit Hacioglu
**AUDITING ECOSYSTEM AND STRATEGIC ACCOUNTING
IN THE DIGITAL ERA**
Global Approaches and New Opportunities
本书根据施普林格出版社 2021年版译出

国家金融安全与风险治理译丛
编委会

主　编： 肖忠意　余劲松

编委会（按姓氏拼音）：

陈　亮　陈志英　戴中亮　郝　晶　何　枫

雷　声　李苑凌　梁　洪　肖忠意　杨浩然

杨　蒙　余劲松　张小波　郑国洪　周雅玲

主编介绍

　　肖忠意，西南政法大学商学院（监察审计学院）教授、博士生导师、审计与法治研究中心副主任，主要研究方向为金融安全与风险治理、公司金融和审计学等，先后在 SSCI、SCI 和 CSSCI 等核心期刊发表中英文学术论文近 60 篇。

　　余劲松，西南政法大学经济学院教授、硕士研究生导师，主要研究方向为金融市场理论与实践、数字经济产权问题研究等。

丛书总序

党的十八大以来，在党中央集中统一领导下，金融系统有力支撑经济社会发展大局，坚决打好防范化解重大风险攻坚战，为如期全面建成小康社会、实现第一个百年奋斗目标作出了重要贡献。《中华人民共和国国民经济和社会发展第十四个五年规划和2035年远景目标纲要》中明确指出金融行业要稳妥发展金融科技，加快金融机构数字化转型。可以预见的是，未来十年，数字金融发展必定是经济社会发展极为重要的支撑和动力，金融在中国式现代化发展和全面建成社会主义现代化强国中的核心作用将进一步凸显。

人工智能、大数据、云计算和区块链等技术在各种金融服务场景中的融合应用，逐渐打破了金融业态发展的时空壁垒，大幅度降低了金融服务的门槛和成本，提升了金融服务的便捷性、广泛性、可得性及满意度，满足了各社会阶层群体、不同实体企业层次的金融服务需求，推动了金融的高质量发展，为全面建成社会主义现代化强国提供了有力支撑。

金融风险是金融活动的内在属性。伴随数字化核心技术在金融服务中的深度融合应用，金融风险问题无法回避。横向维度上跨机构关联性和共同风险敞口的问题将不断显现，纵向维度上金融体系的顺周期特征将更为突出。因此，在数字化背景下，如何在实现和维持金融业态的"三性"平衡、前瞻性引导金融发挥服务实体经济和社会的本位职能、促进金融与经济社会共荣共生的同时，防范和化解系统性金融风险、维护金融稳定、防止金融系统对经济社会体系的负外部溢出，仍然是数字金融发展和金融高质量发展中的重大课题。

鉴于此，本译丛从金融风险防范、金融人工智能、金融科技监管、金融生态和战略等角度，选取并翻译国外经典著作，通过对国外金融业数字化转型中出现的各种模式、方法、问题的呈现，以期对中国数字金融发展和金融新业态监管提供现实、科学的参考和借鉴。同时，也希望本译丛能为立足中国国情开展中国金融业实践创新、理论创新、制度创新等研究提供新思路和新方向，有助于摸索和探究中国特色金融发展之路，推动我国从金融大国走向金融强国。

肖忠意

西南政法大学校园

目　录

第一部分　数字时代审计生态系统与战略会计

第二部分　内部控制和审计的战略方针

第三部分 审计决策的管理方法

第四部分 审计和会计的转型变革

前　言

生态系统通常被定义为在共享环境中相互作用的生物群落。然而，在过去的十年里，这个术语被证明是商业环境中的一个关键问题。当用于企业时，它指的是各种利益相关者之间的复杂互动，这些利益相关者往往在接近实时的基础上通过数字渠道以大数据形式作出响应。想想亚马逊的商业生态系统，目前其平台上有超过200万的活跃卖家。这个庞大的公司是如何高效准确地保存商业交易记录的？答案在于使用自动化会计和审计生态系统作为支持当前由技术驱动的商业环境的工具。

由于企业迅速接受新技术的发展，会计和审计行业必须跟上数字时代的发展。因此，会计和审计需要应用"数字"生态系统，以支持技术驱动的框架，使用新的工具和工作方法，如人工智能、机器学习、计算机辅助审计工具和技术（CAATTs）、云数据库、软件机器人以及基于区块链的会计和审计实践。这些技术趋势有助于比以前更快、更可靠地处理数据。具体来说，它们提供了即时簿记和更容易的纳税申报，也使预测变得更容易。

众所周知，四大会计师事务所是采用这些技术的先驱。例如，普华永道使用人工智能自动读取、理解和测试客户——本质上是对现金的全面审计。此外，该公司还使用总账人工智能，在分析大型数据集和识别风险领域时，使用算法进行审计，以节省时间。例如，德勤在 2014 年迈出了区块链计划的第一步。2017 年，安永成为第一家接受客户以比特币支付服务费的咨询公司。

我相信，在本书的第一版中，这些章节将带领读者非常广泛地了解这个充满活力的数字时代中会计和审计行业不断变化的趋势所带来的新方法、新挑战和新机遇。

会计和财务管理部　　　　　　　　　　　　纳兰·阿克多根
商业科学学院
土耳其，安卡拉，巴斯肯特大学

序　言

近年来，美国出现了一些会计和审计丑闻，这些丑闻从安然公司（Enron）开始，逐渐蔓延至全球，影响深远。各种因素在这些丑闻的形成中发挥了主导作用，包括但不限于与一些基本商业职能（如财务报告、会计、审计、内部控制、财务、监督和公司治理）有关的舞弊行为。此外，在这些丑闻中，蓄意破坏和违反如准确性、诚实性、透明度、独立性和问责制等道德原则的行为也十分明显。因此，审计、会计、财务报告、内部控制、监督和公司治理职能与这些丑闻之后的道德原则一起变得至关重要。

此外，伴随着这些丑闻，一个变化和发展的过程近年来在世界各地同时发生。在此期间，一系列的变化、新趋势和发展对商业生态系统、所有战略性商业职能和活动乃至我们的日常生活都产生了深远、多方面的影响。商业生态系统的最新发展和新趋势已经深刻地影响与突出了战略会计、审计、内部控制和公司治理的重要性，这些是本书和商业生态系统的核心问题。

在本书中，我们结合上述创新和发展，从理论和实践两方面阐述了当前数字时代背景下审计生态系统和战略会计的当代问题以及新的挑战、方法、战略、趋势、创新、见解、范式变化和机遇。

在本书中，我们从理论和实践的现代视角考察了数字转型时代审计生态系统和战略会计的当代问题。本书的架构也有助于审计、会计、内部控制、监督、公司治理、企业风险管理、可持续性和企业竞争力的新方法在动荡的全球环境下为当代审计生态系统和战略会计实践提供参照。

本书还强调了当代审计生态系统和战略会计架构从经典到传统方法的不同方面。它强调了当代战略方法在实现商业目标以及为企业提供良好治理、可靠的财务报告、准确性、诚实性、透明度、独立性、问责制、道德文化、可持续性和竞争优势等方面的重要性。

杰出的研究人员从不同但相互关联的领域提出了独到的见解，为本书的成功作出了贡献。他们为不断变化的审计生态系统提出了新的见解，并评估了战略会计在企业中坚定不移的作用。

本书由四个互为补充的部分组成，共十九章。第一部分概述了审计生态系统和战略会计的组成部分，重点是制度方法。这一部分评估了司法权和地方政府的作用。第一章评估了最高审计机关的司法权在提高公共审计有效性和财政司法道德方面的作用。第二章探讨了地方政府在核算气候变化和碳管理方面的作用，重点介绍了土耳其的最新发展。此外，第三章从更广阔的视角集中探讨了可持续发展会计和报告的当代发展，而第四章则通过多准则决策方法（MCDM）和层次分析法（AHP）研究了公共内部审计师的职责。第五章以来自收购的证据考察采用《国际财务报告准则》（IFRS）对信息不对称的影响。

本书第二部分概述了内部控制和审计的战略方法。法务会计、内部控制、独立审计和收益管理行为是这一部分涉及的一些关键主题。第六章提醒我们注意法务会计与舞弊审计之间的战略关系，而第七章则探讨了从检查清单延伸到战略和内部控制绩效的保证预期。此外，第八章提出了独立审计和可持续发展报告鉴证中的实质性问题，而第九章则分析了印尼第二类代理问题中的公司治理信息披露。第十章研究了董事会和独立审计团队的性别多样性对银行业企业的盈余管理行为的影响。

第三部分阐述了会计决策的管理方法。在这一部分，作者探讨了审计决策支持系统和审计中的相关问题。第十一章评估了使用审计决策支持系统审查客户数据集以加强审计证据的创建的问题。此外，第十二章评估了2013—2017年伊斯坦布尔证券交易所上市银行的自愿性披露水平。第十三章通过新兴市场中品牌审计服务溢价支付意愿的决策机制，加深了对组织的品牌的理解。第十四章在审计质量显微镜下评估常见的审计缺陷。

最后一部分探讨了审计和会计的转型变革。在这一部分中，撰稿人针对审计生态系统和战略会计中的相关问题提出了一种批判性方法。第十五章探讨了加密货币与腐败之间的联系，并对使用区块链进行审计提出了批判性方法。第十六章重点反思了利用区块链技术和持续审计发展内部审计信息技术。此外，第十七章探讨了人工智能在计算机辅助审计工具和技术中的应用。第十八章质疑了新冠病毒大流行背景下成本控制系统"准时制"的优缺点。最后，第十九章探讨了土耳其信息技术行业的会计价值关联性。

本书汇聚了全球各地不同领域的同行和专业人士分享的一些最佳的创新实践，以造福全球审计、会计、商业和金融界人士。本书中各章的作者在不断变化的审计生态系统的基础上，通过对金融创新的深入理解，为数字时代的战略会计问题开发了一种新的方法。

最后，本书中各章的作者和专业人士就他们在该领域的研究，从多学科的视角对现有的文献作出了理论和实证层面的贡献。

土耳其，伊斯坦布尔　　　　　　　　　　塔梅尔·阿克索伊

乌米特·哈西奥卢

致　谢

　　在这本新书中，我们要感谢许多同事和合作伙伴，他们为本书作出了令人印象深刻的贡献。首先，我们要赞扬施普林格国际出版股份公司的员工：编辑普拉桑特·马哈贡卡尔博士和罗西奥·托雷格罗萨夫人，二人具有着天才般的态度和内涵，在我们这本书的出版过程中的每一个阶段，都不断地、令人信服地传达出关于这项研究的冒险精神；我们的项目协调人帕蒂班·古吉兰·卡南先生和施普林格公司的所有团队，没有他们的不懈帮助，我们不可能出版这本书；还有其他人，他们在本书的结构方面协助我们作出了关键性的决策，并就文体问题提供了有用的反馈意见。

　　我们要向编辑顾问委员会的成员表示感谢。为本书提供帮助的成员包括杜尔松·德伦、埃克雷姆·塔托格鲁、哈桑·埃肯、伊迪尔·卡亚、伊赫桑·伊西克、穆斯塔法·凯末尔·伊尔马兹、穆罕默德·法提赫·巴亚拉莫格鲁、马蒂·吉伦、迈克尔·古特、尼古拉斯·阿佩尔吉斯、奥兹莱姆·奥尔古、乌拉斯·阿库库克和泽伊涅普·科布尔。这些成员提出的宝贵意见帮助我们丰富了本书的内容。

　　我们还要感谢各章节的所有作者，感谢他们的卓越贡献。

　　我们尤其要感谢布塞肯国际研究院成员在编辑过程中作出的最大贡献。

最后要感谢的是我们的家人和父母。他们为这一具有挑战性的成就感到自豪，这让我们更有成就感。

塔梅尔·阿克索伊

乌米特·哈西奥卢

编辑顾问委员会

编者和撰写者

编者

塔梅尔·阿克索伊（**Tamer Aksoy**），伊本·哈尔顿大学商学院的会计和金融学教授。他在安卡拉大学政治科学学院获得经济学学士学位，在哈杰泰佩大学获得经济学硕士学位，在加齐大学获得国际银行学博士学位。他在本科生和研究生的研究和教学方面拥有丰富的经验。战略审计、内部控制、财务会计、财务管理、公司风险管理、国际银

行、数字化、职业道德、人工智能、区块链生态系统、可持续发展和公司治理是他跨学科研究的主要领域。他撰写了 7 本著作和多篇文章。阿克索伊博士在国际期刊上担任过多种编辑职务。除学术生涯外，他还拥有超过 33 年的丰富工作经验。他曾担任内部审计员、督察员长达 10 年，担任 OYAK 集团内部审计职能部门的首席审计执行官（CAE）长达 23 年。OYAK 集团是土耳其第二大的企业集团，在土耳其和世界各地的不同行业拥有 90 家子公司。而且，他还曾在该集团的海洋石油公司和港口管理公司担任首席执行官顾问。而且，他还担任过不同行业的多家领先的商业公司的董事会成员，如阿达纳水泥公司、博鲁水泥公司、固特异轮胎土耳其公司、鄂木斯克物流公司、奥伊萨公司等。

此外，他还为本地／国际专业基金会义务承担了许多职责，包括担任委员会成员、委员会负责人、董事会／咨询委员会成员。此外，他还拥有独立审计师、注册会计师、注册舞弊审查师、风险管理确认专业资格等国际专业执照。

乌米特·哈西奥卢（Umit Hacioglu），土耳其伊斯坦布尔的伊本·哈尔顿大学的金融学教授。他于2005年获得卡迪尔哈斯大学金融与银行学博士学位。在2005年被伊斯坦布尔梅迪波尔大学任命为副教授之前，他曾在贝肯特大学经济与管理学院工作。应用商业战略、公司财务和财务决策是他跨学科研究的主要领域。他目前正在研究新兴市场的数字化转型、加密货币市场、区块链生态系统和金融市场创新。他编撰的14本书籍成为主要参考书。具有开拓性的全球出版商2020年刚发行了一些他最新的书籍：《全球商业战略》《数字商业战略》《区块链生态系统和金融市场创新》《商业生态系统的战略契合与设计》。哈西奥卢博士曾担任国际期刊的编辑。目前，他担任《国际商业与社会科学研究期刊》《国际商业生态系统与战略期刊》《布塞孔金融与银行研究评论》的执行编辑。他是"商业与金融研究学会"（SSBF）的创始成员之一，也是土耳其伊斯坦布尔布塞孔国际学院的常务董事。

撰写者

梅尔·阿卡尔（Merve Acar），土耳其安卡拉的耶尔德勒姆·贝亚泽特大学商学院会计系副教授。她在哈塞特佩大学获得理学硕士和博士学位。在攻读博士期间，她作为访问学者加入了加州大学伯克利分校哈斯商学院。博士毕业后，她在佛罗里达大学费舍尔会计学院继续从事研究工作。她的研究重点是财务报告质量、收益管理和公司治理实践。她目前的研究聚焦于国家文化等非正式制度和多学科因素如何影响整个财务报告质量和审计质量。她曾获得多个研究奖项，包括由土耳其科技研究理事会资助的国家理学硕士/文学硕士和博士奖学金计划、国际博士生研究奖学金计划和国际博士后研究奖学金计划。

纳兰·阿克多根（Nalan Akdogan），1971 年毕业于安卡拉经济与商业科学学院商业会计系，1977 年获得博士学位，1980 年获得副教授职位，1988 年成为正教授。她著有《财务报表与财务分析技术》《通货膨胀会计》《会计理论》等书，并在各种期刊上发表过文章。她曾任土耳其注册会计师商会联盟董事会成员，目前是土耳其会计与审计准则委员会成员。她于 1973—2002 年在加齐大学担任会计与金融学教授，目前在巴斯肯特大学商业科学学院会计与财务管理系担任系主任与教授。

尤尼塔·安瓦尔（Yunita Anwar），独立会计研究员，拥有澳大利亚格里菲斯大学会计学博士学位。她的研究兴趣包括公司信息披露、知识资本以及利用社交媒体进行公司信息披露。

奥斯曼·艾登（Osman Aydm），2008 年毕业于加齐大学经济与行政科学学院工商管理系，曾在私营部门担任会计专员长达 6 年。他于 2015 年获得加齐大学金融管理硕士学位，2018 年获得博士学位，并曾在巴斯肯特大学担任助教两年。他发表过关于政府会计、财务绩效和国际财务报告准则的文章和论文，现在担任土耳其伊兹密尔民主大学金融、银行和保险系助理教授。

阿里·阿尔图格·比塞尔（Ali Altug Bicer），自 2004 年起在伊斯坦布尔商业大学工商管理系任教。他在马尔马拉大学获得工商管理学士学位与该校社会科学研究所的会计和金融硕士学位，他的研究方向为内部审计在获得内部控制有效性方面的作用，他的研究兴趣包括审计、国际审计标准、会计职业道德、舞弊和内部控制。之后他在马尔马拉大学继续深造并获得博士学位，他的博士论文题目是"根据国际审计准则对中小企业进行审计以及对 2012 年土耳其案例中的潜在挑战的研究"。此外，他还是一名注册会计师和独立审计师。

坦塞尔·切蒂诺格鲁（Tansel Cetinoglu），现任库塔希亚·杜姆鲁皮纳尔大学库塔希亚应用科学学院副院长。他是一名副教授，在库塔希亚应用科学学院会计与财务管理系教授审计、内部审计、内部控制、财务报表分析和公司会计等课程。此外，他还从事审计、内部审计、持续审计、土耳其会计准则和当代成本方法方面的工作。

苏瓦伊普·多格斯·德米尔西（Suayyip Dogus Demirci），2008 年毕业于克勒克卡莱大学经济与行政管理学院，获得学士学位。2010 年，他毕业于安卡拉大学社会科学学院金融系，获得硕士学位。2015 年，他获得了萨卡里亚大学社会科学学院会计与金融系的博士学位。他于 2020 年 6 月获得会计学副教授职位。他于 2011 年在萨卡里亚大学开始职业生涯，2017 年起在伊兹密尔卡蒂普·切莱比大学工作。他在会计领域发表了多篇文章并出版了多部著作。

沃尔坎·德米尔（Volkan Demir），在土耳其伊斯坦布尔的加拉塔萨雷大学担任工商管理学教授兼经济与行政管理学院院长。他教授多项研究生和本科生的会计和金融课程，并出版了多本关于财务报表分析、预算编制和财务报告标准的著作。他还针对上述领域以及审计和会计质量的问题发表了多篇文章。

阿里·塔亚尔·埃雷（Ali Tayyar Eray），博士，高级国际注册内部控制师，现任土耳其内部控制研究所副所长。他在土耳其安卡拉的巴斯肯特大学获得博士学位，博士论文的题目是"土耳其的内部控制绩效"。他是 Penta 集团咨询公司的董事会成员和企业风险经理以及土耳其质量协会的成员。他在安卡拉大学研究生课程中教授内部控制课程。他为从银行到农业等各行各业的组织开展培训并进行指导。他曾在联合国开发计划署和土耳其巴斯肯特大学合作开展的创业、模型工厂和创意工厂等国际项目中担任讲师和导师。他在内部控制、战略管理和企业效率方面发表了大量文章。

亚塞敏·埃尔坦（Yasemin Ertan），布尔萨乌鲁达大学经济与管理科学学院工商管理系副教授。她主修会计，于 2005 年获得加齐大学工商管理学士学位，于 2007 年获得布尔萨乌鲁达大学工商管理硕士学位，于 2011 年获得布尔萨乌鲁达大学工商管理博士学位。自 2011 年以来，她一直在布尔萨乌鲁达大学教授会计、财务报表分析和审计课程。她已出版了三本书并发表了多篇研究论文。她的主要研究领域是独立审计、可持续发展报告、财务报表分析和财务报表质量。

梅利克·埃尔图鲁尔（Melik Ertugrul），博士，在土耳其伊斯坦布尔的伊斯蒂尼大学担任经济学助理教授、经济学系主任、经济与政治研究中心助理经理。他的专业经验主要集中在金融分析领域。他在学校教授研究生和本科生的会计、金融和经济学课程。他在会计质量和公司财务领域发表过许多文章并出版过许多书籍。

穆罕默德·加贝尔（Mohamed Gaber），纽约州立大学特聘教授、纽约州立大学校长卓越教学奖得主，在纽约州立大学普拉茨堡校区商业与经济学院担任会计系主任长达 24 年。他在开罗大学（埃及）获得会计学硕士学位，在纽约市立大学获得硕士学位，在巴鲁克学院（纽约市立大学）获得工商管理硕士学位和会计学博士学位。他在同行评审期刊上发表了 30 多篇文章，撰写了两本书中的章节，并在多个国家和国际会计和商业会议上担任主席、主持人或作为讨论者，他还与他人共同编撰了由爱思唯尔出版的《国际会计准则、法规和财务报告》一书。加贝尔博士曾获得多个州级和国家级奖项（或被提名）。

马尔万·加勒布（Marwan Ghaleb），曾担任德勤中东（也门）办事处助理审计经理，拥有伊斯坦布尔艾登大学的工商管理硕士学位。目前，他正在土耳其伊斯坦布尔大学攻读管理学博士学位。2008—2017 年，马尔万在审计行业工作了 8 年，并在也门多个非政府组织担任管理方面的义务培训师。他于 2008 年获得也门萨那大学会计学位。他对组织行为、市场营销、审计和会计感兴趣。

布尔库·居罗尔（Barcu Gurol），土耳其安卡拉的巴斯肯特大学金融与银行系助理教授。她拥有会计和金融博士学位以及工商管理硕士学位。她的研究和教学兴趣在于审计、公司治理和银行业。她曾在上述领域发表过文章和论文，还出版了一本关于土耳其银行公司治理的书籍。2019 年，她成为意大利萨皮恩扎大学的客座研究员。她目前的研究重点是银行的数字化和公司治理。

阿赫梅特·卡普兰（Ahmet Kaplan），博士，在土耳其的比尔肯特大学获得电气电子工程学士学位，并在埃尔希耶斯大学获得理学硕士和博士学位。他曾在埃尔希耶斯大学工程学院和土耳其开塞利民用航空学校任教。之后，他在美国佐治亚理工学院攻读博士后，并在多家国际公司担任软件开发项目经理。此后，他在土耳其卫星公司担任信息技术总监和副总裁。他曾担任土耳其科学技术大学学术网络与信息中心研究所所长和教育部 FATIH 项目的技术协调员。目前，他在伊本·哈尔顿大学管理系担任助理教授。

布钦·卡普兰（Burcin Kaplan），土耳其伊斯坦布尔艾登大学社会科学学院工商管理系助理教授。她于 2010 年在土耳其伊斯坦布尔大学社会科学学院生产管理系获得硕士学位，于 2015 年在土耳其伊斯坦布尔的马尔马拉大学社会科学研究所获得生产管理和市场营销博士学位。她对国际市场营销、生产营销一体化、生产和纺织业优化以及创业感兴趣。

根凯·卡拉卡亚（Gencay Kara Kaya），自 2013 年起担任伊斯坦布尔商业大学会计与审计系助理教授。卡拉卡亚博士拥有萨卡里亚大学工商管理学士学位（2011 年获得）、伊斯坦布尔商业大学工商管理硕士学位（2014 年获得）和伊斯坦布尔商业大学会计与审计学博士学位（2019 年获得）。他的研究兴趣包括财务会计系统、审计、内部控制、公司治理、内部审计、企业风险管理和财务风险。他总共写了 40 篇（部）学术论文和著作，涉及审计、内部控制、公司治理、内部审计等领域。除此之外，卡拉卡亚博士还负责一些关于公共机构可行性管理的投资项目。因此，他不仅拥有理论背景，而且还对自己的研究兴趣进行了实验性的实践。

哈克·奥马尔·科塞（Haci Omer Kose）是公共管理学副教授，同时担任土耳其会计法院培训部主任，拥有国际关系博士学位，曾在土耳其审计署担任审计员和经理等不同职务。他还曾在北约担任绩效审计员和北约国际审计委员会理事会成员，拥有丰富的业务经验。在过去的三个学年中，他是安卡拉耶尔德勒姆·贝亚泽特大学政治科学学院的客座讲师。审计、公共财政管理、公司治理、全球化和地方治理是他跨学科研究的核心。此外，他还是《土耳其会计法院期刊》的主编。

爱德华·J.卢斯科（Edward J. Lusk），纽约州立大学普拉茨堡校区商业与经济学院的会计学荣誉教授、费城宾夕法尼亚大学沃顿商学院统计系荣誉成员，曾在德国马格德堡的奥托·冯·格里克大学担任管理经济学系主任，也曾在中国的上海财经大学任教。他在同行评审期刊和文献中发表了 230 多篇文章。他在本书中撰写了"使用审计决策支持系统审查客户数据集：增强创建审计证据的工作"这一章。该章的中心思想是强化这样一种逻辑：只有通过智能化地使用决策支持系统，才能实现审计工作的有效性和效率。

伊萨姆·阿卜杜勒哈菲德·A.米拉德（Isam Abdelhafid A. Milad），博士，在利比亚班加西的行政与金融高等学院会计系任教。他于 2004 年获得班加西大学经济学院会计学学士学位，并于 2010 年获得班加西大学会计学硕士学位（硕士期间他研究的是利比亚石油公司的社会责任信息的会计披露的阻碍因素）。之后他继续在伊斯坦布尔奥坎大学深造，并于 2019 年获得博士学位，论文题目是"自愿性披露的程度及其与内部公司治理机制的关系：伊斯坦布尔证券交易所上市银行的证据"。他的研究兴趣包括财务会计、公司信息披露、公司治理和企业社会责任。

马丁·穆亚迪（Martin Mulyadi），美国弗吉尼亚州温彻斯特的谢南多尔大学会计学副教授。他的研究兴趣包括公司信息披露、公司治理和知识资本。他目前的研究项目包括社交媒体在公司财务和非财务信息披露中的应用、全球化接触的影响以及对在公司治理实践中的当地文化的理解。

古尔汗·苏阿迪耶（Gulhan Suadiye），哈塔伊穆斯塔法·凯末尔大学工商管理系讲师。她为本科生和研究生讲授会计和金融课程。苏阿迪耶博士从事财务报告、成本会计和管理会计以及公司治理方面的研究。她特别关注会计和报告质量以及可持续性会计。

泽克里亚·图伊苏兹（Zekeriya Tuysuz），土耳其会计法院副院长、政治和社会科学博士，他的主要研究方向是风险管理和公司治理，并出版了《政治理论中的绩效主义》一书。自1992年以来，他一直担任土耳其会计法院的审计师，并于2011年在土耳其大国民议会的全体会议上被选举为土耳其会计法院董事会成员。他曾在卡拉布克大学经济与行政学院和土耳其国家警察学院讲课。他自2018年11月2日起担任土耳其会计法院副院长一职。

西里·乌雅尼克（Sirri Uyanik），曾在土耳其、英国和美国学习公共和工商管理、管理科学、自然资源开发、能源和环境经济学。他曾在公共部门（国家和地方行政部门）工作，目前任国际投资能源发电公司首席执行官。他广泛参与项目开发以及常规能源、可再生能源项目和发电厂的管理。他的专业领域包括能源市场、合同管理、能源和环境经济学、碳管理、监管和许可问题、政府和公共社区关系以及企业沟通。他是工业和商业协会、理事会以及行业组织的活跃成员。他经常参加国内和国际专题讨论会、大会、小组讨论、座谈会以及证书课程，并担任研讨会演讲人和论文主讲人。他拥有博士学位，除了在多所大学教授有关能源政策、地方和国家气候与碳政策、自然资源经济学、可持续能源和环境的研究生课程，他还继续从事学术工作，撰写了多篇文章和多部书籍。

塞班·乌扎伊（Saban Uzay），1986年以第一名的成绩毕业于埃尔希耶斯大学经济与行政管理学院工商管理系。他在土耳其伊斯坦布尔大学会计审计系获得了研究生学位，并于1988年开始在埃尔希耶斯大学从事学术工作，目前继续担任会计学教授。他于 2005 年被授予副教授职称，2010 年被授予教授职称。他还担任过四年的院长，同时拥有财务顾问和独立审计师的头衔。此外，他还担任法院任命的专家和受托人。他的研究重点是独立审计、内部控制和内部审计以及风险管理。他在自己的研究领域发表过许多文章并出版过很多书籍。

费亚兹·泽伦（Feyyaz Zeren），2008 年毕业于萨卡里亚大学经济与行政管理学院，获得学士学位；2010 年毕业于萨卡里亚大学社会科学学院会计与金融系，获得硕士学位；2014 年获得萨卡里亚大学社会科学学院会计与金融系的博士学位。2017 年 10 月，他获得金融学副教授职位。他于 2010 年在特基尔达格·纳米克·凯末尔大学开始职业生涯，2018 年起在亚洛瓦大学工作。他在金融领域发表过多篇文章。

第一部分

数字时代审计生态系统与战略会计

第一章

最高审计机关的司法权在提高公共审计效果与财政司法道德中所扮演的角色

哈克·奥马尔·科塞　泽克里亚·图伊苏兹*

摘要： 最高审计机关是在确保公共行政的效率、效果、问责制 3 与透明度方面发挥根本作用的关键机构。其必须遵守普遍准则和国际通用准则，以便在公共财政管理系统和司法系统中成为有效和可靠的执行者。作为最高审计机关的联合组织，最高审计机关国际组织（International Organization of Supreme Audit Institutions，INTOSAI）于 2019 年通过了《最高审计机关司法活动准则》（INTOSAI-P 50），以确保下属机构的司法职能符合普遍规范。本研究的目的是分析这些准则在发挥最高审计机关司法作用方面的潜力，并将土耳其会计法院目前的做法与这些准则进行比较，以探讨进一步改进的必要性。与《最高审计机关司法活动准则》相比，土耳其会计法院的司法活动大多有着明确的要求，其司法权在土耳其宪法和相关法律中有明确和强有力的基础，独立性是其最重要的特征之一。与取得资料、诉讼时效、法律补救措施以及其他司法程序有关

---

* 哈克·奥马尔·科塞，土耳其会计法院，安卡拉耶尔德勒姆·贝亚泽特大学，土耳其安卡拉。泽克里亚·图伊苏兹，土耳其会计法院，土耳其安卡拉。

的准则在土耳其法律和法规中同样有着坚实的基础。然而，其中部分准则可能并不完全适用于最高审计机关，例如公正裁决、管辖活动有效性、质量控制，以及在合理的时间范围内作出判决等。这些准则在一定程度上是可行的，但需要进一步完善。通过确保机构改革工作的连续性，并使这些领域成为公司发展战略的一个组成部分，土耳其会计法院可以达到更高的水平。

关键词：财政管辖权；最高审计机关；问责制；审计准则；账目判断；透明度

一、简介

4　　全球发展给各国带来了更多的风险和威胁，与脆弱性和不确定性作斗争几乎是所有国家的关键目标之一。为了加强或者至少维持国家在现有全球体系中的地位，需要加强公共财政管理与问责制。

　　最高审计机关是广泛问责制的一部分，同时也是在强有力和可持续的基础上发展公共财政管理的关键因素。最高审计机关独立审计，并报告资源的使用情况。议会将最高审计机关的调查结果作为让行政部门对其表现负责的主要工具之一。拥有司法权的最高审计机关也是国家司法系统的一部分，并与其他不同层次的司法行为者相互作用。

　　最高审计机关是民主和法治不可或缺的组成部分，承担着重要职责，以便高效、有序、合理地利用公共资源造福公民。[1]最高审计

---

1 Baimyrzaeva, M., & Kose, H. O. (2014). The role of supreme audit institutions in improving citizen participation in governance. *International Public Management Review*, 15(2), pp. 75-77.

机关是加强公共行政透明度和问责制的关键工具，并在更好地管理公共资源方面发挥更广泛的作用。[1]问责制是其取得成功的关键要素之一：处于这种脆弱环境中，根据普遍准则和全球公认标准履行其职能就变得更加重要。

最高审计机关国际组织作为审计领域最受尊敬的全球准则制定者之一，负责制定并持续完善《国际审计准则》（ISA），因此，各国最高审计机关与最高审计机关国际组织有着密切的合作。这些准则在土耳其等许多国家都具有法律约束力，为了更好地履行其职能，最高审计机关同样也必须遵循这些准则。

最高审计机关的结构特征、职能和方法尽管是根据其所在国家的政治、法律与行政结构、文化与历史背景形成的，但通常可分为三种不同的模式：司法型模式、委员会型模式和办公室型模式。由于最高审计机关（包括具有司法权的最高审计机关）的主要职能是审计，因此在国际层面制定的准则主要涉及与审计有关的问题。约有 30% 的最高审计机关开展的司法活动未能在既定准则中找到足够的依据，这一事实被视为一种不足。在 2019 年 9 月举行的第 23 届最高审计机关国际组织大会上，这成为最高审计机关国际组织讨论的一个焦点领域。

土耳其会计法院成立于 1862 年，自成立以来就拥有司法权，其司法权至今仍在宪法中有着坚实的基础。然而，与其他国家类似的最高审计机关一样，其司法地位也存在争议，原因在于最高审计机关司法权的特征同样也可以被解释为与其他司法部门相比的不足。

1　Akyel, R., & Kose, H. O. (2013). Auditing and governance: Importance of citizen participation and the role of supreme audit Institutions to enhance democratic governance. *Journal of Yasar University*, 8(32), p. 5496.

《最高审计机关司法活动准则》要求重新考虑该领域的讨论和评价，同时也揭示了如何使最高审计机关的司法活动与普遍规范相协调，并以此为基本原则。一个完全符合这些原则的司法系统将加强土耳其会计法院在建立更高效、更可靠和可持续的公共财政管理体系方面的作用。

本章在简要评估了最高审计机关的主要职能、结构和地位之后，对这些机构的司法职能进行了探讨。这些机构的司法权的争议性特点和《最高审计机关司法活动准则》为司法权的基本规范确立了普遍框架，后文将对此进行讨论。最后，本章将对土耳其会计法院在这些规范上的立场进行评估。

二、最高审计机关的一般特征

（一）最高审计机关的主要职能

历史上，作为反对君主制的斗争的结果，"财权"从统治者转移到议会。这一发展使监督预算的执行结果成为议会最重要的任务之一。因此，监督开始在议会的权力和责任中占据重要地位。随着时间的推移，议会职权扩大，监督成为一项专业业务，设立最高审计机关代表议会进行审计成为必然。如今，最高审计机关在权力体系中发挥着关键的制衡作用，[1] 并通过客观、专业的审计报告为行政和立法作出了巨大贡献。

1　Köse, H. Ö. (2019). Başkanlık Sisteminde Denge ve Denetim: Parlamentonun Yürütmeyi Denetleme İşlevi ve Parlamento Adına Yürütülen Sayıştay Denetiminin Önemi. *Sayıştay Dergisi*, 114(30), p. 17.

尽管国家宪法和法律对最高审计机关的职能有不同的规定，但其主要目的都是向公民及其代表提供保证，确保他们能够以切实、经济、高效的方式依法获取并使用公共资源，促进：

（1）正确有效地使用公共资金；

（2）建立健全的公共（财政）管理体系；

（3）行政系统、流程和活动；

（4）向利益相关者和公众传达相关信息。

为了履行其职能，他们使用了不同的工具和方式方法。例如，对于一些最高审计机关来说，事前审计仍然是一项重要职能。在欧洲，比利时、卢森堡、意大利、希腊和葡萄牙的最高审计机关 6 维持着这一职能，特别是在希腊会计法院的活动中，事前审计占有重要地位。[1] 另一方面，在许多国家的公共资源使用方面，承担相应责任的可能是管理人员、会计师和其他官员，这一责任受到民事司法和行政司法以外的一种特殊司法制度的制约。[2] 最高审计机关已被授权为特别管辖机构，司法权是此类最高审计机关实现其目标的有力工具。

最高审计机关还具有在全球范围内日益突出的其他非常重要的职能，并得到了以联合国为主要支柱的许多国际组织的支持。其中有两项要特别强调的职能，分别是改善公共行政和确保可持续发展。在此背景下，双方在应对气候变化、保护自然资源、打击全球犯罪和保护历史文化遗产等诸多领域的合作与配合令人振奋。

1　Kontogeorga, G. N. (2019). Juggling between ex-ante and ex-post audit in Greece: A difficult transition to a new era. *International Journal of Auditing*, 23(1), pp. 86-89.

2　ECA. (2019). *Public audit in the European Union, European Court of Auditors*. Publications Office of the European Union (p. 128).

在全球化的世界中，个人和机构的责任并不局限于国家框架内。国家行政部门有义务在全球社会中采取负责任的行动。[1]同样，最高审计机关面临的许多问题也只能通过国际合作来解决。在这样的国际大环境下，加之这些机构在全球层面所作的努力的重要性，制定普遍规范并遵守的必要性就增加了。

（二）最高审计机关的组织结构

最高审计机关多种多样，其组织结构因国家而异。然而，根据最高审计机关国际组织最常用的分类，主要有三种模式：

（1）司法型（法院）或拿破仑模式；

（2）委员会型或合议制模式；

（3）办公室型或议会模式。

司法型审计模式在欧洲的拉丁国家、非洲和亚洲的法语国家以及一些拉丁美洲国家很常见。[2]该模式也被称为"拿破仑模式"，得名于法国行政体系的建筑师——拿破仑。拿破仑模式出现后逐渐传播到世界各地的国家，在这些国家中法院型最高审计机关仍然具有强大效力。

在最高审计机关国际组织的成员国家中，约有30%的最高审计机关，即50多个国家的最高审计机关拥有司法权。[3]许多欧洲

1　Köse, H. Ö. (2004). Küreselleşme Sürecinde Uluslararası Denetimin Artan Önemi ve Kamusal Denetimin Uluslararasılaşması Sorunu. *Amme İdaresi Dergisi*, 3(37), pp. 46, 60.

2　DFID. (2004). *Characteristics of different external audit systems*. Department for International Development Policy Division Briefing Paper, London, PD Info 021.

3　TCU. (2020). INTOSAI-P 50—Endorsement version principles of jurisdictional activities of SAIs. https://portal.tcu.gov.br/data/files/5B/52/52/C5/0EB0C6105B9484B6F18818A8/FIPP_s%20 conclusions%20on%20INTOSAI%20P%2050.pdf. Accessed 15.08.2020.

国家（如法国、意大利、比利时、西班牙、葡萄牙、希腊等），非洲法语国家（如摩洛哥、突尼斯、塞内加尔等），巴西和哥伦比亚等拉丁美洲国家，土耳其和伊朗等许多不同的国家都有具有司法权的最高审计机关。这种模式下的最高审计机关是司法系统的组成部分，拥有保护公共资金的具体权力。但它们的作用已经不限于合规性和准确性判断，[1] 同时还通过物有所值的审计来评估政府绩效。

　　第二种模式以委员会的形式运作，但没有司法权，其主要职能是向议会报告。除欧洲审计院外，德国、荷兰、斯洛伐克，以及大多数亚洲国家和许多其他国家的最高审计机关都是根据这一模式构建的。在一些国家，如德国，委员会或合议庭的成员与法院法官的地位相似。[2] 但与办公室型最高审计机关的成员一样，他们通常无权执行自己的意见或对公职人员发起制裁。然而，议会对利用其工作成果的兴趣是提高该委员会自身影响力的关键因素。

　　第三种模式由办公室型最高审计机关组成，更广为人知的名称为"盎格鲁-撒克逊模式"（也被称为"威斯敏斯特"或"议会模式"），此类机构由审计长管理。这种模式在撒哈拉沙漠以南的非洲国家、秘鲁和智利等拉丁美洲国家、爱尔兰和丹麦等欧洲国家、澳大利亚和新西兰，以及其他许多国家十分普遍。在这种模式下，国家审计机关直接代表议会进行审计。他们通常按照议会委员会或议会代表的要求进行审计和研究，并向其报告结果（图1.1）。

1　Hemici, F., & Kontogeorga, G. (2020). Performance measurement in public auditing and challenges for supreme audit institutions (SAIs). *TCA Journal/Sayıştay Dergisi*, 32(117), p. 41.

2　Brétéché, B., & Swarbrick, A. (2017). Developing effective working relationships between supreme audit institutions and parliaments. *SIGMA Papers, No. 54* (p. 24). Paris: OECD. https://doi.org/10.1787/d56ab899-en.

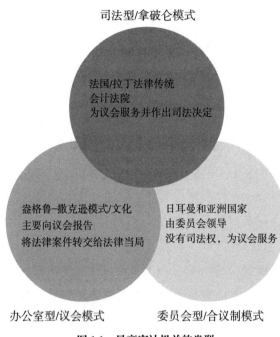

图 1.1　最高审计机关的类型

资料来源：世界银行（2020）[1]

　　尽管这三种模式之间存在明显的差异，但事实上它们的相似性正在逐渐增加。例如，英国国家审计署是办公室型最高审计机关的典范，但 2011 年英国通过法律修正案[2]将其转变为一个由九人审计委员会管理的机构。同样，正如在法国和土耳其的会计法院中一样，8　在各自的程序中，最高审计机关对议会的职能被摆在了首位。

1　World Bank. (2020). The basics of supreme audit institutions-citizen engagement. https://www.eparticipatoryaudit.org/module-01/audit101-4.php.

2　NAO. (2020). History of the NAO. https://www.nao.org.uk/about-us/our-work/history-of-the-nao/. Accessed 12.11.2020.

（三）最高审计机关在国家系统中的地位

作为几乎所有国家宪法制度的基本要素，最高审计机关在每个国家的权力体系中都有特殊的地位。尽管这些机构代表立法机关履行审计职能，但是它们并不属于立法的一部分。独立于立法机关是国际准则对审计机关的一项基本要求，大多数国家的宪法或法律都确保审计机关具有强大的独立地位。由于最高审计机关的主要职能是代表立法监督执行，它们也应该独立于行政部门。作为"国家机关相互制约体系中的核心要素"或者说"权力体系中的平衡要素"，[1] 最高审计机关在权力的有效运行中发挥着重要作用，但它们既不受任何权力的限制，也不依赖任何权力。

相当多的最高审计机关还承担国家系统运行的特殊任务并开展一些综合性任务，例如评估公共行政以及财政的总体情况或者公共政策和计划的影响。众所周知，遵循盎格鲁-撒克逊模式的最高审计机关，如美国、英国和新西兰的相应机构，正在越来越多地履行此类职能。不过可以看出，传统上构成司法型模式的最高审计机关也朝着同样的方向发展。例如，随着 2008 年宪法修正案的颁布，法国会计法院获得的授权得到加强，特别是协助议会评估公共政策方面。随着 2011 年的法律改革，评估公共政策的任务也被提上了议程。

除审计和司法权以外，比利时会计法院作为议会的辅助机构，在不妨碍其独立性的前提下，优先满足议会和政府的审计要求。同样，《土耳其会计法院第 6085 号法》优先考虑了报告职能，自 2012

1　Schafer, H. (1981). *Constitutional position of supreme audit institutions with special reference to the Federal Republic of Germany*. State Audit-Development in Public Accountability, State Comptroller's Office (Israel) (pp. 46, 53).

年以来，土耳其会计法院向议会提交的报告的数量和种类都有了显著增加。在此背景下，2019 年共有 511 份报告提交给议会，其中 505 份为审计报告，6 份为总结报告。[1]

另一方面，没有司法权的最高审计机关通常会确保与司法当局密切合作，以解决其发现的问题。通过这种方式，司法部门在打击腐败和非法行为方面发挥了积极作用。

三、最高审计机关的司法职能

（一）财政管辖权的范围、目标和职能

在管理公共资源方面拥有权力和责任的人有义务在使用这些资源时按照法律法规、既定原则和相关规则行事。当有司法权的最高审计机关发现违反法律的行为，或有此类调查结果向其报告时，他们可以直接启动对应当负责的公职人员的审判程序。因此，在公共机构的财务、绩效或合规审计报告中查明的问题可以接受快速且适当的审判程序，[2]无论这些问题是否受到民事或刑事判决的约束。

由于与经典判决不同，最高审计机关执行的财政管辖权或账目判断具有独到的特征。受会计管辖的诉讼不是如个人与当事人之间

1　TCA. (2019). Accountability report 2018. Turkish Court of Accounts. https://www.sayistay. gov.tr/en/Upload/Files/Reports/Accountability%20Report-2018.pdf

2　INTOSAI. (2019). INTOSAI-P 50: Principles of jurisdictional activities of SAIs. https://www. intosai.org/fileadmin/downloads/documents/open_access/INT_P_11_to_P_99/INTOSAI_P_50/ INTOSAI_P_50_en.pdf. Accessed 03.10.2020.

的纠纷一样的双边诉讼，或权利人和利益相关者提起的单方面诉讼，而是由公共行政部门的账户和交易审计决定的，由责任方的错误行为造成，通常会造成公共损失。[1] 在这方面，最高审计机关在主体和收件人方面具有不同的选择性，并且与其他司法管辖区不同。

最高审计机关的司法活动范围一般包括账户和交易的常规性和合规性。当责任者在支出和收入执行方面发生了违规行为时，司法活动会依法追究责任者的责任。

最高审计机关司法职能的目的是确保公共行政的正常运行，保护被审计企业以及一般公众的利益。其司法活动旨在赔偿公共机构遭受的损失，并实施个人制裁（如果有的话）。司法判决的威慑特征具有预防性。[2] 通过司法权，最高审计机关拥有额外的权力，以确保公共资金和公共实体的管理更加透明、真实和健全。

最高审计机关的司法权也明显有助于加强公共行政中的问责制。在非法支出、收入损失或现金和账户赤字的情况下，实施赔偿和罚款等额外制裁，加强了公众的责任感。[3] 司法判决也有可能影响被判有罪者的职业生涯。公开披露最高审计机关的司法裁决是另一种工具，通过增强制裁的威慑力，以及公民对财务管理体系的可靠性和官员诚信的信心，从而最大限度地减少违规行为。

最高审计机关司法权的性质可能在不同方面有所不同。[4] 例如，

1　Duran, L. (1970). *Bir Yüksek Mahkeme Daha: Sayıştay* (p. 574). Ankara: İmran Öktem'e Armağan.

2　Köse, H. Ö. (2020). Yüksek Denetim Kurumlarının Yargısal İşlevleri ve INTOSAI Standartlarında Yargının Temel İlkeleri. *Sayıştay Dergisi*, 32(117), p. 17.

3　Köse, H. Ö. (2020). Yüksek Denetim Kurumlarının Yargısal İşlevleri ve INTOSAI Standartlarında Yargının Temel İlkeleri. *Sayıştay Dergisi*, 32(117), p. 18.

4　ECA. (2019). *Public audit in the European Union, European Court of Auditors*. Publications Office of the European Union.

西班牙会计法院作为一审法院进行裁决，并且像该国所有其他司法机构一样，其判决可以上诉至西班牙最高法院。西班牙会计法院通过对审计确定的事项进行审判，对依法负有责任的人作出裁决；检察官、公共机构本身、任何个人或组织也可以通过提起公共诉讼启动审判程序。在法国，地区会计法院的判决可以上诉至中央会计法院，在一定条件下，中央会计法院的判决可以上诉至国务委员会。在葡萄牙和希腊等国，会计法院是司法系统的一部分，与其他法院地位等同。土耳其会计法院的司法职能包括确定依法对违规或非法交易负责的官员的赔偿责任，以及在一般政府范围内对公共实体的账目进行审计时发现的公共损失，并且实施必要的刑事制裁。[1]《希腊宪法》（第 98 条）指出，会计法院的职责包括"审理与国家公务员或军事人员、地方政府机构公务员和其他公法法人因故意或疏忽给国家、地方政府机构或其他公法法人造成的任何损失的赔偿责任有关的案件"，其管辖范围包括养老金，公职人员在履行职责过程中因故意或重大过失给国家、地方机构或公共法律实体造成的损失，被认为是腐败导致的官员财富的不合理增加，以及审计期间发现的违法行为。[2]

（二）财政管辖权的争议特征及准则的重要性

在民主社会中，行政当局遵守法律规则并在违反这些规则时受到制裁是法治原则实施的必要条件，同时也是实施法治原则的自然

1　Tüğen, K. (2016). *Devlet Bütçesi.* (p. 368). İzmir: Başsaray Matbaası.

2　ECA. (2019). *Public audit in the European Union, European Court of Auditors.* Publications Office of the European Union (p. 108).

结果。[1] 作为将管理置于法律范围内的工具之一，最高审计机关依照普遍原则行使司法权变得更加重要。

事实上，最高审计机关并不是直接作为司法机构而设计的，并且还负有宪法上的其他法律义务，特别是审计义务，这导致了最高审计机关在司法权定位上的混乱，因此其受到很多批评。[2] 在公正原则的框架内，首当其冲的批评是关于最高审计机关作出的赔偿或无罪判决所涉及的诉讼或行动的审判方式的。也就是说，最高审计机关通常涉及确定需要补偿的情况和通过裁判调整这种情况的职能。

最高审计机关因是否符合"司法独立和公正"原则受到质疑，11 因为其既要决定被审判的问题，又要对其作出裁决。这种情况通常被认为是最高审计机关司法权的弱点。另一方面，认为其同时作为裁决机关与审判机关并不构成司法活动独立性和公正性的弱点的观点也很常见。例如，根据戈兹勒[3] 的说法，尽管工作性质上的指控形式和裁决权限相同可能会受到批评，但在某种程度上，土耳其会计法院是一个高等法院，其活动构成了一个单独的司法部门，即"账户判决"。

首先，应该注意的是，履行最高审计机关监督和司法职能的部门彼此之间完全独立。开展审计活动的审计师根据审计结果撰写的审判报告，实际上是检察官的起诉书，只有少数最高审计机关在这方面有不同的制度。例如，在西班牙会计法院，对审计报告提起诉讼的权力和责任属于检察官办公室，司法的范围不局限于审计结果。

1　Gözübüyük, A. Ş. (1989). *Yönetim Hukuku* (p. 235). Ankara: Sevinç Matbaası.

2　Köse, H. Ö. (2020). Yüksek Denetim Kurumlarının Yargısal İşlevleri ve INTOSAI Standartlarında Yargının Temel İlkeleri. *Sayıştay Dergisi*, 32(117), p. 19.

3　Gözler, K. (2000). *Türk Anayasa Hukuku*. Bursa: Ekin Kitabevi Yayınları.

其他司法机关、检查委员会或公共行政部门的其他单位，甚至普通公民提交的有关财务问题的文件，都丰富了土耳其会计法院司法机构的范围。

关于最高审计机关司法权的另一个问题是，该权限在主体和人员方面都受到限制：其管辖范围的主体是公共行政部门的账目和交易，对象是具有"责任"资格的公职人员。

在法律框架内，由于其职位或职能，受最高审计机关管辖的"负责人"通常包括以下人员：[1]

（1）公共基金管理人员和担任类似职务的公职人员；

（2）公共会计师；

（3）在法律允许的地方，选举产生的官员；

（4）其他未经法律授权参与流程的人员。

在土耳其，依法对最高审计机关司法权负责的人是负责并被授权获取和利用公共资源的人，如授权官员、变现官员、会计官员。一般来说，管辖范围仅限于"公共损失"，这种限制也存在于其他国家，可以根据会计判断的特殊性质进行评估。

另一个讨论主题是具有司法权的最高审计机关是否作为司法系统的一个组成部分。尽管土耳其会计法院于1862年成立，名为"Divan-ı Muhasebat"，意为最高会计法院，在其150多年的历史中，最高会计法院在宪法和法律定义的司法管辖框架内运作良好，但土耳其会计法院也是受到批评最多的机构之一。尽管宪法中有明确的

1　INTOSAI. (2019). INTOSAI-P50: Principles of jurisdictional activities of SAIs (pp. 8-9). https://www.intosai.org/fileadmin/downloads/documents/open_access/INT_P_11_to_P_99/INTOSAI_P_50/INTOSAI_P_50_en.pdf. Accessed 03.10.2020.

规定，但关于土耳其会计法院司法职能的这些争论有时会反映在高 12
级司法机关的裁决中，并受到相反裁决的约束。[1] 问责制的特征超越
了经典的司法系统，形成了这些讨论和困惑的根源。

　　另一个关键主题涉及最高审计机关的司法权在反腐败中的作用。
虽然由于其性质，这种影响预计较高，但在最高审计机关拥有司法
权的国家中反而腐败程度较高，这与较高的预期形成了对比。尽管
在该领域进行的两项研究[2] 的结果是朝着这个方向发展的，但许多最
高审计机关没有司法权的国家的例子却展示了相反的结果。此外，
腐败程度显然受到许多因素的影响，对拥有司法权的最高审计机关
来说，在很大程度上消除腐败并不是一个现实的期望。

　　消除这些批评和争论的方法是，按照普遍规范、专业准则和最
佳实践进行发展，使司法程序更加可靠和有效。考虑到其特点，《最
高审计机关司法活动准则》为符合普遍准则的最高审计机关司法权
的发展以及消除相应偏见提供了坚实的基础。

四、最高审计机关国际组织准则中的司法职能

（一）最高审计机关国际组织准则和司法权的一般框架

　　最高审计机关国际组织是一个强大、独立、国际知名的组织，

1　Kent, B. (2007). Türk ve Alman Sayıştayları. *Gazi Üniversitesi Hukuk Fakültesi Dergisi*, XI, pp. 1-2.

2　Blume, L., & Voigt, S. (2011). Does organizational design of supreme audit institutions matter? A cross-country assessment. *European Journal of Political Economy*, 2(27), pp. 215-229.

Tara, I. G., Gheira, D. S., Droj, L., & Matica, D. E. (2016). The social role of the supreme audit institutions to reduce corruption in the European Union. *Revista de Cercetare*, 52, pp. 217-240.

在公共部门制定准则方面拥有近半个世纪的经验。它与国际会计师联合会等其他国际专业组织进行了有效合作。联合国和欧盟等国际组织对其的认可，以及世界银行等全球金融机构的支持，增加了其准则在全球的影响。最高审计机关国际组织通过为最高审计机关进行的审计的可靠性、质量和专业性制定专业标准和实施准则，来支持其成员更有效地履行职责并制定专业方法。

最高审计机关国际组织在其 2017—2022 年战略计划中设定了四个主要目标。[1] 第一个是"专业标准"。在这一目的范围内，根据 2019 年 9 月最高审计机关国际组织大会的决定，实行许久并被指定为最高审计机关国际准则的框架被更改为"最高审计机关国际组织专业声明框架"（IFPP），所有原则、准则、指南和其他文件都已开始重新分类。这个仍在审核中的新体系被分为五个等级，分别是：一级，《最高审计机关国际组织审计准则》（INTOSAI-P）；二级，《最高审计机关国际准则》；三级，《最高审计机关国际组织审计准则指南》（GUID）；四级，《最高审计机关国际组织能力声明》（COMPs）；五级，关键主题。[2]

《利马宣言》第一节指出，审计本身并不是目的，而是监管制度的一个必要组成部分，旨在及时揭露违反准则的行为以及违反财务管理的效率、效果、经济性和合法性原则的行为，以便能够在个别

1　INTOSAI. (2017). Strategic plan 2017-2022. International Organisation of Supreme Audit Organisations. https://www.intosai.org/fileadmin/user_upload/EN_INTOSAI_Strategic_Plan_2017_22.pdf.

2　INTOSAI PSC. (2020). Strategic development plan 2020-2025. INTOSAI Professional Standards Committee. http://www.psc-intosai.org/data/files/D2/05/8B/25/313BE610C42897E6E18818A8/11_SDP%20-%20FIPPs%20inputs.pdf. Accessed 23.09.2020.

案件中采取纠正行动，确保负有责任者承担责任、进行补偿或采取步骤，防止或至少使这种违反行为更加困难。[1] 换言之，确定负责人的责任、赔偿造成的损失和防止违规行为再次发生是审计的主要职能之一。毫无疑问，正是审计后发挥作用的司法机制才能最有效地实现这些职能。事实上，有司法权的审计机关可以通过判决来对审计中发现的损失进行赔偿，从而获得更有效的结果。

最高审计机关国际组织的其他基本原则包括一些关于最高审计机关司法权的规定。例如最高审计机关国际组织第 10 号准则《关于最高审计机关独立性的墨西哥宣言》和最高审计机关国际组织第 12 号准则《最高审计机关对公民生活产生影响的价值和利益》等提到了在涉及公共利益时最高审计机关对公共财政实施制裁或司法审查的权力。《最高审计机关国际组织道德准则》还为此类最高审计机关制定了具体规则。[2]

此外，构成第二级专业公告的最高审计机关国际准则包含与最高审计机关司法职能相关的审计活动规定。《最高审计机关国际准则》第 100 号《公共部门审计基本准则》包括一些关于最高审计机关司法裁决的段落（15 和 51），并承认最高审计机关具有司法权的重要性。还应强调的是，《最高审计机关国际准则》第 100 号是对《最高审计机关国际准则》第 400 号和《最高审计机关国际准则》第 4000 号的补充，后者制定了合规审计的原则和准则。这些准则包

1　INTOSAI. (1998). The Lima declaration, international organisation of supreme audit organisations, Vienna.

2　INTOSAI. (2019). INTOSAI-P 50: Principles of jurisdictional activities of SAIs. https://www. intosai.org/fileadmin/downloads/documents/open_access/INT_P_11_to_P_99/INTOSAI_P_50/ INTOSAI_P_50_en.pdf. Accessed 03.10.2020.

括有关司法机关质量和合规审计的规定。然而众所周知的是，这些
准则通常对于司法活动缺乏充分的覆盖与了解。

（二）最高审计机关国际组织准则中的财政管辖权

正如几乎所有级别准则所强调的那样，最高审计机关的主要职
能是使管理或利用公共资源的个人和机构承担责任，并确保问责流
程有效运作。在这方面，最高审计机关的司法活动通常被视为对审
计职能的补充，并通过审计活动产生的报告来进行。

最高审计机关的司法职能通常与审计职能相关，[1] 审计职能一般
代表议会执行。但这并不意味着司法职能是代表议会履行的，因此
也没有理由质疑司法机构的独立性以及司法机构是否遵守普遍原则。
因为从根本上说，这些机构开展的活动在文献中被定义为"最高审
计"，必须完全独立公正地进行。最高审计机关在各个领域都需要
具有机构、财务和职能独立性，这是国际准则的基本原则之一。在
许多国家，独立性的要求也受到宪法和法律的保障。例如，根据第
6085 号法律，土耳其会计法院必须考虑公认的《国际审计准则》；[2]
该法律第 3 条还规定，土耳其会计法院是一个在执行审计和作出最
终决定时具有职能独立性的机构。

正如代表议会开展审计活动不会损害审计活动的独立性和公正
性一样，不可接受的说法是，在现有法律框架内独立开展的、不代

---

1 Brétéché, B., & Swarbrick, A. (2017). Developing effective working relationships between supreme audit institutions and parliaments. *SIGMA Papers, No. 54* (p.21). Paris: OECD. https://doi.org/10.1787/d56ab899-en.

2 Aksoy, T., & Aksoy, L. (2020). Increasing importance of internal control in the light of global developments, national and international standards and regulations. *TCA Journal/Sayıştay Dergisi,* 33(118), p. 32.

表议会的国家审计机关的司法活动不符合普遍原则和价值观。此外，即使判决与审计相关，或作为审计后的下一步进行，判决也是一项与审计完全不同的活动，有其自身的程序和流程（也可能成为一个独特的司法部门，如"财务判决"或"财政管辖权"）。

公共行政和管理人员通过司法职能进一步加强了对公众、议会和其他授权机构的问责。在某些情况下，司法机构提供的其他工具正在支持公共部门问责制。因此，最高审计机关的司法活动对确保公共行政按照民主法治国家的基本要求以透明和负责的方式运作这一目标作出了重大贡献。

五、最高审计机关司法活动准则

最高审计机关国际组织的标准包括一些与具有司法权的审计机关有关的法规，但是，直接涉及这些机构的司法活动的准则尚未发布。2019 年 9 月通过并公布了《最高审计机关司法活动准则》，揭示了这些机构在履行司法职责时应遵循的原则。因此，按照国家法规进行的司法活动基本上已经被纳入了符合这些准则的国际框架。

《最高审计机关司法活动准则》并不是关于最高审计机关司法活动的国家法规的替代办法，但确实包括支持最高审计机关司法活动的工具。因此国家规范可以根据最高审计机关的战略或其宪法和法律框架以各种方式应用这些原则。[1] 换句话说，这些准则不会以任 15

1　INTOSAI. (2019). INTOSAI-P 50: Principles of jurisdictional activities of SAIs. https://www.intosai.org/fileadmin/downloads/documents/open_access/INT_P_11_to_P_99/INTOSAI_P_50/INTOSAI_P_50_en.pdf. Accessed 03.10.2020.

何方式凌驾于国家法律法规之上，也不会限制最高审计机关作出他们的承诺。

《最高审计机关司法活动准则》包括 12 条直接与最高审计机关司法活动有关的原则。这些原则分为以下三个主要主题。

（一）法律架构的先决条件及原则

作为一个先决条件，为了开展司法活动，立法必须为最高审计机关提供适当的法律手段和法规。为此，首先提出了责任制度法律框架的原则，这五项原则安排如下：

第一项原则涉及责任制度的法律基础，法律应界定适用于在最高审计机关接受法律问责的人的责任和制裁制度。为了使最高审计机关能够开展司法活动，法律框架必须界定这些机构的任务、权力、范围和程序，以及法律负责人的责任制度。该制度应明确那些可能受最高审计机关管辖的人的义务（说明这些人的违法行为可能导致法律诉讼、通告）并在必要时执行最高审计机关发布的制裁。这一原则还应包括关于受制裁事实的诉讼时效的规定。

这一原则基本上涵盖两个相关的准则，即犯罪、制裁和执行的合法性以及国家审计机关在这一领域的司法权的合法性。考虑到审计活动与被审计企业的个人责任分配无关，且该原则与最高审计机关的司法活动完全相关，最高审计机关成员必须在该责任制度的框架内行事。

第二项原则涉及参与司法活动的最高审计机关成员的独立性，该原则规定，参与司法活动的最高审计机关成员应受益于法律保障，明确确保其独立于公共当局的地位。在这个框架内，应该有法律法规来确保法官与指导案件者的独立性和中立性。法律对法官的道德规定应与《最高审计机关国际组织道德准则》平行。这一原则就司法程序的要求以及最高审计机关司法裁决对相关个人可能产生的后果而言非常重要。如果最高审计机关成员丧失独立性，则判决可能无效。[1]

在最高审计机关国际组织的主要文件中，独立性被强调为最基本的原则。例如，《关于最高审计机关独立性的墨西哥宣言》第二项原则涉及"最高审计机关负责人和成员（合议机构）的独立性，包括任期保障和正常履行职责的法律豁免"。

第三项准则涉及获取信息自由，最高审计机关应拥有保障获取 16 信息的法定权力或权利。由于司法裁决所依据的强制因素的重要性，最高审计机关要正确执行其司法职能，就必须对其获取所需信息的权限提供法律保证。通过这种方式，内部审计委员会将能够采取措施，在其研究和调查受阻的情况下快速有效地消除这一障碍。由于最高审计机关在保护公众利益方面的根本作用，其应该有能力揭露一些受法律保护的秘密。

最高审计机关可以利用司法机关通常拥有的一些强大的调查权力来获取必要的信息。在任何情况下，获取信息的渠道都应尽可能完整，这样司法活动才能得到严格和公正的执行。不限制获取信息和提供法律保证对审计至关重要，这一原则在各种准则中都得到了强调。[2]

1　INTOSAI. (2019). INTOSAI-P 50: Principles of jurisdictional activities of SAIs. https://www.intosai.org/fileadmin/downloads/documents/open_access/INT_P_11_to_P_99/INTOSAI_P_50/INTOSAI_P_50_en.pdf. Accessed 03.10.2020.

2　INTOSAI. (2019). INTOSAI-P 50: Principles of jurisdictional activities of SAIs. https://www.intosai.org/fileadmin/downloads/documents/open_access/INT_P_11_to_P_99/INTOSAI_P_50/INTOSAI_P_50_en.pdf. Accessed 03.10.2020.

　　第四项原则主要关于诉讼时效，非正常事件只能在发生或发现之时起的合理时间内予以起诉或惩罚。"个人法律地位的保障"和"司法的有效性"原则要求法律对公共行政规则中的违规行为设定诉讼时效。换言之，在违法行为被主管部门起诉或揭露一段时间后，依法负有责任的人不应受到起诉或惩罚。否则，这个职位的人在整个任期和退休期间将持续面临法律不安全感。从事实到相关调查需要很长一段时间，这可能会使寻找可能被遗漏、损坏、隐藏或无法获取的证据的工作变得非常复杂。在分析与不同法律制度的潜在更迭有关的事件和罪行时，这可能会带来一些困难。所有这些都使得诉讼时效对最高审计机关的司法活动具有重要意义。[1]

　　第五项原则主要涉及法律补救措施，即上诉和撤销判决。该原则规定，最高审计机关的所有判决均可上诉和重审，并可根据法律条例宣布判决无效。根据这项与最高审计机关的判决密切相关的原则，对负责人或官方机构实施制裁的司法决定，应在该人或当局或相关第三方的倡议下，由原决策机构审查，在某些情况下由主管当局或作出决定的审计机关人员乃至两者共同审查。对判决提出上诉的程序也必须依法确立。

（二）关于最高审计机关内部规则和组织的原则

17　　根据有司法权的最高审计机关需要具备内部规定和组织结构以确保其适当履行这一职能的要求，第二组中的四项原则涉及公平审

1　INTOSAI. (2019). INTOSAI-P 50: Principles of jurisdictional activities of SAIs. https://www.intosai.org/fileadmin/downloads/documents/open_access/INT_P_11_to_P_99/INTOSAI_P_50/INTOSAI_P_50_en.pdf. Accessed 03.10.2020.

判、公正判决和决策、管辖活动的有效性以及对同一违规行为的累积制裁。

第六项原则涉及公平审判权，要求最高审计机关确保负责人受到法律程序保障的公平审判。每个负责人都有权在独立和公正的司法机构前举行公开听证会，以确定他/她是否履行了职责。根据这一原则，每个负责人都有权：

（1）及时且充分详细地了解对他的指控的性质和原因；

（2）有足够的时间和设施，通过查阅任何一方在法庭上提交的所有文件和信息，为其辩护作好准备；

（3）亲自或通过依法任命的法定代表人为其自身辩护；

（4）查核对该人士的制裁是否有证据支持；

（5）要求为作出的决定提供明确的依据（司法决定的理由应在判决中以符合司法可理解性原则并允许上诉的方式明确、准确地陈述）。

第七项原则涉及公正的判决和决策，具备司法权的最高审计机关应通过对其活动的法律规定，保障司法程序的公正性。为此，有关其司法活动的规则和程序应确保作出裁决的法官或委员会成员不参与他们将作出裁决的案件的调查阶段。同样，为了避免对他们施加任何可能的压力，法官或委员会成员必须确保他们的个人观点不被披露，除非法律允许公众获取这些观点并已经具备适当的框架。有人强调，这一原则很重要，特别是考虑到对公正性的任何怀疑都可能使司法裁决无效。

第八项原则与司法活动的有效性有关。根据这项原则，最高审计机关应确保其司法活动产生的司法裁决能够传达给对话者并得到执行。对被告个人责任的制裁也应该有效。最高审计机关必须在合理的时间内将其决定通知相关各方和负责执行的当局。他们还应跟进决策的执行情况，并拥有适当的跟进工具。在没有法律授权执行其决定的情况下，他们必须与主管执行的公共当局进行协调。

18   虽然这一原则类似于一种后续建议，但它与最高审计机关的司法活动密切相关，并确保最高审计机关具有加强其决定执行能力的具体权力。

    第九项原则涉及同一违法行为的处罚的累积，这在刑法中被称为"一罪不二审"原则。根据这一原则，一个人不能因同一行为而被判处多次刑罚。对于最高审计机关，如果没有具体的法规要求，则负责人不得因同一违规行为而多次被定罪并受到多项制裁。[1]

    根据这一原则，最高审计机关不得对违反同一法律的行为实施一次以上的制裁，例如公共损失不应得到多次赔偿。另外，除最高审计机关的赔偿条款外，对同一案件实施另一项制裁的可能性也应受到法律的严格管制。因此，任何国家的立法或监管最高审计机关的法律都应该揭示，对于同一违规行为，授权或禁止不同的制裁。

（三）关于司法程序的原则

    关于司法程序的原则通常受法律规定的约束，主要涉及最高审计机关的司法实践，在《最高审计机关司法活动准则》中规定了质量控制、在合理期限内作出判决和向公众宣传。

    第十项原则涉及质量控制，最高审计机关应通过高效、系统的质量控制来确保司法程序的质量。这一原则涉及尊重诉讼的合法性，

---

1 INTOSAI. (2019). INTOSAI-P 50: Principles of jurisdictional activities of SAIs. https://www.intosai.org/fileadmin/downloads/documents/open_access/INT_P_11_to_P_99/INTOSAI_P_50/INTOSAI_P_50_en.pdf. Accessed 03.10.2020.

主要侧重于司法程序的充分性；如判决的合议性、检察官的介入以及法律补救办法的存在，尤其是上诉。确保程序的合理长度是质量控制的重要组成部分。每年向议会和公众报告司法活动也被视为质量控制的支持要素。[1]

质量控制涉及审计和司法活动，需要根据司法活动进行修改和修订。在这方面，所有司法程序的质量都应得到保证；在预审、审判期间和审判后的程序中，应尽可能进行独立控制。这是因为独立控制的失败可以推翻之前为原告司法判决作出的努力。

第十一项原则与合理期限内的判决有关，最高审计机关的司法管辖程序应在合理期限内完成。过长的司法程序损害了法律安全原则和相关人员，特别是在案件结束时没有实施制裁的情况下。因此，诉讼的时间长度必须与每个案件的复杂性相称。

虽然在复杂的情况下，延长诉讼程序是不可避免的，但对相反的案件来说，必须在短时间内完成审判，并为此目的使用适当的工具和技术。否则，负责人可能有权要求赔偿因国家立法规定的判决时限过长而造成的损失。

《欧洲人权公约》（第 6 条）和《欧盟基本权利宪章》（第 47/2 条）将"在合理时间内作出判决"的原则作为"公平审判权"的一个要素加以规定，因为"人人有权在合理时间内由依法设立的独立和公正的法庭进行公正和公开的审理"这一原则在司法活动中变得更加重要，相反的做法可能会导致对公共当局的制裁，损害司法的合法性，耗费公共资金。

19

1　INTOSAI. (2019). INTOSAI-P 50: Principles of jurisdictional activities of SAIs. https://www. intosai.org/fileadmin/downloads/documents/open_access/INT_P_11_to_P_99/INTOSAI_P_50/ INTOSAI_P_50_en.pdf. Accessed 03.10.2020.

第十二项原则涉及与公众的沟通交流，国家审计机关的判决必须公开进行，如果具备法律义务的话，需要尊重个人数据的保护以及保密性。公民必须了解这些活动，因为审判是代表公众进行的。最终决定不应仅提交给当事人，还必须让每个公民都可以获得。司法程序还必须符合有关保密、公共信息保留和个人数据保护的法律要求。与人民有效沟通和公开决策的原则源于司法活动的性质，因此需要的不仅仅是公布审计报告。[1]

六、最高审计机关司法活动准则与土耳其会计法院

土耳其会计法院于 1862 年以"最高会计法院"的规程成立，成立以来一直是一个司法组织，或者说是一个进行司法审查的机构。尽管 1876 年和 1924 年的宪法没有对其司法职能进行规定，但在与其成立有关的法律中，司法职责和程序得到了明确而有效的规定。在 1961 年和 1982 年的宪法中，司法职责的框架被规定为"对负责官员的账目和行为作出最终决定，并在判决事项上行使法律规定的职能"。

《最高审计机关司法活动准则》中规定的原则（作为先决条件）表明，国家立法应为最高审计机关从事司法活动提供法律授权和适当的监管框架，这一原则与《土耳其宪法》、《土耳其会计法院法》和其他法律有着强烈的一致性。然而众所周知的是，在不同的历史

---

1   INTOSAI. (2019). INTOSAI-P 50: Principles of jurisdictional activities of SAIs. https://www.intosai.org/fileadmin/downloads/documents/open_access/INT_P_11_to_P_99/INTOSAI_P_50/INTOSAI_P_50_en.pdf. Accessed 03.10.2020.

时期，这一领域中出现了一些争论。因为在该理论中，土耳其会计法院是一个"高等法院"、一个"与其他法院平等"的司法机构、一个"特殊"的司法机构，其并不是一个司法机构，而是一个具有司法职能的行政机构或者没有司法权的行政机构。广泛的不同意见已经找到了广泛讨论的基础。

土耳其会计法院由 1961 年宪法的"行政"部分和 1982 年宪法的"司法"部分组成。在 1961 年宪法期间，宪法法院驳回了国务委员会的四项单独申请，理由是相应规定在宪法中的地位不足以确定该机构的司法性质。然而，在第五次申请中，宪法法院废除了土耳其会计法院第 832 号法律中的规定，该法律规定"不得针对会计法院的决定向国务委员会提出申请"。[1] 取消这项规定的过程可以看作是这一领域混乱的表现。1982 年宪法期间，宪法法院的判决也存在明显差异，但在 2012 年之后关于加强宪法法院司法地位这一方向的裁决中，这种差异可被视为稳定。

根据格聚比于克[2]的说法，作为这一理论中的权威，土耳其会计法院是一个"特殊行政司法"机构和一个"具有特殊职责的高等法院"。谭[3]将其视为"一个独特的行政管辖机构"，奥纳尔[4]和杜兰[5]则将其描述为一个拥有最终裁决的司法机构。根据戈兹勒[6]的看法，土耳其会计法院也是一个行政机构，不是一个普通的高等法院。"由于

1　Kent, B. (2007). Türk ve Alman Sayıştayları. *Gazi Üniversitesi Hukuk Fakültesi Dergisi*, XI, pp. 1-2.

2　Gözübüyük, A. Ş. (1989). *Yönetim Hukuku* (pp. 254, 255). Ankara: Sevinç Matbaası.

3　Tan, T. (2013). *İdare Hukuku* (pp. 662, 665). Ankara: Turhan Kitabevi.

4　Onar, S. S. (1970). *Bir Yüksek Mahkeme Daha: Sayıştay. İmran Öktem'e Armağan*. Ankara: Ankara Hukuk Fakültesi Yayınları.

5　Duran, L. (1970). *Bir Yüksek Mahkeme Daha: Sayıştay*. Ankara: İmran Öktem'e Armağan.

6　Gözler, K. (2000). *Türk Anayasa Hukuku* (p. 843). Bursa: Ekin Kitabevi Yayınları.

该法院没有下级法院，因此有必要同时接受土耳其会计法院作为一级法院和高等级的法院，即高等法院。在这种情况下必须承认，会计法院设立了一个独立的司法部门。"

虽然一个机构成为司法机关的条件并不严格一致，但各种文件中都规定了司法活动的基本条件。其中，1985 年在米兰举行的第七届预防犯罪和罪犯待遇大会通过的司法独立基本原则，得到了联合国大会 1985 年 11 月 29 日第 40/32 号和 12 月 13 日第 40/146 号决议的批准，同时规定了司法独立的基本条件。《最高审计机关司法活动准则》包含了一系列从更广泛的角度进行判断的基本条件。

就土耳其会计法院而言，在《最高审计机关司法活动准则》所包含的原则方面，没有任何缺陷或问题可供讨论，例如责任制度的法律基础、土耳其会计法院成员的独立性、获取必要信息的自由、诉讼时效和法律补救措施的存在。因为问责制在相关法律中有明确规定，特别是《土耳其会计法院第 6085 号法》和《公共财政管理和控制第 5018 号法》。土耳其会计法院主席和成员的独立性受到《土耳其宪法》和《土耳其会计法院第 6085 号法》的保障，所有其他专业人员的独立性也得到了司法保障。

根据《土耳其会计法院法》第 3 条，土耳其会计法院在审查、审计和作出最终（司法）决定的工作中具有职能和制度上的独立性。根据《土耳其会计法院法》第 6 条，土耳其会计法院可以要求所有真实存在的法人提供与其职责范围相关的各种信息和文件。同样，《土耳其会计法院法》第 54—57 条对"法律救济"进行了详细规定，在这种情况下，包括"上诉"、"重审"和"裁决更正"的方式。因此，土耳其会计法院在《最高审计机关司法活动准则》和其他有关司法活动的普遍规定方面没有任何缺陷或弱点。

　　虽然《土耳其会计法院法》和《公共财政管理和控制法》扩大了土耳其会计法院的审计范围和权限，但其司法职能在领域和人员方面存在一定的局限性。由于不同职能分解的特点以及司法机构的性质，这一情况并不仅仅适用于土耳其。其中最突出的问题是将司法机关限制在公共损失领域内，《公共财政管理和控制法》将公共损失定义为"在法律规定的司法责任授权条件下，由于违反立法且出于故意、缺陷或过失的决定、交易或行动，对公共资源的增加造成障碍或使公共资源减少"，并在实施过程中造成一些差距。[1] 在法规中，"导致公共资源减少"的问责制存在一些模糊性或不确定性，主要涉及公共收入。[2] 正如前面所强调的那样，问责制因其本身的性质而存在局限性。

　　《最高审计机关司法活动准则》的第二组原则与司法活动的公平性、公正性和有效性以及对相同违规行为的累积制裁有关，适用情况令人满意，在这些事项上没有重大缺陷。最近的法律仍然在努力改进司法程序，其规定除了书面辩护的可能性，法律还给予被告

1　Yereli, A. B., & Bülbül, D. (2013, December 11-12). Mali Yönetim ve Mali Denetim Açısından Kamu Zararı. *VI. Yerel Yönetimlerin Mali Yönetimi Forumu, Ankara*.

Arslan, A. (2016). *5018 Sayılı Kamu Mali Yönetimi ve Kontrol Kanunuile Diğer Mevzuatla Düzenlenen Yeni Kamu Mali Yönetimi*. Ankara: Hermes Matbaacılık.

Demirbaş, T., & Çetinkaya, Ö. (2018). *Kamu Mali Yönetiminde Kontrol ve Denetim*. Bursa: Ekin Kitabevi.

Şahin İpek, E. A., & Hepaksaz, E. (2018). Mali Yönetim Sisteminde Sayıştay Hesap Yargısı Açısından Kamu Zararı Unsurlarının Değerlendirilmesi. *Erciyes Üniversitesi İİBF Dergisi*, 51, pp. 93-114.

2　Şahin İpek, E. A., & Hepaksaz, E. (2018). Mali Yönetim Sisteminde Sayıştay Hesap Yargısı Açısından Kamu Zararı Unsurlarının Değerlendirilmesi. *Erciyes Üniversitesi İİBF Dergisi*, 51, p.109.

出席听证会和通过律师进行辩护的机会。[1]对同一违规行为累积制裁的原则和司法程序公正的原则受到法律保障的约束。众所周知，土耳其会计法院总检察长办公室也在努力采取有效的后续行动，确保司法裁决的有效执行与对个人责任的有效制裁，这与财政和财政部的授权更为相关。

有人指出，虽然在理想情况下请求提交案件的当局应与处理案件的当局不同，但在许多国家，最高审计机关无法满足这一要求，这可能会受到批评。在土耳其会计法院中，审判是由理事会进行的，尽管检察官也参与了司法程序，但整个审判都是根据审计师审计工作后编写的报告进行的。这种情况使得审计师不可避免地被认定为检察机关。根据司法活动的要求来改革起诉机制将有助于消除这方面的顾虑，并使司法制度完全符合普遍规范和原则。

第三类原则更难考量或以准则和系统的方式应用。因为第三类原则都是可以进行主观评估的原则。质量保证体系对最高审计机关的所有活动都至关重要，并且将司法程序置于确定的质量框架之下也同样重要。土耳其会计法院正开始使用各种工具试图确保其实施过程和产出的质量，从构成司法报告基础的审计开始，在合理期限内作出判决的原则在一定程度上受到法律规定的保障。同样，在司法程序方面，公共关系和向公众披露司法决定的原则基本上得到了满足。加强机构的信息技术基础设施和信息管理系统，更有效地执行传播战略，并与其他有关机构改革的战略结合起来，将使土耳其会计法院能够更加有效地执行这些原则以及其他最高审计机关国际组织的原则和准则。

1　Köse, H. Ö. (2020). Yüksek Denetim Kurumlarının Yargısal İşlevleri ve INTOSAI Standartlarında Yargının Temel İlkeleri. *Sayıştay Dergisi*, 32(117), pp. 32-33.

七、结论

在当今世界，随着全球脆弱性、不确定性和复杂性的增加，一个健全可靠的财务管理体系对几乎每个国家都越来越重要。随着按照既定原则和规则、宪法和法律条例以及普遍接受的准则进行财务管理的重要性的增加，在金融领域建立专门司法机构的必要性无论怎样强调都不为过。随着对最高审计机关司法活动重要性的认识的深化，人们正在更加努力地按照普遍原则和准则开展这些活动，这个进程还在不断加速。

尽管最高审计机关国际组织在很长一段时间内制定的各级准则包含了与具有司法权的国家审计机关的司法活动有关的规范，但这些准则并不成系统、也不够全面。《最高审计机关司法活动准则》确定了大量最高审计机关开展司法活动的总体框架和基本原则，满足了这一领域的一项重要需求，还规定了根据普遍准则开展这些活动的必要条件，并增加这些机关作为国家司法系统组成部分的影响力。

拥有司法权并且能够有效地使用这一权力的最高审计机关，在各自国家的宪法体系中拥有更高的地位。这样的最高审计机关有助于通过司法活动在公共部门有效实施法治原则。然而，随着世界的发展，特别是公共行政的迅速变革，最高审计机关有必要根据其在普遍准则框架内不断扩大的作用和责任，提高自己的能力。

众所周知，尽管在150多年的历史中形成了根深蒂固的制度和传统（这种制度和传统是在奥斯曼帝国时期根据法国模式形成的，而且在宪法和法律中有强有力的规定），但关于土耳其会计法院的司法立场及其司法活动性质的辩论仍在继续。《最高审计机关司法活动准则》为具有司法权的国家审计机关制定的准则中可以推翻这些讨论的功能。随着其司法活动与符合这些准则的普遍规范的协调，土耳其会计法院显然将有能力在许多方面为公共行政作出更多贡献。

　　当这些准则确定了具有司法权的最高审计机关的普遍规范，如果将这些准则与土耳其会计法院的现行做法进行比较，可以说，现行宪法和法律对其司法权的规定提供了明确而有力的基础。关于土耳其会计法院成员的独立性、获取信息的渠道、诉讼时效、法律补救措施的存在以及对同一违规行为的累积制裁等方面的法律规定不存在缺陷或弱点。关于赔偿责任制度的法律基础问题的犹豫不决大多由判例法解决。任何国家在任何时候都不能声称在公平审判、公正判决和决策等问题上有绝对的完美。考虑到争取持续改进将是一个更好的战略，土耳其会计法院必须在近年来取得的成就的基础上再接再厉，尤其是在司法程序的争议领域，并使改进工作保持连续性。

　　与其他国家一样，在普遍原则和准则框架内加强土耳其会计法院的司法职能非常重要。这不仅是为了法治原则，也是为了维护公共财政管理的合法、有力和可靠。从这个角度来看，国际准则化和以普遍规范为基础的相互合作的重要性日益增加，拥有司法权的最高审计机关能够有效地维持其在国家公共管理系统中的强有力地位。

第二章

地方政府在核算气候变化和碳管理方面的作用：土耳其的最新发展

西里·乌雅尼克[*]

摘要：气候变化是 21 世纪的一大挑战，其破坏性影响威胁着 25 世界许多脆弱地区。在过去几十年里，这个问题一直是国际谈判的焦点，人们采取行动减少人为温室气体（GHG）排放——这被认为是气候变化的主要原因——但可惜取得的进展甚微。与此同时，除了国家层面和国际层面的努力，地方行动对减少排放也至关重要。这一目标在"全球化思考，本土化行动"这一格言中表达得淋漓尽致。因此，为了缓解并加速解决气候问题，人们认为自下而上的方法是全球气候治理取得成功的必要条件。由此，地方政府需要制定并实施减少排放的地方气候行动计划。这些计划则需基于经核实的信息和可接受的碳核算实践得出的可靠排放数据。由于城市贡献了所有排放量的三分之二，因此地方层面的碳核算对于缓解气候变化是十分必要的。因此，进行这样的实践，并增进对城市在排放源和排放方法方面如何以及为什么存在差异的理解，对于减排政策的成

---

* 西里·乌雅尼克，卡拉塔伊大学商业与行政科学学院能源管理系，土耳其科尼亚。E-mail:sirri. uyanik@karatay.edu.tr

功至关重要。然而，协调行动需要在地方一级进行共同和可比较的碳核算。本章在概述了如何在地方可持续性和气候变化行动的背景下利用会计进行碳管理，并重新审视了全球主要城市的应用情况之后，探讨了土耳其主要大都市的经验。对土耳其不同经验的总体解读已经确定了几个问题以及政策制定建议。研究结果表明，需要进行大规模的改进，从清单开发到有效实施，以实现低碳城市的目标。

　　关键词： 碳核算；地方气候行动；可持续气候政策；地方碳管理；土耳其大都市

一、简介

26　　气候变化现已被广泛认为是世界和人类未来面临的最严峻挑战之一。近几十年来，与气候有关的自然灾害大幅增加，已经影响到本就脆弱的地区及当地的贫困居民，并增加了他们的苦难。据估计，不采取行动应对气候变化的代价可能会上升到世界生产总值的五分之一。[1]

　　气候变化因此对总体社会经济发展产生不利影响，并使人类居住和迁移问题复杂化。因此，气候变化的后果应该引起包括所有机构与组织、地方政府和社区在内的每个人的迫切关注。此外，气候变化极大地影响了沿海地区不断发展的城市，以及许多易受洪水和其他灾害影响的低洼国家。

　　由此，气候变化现在被认为是人类面临的一大风险，需要各级政府承担责任。在可持续发展的框架内，气候变化也应该是公共当局和企业界的职能。否则，气候变化的负面后果有可能严重影响任何公司、国家、地区或地方社区。

1　Deri, A. (2008). Local governments and climate change.

虽然国际和国家层面的气候变化政策是普遍接受的参照标准，但现在人们越来越重视地方政府在这方面的作用。地方政府离社区最近，在发生灾难时，它们应该是最容易接近的机构。地方政府也被认为拥有关于当地情况的最新信息，应该能够为其公民提供有效的引导。事实上，它们有能力在个人层面和社区层面组织和支持行为上的改变。[1]

正是这种行为上的改变被认为是地方气候行动主义者面临的最大挑战。与许多组织一样，地方政府已经开始解决可持续性问题，并考虑气候变化对社会和环境造成的影响。他们还制定了气候行动计划，近年来在更广泛的环境和社会可持续性背景下，实践报告也得到了发展。为了应对城市地区的气候变化，有必要制定地方城市行动计划。这些计划预计将包括适应和缓解两个部分。因此，地方当局能够并且应该通过城市和市政管理过程，在减缓气候变化和适应其预期结果方面发挥重要作用。所有必要的资源，例如财政手段和能力建设工具，都应提供给城市和市政当局以完成这项任务。此外，为了应对人们对气候变化日益增长的担忧，减少温室气体排放 27 作为主要任务愈发明晰，而其中首要的是碳排放。这可以通过将碳核算作为一个基本工具来实现。在气候行动问题上，科学和治理确实是紧密联系和合作的。有效实现这一目标的一个途径是通过碳核算。全球和地方的碳核算应用不仅是技术，而是具有相当大治理影响的实践。[2]

最终，气候变化将用于评估气候相关项目的绩效和有效性。在

1　Ascui, F. (2014). A review of carbon accounting in the social and environmental accounting literature: What can it contribute to the debate? *Social and Environmental Accountability Journal,* 34(1), pp. 6-28.

2　Turnhout, E., Skutsch, M. M., & de Koning, J. (2015). Carbon accounting. In *Research handbook on climate governance.* Cheltenham, UK: Edward Elgar.

发展低碳经济和社会方面，市政当局和城市，尤其是大都市地区的作用至关重要。因为，这些地区和与其相连的供应链要对全球消耗的绝大多数能源和超过一半的排放量负责。事实上，地方政府和一些发达国家的城市，比如中国，越来越渴望并且雄心勃勃地寻求制定气候变化计划的方法。这方面的一项重要努力是在碳核算领域充分利用会计工具和实践报告，以便制定有效且合理的气候行动计划。[1]就土耳其而言，最近的一项研究发现，"土耳其大都市的社会经济非常渴望减少温室气体排放"。[2]

本章的目的是概述世界各地尤其是土耳其地方政府的气候行动和适应计划及应用。这些将涉及碳核算和实践报告，并对土耳其为此作出的努力进行批判性评估。最后，将尝试确定治理和决策结构及程序中需要的变更，提出政策建议。

本章的大纲如下：为了对上述任务作好准备，本章首先介绍了会计作为一种工具在商业和经济中的作用，其次提出了在可持续性报告

1　Baker, I., Peterson, A., Brown, G., & McAlpine, C. (2012). Local government response to the impacts of climate change: An evaluation of local climate adaptation plans. *Landscape and Urban Planning*, 107(2), pp. 127-136.

Andrade, J. C. S., Dameno, A., Pérez, J., de Andrés Almeida, J. M., & Lumbreras, J. (2018). Implementing city-level carbon accounting: A comparison between Madrid and London. *Journal of Cleaner Production*, 172, pp. 795-804.

Vause, J., Gao, L., Shi, L., & Zhao, J. (2013). Production and consumption accounting of CO2 emissions for Xiamen, China. *Energy Policy*, 60, pp. 697-704.

Wang, T., Campbell, E. M., O'Neill, G. A., & Aitken, S. N. (2012). Projecting future distributions of ecosystem climate niches: Uncertainties and management applications. *Forest Ecology and Management*, 279, pp. 128-140.

2　Yildirim, K., & Onder, M. (2019). Collaborative role of metropolitan municipalities in local climate protection governance strategies: The case of Turkish metropolitan cities. *Journal of Environmental Assessment Policy and Management*, 21(2).

中的作用，最后描述了在碳和气候问题中的作用。第二节的主题是在全球范围内，试图反映一些城市和地方政府主要在地方气候行动计划范围内应用碳核算的选定案例的共同特征。在最后一节中，本章将分析范围缩小到土耳其。在对国家和中央政府的工作和计划进行总结和建立框架之后，将详细报告地方和城市政府近期作出的总体可持续性努力，尤其是碳核算倡议及其减少温室气体排放的方法，以及气候变化适应计划中的其他重点。本章的分析包括治理结构和决策框架产生的限制和约束，以及所需的海量财政资源的限制，因为其与上述做法和计划取得成功的机会有关。作为这次重要评估的结果，本章得出了土耳其地方气候规划（包括碳核算）的现状和未来状况的结论。结论部分包括政策建议和地方层面的有效碳减排和气候行动的监管改革建议。

二、气候变化行动的碳核算

（一）会计作为环境和可持续性管理方面的工具

传统上，会计被用于优化组织的经济和财务绩效。因此，作为一种强大的工具，会计帮助高管们更好地规划、监控和报告所有活动，目标是为商业公司实现利润最大化，或为非营利或公共服务组织实现其他利益最大化。通过使用各种会计方法和财务报告技术，向股东乃至利益相关者传达组织的主要财务指标和商业绩效，管理者正在履行其主要责任之一。

最初，公司倾向于在其企业社会责任报告中包含所有可持续性和环境管理信息。尽管这些报告的质量和全面性随着时间的推移而提高，但与环境和气候相关的风险对投资者的决策产生了更加重大的影响，公司现在需要将这些风险纳入其财务报表和会计报告，而不是企业社会责任报告。[1]

如今，"可持续发展"和"可持续性"以及"环境会计和报告"等概念已经司空见惯。所有类型的组织和公共当局都在试图解决可持续性问题，并考虑社会、环境和经济等其他方面对公众活动的影响。关于可持续性和环境报告，如果没有任何章程或其他具有约束力的选择，非财务报告指南的主要提供者包括：

（1）全球报告倡议组织可持续性报告标准；

（2）跨国公司行为准则；

（3）联合国全球契约组织；

（4）社会责任指南标准（ISO 26000）。

为了从概念上理解环境会计的广义定义，本章引用布里特和薛特戈尔的"活动、方法和系统，以及记录、分析和报告特定经济体系（如公司、工厂、地区、国家等）的环境诱发的金融影响和生态影响"。[2]布里特等人还强调了环境会计的两个方面，即非货币和货币方面。[3]根据国际会计师联合会的研究，[4]环境会计从事生命周期评

---

1 Hopwood, A. G., & Unerman, J. (Eds.). (2010). *Accounting for sustainability: Practical insights*. London: Earthscan.

2 Burritt, R. L., & Schaltegger, S. (2000). *Contemporary environmental accounting* (p. 63). Sheffield: Greenleaf.

3 Burritt, R. L., Hahn, T., & Schaltegger, S. (2002). An integrative framework of environmental management accounting—consolidating the different approaches of EMA into a common framework and terminology. In *Environmental management accounting: Informational and institutional developments* (pp. 21-35). Dordrecht: Springer.C40.

4 IFAC—The International Federation of Accountants. (2005). IFAC Annual Report. https://www.ifac.org/system/files/publications/files/IFAC_2005_Annual.pdf.

估、成本效益分析，以及最重要的环境管理战略规划。生命周期评估或成本效益分析作为一种战略工具，是一种评估与商业产品、过程或服务生命周期所有阶段相关的环境影响的方法。

除了上述简要解释的环境和可持续能力会计概念，鉴于对气候 29
变化的日益关注，近年来还制定了会计和实践报告，将气候问题纳入环境和社会可持续性的更广泛的背景中。因此，应对气候变化问题和碳核算已被纳入核算范围。尽管有可信的证据表明，其中一些尝试纯粹是公关或营销噱头，但会计技术现在已经开始有效地得到利用。[1]因此，在公共服务组织和企业界，具体的实际工作和成果以及报告都有所增加。

最后，传统会计和财务报告技术已被用作建立公司经济和财务绩效问责制的有用工具。目前的趋势表明，环境或可持续发展会计以及气候与碳核算的概念和方法可能是反映组织和机构的社会和环境影响的问责工具和绩效指标。

（二）碳核算

1. 定义

尽管碳核算受到越来越多的关注，但定义这个术语很困难，因为其范围非常广泛，涵盖了不同的部分。这个术语一直没有被完全清晰地定义。在不清楚是在计算碳排放量、进行碳排放核算还是在对碳排放量进行问责时，就会产生混乱。

在将碳核算定义为一个概念之前，此处应该提到另一个相关定义：温室气体排放核算。虽然碳排放占温室气体排放的绝大多数，

1　Bebbington, J. (2014). *Sustainability accounting and accountability*. London: Routledge.

但也有更广泛的术语"排放核算"或"温室气体核算"，这可以粗略地定义为"进入和排出大气的气体清单"。因此，它可以与金融市场中的会计（资金流入和流出）进行比较。[1]乔纳斯等人[2]强调，有效的排放核算必须涵盖所有排放量和清除量。

李佩克和佩雷斯[3]使用"碳税会计"一词来指对化石燃料征收的税。由此可以确定"碳核算"一词也包括温室气体排放，这里将引用一些广受认可的定义来试图说明这一问题。例如，赫斯本希德等人[4]对"碳核算"给出了一个非常宽泛的定义："一方面是排放量和清除量的测量，另一方面是对财务的影响"。寇尔克等人[5]也给出了一个简单但重点突出的定义，特别是针对碳排放的测量和交易，这个相当全面和描述性的定义是"确认非货币和货币评估以及在价值链的所有层面上监测温室气体排放，以及确认、评估排放对生态系统

1　Green, J. F. (2010). Private standards in the climate regime: The greenhouse gas protocol. *Business and Politics*, 12(3), pp. 1-37.

2　Jonas, M., Marland, G., Winiwarter, W., White, T., Nahorski, Z., Bun, R., & Nilsson, S. (2010). Benefits of dealing with uncertainty in greenhouse gas inventories: Introduction. In *Greenhouse gas inventories* (pp. 3-18). Dordrecht: Springer.

3　Lippke, B., & Perez-Garcia, J. (2008). Will either cap and trade or a carbon emissions tax be effective in monetizing carbon as an ecosystem service. *Forest Ecology and Management*, 256 (12), pp. 2160-2165.

4　Hespenheide, E., Pavlovsky, K., & McElroy, M. (2010). Accounting for sustainability performance: Organizations that manage and measure sustainability effectively could see benefits to their brand and shareholder engagement and retention as well as to their financial bottom line. *Financial Executive*, 26(2), pp. 52-57.

5　Kolk, A., Levy, D., & Pinkse, J. (2008). Corporate responses in an emerging climate regime: The institutionalization and commensuration of carbon disclosure. *European Accounting Review*, 17(4), pp. 719-745.

碳循环的影响"。[1]

最后，阿苏伊和洛弗尔在表 2.1 中给出了另一个非常有用的定义。他们表示，"碳核算可以理解为表中每个单元格中一个或多个术语的任意组合"。[2] 还需强调的是，碳核算可以出于强制性或自愿的目的进行，也可以在全球、国家、组织等不同层面上进行。在实践中，对于专业的审计和会计师事务所来说，"关于将减缓气候变化的各个方面纳入会计的讨论通常被称为碳核算"。[3] 在更高的政治层面上，洛夫布兰德和史特莱普尔[4] 提出，碳核算是"政府的一种理性，它坚持'计算碳'，并设定碳可以计量、量化、划分和统计汇总的方式。因此，碳核算不仅仅是一个技术术语"。

在试图将碳核算理解为一个概念时，重要的是要考虑到，对于不同的水平和规模，使用不同的术语和概念或许更合适。还应注意的是，碳核算文献中有相当一部分是实践报告，主要是基于环境、社会和可持续性核算领域的早期工作。然而最近，就财务影响而言，碳被视为比其他环境和社会会计及报告问题更加突出的问题。由于碳排放交易系统引起的财务报告问题的发展，尤其是在欧盟，这一点变得明显。碳交易已经对某些会计问题产生了影响。

1　Stechemesser, K., & Guenther, E. (2012). Carbon accounting: A systematic literature review. *Journal of Cleaner Production*, 36, pp. 17-38.

2　Ascui, F., & Lovell, H. (2012). Carbon accounting and the construction of competence. *Journal of Cleaner Production*, 36, pp. 48-59.

3　KPMG. (2008). Climate changes your business.

4　Lövbrand, E., & Stripple, J. (2011). Making climate change governable: Accounting for carbon as sinks, credits and personal budgets. *Critical Policy Studies*, 5(2), pp. 187-200.

2. 碳的量化问题

对于市场上的任何资产，质量、数量和市场亲和力（需求）都需要确定并公开。该规则也适用于基于市场的温室气体管理工具。[1]区别可能在于温室气体的质量基本相同，需求是法规强制要求的。因此，唯一的变化量是排放量。因此，定价机制完全取决于数量。这使得需要一种可靠的方法来获得可靠的、经过认证的和可比较的结果。[2]为了实现可计量的温室气体排放量，采用了三步流程，即监测、报告和核查（MRV）系统：

（1）监测：测量、估计和监测需要收集的数据。例如，量化一个国家或公司的温室气体排放。

（2）报告：以特定格式汇编、汇总和交流信息，例如国家清单。

（3）核查：由认证机构审查和分析报告的信息，以实现完整性和准确性。

MRV 系统广泛应用于全球许多碳定价机制和交易方案中。此外，MRV 系统提供有关排放源和趋势的信息，可以实现跟踪气候变化相关目标的进展，并指导缓解行动，以便实现目标。[3] MRV 系统是保证气候变化信息透明度、精确度和可比较性的关键要素（图 2.1）。

1　Xia, Y., & Tang, Z. (2017). The impacts of emissions accounting methods on an imperfect competitive carbon trading market. *Energy*, 119, pp. 67-76.

2　Linthorst, G., van Eeghen, M., Labutong, N., & Goldstein, N. (2019, October). Harmonizing and implementing a carbon accounting approach for the financial sector in North America, PCAF North America Navigant.

3　PMR Turkey. (2017), Türkiye'de Piyasa Temelli Emisyon Azaltım Politika Seçeneklerinin Değerlendirilmesi Nihai Rapor. https://pmrturkiye.csb.gov.tr/wp-content/uploads/2018/12/nihai-rapor-6.pdf.

表 2.1　碳核算的范围

研究方法	研究层面	研究对象	研究内容	研究目的	
估计 计算 测量 监测 报告 验证 核查 审计	全球 国家 地方 区域 公民 组织 公司 项目 活动 产品 供应链	碳 二氧化碳 温室气体	大气排放量 排放权 排放义务 减排量 与上述相关的法律或金融工具 上述任何一项的贸易 / 交易 气候变化造成的影响 对气候变化造成的影响	强制性 自愿性	研究 服从 报道 披露 标杆管理 审计 信息 营销 或其他

资料来源：阿苏伊和洛弗尔（2012）[1]

（三）企业碳核算

虽然企业对气候变化和碳报告的反应不是我们的重点，但出于几个原因，我们不得不提到这一点。首先需要强调，社会的所有部门在不同层次上相互关联，所有活动在空间上相互重叠。其次，商界在某些方面可以比政府更加与时俱进。最后，各级所有组织实体都需要有效合作，才能使气候行动取得成功。作为社会支柱的私营公司需要支持、执行以及遵守所有相关政府政策。因此，我们将对这个问题作一个简短的评估概括，然后再转向政府方面。

在一个理想的世界里，人们可能期望市场中的所有投资者、企业和其他利益相关者进行合作，以调整商业活动，将气候变化模型纳入会计实践。尽管这一目标在现实世界中仍然无法实现，但来

1　Ascui, F., & Lovell, H. (2012). Carbon accounting and the construction of competence. *Journal of Cleaner Production*, 36, pp. 48-59.

自投资者的压力越来越大，尤其是来自商业和企业界的重量级项目——碳披露计划。[1] 碳披露计划的使命被描述为促进"投资者和公司之间的对话，并获得高质量信息的支持，从而对气候变化作出合理的反应"。[2] 这涵盖了相当广泛的范围，从碳风险和机会，包括温室气体的核算，到气候变化治理的全面概念。

商界对气候变化的反应不仅限于碳披露计划。通过许多相关组织、审计和会计师事务所以及智库的工作，可以确定与气候变化报告有关的一系列倡议、项目和做法。例如，国际会计准则委员会（IASC）发布了一份题为"《国际财务报告准则》和气候相关披露"的报告，旨在指导审计师如何将气候会计纳入其财务报表。[3] 然而，尽管取得了一些进展，但真正的问题是缺乏普遍能接受的碳核算标准。尽管大多数上市公司和法人目前报告了一些有意义的碳信息（政策、定量排放数据，与世界资源研究所/世界可持续发展商业理事会的"资源利用/世界可持续发展商业理事会"温室气体协议保持一致），但一致性和可比较性问题依然存在。此外，大量未上市公司以及包括公共部门在内的所有其他组织还需要做更多的工作。此外，一些具体问题，如适应战略和治理，通常都是缺失的。应当指出，监管机构应该与标准制定者合作，为全球范围内的组织制定适用的气候变化报告和审计以及碳核算标准。

---

1   CDP—Carbon Disclosure Project. (2020). https://www.cdp.net/en/.

2   ACCA—Association of Chartered Certified Accountants (2009). *Carbon accounting: Too little too late?* (Discussion paper). https://research-repository.st-andrews.ac.uk/bitstream/handle/10023/3769/ACCA-2009-Carbon-Accounting.pdf.

3   Anderson, N. (2019, November 20). IFRS Standards and climate-related disclosures. https://cdn.ifrs.org/-/media/feature/news/2019/november/in-brief-climate-change-nick-anderson.pdf.

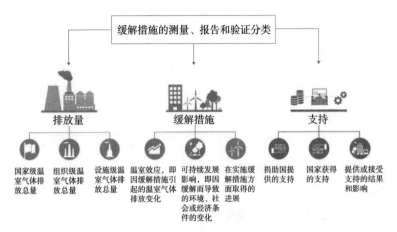

图 2.1 缓解措施的测量、报告和验证分类[1]

观察者发现，在设计碳报告所依据的标准和条款时，商业监管利益仍然占主导地位。这并不是说政府行为者没有参与碳核算准则和标准的制定。相反，这是一个涉及企业利益和私人自治机构以及所有国家、国际和地方城市一级政府的多层次决策领域。

（四）全球层次和国家层次的碳核算

与此同时，各国政府和一些超国家机构（欧盟）宣布了碳和其他温室气体的减排目标，并采取了一系列措施和方法来实现这些目标。在适应气候变化方面，碳核算标准和报告条例将发挥关键作用，各级政府越来越意识到这一事实，并采取相应行动，以实现遏制排放的目标。

---

1 Singh, N., Finnegan, J., Levin, K., Rich, D., Sotos, M., Tirpak, D., & Wood, D. (2016). *MRV 101: Understanding measurement, reporting, and verification of climate change mitigation* (World Resources Institute Working Paper).

在全球层面上，《联合国气候变化框架公约京都议定书》[1]（下文简称《京都议定书》）确定了碳管理的目标和工具：

（1）清洁发展机制：如果一个国家承诺减排，其可以在发展中国家开展减排项目或进行搬运，以获得可销售证书。这可能适用于实现《京都议定书》的目标。

（2）联合执行：该方法可在另一个发达国家使用（附录 B）。所得信用额的名称为"减排单位"。

（3）排放交易：各国（附录 B 缔约方）承诺的减排目标的名称为允许排放量或"分配数量单位"，排放市场提供了这些配额交易的参数。

2005 年《京都议定书》生效后，签约国建立了碳交易市场。这种努力背后的逻辑是，通过对每吨排放量进行定价，使排放者转向排放量最少的途径，这在财务和技术上都是可行的。在这种方式下，任何温室气体排放都会产生成本，任何未排放的数量都将是一项有市场价值的资产。

尽管最常见和最受欢迎的基于市场的温室气体排放管理方法是一个排放交易体系，但还存在其他替代应用。在初步实施该议定书（2008—2012 年）后，碳市场在第二个承诺期（2013—2020 年）内35 得到改善。第一个阶段表明，尽管基本思想很简单，就像在供需经济学下为任何资产定价一样，但所需的规则将更加复杂。起初，由于监管松懈、灵活性低，再加之全球危机，碳的价格一直很低，未能实现减排。因此，为了实现温室气体减排，第二个碳管理期需要新的工具和更严格的规则。

1　UNFCCC. (1997). Kyoto protocol to the united nations framework convention on climate change adopted at COP3 in Kyoto, Japan, on 11 December 1997.

与此同时，各国政府和一些超国家机构（如欧盟）宣布碳（和其他）减排目标，并采取一系列措施和方法以实现这些目标，这种情况正变得非常普遍，也越来越明显。在适应气候变化方面，碳核算标准和报告条例将发挥关键作用，各级政府越来越意识到这一事实，并为遏制排放的最终目标采取相应行动。最近，随着《巴黎协定》的签订，所有国家的政府都被要求（无论自愿与否）宣布减排目标。

（五）碳（温室气体）核算分类

1. 标准及规模

如上所述，温室气体核算有几个应用，可以作为规划、报告和基准绩效的基础。对此可以确定四种不同的规模。首先，以指定区域的排放量作为区域规模的基础。例如可能某一个国家，将联合国政府间气候变化专门委员会制定的指南（也被《联合国气候变化框架公约》承认）作为该规模的标准。其次，实体规模可用于某一公司或组织的活动。该规模的标准是上述指南的修订形式（即《温室气体议定书》）。再次，以项目规模排放核算的方式来处理涉及某个项目的排放，包括与特定活动有关的缓解项目（清洁发展机制和黄金标准可作为该级别核算的主要抵消机制）。最后，也是与我们的目标最相关的一点，还有一类社区规模核算。[1] 这将是本章下一节的重点。

地方政府通常按照预期使用社区规模的排放核算方法。然而除此之外，实体规模方法的地域性和某些特征都得到了利用。由于排放物被分配到一个空间界定的区域，无论所有者（即领土）是谁，

---

1 Damsø, T. N. J. (2016). *Local mitigation: Climate action planning for local energy transitions*. Doctoral dissertation, Roskilde Universitet.

排放物可能存在于该区域之外，但排放本身属于该区域内的活动。

　　关于标准方面，目前已经为地方一级的碳核算制定了若干类似或可比较的标准。其中包括《社区规模温室气体排放清单全球议定书》、国际地方环境倡议理事会的《国际地方政府温室气体排放分析议定书》和《市长公约》的《战略能源行动计划》。尽管这些标准在不同的情况中使用，但没有一项标准达到了全球通用会计行业标准（即《国际财务报告准则》）那样的高度可接受性或广泛适用性。[1]这一事实解释了在关于地方温室气体清单的质量和范围的众多研究结果中发现的显著差异和区别。下一节将结合几项研究简要介绍关于这些差异的几个例子。标准方面的问题的确是决定地方清单可信度和地方气候行动最终能否成功的最重要因素之一。

　　温室气体排放核算的主要方法有：

　　基于消费的核算方法将生产线沿线的所有排放量分配给最终消费的产品和地点（足迹或供应链）。

　　基于生产的方法将所有排放物分配到来源地。换句话说，是应用了导致温室气体排放的生产活动的空间分布。

　　这种区别在政策和政治谈判方面具有重大意义。各国根据基于生产核算制定的目标，特别是根据国家基于生产的排放的目标，一直是国际气候会议中出现冲突和僵局的主要原因。产生冲突的原因是，这种方法忽视了消费是排放量增加的主要诱因，从而转移了人们对消费模式的注意力，最终意味着国家减排措施不足。

　　另一方面，基于消费的会计方法侧重于基于消费的目标，这些

1　Smith, A. C. (2016). Methodology options in greenhouse gas accounting practices at an organizational level and their implications for investors. *Carbon Management*, 7(3-4), pp. 221-232.

目标可能有机会解决气候公正的问题。这将为在国际气候谈判中的谈判各方和国家之间解决有争议的"区别责任"问题提供一条出路。[1]

三、地方政府碳核算

（一）为什么要地方化？

考虑到气候变化的规模和紧迫性，许多专家认为，现在只能通过国家或国际决策法规来解决气候变化问题。此外，还需要大量财政资源，并辅之以有效的实施和持续的执行。虽然世界范围的承诺、跨国合作和国家范围的行动至关重要，但人们现在认识到，地方政府也是发起和实施旨在解决气候问题的持续性地方行动的关键行动者。预测表明，到2050年，世界上大约70%的人口将居住在城市地区。因此地方气候变化倡议应该激发和促进地方和全球行动的益处。这样做将提高建设可持续社区、节约能源和资源以及实施城市气候治理的能力，使得当地环境得到改善。[2]

如上所述，现在很清楚的是，零碳、碳中和或减排的主张事实上必须得到最佳的碳核算和报告方法的证实和支持。如果不遵守

1　Harris, P. G., & Symons, J. (2013). Norm conflict in climate governance: Greenhouse gas accounting and the problem of consumption. *Global Environmental Politics*, 13(1), pp. 9-29.

2　Ascui, F. (2014). A review of carbon accounting in the social and environmental accounting literature: What can it contribute to the debate? *Social and Environmental Accountability Journal*, 34(1), pp. 6-28.

Van Staden, M. (2010). *Communities, mitigation and adaptation. Local governments and climate change* (pp. 17-29). New York: Springer.

这些标准，任何声明都很容易受到"漂绿"的批评。最终可能导致公众对公共和地方当局的环境信誉的普遍信任受到损害。因此，许多地方当局和其他组织正在通过制定正式且可接受的方法来进行碳核算。

本节从不同先驱国家的地方气候行动的简短历史演变开始讲述，因为这些发展与即将发生的事情具有高相关性。

（二）历史发展

1. 美国和跨国网络在促进地方气候行动和碳管理方面的作用

20 世纪最后几十年，"可持续发展"一词在地方政府的议程中引起了相当大的反响，但"气候变化"这一非常具体的用语却没有引起同样的反应。最初，人们对气候问题的关注是在城市和大都市地区提出的。第一阶段被称为"市政自愿主义"，[1]是关于一些市政当局对气候变化的潜在影响及其应对措施的模糊认识。国际地方环境倡议理事会、城市气候保护计划以及气候联盟和能源城市等网络致力于提高城市人口在此方面的认识。他们还试图增加知识传播，以加强地方治理，实现更为综合的气候规划和政策。[2]大约在世纪之交，相关城市的参与度增加了，甚至传播到世界其他地区。虽然最初的

---

[1] Bulkeley, H., & Betsill, M. M. (2013). Revisiting the urban politics of climate change. *Environmental Politics*, 22(1), pp. 136-154.

[2] Bulkeley, H., & Betsill, M. M. (2013). Revisiting the urban politics of climate change. *Environmental Politics*, 22(1), pp. 136-154.

Kern, K., & Bulkeley, H. (2009). Cities, Europeanization and multi-level governance: Governing climate change through transnational municipal networks. *JCMS: Journal of Common Market Studies*, 47(2), pp. 309-332.

Pierre, J., & Peters, B. G. (2019). *Governance, politics and the state*. London: Red Globe Press.

行动主要是如何减少仅由市政活动产生的温室气体排放，但重点也逐渐转移到气候变化的全球政治上。[1]

随着城市政府开始着手应对气候变化，政府在政治体系中的治理问题上接连面临困难，尤其是在其管辖范围之外的活动方面。这项任务体量巨大，人们认为"需要紧急回应的言辞与实地治理气候变化的现实之间存在着差距"。[2]21 世纪初是城市应对气候问题的第二阶段，在这一阶段，气候变化成为相对强劲的城市政治议程的一部分。正是在这个"战略性城市化"的时代，美国市长会议开始强调在地方一级应对气候变化的重要性。随后，西雅图市长克雷格·尼科尔呼吁采取行动。截至 2011 年，签署《气候保护协议》的市长已超过 1000 人。这成了一项全球性的呼吁，随后在欧洲发起了《市长公约》。《市长公约》拥有 2000 多名成员，要求制定"可持续的地方能源行动计划"，并设定远大的目标。[3]这些城市采取的办法的主要目的之一是向各国政府施加集体"基层"压力，要求各国政府为气候变化做更多的工作。"C40 城市气候领导小组"的出现引人关注，因为成员城市开始与领先的私营公司建立合作伙伴关

1　Kousky, C., & Schneider, S. H. (2003). Global climate policy: Will cities lead the way? *Climate Policy*, 3(4), pp. 359-372.

Allman, L., Fleming, P., & Wallace, A. (2004). The progress of English and Welsh local authorities in addressing climate change. *Local Environment*, 9(3), pp. 271-283.

Betsill, M., & Bulkeley, H. (2007). Looking back and thinking ahead: A decade of cities and climate change research. *Local Environment*, 12(5), pp. 447-456.

Schreurs, M. A. (2008). From the bottom up: Local and subnational climate change politics. *The Journal of Environment & Development*, 17(4), pp. 343-355.

2　Sharp, E. B., Daley, D. M., & Lynch, M. S. (2011). Understanding local adoption and implementation of climate change mitigation policy. *Urban Affairs Review*, 47(3), pp. 433-457.

3　Covenant of Mayors. (2020). The Covenant of Mayors. Website of the Covenant of Mayors.

系。例如，微软参与开发了一个计算全市排放量的软件。尽管中央政府仍占据主导地位，公私合营、跨国和跨大陆的网络和合作仍然存在，但"全球气候"倡议已开始在气候治理问题上站稳脚跟。其中包括建设低碳城市基础设施和制定气候适应计划。已知的网络、联盟以及运动的数量现已超过 30 个，[1] 并且它们信奉国际地方环境倡议理事会的座右铭"地方行动，感动世界"。[2] 如今，国际地方环境倡议理事会有 10000 多名市政成员，他们通过建立《排放分析协议》，在温室气体清单编制和报告方面相当活跃。综上所述，全球环境治理在城市应对气候问题的努力中得到了区域、国家和跨国网络的大力支持。[3] 对于美国和欧洲城市来说，上述例子提供了充分的证据。

西雅图市是一个成功的气候变化和气候意识先驱的好例子。通过建立气候变化与公民行动之间的联系，西雅图强调了气候问题的重要性以及地方政府参与促进变化的重要性。在这方面，赖斯[4] 在她的研究报告中指出，"通过使用温室气体清单和对排放量的监测，建立了温室气体排放量与特定城市活动之间的关系"。有人进一步认为，就气候治理而言，西雅图人现在可以被视为碳相关型公民。通过维持着其对协议目标的承诺，西雅图在特朗普政府退出巴黎协议后仍继续保持其在地方气候行动中的领导地位。

在联合国气候会议进程中，2007 年在《联合国气候变化框架公

1　Talu, N., & Kocaman, H. (2019). *Yerel İklim Eylem Planlaması ve Türkiye Pratikleri*. Ankara: İklimin.

2　Van Staden, M., & Musco, F. (2010). Local governments and climate change. *Advances in Global Change Research*, 39.

3　Betsill, M., & Bulkeley, H. (2003). *Cities and climate change* (Vol. 4). London: Routledge.

4　Rice, J. L. (2010). Climate, carbon, and territory: Greenhouse gas mitigation in Seattle, Washington. *Annals of the Association of American Geographers*, 100(4), pp. 929-937.

约》第 13 届缔约方大会（COP13，巴厘岛）上签署了第一份全球层面关于地方气候行动规划的决议。这份名为"地方政府气候路线图"的文件成为首份让地方政府负责气候缓解和适应的正式《联合国气候变化框架公约》文件。文件指出，气候行动应该是国家气候政策的延伸。

2. 欧盟

一些欧洲地方气候行动倡议已经被提及，包括上面提到的"市长公约"。正如在第一部分简要解释的那样，欧盟的规章制度规定通过碳排放交易系统强制减少大源排放量。还有其他一些团体鼓励在所有层级自愿参与减少碳排放。因此，正如许多组织已经做的那样，城市和市政当局已经开始努力测量其碳足迹，并争取实现零碳排放。按照战略步骤，欧盟正在指导（全球）市政当局制定综合性地方气候行动计划。在欧盟内部，也有机会通过南北城市伙伴关系运用上述清洁发展机制，并创造碳补偿。然而对德国城市的一项研究表明，通过清洁发展机制项目开发进行碳抵消在南北城市合作伙伴关系中还并不是一个议题。[1]

（三）地方碳核算的主要方法

1. 范围、标准、方法

必须铭记，零碳、碳中和或减排的主张实际上必须得到最佳的碳核算和报告方法的证实和支持。如果不采用这些标准，就会为

---

1 Sippel, M. (2011). Urban GHG inventories, target setting and mitigation achievements: How German cities fail to outperform their country. *Greenhouse Gas Measurement and Management*, 1(1), pp. 55-63.

"漂绿"的主张和批评敞开大门，并且不幸的是，可能会导致公众对公共和地方当局的环境信誉的信任受到侵蚀。这导致地方当局和许多其他组织制定了正式且可接受的碳核算方法。

地方政府的温室气体核算有几种标准：国际地方环境倡议理事会的《国际地方政府温室气体排放分析议定书》、《市长公约》的《战略能源行动计划》，最后是《社区规模温室气体排放清单全球议定书》。然而，必须指出，在国际公认的会计和报告准则中没有一种受到广泛的应用。[1]寻找最适合的"排放核算"应用不可避免地提出了确保库存质量的标准问题。因此，作为一个开始，可以审查气候变化专门委员会[2]制定的清单指南。其中列出的良好的做法指标包括透明度、完整性、一致性、可比较性和相关性。[3]在上述标准中，最常用的是适用于地方的《社区规模温室气体排放清单全球议定书》。

如前所述，在解释一般碳核算时，温室气体清单的范围可以描述为地区、社区或实体和项目层面的账户。城市和市政当局通常在实体（组织）和社区层面上计算排放量。《社区规模温室气体排放清

1　Damsø, T., Kjaer, T., & Christensen, T. B. (2016). Counting carbon: Contextualization or harmonization in municipal GHG accounting? *Carbon Management*, 7(3-4), pp. 191-203.

2　IPCC. (2006). *2006 IPCC guidelines for national greenhouse gas inventories* (Vol. 5). Eggleston,S., Buendia, L., Miwa, K., Ngara, T., & Tanabe, K. (Eds.). Hayama, Japan : Institute for Global Environmental Strategies.

3　WBCSD, WRI. (2004). *The greenhouse gas protocol: A corporate accounting and reporting standard.* Geneva: World Business Council for Sustainable Development.

UNFCCC—United Nations Framework Convention on Climate Change. (2014). CDM methodology booklet (6th ed.). https://cdm.unfccc.int/methodologies/documentation/.

ICLEI—International local government. (2009). *International local government GHG emissions analysis protocol* (IEAP). Bonn: International Council for Local Environmental Initiatives.

C40; ICLEI. (2012). *Global protocol for community-scale GHG emissions.* World Resources Institute.

单全球议定书》适用于地方一级应用，是地方政府最常用的议定书，该议定书将排放分为三类：

（1）范围1：发生在社区、城市或地方当局的边界内的排放。 40

（2）范围2：由当地使用，但由中央电网供应能源的排放。

（3）范围3：尽管在外地进行，但源自当地活动的排放。[1] 为了其清单和核算的可信度，市政府通常试图涵盖范围1和2的排放。然而，最近的研究表明，这种限制可能会忽略大部分排放。

要确定一座城市的碳排放量，与国家或组织规模相比，还有一个额外的困难：确定城市边界。[2] 这种空间划分可能非常复杂，因为没有关于城市组成部分的标准应用。城市的行政边界可能最容易被当地公民和其他利益相关者理解。边界可以指定为基于服务或产品。[3] 必须注意的是，由于估算方法的不确定性，排放核算是一项具有挑战性的任务。这使得减排努力的评估更加困难。

地方碳管理的另一个方面是将活动产生的排放量分配给相关城市。这样做是为了找出一个城市对气候行动的责任分摊。通常在两种方法之间进行选择，每种方法都需要应用"MRV"模型：

---

1 Damsø, T., Kjaer, T., & Christensen, T. B. (2016). Counting carbon: Contextualization or harmonization in municipal GHG accounting? *Carbon Management*, 7(3-4), pp. 191-203.

2 Lützkendorf, T., & Balouktsi, M. (2019, August). On net zero GHG emission targets for climate protection in cities: More questions than answers? In *IOP conference series: Earth and environmental science* (Vol. 323, No. 1). IOP.

3 Balouktsi, M. (2020). Carbon metrics for cities: Production and consumption implications for policies. *Buildings and Cities*, 1(1).

Albertí, J., Brodhag, C., & Fullana-i-Palmer, P. (2019). First steps in life cycle assessments of cities with a sustainability perspective: A proposal for goal, function, functional unit, and reference flow. *Science of the Total Environment*, 646, pp. 1516-1527.

（1）基于生产或地域方法，[1]也被称为"纯地理方法"，[2]其考虑了特定行政地理范围内产生的排放量。换句话说，即"源点核算"。

（2）基于消费而被称为"碳足迹"[3]或"温室气体足迹"，[4]这计量了在使用点消费商品和服务所产生的所有排放。换句话说，这是"最终用户核算点"。

对文献的快速回顾表明，研究领域主要是基于纯地理生产和社区基础设施的会计范畴。尽管最新的会计协议也使用了基于消费的方法，但许多城市仍然使用基于社区和地理角度的、按生产的方法进行的会计和报告。

一项使用两种不同方法（分别以生产和消费为基础）对马德里和伦敦进行比较的研究确定，通过利用环境扩展投入产出矩阵、更多城市一级的原始数据和当地从摇篮到坟墓的因素，编制一份以消费为基础的清单将非常有用。该推荐应用依据伦敦的经验，允许追踪城市供应链。这些措施将允许更准确地计算城市供应链。[5]

1 Chavez, A., & Sperling, J. (2017). Key drivers and trends of urban greenhouse gas emissions. In *Creating low carbon cities* (pp. 157-168). Cham: Springer.

2 Chen, G., Shan, Y., Hu, Y., Tong, K., Wiedmann, T., Ramaswami, A., Guan, D., Shi, L., & Wang,Y. (2019). Review on city-level carbon accounting. *Environmental Science & Technology*, 53(10), pp. 5545-5558.

3 Chen, G., Shan, Y., Hu, Y., Tong, K., Wiedmann, T., Ramaswami, A., Guan, D., Shi, L., & Wang,Y. (2019). Review on city-level carbon accounting. *Environmental Science & Technology*, 53(10), pp. 5545-5558.

4 Pichler, P. P., Zwickel, T., Chavez, A., Kretschmer, T., Seddon, J., & Weisz, H. (2017). Reducing urban greenhouse gas footprints. *Scientific Reports*, 7(1), pp. 1-11.

5 Andrade, J. C. S., Dameno, A., Pérez, J., de Andrés Almeida, J.M., & Lumbreras, J. (2018). Implementing city-level carbon accounting: A comparison between Madrid and London. *Journal of Cleaner Production*, 172, pp. 795-804.

拉尔森和赫特维奇的一项具体研究也得出了类似的结论，该研究发现，上游供应链的间接排放应纳入适当的碳足迹核算中。[1]

在同样的背景下，一项针对意大利北部城市的综合研究发现，41 基于消费的方法扩大了对界定减少温室气体行动的关注。[2]

尽管地方气候行动规划在方法、碳核算和温室气体清单编制方面取得了进展，但仍有许多工作要做，尤其是在改进《指导原则》的适用标准方面。例如，一项针对丹麦市政当局的详细比较方法研究得出结论，"国际最佳实践应该解决实际会计中的问题，而不仅仅是提供理想会计的理论指导"[3]。另一项研究指出，由于估算方法的不确定性和模糊性，核算碳排放量是一个巨大的挑战。这将导致下一个问题，即如何在未来几十年内减少这些不确定的排放量。[4]

2. 世界各地地方气候行动背景下的碳核算实例

上文简要解释了地方和城市气候行动主义的必要性和历史背景，以及国家、国际和跨国视角，还回顾了碳管理的地位以及对碳核算的方法和原则进行的综述。下文为一些文献中揭示的在全球范围内实施的例子。

1　Larsen, H. N., & Hertwich, E. G. (2009). The case for consumption-based accounting of greenhouse gas emissions to promote local climate action. *Environmental Science & Policy*, 12(7), pp. 791-798.

2　Di Martire, D., Paci, M., Confuorto, P., Costabile, S., Guastaferro, F., Verta, A., & Calcaterra, D. (2017). A nation-wide system for landslide mapping and risk management in Italy: The second Not-ordinary plan of environmental remote sensing. *International Journal of Applied Earth Observation and Geoinformation*, 63, pp. 143-157.

3　Damsø, T., Kjaer, T., & Christensen, T. B. (2016). Counting carbon: Contextualization or harmonization in municipal GHG accounting? *Carbon Management*, 7(3-4), pp. 191-203.

4　Milne, M. J., & Grubnic, S. (2011). Climate change accounting research: Keeping it interesting and different. *Accounting, Auditing & Accountability Journal*.

目前，推进英国的地方气候议程变得非常重要。温室气体核算工具由当地合作伙伴开发，以提供准确的碳基准计算。虽然目前的排放报告是自愿的，但一份一致且准确的碳源表是气候行动减排战略的主要工具。该工具应当符合碳披露计划，并且允许进行基准测试。当地排放数据报告被发送给碳披露计划-国际地方环境倡议理事会统一报告系统。[1]

一项针对英国的研究发现，将气候变化绩效参数纳入绩效体系已经将气候问题推到了地方政治议程上。尽管如此，还是有人提出了与地方对气候行动绩效驱动因素的影响力有关的问题。出于这个原因，新的问题出现了，即地方政府如何对他们几乎或根本无法控制的地区负责。[2]

文献已经确定了利用《京都议定书》的"清洁发展机制"（尽管只有极少数的主要的大都市地区）来资助碳减排倡议。圣保罗就是其中之一，通过公私合作成功实施了一个填埋场"气体捕获"项目，产生了环境和经济效益。[3]然而，由于对核算工具的利用不足，在高潜力减排领域开展的清洁发展机制项目很少。[4]

---

1   LCA—Local Government Association. (2020). Greenhouse Gas Accounting Tool. https://www.local.gov.uk/greenhouse-gas-accounting-tool.

2   Cooper, S., & Pearce, G. (2011). Climate change performance measurement, control and accountability in English local authority areas. *Accounting, Auditing & Accountability Journal*, 24(8), pp. 1097-1118.

3   De Oliveira, J. A. P. (2009). The implementation of climate change related policies at the subnational level: An analysis of three countries. *Habitat International*, 33(3), pp. 253-259.

Setzer, J. (2009, June). Subnational and transnational climate change governance: Evidence from the state and city of São Paulo, Brazil. In *Fifth urban research symposium, cities and climate change: Responding to an urgent agenda* (pp. 28-30).

4   World Bank. (2020). CO2 emissions (metric tons per capita)—Turkey. https://data.worldbank.org/indicator/EN.ATM.CO2E.PC?locations=TR.

　　然而，一些主要城市在其管辖范围内实施了碳市场原则。作为 42
一个很好的例子，东京在城市尺度上建立了自己的碳排放交易。因
此，虽然市政当局通常不被视为碳市场的主要参与者，但类似这样
的计划的存在显然可以鼓励和激励地方气候行动。因此可以说，碳
市场是城市气候行动以及多层次治理结构的有用工具。澳大利亚
是一个气候行动和碳核算在公共和私营部门的公司中迅速扩张的国
家。国家碳抵消标准的制定现在使所有组织、建筑和事件都能够
获得碳中和认证，并计算其活动的碳排放量。在此框架下，还鼓
励澳大利亚地方政府根据既定标准和指南设计、开发和监测其碳
清单。[1]

　　为了更好地应对气候变化，澳大利亚地方政府之间建立了区域
伙伴关系。其中一个非常成功，即"北方温室行动联盟"（NAGA），
该联盟发起了一个旨在实现"零碳排放"的项目。[2]作为一个非常早
期的采用者，墨尔本市已经在 2002 年制定了"零碳排放"的目标，
到 2020 年已经实现。

　　作为世界上规模最大、增长最快的温室气体排放国，有关中国
地方排放的研究揭示了有趣的结果。例如，通过使用环境投入产
出分析构建厦门市的二氧化碳生产和消费核算清单，得出的结论是
"城市温室气体排放的消费核算优于生产核算，因为城市是依赖进口

1　Sustainability Victoria. (2018). Organisational carbon accounting for local governments. https://www.sustainability.vic.gov.au/-/media/SV/Publications/About-us/Funding/Local-Government-Energy-Saver-Program/Organisational-Carbon-Accounting-for-Local-GovernmentsLearner-guide.pdf?la=en.

2　Northern Alliance for Greenhouse Action (NAGA). (2009). Three year funding agreement. https://www.melbourne.vic.gov.au/about-council/committeesmeetings/meeting-archive/MeetingAgendaItemAttachments/250/4014/C2_51_20091027.pdf.

大量外部生产商品的开放系统"。[1]

陈等人[2]还指出，方法上的差异导致了碳核算实践中的不同结果，他们还指出，基于消费的方法（结合经济系统分析）是"导致该领域新趋势的新兴模式"。因此，由于中国的特大城市是巨大的消费中心，解决消费模式对低碳发展至关重要。为了实现中国最近宣布的"在2060年前达到碳中和"的承诺，必须解决消费模式。[3]在计算了城市中心的碳足迹后，冯等人[4]证明，与城市消费相关的二氧化碳排放主要外包给其他地区（所谓的"碳泄漏"）。因此，解决城市消费问题将在中国缓解气候变化方面发挥关键作用。另一项与中国城市相关的研究发现，自上而下的方法可以代替温室气体排放总量。基于此，建议采用自下而上的方法来获得可靠的结果，并确定更好的策略。[5]

一项针对巴西城市的研究发现，巴西城市大多采用了基于生产的碳核算方法。然而，其中发现了两个主要的缺陷：不完备以及缺乏透

1　Vause, J., Gao, L., Shi, L., & Zhao, J. (2013). Production and consumption accounting of CO2 emissions for Xiamen, China. *Energy Policy*, 60, pp. 697-704.

2　Chen, G., Shan, Y., Hu, Y., Tong, K., Wiedmann, T., Ramaswami, A., Guan, D., Shi, L., & Wang,Y. (2019). Review on city-level carbon accounting. *Environmental Science & Technology*, 53(10), pp. 5545-5558.

3　BBC. (2020, September 22). Climate change: China aims for 'carbon neutrality by 2060'. https://www.bbc.com/news/science-environment-54256826.

4　Feng, K., Hubacek, K., Sun, L., & Liu, Z. (2014). Consumption-based CO2 accounting of China's megacities: The case of Beijing, Tianjin, Shanghai and Chongqing. *Ecological Indicators*, 47, pp. 26-31.

5　Wang, T., Campbell, E. M., O'Neill, G. A., & Aitken, S. N. (2012). Projecting future distributions of ecosystem climate niches: Uncertainties and management applications. *Forest Ecology and Management*, 279, pp. 128-140.

明度。这些报告没有准确反映城市活动和消费模式产生的排放量。在 43
这种情况下，地方政府应该促进和鼓励可持续消费（低碳）计划。[1]

总之，全球近五分之四的能源使用量和一半以上的碳（或更确切地说是温室气体）排放量都是由城市和附属供应链造成的。一般来说，城市在核算和报告排放量时大多使用基于生产的方法。这导致遗漏了发生在供应链中的排放量。[2]

大量研究表明，该方法需要转向更注重消费的碳核算。上文简要介绍了地方气候行动规划的一般情况，尤其是温室气体核算的作用（包括该领域国际发展、网络和合作的历史背景）。在给出了地方碳核算的方法、范围和准则框架之后，我们还根据其研究结果的相关性和重要性，对世界各城市或国家的一些案例研究进行了讨论。本章至此已经提供了一个背景，下一节主要介绍土耳其在这一领域的观点和最新发展。

四、土耳其的地方气候行动和碳核算

（一）土耳其的国家气候政策

土耳其位于地中海盆地，横跨欧洲、亚洲，由于气候变化的后

1　Leão de Souza, E. B., do Nascimento, L. F. M., de Andrade, J. C. S., & de Oliveira, J. A. P. (2020). Carbon accounting approaches and reporting gaps in urban emissions: An analysis of the Greenhouse Gas inventories and climate action plans in Brazilian cities. *Journal of Cleaner Production*, 245.

2　Harris, P. G. (2019). Climate justice: The urgent research agenda(s). In *A Research Agenda for Climate Justice*. Edward Elgar Publishing.

果，其所处的陆地可能成为世界上受影响最严重的地区之一。最初的影响将是严重干旱。气候变化将对全国的水、农业和能源部门产生重大影响。[1] 作为近几十年来快速增长的新兴经济体，土耳其一直在进行密集型工业化，人口也稳定增长，同时伴随着快速的城市化。因此，温室气体排放量也有所增加。事实上，土耳其在《联合国气候变化框架公约》（附录一）所列的国家中实现的排放增长率最高，在 1990 年至 2013 年间上升了 110.4%。[2] 2018 年，其温室气体排放量达到 5.2 亿吨，[3] 人均排放量为 4.7 吨，位居前 12 位。[4]

　　土耳其是《联合国气候变化框架公约》的缔约国，而该公约被视为气候法规的宪法和《京都议定书》的组成部分。因此，土耳其有义务传达其战略、政策、计划和方案、数据（包括温室气体清单），并更新其状态。因此，自 2006 年以来，土耳其一直向公约秘书处提交年度温室气体排放清单报告。

　　关于国家气候政策，《国家气候变化战略文件》和《国家气候变化行动计划》（2013—2023 年）的执行工具已经到位。后者包括温室气体控制行动和气候变化适应计划，以及详细的技术和部门评估

44

1　Şahin, Ü. A., Onat, B., & Ayvaz, C. (2019). Climate change and greenhouse gases in Turkey. In N. Balkaya & S. Guneysu (Eds.), *Recycling and reuse approaches for better sustainability*. *Environmental science and engineering*. Cham: Springer.

2　Turhan, E., Cerit Mazlum, S., Şahin, Ü., Şorman, A. H., & Cem Gündoğan, A. (2016). Beyond special circumstances: Climate change policy in Turkey 1992-2015. *Wiley Interdisciplinary Reviews: Climate Change*, 7(3), pp. 448-460.

3　OECD.Stat. (2020). Greenhouse gas emissions. https://stats.oecd.org/Index.aspx?DataSet Code=AIR_GHG.

4　World Bank. (2020). CO2 emissions (metric tons per capita)—Turkey. https://data.worldbank. org/indicator/EN.ATM.CO2E.PC?locations=TR.

和目标。《国家气候变化行动计划》由 49 项战略、107 项目标和 541
项行动组成。然而不幸的是，该强制性监管文件没有承诺具体的排
放或减排目标。[1]土耳其没有强制性的碳市场，但确实存在自愿倡议。

2015 年，根据《巴黎协定》，土耳其向公约秘书处提交了其《国
家自主捐款计划》。通过这种方式，土耳其使其数字化温室气体减排
承诺正式生效。这些预测包括到 2030 年减排 21% 的目标，基于"一
切照旧"的设想。关于如何实现减排的措施也被列出。[2]

根据《巴黎协定》的规定，并根据《联合国气候变化框架公约》
发达国家名单（附录一），其特殊条件已得到承认，因此土耳其被视
为发达国家。所以土耳其没有资格获得财政资源和技术创新转移形
式的支持，也无法获得绿色气候基金。出于这些原因，土耳其拒绝
批准《巴黎协定》。不过在总体上，土耳其仍然致力于《巴黎协定》
的目标。

如前文所述，由于快速城市化，75% 的土耳其人口现在生活在
城市。在这 6000 万居民中，超过 80%（5000 万）生活在大都市地
区。[3]这些数字表明了地方气候行动的意义以及重要性。

（二）地方气候行动计划

结合全球发展和趋势，土耳其地方政府已在气候行动和碳管理

---

1 Yildirim, K. (2017). *Local climate change governance: The case of Turkish Metropolitan Municipalities.* Doctoral dissertation, Ankara Yıldırım Beyazıt Üniversitesi Sosyal Bilimler Enstitüsü.

2 Talu, N., & Kocaman, H. (2019). *Yerel İklim Eylem Planlaması ve Türkiye Pratikleri.* Ankara: İklimin.

3 Statista. (2020). https://www.statista.com/statistics/255487/urbanization-in-turkey/.

的大框架内开始实践。本章参考塔鲁、科卡曼和伊尔迪里姆的著作[1]，然后试图在下面的总结中对它们进行分类。

（1）《地方环境行动计划》是为地方制定的，由环境和城市化部制定并在其协调下确定的。安卡拉、亚洛瓦、加济安泰普、马尔丁、特拉布宗和阿克萨赖等城市部分得到了欧盟基金的支持。《地方环境行动计划》的唯一目标是支持在地方一级执行国家环境政策。

（2）《综合城市发展战略和行动计划》（2010—2023年）是首次在交通、空间规划、能源效率、基础设施领域设计可持续的地方政策，尤其是在减少温室气体排放量方面，其参与性方法被认为具有重要意义。[2]

（3）在联合国土耳其区域经济共同体的协调下，有14个城市参加了"国际地方环境倡议理事会气候友好城市运动"。这些城市包括阿拉尼亚、贝伊奥卢、博德鲁姆、钱卡亚、哈尔卡普纳尔、卡德柯伊、卡拉德尼兹·埃雷奥利、科伊伦、穆拉、内夫谢希尔、尼吕费尔、锡瓦斯、西斯利、亚洛瓦等。它们宣布准备在地方一级参与一些与气候变化有关的活动。并且已经确定了将要开展的项目。

（4）地方的行动取代了跨国地方管理气候网络（欧盟《市长公约》）、更新的"全球市长气候与能源公约"、C40、国际地方环境倡

---

1 Talu, N., & Kocaman, H. (2019). *Yerel İklim Eylem Planlaması ve Türkiye Pratikleri*. Ankara: İklimin.

Yildirim, K. (2017). *Local climate change governance: The case of Turkish Metropolitan Municipalities*. Doctoral dissertation, Ankara Yıldırım Beyazıt Üniversitesi Sosyal Bilimler Enstitüsü.

2 MEAU—Ministry of Environment and Urbanization. (2010). Kentges bütünleşik kentsel gelişme stratejisi ve eylem plani 2010-2023. http://www.kentges.gov.tr/.

议理事会、"欧洲城市网络"的成员资格，对地方气候行动和计划非常有利。例如，2007 年，科尼亚市率先成为世界市长气候变化委员会的成员。此外，来自伊斯坦布尔、伊兹密尔、布尔萨和尚勒乌尔法市的代表加入了"欧洲城市网络"。

自《巴黎协定》实施以来，包括碳减排在内的地方气候行动有所增加。在这种情况下，作为欧盟《市长公约》签署方的市政当局在更大的气候行动规划战略范围内编制了温室气体排放清单和可持续能源计划。其中一些国家还承诺在今年实现温室气体减排目标。例如，安塔利亚、伊兹密尔·比尤克埃希尔、卡德柯伊、博尔诺瓦、卡尔舍亚卡、马尔泰佩、塞费里希萨尔、钱卡亚、尼吕费尔（缓解＋适应）和特佩巴西市不仅承诺为碳排放清单作准备，还承诺到 2020 年将减排 20%—30%。

（三）根据土耳其市政当局的地方气候行动计划经验进行温室气体核算的案例

1. 加济安泰普市《气候变化行动计划》（2011）

作为第一个此类计划，该计划的重点是能源及其与国家级战略和行动计划的一致性。碳管理的具体步骤包括 2023 年当地 15% 的减排目标。[1] 这的确是一项开创性的成就。当地政府还发表了一项声明，鼓励各行业采用低碳强度技术。该计划主要基于对适应政策的广泛分析，并于 2016 年修订。

加济安泰普被认为是土耳其第一个发布气候战略文件的先驱城市。2011 年，加济安泰普市发布了第一个《气候变化行动计划》。

1　Gaziantep Metropolitan Municipality. (2011). Climate action plan of Gaziantep.

46 在计划成立之后，就对其概念和基本假设进行了修改。第一次修改发生在 2011 年，后续修改发生在 2016 年，《气候变化行动计划》提出了完全不同的计量方式和目标。该计划的变化源于 4 年内人口未预见地高速增长 46% 和工业快速进步。2018 年，加济安泰普市发布了经修订的《可持续能源和气候行动计划》。该计划的重要细节如下：[1]

加济安泰普市的温室气体计算和报告基于《社区温室气体排放清单全球议定书》。

在该计划中，水泥生产、农业和航空运输等工业活动的排放被评估为不受影响，并被排除在城市清单之外。

在"一切照旧"的情况下，预测到 2030 年，碳排放量将达到 6,246,633 吨二氧化碳，与人口增长保持一致。

作为《市长公约》的成员，加济安泰普市承诺，与 2030 年的"一切照旧"情景相比，将排放量减少 40%。

此外，"一切照旧"的目标是通过投资可再生能源，特别是太阳能和沼气，来减少排放。二氧化碳年减少量估计为 87,189 吨 / 年。

随着实现既定目标的战略和措施的到位，预计加济安泰普市的总排放量将减少 40%。也就是说，与 2030 年估计的每年 6,246,633 吨二氧化碳排放量相比，将实现将二氧化碳年排放量降低至 3,732,820 吨的目标。

如果实现这一雄心勃勃的计划，到 2030 年，2015 年人均排放量 2.43 吨二氧化碳当量 / 人将减少到 1.45 吨二氧化碳当量 / 人。

---

1 Gaziantep Metropolitan Municipality. (2016). Gaziantep 2nd GHG Inventory and Climate Change Initiative Action Plan.

综合能力评估计划明确报告了需要采取的行动，并以每年二氧化碳吨当量为单位确定了缓解潜力的优先顺序。

2. 伊斯坦布尔市《气候变化"综合"行动计划》

伊斯坦布尔市已经在许多跨国地方气候行动网络和机构中发挥了积极作用。因此，该计划被认为对伊斯坦布尔市非常重要，并直接导致后续制定了建立碳交换计划的计划，作为 2009 年"伊斯坦布尔国际金融中心"项目的一部分。在这种背景下，伊斯坦布尔市于 2010 年发布了第一份碳清单，并于 2013 年更新。最后，2015 年该计划发布了新版本。根据该计划，到 2030 年，与"一切照旧"的情景相比，"伊斯坦布尔市的减排目标为 33%"。根据《社区规模温室气体排放清单全球议定书》编制的 2015 年伊斯坦布尔市温室气体清单给出了 4,730 万吨二氧化碳的数字。根据预测，人口和移民的增长将导致其排放量在 2050 年之前继续上升至峰值。因此，若"一切照旧"，预计到 2030 年，二氧化碳当量将达到 8,470 万吨，到 2050 年，二氧化碳当量将达到 1.179 亿吨。但如果实行伊斯坦布尔市《气候变化"综合"行动计划》中规定的措施，2030 年的排放量将减少到 5,710 万吨二氧化碳当量，2050 年将减少到 7,610 万吨二氧化碳当量。与"一切照旧"的情景相比，这相当于 2030 年减少了 2,760 万吨二氧化碳当量（33%）。

这种"从增长中减少"的政策符合土耳其在 2030 年前将国家发展援助减少 21% 的目标。鉴于伊斯坦布尔市仍期望快速增长并继续其社会经济发展，[1] 这被视为一个充满雄心壮志的目标。

47

1　Istanbul Metropolitan Municipality. (2018). Istanbul Climate Change Action Plan. https://www.iklim.istanbul/wp-content/uploads/%C3%96zetRapor%C4%B0ngilizce.pdf.

该计划列出了一些关于如何减轻气候脆弱性和减少碳排放的一般性行动。这些目标将通过努力提高工业和建筑部门的能源效率、推广可再生能源和废物管理来实现。

3. 伊兹密尔市《战略能源行动计划》

为了应对气候变化，伊兹密尔市的《战略能源行动计划》的目标是到 2020 年将大都市地区的温室气体排放量减少 20%（以 2014 年为基准年，即从 890 万吨减少到 710 万吨）。若在"一切照旧"的情况下，9% 的增长率将成为可能。因此该目标相当于每年减少 25.1 万吨碳。[1]

通过《战略能源行动计划》研究市政当局的方法和原则时，本章的主要发现如下：

伊兹密尔市将世界资源研究所的温室气体核算体系协议书作为编制城市规模清单的方法，用于其自身机构运营（第一级）产生的排放。对于城市规模排放（二级），则使用气候变化专门委员会指南（温室气体清单）用作基准。如前文所述，这两份文件都是最主要和常用的方法之一。国际地方环境倡议理事会在开发自己的《国际地方政府温室气体排放分析议定书》时也参考了这两份文件，供全球的地方政府对其排放进行分析。

根据上述情况，2014 年伊兹密尔市的总排放量计算为 21,869,346 吨二氧化碳（人均 5.31 吨），包括所有三个范围。然而，作为《市长公约》网络的签署者，伊兹密尔市决定选择《市长公约》规则，该规则允许灵活地排除市政当局无法控制的排放，包括工业排放（包括所有燃料和电力使用，几乎占总量的一半）、航空旅行和农业相关排

放。这将把可影响的排放量缩小到 8,912,556 吨二氧化碳（占总量的42%）。能源消耗（住宅、服务和公共建筑）是这些排放中非常重要的一部分（占总量的 51%）（表 2.2）。

表 2.2　2015 年伊兹密尔市各范围内温室气体排放情况（单位：吨）

范围 1	范围 2	范围 3	总计
12,775,214	8,094,096	582,216	21,451,526
每吨二氧化碳当量	每吨二氧化碳当量	每吨二氧化碳当量	每吨二氧化碳当量

资料来源：伊兹密尔市（2016）[1]

由于"相关性"原则的重要性，特别是在地方一级，因为重点和治理结构不同，这是一种更值得推荐的做法。[2] 市政当局与建筑和城市交通类别造成的排放影响具有相关性。

根据这份清单，我们对 2020 年这个目标年份进行了预测。考虑到与国家政策、当地人口增长、社会经济发展预期和目标以及国民经济有关的所有信息和数据，估计上述指定城市的二氧化碳排放量将增加 8.7%，达到 9,690,453 吨（在"商业发展一切照旧"的情况下）。

根据《市长公约》的要求，伊兹密尔市决定在指定的排放量类别中计划 20% 的目标减排率（在其《战略能源行动计划》中）。这些减排目标将在 2020 年之前的 5 年内实现，这些目标已在《战略能源行动计划》中作了详细的解释和记录。市政可能影响的排放种类与建筑物和都市交通有关，主要涉及能源效率、能源节约以及能源生产活动从化石燃料向可再生能源的目标转变。

1　İzmir Metropolitan Municipality. (2016). İzmir Sustainable Energy Action Plan.

2　Erickson, P., & Morgenstern, T. (2016). Fixing greenhouse gas accounting at the city scale. *Carbon Management*, 7(5-6), pp. 313-316.

就《战略能源行动计划》的评估而言，所使用的总体方法、策略和流程与地方气候行动规划和碳核算实践的全球应用和方法相对一致。在数据收集、清单编制、能源行动计划的形成和编制以及减排目标的确定阶段，采用了广泛参与的方法，并邀请所有利益相关者参与。

据了解，能源减排的主要领域和地方行动只有通过在建筑、交通和城市基础设施领域使用能源，并在一定程度上通过促进可再生能源发电才能有效。一般来说，土耳其地方当局对所有能源生产和分配活动以及工业能源的使用和消耗几乎没有控制权。尽管这一直是伊兹密尔市的一个限制因素，但在编制《战略能源行动计划》期间，在计算和假设中，考虑了能源效率和其他减排措施的国家气候政策目标。事实上，这些目标与《战略能源行动计划》的目标没有太大区别。

正如《战略能源行动计划》和监管框架中所述，一般而言，无论其行业位置如何，该行业在很大程度上都不受市政当局控制。尽管如此，伊兹密尔市地方政府的土地利用规划工具在实现"低碳未来"方面是有效和可执行的。在市政当局部分参与许可过程的情况下，该工具可用于促进和鼓励工业中的低碳应用。在这方面，地方规划准则和建筑许可证条例可以指导工业和农业部门（《战略能源行动计划》认为这些部门通常不受市政当局控制）实现地方一级的脱碳目标。

另一方面，《战略能源行动计划》正确地指出，碳排放趋势在很大程度上受到国家和地方经济的总体结构和特征、社会经济动态以及全国发展趋势的影响。然而正如前文提到的，地方上的行动仍然很重要，因为城市现在被视为经济的主流。

本章在总结评估部分指出，尽管《战略能源行动计划》存在不足，但在地方气候行动和碳核算实践方面，这是按照国际范例迈出的重要一步。不过到 2020 年结束时，这些目标将如何实现，以及从 5 年的实施中可以吸取什么教训，仍有待观察。

4. 科贾埃利市温室清单

科贾埃利市位于土耳其马尔马拉地区，拥有全国最高的人口密度和工业活动密度。根据《气候变化行动计划》，科贾埃利市致力于按照土耳其国家数据中心的规定，通过设定一个"现实"的目标，即到 2030 年将"建筑工程"设想的碳排放量减少 21%，以将该市转变为"气候友好型"城市。[1]

科贾埃利市《气候变化行动计划》的重要方面如下：

根据其气候行动计划，2018 年，科贾埃利市利用了联合国政府间气候变化专门委员会的 2006 年温室气体清单指南和国际地方环境倡议理事会的 2014 年全球地方温室气体排放议定书。

科贾埃利市的综合资本分析计划包括市政当局控制下的活动排放量。计量包括第一和第二排放源的范围，而第三排放源的数据被排除在外，因为这是无法获取的。科贾埃利市同样也排除了工业排放。

2016 年科贾埃利市的城市总排放量为 2510 万吨二氧化碳。据报告，受影响的排放总量为 7,905,807 吨二氧化碳。

根据预测，科贾埃利市的目标是在 2030 年之前将人均排放量减少 9.2%。这相当于总排放量增加 31.9%，因为减排目标是基于"一切照旧"情景的。表 2.3 列出了各行业的减排份额。

---

1 Kocaeli Metropolitan Municipality. (2018). Kocaeli GHG Inventory and Climate Change Initiative Action Plan.

在科贾埃利市的《气候变化行动计划》中，为每个部门确定了实现减排目标的行动。减少的大部分排放量来自交通业、建筑业和工业。对于建筑业和工业而言，这些措施的主要目的是从使用化石燃料转向其他可再生能源。

《气候变化行动计划》的总体方法与地方气候行动规划和碳核算实践的全球应用和方法一致。

土耳其地方当局对所有能源生产和分配活动以及工业能源的使用和消耗几乎没有控制权。这也是科凯利市的一个限制因素。尽管如此，《气候变化行动计划》仍将其减排目标与国家气候政策的目标保持一致。

与伊兹密尔市的《战略能源行动计划》不同，科贾埃利市的《气候变化行动计划》没有将土地利用规划作为用于低碳应用的执法工具。

表 2.3　科贾埃利市 2030 年各行业温室气体预计排放量和减排量

行业	2030 年"一切照旧"的排放情景（百万吨二氧化碳当量）	减排量（百万吨二氧化碳当量）	减排百分比（%）
建筑物	8.2	2	24
交通工具	6.5	1.3	20
废弃物/废水	0.4	0.2	50
工业	26.1	5.3	20
土地使用	0.6	0.06	10
能源	—	—	—
总计	41.9	8.8	—

资料来源：科贾埃利市（2018）[1]（能源行业的减排量包含在其他行业内）

---

[1] Kocaeli Metropolitan Municipality. (2018). Kocaeli GHG Inventory and Climate Change Initiative Action Plan.

（四）评估

根据地方政府开展地方气候行动和碳核算的一般做法，以及地方计划和已公布的温室气体清单，可以针对一些城市，尤其是土耳其的大都市，进行一些一般性评估。根据应对气候变化方面的国际发展和世界各地地方政府对此作出的努力，可以有把握地确定，土耳其各市镇正在履行承诺，扭转气候变化造成的负面趋势。目前，国家和地方一级的法律和法规已经颁布，这些法律和法规加强了以整体方法编制和执行机构战略计划的义务。此外，这些计划必须包括地方气候行动计划和碳减排目标。总的来说，土耳其正在根据全球标准和方法实现地方气候计划和碳核算。然而，一个普遍接受和简化的核算与报告标准或气候治理规范目前还不存在。土耳其各城市的地方市政温室气体减排行动和策略各不相同。这取决于城市发展水平、社会经济特征、现有排放存量、增长前景、领导人的政治观点、人口趋势等许多相关的因素。

土耳其主要城市已经利用国际资金和资源，在地方气候计划的范围内分析碳排放，并编制温室气体清单。这表明了地方领导人的远见，其正在实现自己的承诺，即减少当地和全球气候变化的影响。尽管出现了这些令人振奋和看起来充满希望的事态发展，但仍存在相当大的缺陷和不足。首先，在地方一级，数据的获取、收集、解释、质量、一致性和相关性似乎存在严重的数据可靠性问题。伊斯坦布尔市《气候变化"综合"行动计划》指出，大部分数据只能通过其他政府机构或其他机构、非政府组织或行业性贸易和工业组织或工会获取。这些数据存在不一致、不足之处，甚至缺乏相关数据，这对气候行动的可信度提出了质疑。为了能够设定现实的目标并达到预期的结果，必须根据公认的方法编制可靠的地方一级温室气体清单。因此，应尽可能减少或消除估算方法的不确定性和模糊性。

其次，虽然措辞和设定的排放目标相当宏大，但地方温室气体清单中的排放范围有限。换言之，大多数基于生产的方法论，可能允许"供应链或地方当局之外的人影响排放"这种情况的出现。这阻碍了碳减排政策的充分性和有效性。尽管在计算碳排放量和编制温室气体清单的方法这方面取得了相当大的进展，但仍有许多工作要做，特别是在改进《指导原则》的适用标准方面。

再次，尽管目标非常全面并且雄心勃勃，但在本章的评估中，为实现目标而采取的行动并没有充分概述大都市将如何实施相关的必要行动，以实现具体目标。例如，地方气候计划中没有任何财务战略和详细预算，这是实现既定目标所必需的。

伊兹密尔市的计划在这方面似乎是最详细和全面的。伊斯坦布尔市的目标表面上与中央政府的国家自主捐款计划一致。考虑到伊斯坦布尔市在国民经济中的重要性，这听起来可能是合理的，但同样反而可能导致伊斯坦布尔市的计划变得依赖于中央政府的政策或行动。这将限制地方行动的能力以及其作出的承诺。

关于适应问题，本章的研究结果表明，除伊斯坦布尔市外，气候适应尚未在土耳其的国家和城市规划进程中占据一席之地。为了使城市更能适应不利的气候变化的影响，重要的是关注城市风险区域，并使用所有可用的规划工具。

此外，必须考虑土耳其政治和行政系统的总体治理结构和运作，因为这些也将对土耳其的碳减排政策和大都市的具体行动产生影响。与其他政策和服务领域一样，市政府和省长办公室之间的关系是这方面的一个重要因素。气候政策的成功取决于所有相关机构的相互协作与合作。这将包括多层次的市政当局、省长办公室及其分支机构，以及环境和城市化部的省级分支机构。否则，由于土耳其行政系统的结构分散以及职能分工重叠，分歧和冲突是不可避免的，并将对决策过程产生不利影响。在该框架下，地方气候行动计划必须符合环境和城市化部战略计划的相关的和有约束力的规定。然而，到目前为止，还没有任何机制可以在地方层面解释和实施国家气候政策。　52

总的来说，土耳其大都市可以通过其都市、空间和土地利用规划决策，对气候政策作出积极而具有影响力的贡献。社会和内在环境将随着时间的推移而形成，城市发展的概况将由地方规划政策和这些决定的执行情况决定。环境和城市化部 2014 年开展的一个研究项目的结果发现，通过城市更新项目可以大幅减少温室气体排放。通过计划在 20 年内对现有住房存量的 30% 进行更新和重建，更好地隔热，并将能源效率提高 40%，这将是可实现的。在国家总体政策和中央政府的支持下，可以通过地方气候行动计划中确定的措施来实现这一目标。其中一项计划"绿色建筑和居住认证系统"已经在城市中付诸实施。

五、结论

据估计，到 2050 年，全球 70% 以上的人口将生活在城市地区。因此，地方政府正日益成为一系列气候保护举措的关键参与者。这是因为它们的职责有助于制定城市政策，如土地使用和居住规划、设计和建设宜居空间、能源和水消耗，以及提供城市交通方式。特别重要的是城市建筑环境和城市流动模式的规划和管理，这些因素最终决定了景观和分区（城市空间组织、人口和能源密度等）。事实上，最终结果表明，这些计划和项目在许多方面影响能源使用和由此产生的温室气体排放。

众所周知，上述所有城市功能和特征都属于地方政府的法律管辖范围和行政责任范围。此外，地方政府可能更容易受到气候变化后果的不利影响，因为综合研究表明，气候变化将对城市地区产生更大的社会经济、环境和社会影响。因此，许多城市当局和地方政府将应对气候变化列为优先事项，方法是启动地方一级的气候行动，为全球减少碳排放的一致努力作出贡献，并适应气候变化的现实和挑战。最有效的应对措施是在公民和其他当地利益相关者参与的基础上，采取整体、综合和长期的方法，解决气候变化的缓解和适应问题。地方气候行动需要解决一系列部门问题，其中涉及许多53 利益相关者，并让广大社区参与进来。正如许多主要城市和地方政府，特别是发达国家和一些新兴经济体的城市和地方政府一样，土耳其大都市在努力改善地方气候或制定《可持续的能源行动计划》（就伊兹密尔市而言）以减少排放时，也采用了国际上使用的碳核算方法。

在实现低碳可持续城市的努力中，我们已经发现了一些可能阻碍这一目标的缺陷。在上一节末尾已经详细解释这些发现。总而言之，数据质量、数据可靠性甚至数据获取似乎都是大问题。人们已经观察到各种方法之间的巨大差异。这可能会抑制温室气体清单的可比较性和标准化、碳核算，从而影响土耳其气候行动计划的成功。大都市市政权力的范围在气候活动的主要动力方面有限制。这就提出了地方政府对气候变化行动问责的适用性问题。另一个重要问题集中在大都市市政府可支配的技术受限，以及业务能力和财政资源不足。在编制碳清单和气候行动计划方面，国际机构和跨国网络提供了大量指导和援助。然而，具体执行仍然是任务中最复杂和最具挑战性的部分。不幸的是，不同的公共机构，包括土耳其行政系统中的地方当局，存在许多混乱和职责重叠。这种支离破碎的结构迫切需要协调，但这种行动通常可以采取由中央政府实施行政监督的形式。

为了改进上述问题，本章确定了以下政策建议：

为了制定更可靠的温室气体清单和更有效的减排战略，必须采用基于科学的技术和行之有效的碳核算方法。应该考虑全球趋势，即采用基于消费（碳足迹）的方法来进行碳核算，这种方法比基于生产的方法更全面。对于标准化和精简来说，环境和城市化部可以作为国家政策的上级机关发挥重要作用。

由于市政当局主要负责其所在区域的都市、空间和土地利用规划决策，因此应期望市政当局利用这些权力有效地决定和实施减排政策。他们可能不直接负责一般的工业和能源政策，但他们确实有真正的权力和权威来塑造未来的建筑环境以及作为主要排放源的交通方式和网络。

减排政策中所有相关股东和利益相关者的参与、合作和协调对成功至关重要。

中央政府应鼓励和授权大都市履行其在气候行动和碳减排方面的职责，并在这方面充当有效的协调员和促进者。当局权力和责任的混乱和模糊需要得到澄清。

联合国机构、超国家机构（如欧盟）和跨国网络（如国际地方 54
环境倡议理事会和《市长公约》）等国际组织的财政援助和技术转让支持应继续得到地方政府的有效追求和利用。

已制定并实施的计划应每年仔细跟进和监控。根据调查结果，如有必要，可以进行修订或审查。计划期限届满时，应进行评估，以了解目标是否切合实际，执行工作是否有效，以及今后可以吸取哪些经验教训。

必须优先提高当地公民的气候变化意识。作为选民，就气候问题对公众进行教育可能有助于促进其参与碳减排努力，并作出有气候意识的选择。此外，信息运动可以鼓励消费者选择低碳产品、服务和活动，所有这些都将有助于实现减少温室气体的目标。

大都市应该能够征收适当的地方税或从高排放活动（交通、密集的城市发展等）中收取费用。它们还可以建立当地的碳市场，以缓解财务状况并筹集资金。

总之，碳核算是在地方一级实现气候变化治理的必要步骤。因此，如果土耳其致力于实现其气候目标，就必须得到土耳其所有大都市的积极支持和承诺。

最后，很少有关于碳核算主题的研究发表，而且在土耳其国内，尤其是在地方一级，研究的数量极其有限。因此，很难得出一般性结论。然而，本章强烈建议并且有必要调查地方气候行动计划的结果以及市政当局的成功或失败案例。这种审查可以改进未来温室气体清单的编制，改进碳核算实践的应用，并在未来在地方一级有效实施气候行动计划。

第三章

可持续发展会计和报告的当代发展：概述

古尔汗·苏阿迪耶[*]

摘要：可持续发展已经成为 21 世纪人类面临的一个重要问题。如 59 今，个人、企业和政府都越来越多地参与到气候变化、社会福利、社会治理、经济福利和环境破坏等可持续问题中来。在过去几十年中，可持续发展的要求迫使企业管理、衡量和报告其自身业务的经济、社会和环境影响及可持续发展表现。可持续发展会计和报告旨在帮助企业管理层实现经济、社会和环境目标与价值之间的平衡。本章重点介绍可持续发展会计和报告的当代发展。首先，讨论企业可持续发展的概念。其次，回顾可持续发展会计和报告的发展，重点关注 2016 年由全球报告倡议组织发布的《可持续发展报告标准》。然后介绍可持续发展会计与报告领域的最新进展——碳核算报告和综合报告。

关键词：可持续发展会计和报告；碳核算和报告；综合报告

一、简介

如今，生活在现代世界中的人类方方面面都面临着可持续发展

---

* 古尔汗·苏阿迪耶，哈塔伊穆斯塔法·凯末尔大学工商管理系，土耳其哈塔伊。E-mail:gsuadiye@mku.edu.tr

的挑战。1987 年，世界环境与发展委员会在《我们共同的未来》（也称为《布伦特兰报告》）中首次正式提出了"可持续发展"这一概念。在这份报告中，世界环境与发展委员会不仅描述了可持续发展问题，还为可持续发展提供了定义和路线图。该报告中，"可持续发展不是固定的和谐状态，而是资源开发、投资方向、技术发展方向和制度变迁与未来和当前的需求相一致的变革过程"。这个定义的本质是指，要实现可持续发展，只能在整个战略决策过程中整合和接受经济、环境和社会问题（这也被定义为"可持续发展的三大支柱"）。在可持续发展的背景下，各企业对评估可持续发展绩效和影响过去 30 年可持续发展的开发工具和技术极其感兴趣。

　　在企业管理中，会计是管理经营活动中一种强有力的沟通工具。会计是一种用于识别、记录和沟通企业活动的信息和测量系统。由于可持续发展问题的发展，企业建立了一个新的会计领域，即可持续发展会计和报告，旨在为管理层提供信息以实现可持续发展。因此，虽然可持续发展会计旨在衡量和评估一个企业的经济、环境和社会影响，并帮助该企业创造价值，但是可持续发展报告却向所有利益相关者提供关于企业可持续发展影响和绩效的信息。然而，可持续发展对于会计和报告过程来说是一个非常具有挑战性的问题，因为可持续发展是一个多方面的变化过程，而不是一个固定的和谐状态。因此，可持续发展会计自然会随着时间的推移不断发展，并继续解决可持续发展中的关键问题。本章旨在通过关注《可持续发展报告标准》、温室气体排放核算标准和综合报告框架的最新发展，为有关会计和报告的当代发展方面的文献作出贡献。

　　本章剩余部分的结构如下：

　　第二节回顾了企业可持续发展的概念及其维度。

第三节简要概述了可持续发展会计和报告的发展情况，并且更加重视全球报告倡议组织制定并于 2016 年发布的《可持续发展报告标准》，该标准于 2018 年开始实施。

第四节讨论了碳核算，自从《京都议定书》以来，碳核算一直受到越来越多的关注。碳核算的发展是为了解决企业对环境资源的影响，并与对减少温室气体排放感兴趣的不同利益相关者进行沟通。

第五节简要概述了旨在将社会和环境可持续发展问题纳入治理和财务报告的综合报告以及由国际综合报告委员会制定的《国际综合报告框架》，这是可持续发展报告的另一项重要发展。制定《国际综合报告框架》是为了提供有关治理、战略和绩效如何随着时间的推移为企业和利益相关者创造持续价值的信息。

二、企业可持续发展的概念和维度

企业是经济和社会福利的主要贡献者。它们创造了产品、服务、工作和财政收入。然而，它们的运营也可能对其所在的环境和社会产生负面影响。许多人认为，日益严重的社会问题（如不公正和不平等）和环境问题（如空气、土地和水污染、气候变化和资源退化）是企业旨在实现利润最大化从而实现经济增长的传统目标的结果。从长远来看，对社会和环境造成重大破坏的商业活动无论在经济、社会还是环境方面都是不可持续的。企业必须管理和平衡它们的经营活动，同时考虑到它们所处的环境和社会。现在，越来越多的企业清楚地知道，它们应该对自己的活动负责，以使其经营更加可持续，确保可持续发展。

在这种背景下，企业可持续发展是指可持续发展的企业层面。[1]
企业可持续发展可以定义为"通过采取商业战略和活动，满足企
业及其利益相关者当今的需求，同时保护、维持和加强所需的人
力和自然资源"。[2] 马尔维耶克[3] 将企业可持续能力定义为"将社会
和环境问题纳入商业经营和与利益相关者的互动中"。威尔逊[4] 认
为企业可持续发展是"一个新的和不断发展的企业管理范式"，提
供了一个替代利润最大化方法和传统增长模式的方法。这种模式
或管理方法要求企业考虑社会和环境问题，以及企业发展和盈利
目标，特别是与可持续发展有关的目标。塞耐泽尔和普瑞克斯尔[5]
将企业可持续发展描述为一种旨在实现经济、社会和环境目标与
价值之间的平衡的战略规划和商业运营管理过程。因此，企业可
持续发展可以说是一种新的战略管理方法，旨在通过将经济、环
境和社会问题纳入企业战略决策和经营中，以实现为利益相关者
创造长期价值的目标。

由于可持续发展意味着经济发展、环境保护和改善以及社会生

1　Gray, R., & Milne, M. (2004). Towards reporting on the triple bottom line: Mirages, methods and myths. In A. Henriques (Ed.), *Triple bottom line: Does it all add up? Assessing the sustainability of business and CSR*. London: Earthscan.

2　IISD. (1992). *Business strategy for sustainable development: Leadership and accountability for the 90s*. Published by Deloitte & Touche and the World Business Council for Sustainable Development.

3　Marrewijk, M. V. (2003). Concepts and definitions of CSR and corporate sustainability: Between agency and communion. *Journal of Business Ethics*, 44(2-3), pp. 95-105.

4　Wilson, M. (2003). Corporate sustainability: What is it and where does it come from? *Ivey Business Journal*, (March/April), p. 1.

5　Signitzer, B., & Prexl, A. (2008). Corporate sustainability communications: Aspects of theory and professionalization. *Journal of Public Relations Research*, 20(1), pp. 1-19.

活和生活质量的均衡发展，因此企业可持续发展需要将经济、环境和社会方面结合起来并加以平衡。全球报告倡议组织对可持续发展能力的这三个方面描述如下："可持续发展的经济层面涉及该企业对其利益相关者的经济状况以及对地方、国家和全球各级经济体系的影响"，[1]"可持续发展的环境层面涉及企业对生物和非生物自然系统的影响，包括土地、空气、水和生态系统。环境类别涵盖与投入（如能源和水）和产出（如排放、流出物和废物）相关的影响。此外，可持续发展还涵盖与产品和服务相关的影响、运输、生物多样性以及环境合规性和支出"，[2]"可持续发展的社会方面涉及企业对其经营所在的社会系统的影响，涵盖劳动实践与体面工作、人权、社会和产品责任"。[3]

在这种背景下，企业的可持续发展只能通过上述三个方面的可持续发展来实现。因此，经济、社会和环境的可持续发展必须结合起来，实现这三个方面的协调一致。这种一致性是一个方法论问题，需要使用适当的工具和方法来实现。从这一观点出发，大多数作者将企业可持续发展定义为采用所有管理职能来实现企业的可持续发

1　GRI (2013). Global reporting initiative, G4 sustainability reporting guidelines (pp. 43-44). https://www.ey.com/Publication/vwLUAssets/G4-Sustainability-Reporting-Guidelines/$FILE/G4-Sustainability-Reporting-Guidelines.pdf.

2　GRI (2013). Global reporting initiative, G4 sustainability reporting guidelines (p. 53). https://www.ey.com/Publication/vwLUAssets/G4-Sustainability-Reporting-Guidelines/$FILE/G4-Sustainability-Reporting-Guidelines.pdf.

3　GRI (2013). Global reporting initiative, G4 sustainability reporting guidelines (p. 64). https://www.ey.com/Publication/vwLUAssets/G4-Sustainability-Reporting-Guidelines/$FILE/G4-Sustainability-Reporting-Guidelines.pdf.

展目标。[1]威尔逊通过可持续发展、企业社会责任、利益相关者理论和企业责任四个要素解释了企业可持续发展概念的产生。

威尔逊认为，"可持续发展对企业可持续发展的贡献是双重的。首先，它有助于确定企业应该关注的领域：环境、社会和经济绩效。其次，它为企业、政府和公民社会提供了一个共同的社会目标，以实现环境、社会和经济的可持续发展。然而，可持续发展并不能为企业提供关注这些问题的原因"。威尔逊认为："原因来自企业社会责任和利益相关者理论。"[2]

企业社会责任是指企业对社会的影响。欧盟委员会将企业社会责任定义为"企业及其股东在自愿的基础上将社会和环境问题纳入其日常经营中"。[3]企业社会责任是一种企业道德战略或以道德为导

1　Burritt, R., Hahn, T., & Schaltegger, S. (2002). Towards a comprehensive framework for environmental management accounting-links between business actors and environmental management accounting tools. *Australian Accounting Review*, 12(1), pp. 39-50.

Gray, R., & Bebbington, J. (2000). Environmental accounting, managerialism and sustainability: Is the planet safe in the hands of business and accounting? *Advances in Environmental Accounting & Management*, 1, pp. 1-44.

Schaltegger, S., & Burritt, R. L. (2000). *Contemporary environmental accounting*. Scheffifield: Greenleaf.

Schaltegger, S., & Burritt, R. L. (2010). Sustainability accounting for companies: Catchphrase or decision support for business leaders? *Journal of World Business*, 45(4), pp. 375-384.

Schaltegger, S., Bennett, M., & Burritt, R. L. (2006). *Sustainability accounting and reporting*. Dordrecht: Springer.

2　Wilson, M. (2003). Corporate sustainability: What is it and where does it come from? *Ivey Business Journal*, (March/April), pp. 1-2.

3　EU Commission. (2011). A renewed EU strategy 2011-14 for corporate social responsibility: Communication from the Commission to the European Parliament. https://www.europarl.europa. eu/meetdocs/2009_2014/documents/com/com_com(2011)0681_/com_com(2011)0681_en.pdf.

向的实践，它鼓励企业承担保护和尊重环境和人权的责任，包括工人权利、消费者以及社会公众关注的问题，并将其纳入日常经营和基本战略中。威尔逊认为，企业社会责任提供了强有力的道德论据，说明了为什么管理者应该对可持续发展问题负责，从而为企业的可持续发展作出贡献。[1] 企业社会责任有着悠久的历史，最早的文献可以追溯到20世纪50年代初。在20世纪70—80年代，随着新定义的减少，替代企业社会责任的理论开始成熟，包括利益相关者理论、商业伦理理论、企业社会绩效等。[2] 20世纪90年代期间，企业社会责任成为被普遍接受的企业战略方针。自21世纪初以来，企业社会责任理论服务于并发展成为企业可替代性的主题框架。

　　由弗里曼[3]提出的利益相关者理论是企业实现可持续发展所采用 63 的另一种方法。利益相关者理论在通过企业或组织管理利益相关者的利益时，涉及对商业伦理、道德和价值观的处理。利益相关者理论认为，一个企业只有在为其利益相关者提供价值时才是成功的，而这种价值可以采取除财务利益以外的多种形式。利益相关者是指企业接触的所有社会团体；它们受到企业活动的影响，并通过其活动反过来影响企业。换言之，利益相关者是与企业有利益关系的个人和机构（即员工、客户、供应商、金融机构、政治团体、政府机构、地方社区、媒体、环保主义者等）。弗里曼将利益相关者定义为

1　Wilson, M. (2003). Corporate sustainability: What is it and where does it come from? *Ivey Business Journal*, (March/April), pp. 2-3.

2　Carroll, A. B. (1999). Corporate social responsibility: Evolution of a defifinitional construct. *Business and Society*, 38(3), pp. 268-295.

3　Freeman, R. E. (1984). *Strategic management: A stakeholder approach*. Boston: Pitman.

"影响或者受到企业目标影响的群体或者个人"。[1]

　　弗里曼认为，与非商业团体的关系越牢固，就越容易实现共同目标；同样，关系越差，就越难实现共同目标。这构成了"利益相关者理论"的基本前提。利益相关者理论作为一种战略管理概念，旨在帮助企业巩固与内外部环境的关系，发展和保持长期的竞争优势。在这种背景下，利益相关者理论认为，利益相关者对企业施加压力，使其在环境和社会方面实现可持续发展。[2]因此，利益相关者理论将企业环境描述为相关群体的生态系统，为企业可持续发展提供了一个强有力的理性起点。

　　企业实现可持续发展的最后一种方法就是担负起企业责任。企业责任是一个广泛的概念，指的是企业在为股东赚取利润之外，对其利益相关者和整个社会的道德责任或法律义务。责任可以定义为解释和证明个人行为的过程。罗伯茨和斯凯文思认为，责任是一种关系，涉及要求和给出行动的理由。[3]因此，责任涉及至少两个当事方，其中一方（委托人）要求对行为进行解释和说明，而另一方（代理人）则提供解释和理由。这种关系被委托代理理论用来解释企业委托人及其代理人之间的关系。在企业中，责任或企业责任，解释了作为委托人的股东和作为代理人的企业管理层之间的关系。威尔逊认为，企业责任

1　Freeman, R. E. (1984). *Strategic management: A stakeholder approach* (p. 25). Boston: Pitman.

2　Freeman, R. E. (1994). The politics of stakeholder theory: Some future directions. *Business Ethics Quarterly*, 4(4), pp. 409-421.

Jones, T., & Wicks, A. (1999). Convergent stakeholder theory. *Academy of Management Review*, 24, pp. 206-221.

3　Roberts, J., & Scapens, R. (1985). Accounting systems and systems of accountability: Understanding accounting practices in their organizational contexts. *Accounting, Organizations and Society*, 10(4), pp. 443-456.

不仅局限于企业管理层和股东之间的关系。[1]由于企业的各种活动，企业与其他利益相关者群体达成了许多协议，这种契约安排实际上是用来定义各方之间的责任关系的。在这种背景下，企业责任的性质是描述管理者与股东和其他利益相关者之间的关系，包括企业运营所处的社会。此外，企业责任理论为"为什么企业应该报告它们的环境和社会表现，而不仅仅是它们的财务表现"提供了理由。[2]

64

三、可持续发展会计及报告

（一）会计和可持续发展会计的发展

会计是一个信息系统，用于构建企业中的问责关系和实践，并帮助企业衡量和评估其经营绩效。会计为内部（即股东、经理、员工）和外部（投资者、债权人、税务机关、供应商、客户和公众）信息使用者提供和报告企业的经营活动和财务信息。传统的会计系统根据其功能分为许多分支，如财务会计、管理会计、成本会计和环境会计。财务会计是指按照一定的会计规则或标准编制企业的财务信息，并以报告的形式呈现，如资产负债表、利润表和现金流量表，以帮助内部和外部信息使用者作出经济决策。成本会计涉及使用特定的程序或方法计算和记录生产的总成本，并向管理层报告，从而进行分析。管理会计涉及为内部用户提供信息，因此管理会计

1　Wilson, M. (2003). Corporate sustainability: What is it and where does it come from? *Ivey Business Journal*, (March/April), p. 4.

2　Wilson, M. (2003). Corporate sustainability: What is it and where does it come from? *Ivey Business Journal*, (March/April), p. 4.

侧重于管理层的需求。管理会计不需要像财务（外部）报告那样有一个严格的结构。管理会计通常涉及与计划（如战略、定位和预算）、指导（生产和成本分析）和控制相关的活动。管理和成本会计支持管理决策和驱动，以推动企业创造价值。

企业社会责任是随着对整个社会和地球的责任理念的认识以及信息系统的技术发展而出现的，除了环境会计、企业社会会计、"三重底线"会计和可持续发展会计等传统会计制度，还形成和发展了新的会计信息系统。

环境会计是会计系统的一个分支，涉及确定资源使用情况，以及衡量和报告企业或国家经济对环境的影响的成本。[1] 环境会计"涉及活动、方法和系统；记录、分析和报告；以及确定的经济系统的环境引起的财务影响和生态影响"。[2] 环境会计开始形成于20世纪70年代早期，是人们环境意识增强和对自然资源与生态系统退化产生的社会成本关注的结果。[3] 此后，环境会计在理论和实践上都得到了发展，特别是在发达国家，并促成了许多环境报告标准的建立。[4]

企业社会会计，又称社会会计或社会责任会计，是从企业责任

1　Deegan, C. (2013). The accountant will have a central role in saving the planet really? A reflflection on green accounting and green eyeshades twenty years later. *Critical Perspectives on Accounting*, 24(6), pp. 448-458.

2　Schaltegger, S., & Burritt, R. L. (2000). *Contemporary environmental accounting*. Scheffifield: Greenleaf.

3　Khalid, F. M., Lord, B. R., & Dixon, K. (2012, November 22-23). *Environmental management accounting implementation in environmentally sensitive industries in Malaysia*. Paper presented at the 6th NZ management accounting conference, Palmerston North.

4　Vasile, E., & Man, M. (2012). Current dimension of environmental management accounting. *Procedia—Social and Behavioral Sciences*, 62, pp. 566-570.

和社会责任的概念中产生的。企业社会会计旨在扩大会计的范围，并将社会和环境影响纳入传统会计。格雷[1]将企业社会会计定义为"编制和公布关于一个企业的社会、环境、员工群体、客户和其他利益相关者的相互作用和活动，以及在可能的情况下，这些相互作用和活动的后果的账目"。克罗塞[2]将社会会计描述为"一种报告企业活动的方法，强调需要识别与社会有关的行为，确定企业社会绩效的负责人，并制定适当的措施和报告技巧"。

可持续发展会计随着对可持续性的考量的发展而产生，特别是在 1987 年世界环境与发展委员会发表《我们共同的未来》（或称为《布伦特兰报告》）之后。[3]可持续发展和企业可持续发展问题迫使企业考虑和报告其可持续发展影响和可持续发展表现。1998 年，约翰·埃尔金顿在其富有远见的著作《带叉子的食人族》中介绍了这种衡量和报告经济、环境和社会绩效的"三重底线"会计。1994 年，约翰·埃尔金顿在可持续发展部任职时，首次提出了"三重底线"方法，该方法由三个要素组成：人类、地球和利润。"三重底线"方法涉及企业对股东和所有利益相关者的责任和义务，以实现企业的可持续发展。埃尔金顿建议，企业必须考虑到其对人类的社会责任和对地球的生态或环境责任，以及对股东和其他利益相关者的利润责任。他认为，评估和报告经济、环境和社会影响的表现，为企业

1 Gray, R. H. (2000). Current developments and trends in social and environmental auditing, reporting and attestation: A review and comment. *International Journal of Auditing*, 4(3), pp. 247-268.

2 Crowther, D. (2000). *Social and environmental accounting*. London: Financial Times, Prentice Hall.

3 WCED. (1987). Our common future, Brundtland Report the World Commission on Environment and Development. https://idl-bnc-idrc.dspacedirect.org/bitstream/handle/10625/152/WCED_v17_doc149.pdf?sequence.

创造长期商业价值提供了更广阔的视角。在这个意义上，"三重底线"会计通过衡量和报告企业的经营对经济、社会和环境资本的影响，抓住了企业可持续发展的本质。

"三重底线"会计没有提供具体的技术或方法来衡量可持续发展的绩效（因为对社会和环境绩效的单一衡量是一个具有挑战性和不可行的问题）。

一些学者认为，将企业对社会和环境影响货币化是必要的，而另一些学者则提议使用适当的指数或指标来衡量，因为实际上不可能用货币来衡量所有可持续发展影响。然而，"三重底线"会计因为扩大了传统的会计和报告框架而被特别诟病，传统会计和报告框架是为了让利益相关者了解财务绩效而形成的。有人认为，"三重底线"会计与传统会计计量问题（即历史、现在、替代）和传统会计原则（如权责发生制、一致性、稳健性、可比较性和经济实体概念）之间存在联系。[1]格雷和米尔恩[2]认为，"三重底线"会计引入了一个单独的关于经济、社会和环境影响的报告框架，这破坏了可持续发展的完整性。此外，他们认为"三重底线"报告以财务考虑为主导，对企业可持续发展的其他方面，即社会和环境考量的重视程度较低。

---

[1] Gray, R., & Bebbington, J. (2000). Environmental accounting, managerialism and sustainability: Is the planet safe in the hands of business and accounting? *Advances in Environmental Accounting & Management*, 1, pp. 1-44.

Schaltegger, S., & Burritt, R. L. (2000). *Contemporary environmental accounting*. Scheffield: Greenleaf.

Schaltegger, S., & Burritt, R. L. (2010). Sustainability accounting for companies: Catchphrase or decision support for business leaders? *Journal of World Business*, 45(4), pp. 375-384.

[2] Gray, R., & Milne, M. (2002). Sustainability reporting: Who's kidding whom? *Chartered Accountants Journal of New Zealand*, 81(6), pp. 66-70.

如今，关于可持续发展的会计文献已经从"三重底线"会计转向可持续发展会计的概念。许多学者已经讨论了可持续发展会计在企业可持续发展中的作用。他们认为，企业可持续发展需要实施可持续发展战略，这就需要一个新的会计程序，以支持企业管理层进行与可持续发展层面有关的商业活动。

（二）可持续发展会计制度

沙尔特格和布里特[1]指出，"可持续发展会计是会计的一个子集，涉及处理记录、分析和报告的活动、方法和系统：第一，环境和社会引发的财务影响；第二，特定经济体系（如企业、生产场所、国家等）的生态和社会影响；第三，也许最重要的是，构成可持续发展三个层面的社会、环境和经济问题之间的相互作用和联系"。

沙尔特格等人[2]认为，因为传统会计中众所周知的缺陷，可持续发展会计需要作为一个全新的、独立的会计系统来对待。他们认为可持续发展会计应该是一个新的、全面的会计信息系统，支持企业管理朝着可持续发展的方向前进。沙尔特格和布里特[3]讨论了会计系统和可持续发展会计之间的关系，并对会计在可持续发展中的作用提出了质疑。他们从管理信息系统的角度研究了可持续发展会计的文献，并将可持续发展会计的批判和不同解释进行了分类。

1　Schaltegger, S., & Burritt, R. L. (2010). Sustainability accounting for companies: Catchphrase or decision support for business leaders? *Journal of World Business*, 45(4), pp. 375-384.

2　Schaltegger, S., & Wagner, M. (2006). Integrative management of sustainability performance, measurement and reporting. *International Journal of Accounting, Auditing and Performance Evaluation*, 3(1), pp. 1-19.

3　Schaltegger, S., & Burritt, R. L. (2010). Sustainability accounting for companies: Catchphrase or decision support for business leaders? *Journal of World Business*, 45(4), pp. 375-384.

　　回顾可持续发展会计的研究可知，可持续发展会计的概念主要
是在环境会计的基础上发展起来的，其建立的目的主要是帮助企业
内部开展环境管理。[1] 测量和分析技术的创新和发展提高了环境成本
会计在减少和管理环境成本方面（例如废物管理成本、购买污染预
防技术的成本、修复受污染场地的成本以及环境罚款、惩罚和税收
等）的效率。[2] 在环境成本管理方面取得的重大进展，使得企业管理
不再仅仅关注环境问题，也试图考虑其他社会问题。[3]

　　埃尔纳迪 [4] 认为，可持续发展会计系统必须首先满足企业管理层
对公司可持续发展的需求。如果企业的可持续发展能力和可持续发
展战略存在，那么可持续发展会计也必然存在。由于企业可持续发
展不同于传统的利润最大化方法和传统的增长，需要一个新的企业
战略和管理视角；因此，这种新的战略需要依靠适当的、可靠的和
真实的信息来实施，而不是传统会计产生的信息。

1　Frame, B., & O'Connor, M. (2011). Integrating valuation and deliberation: The purposes of sustainability assessment. *Environmental Science & Policy*, 14(1), pp. 1-10.

2　Deegan, C. (2013). The accountant will have a central role in saving the planet really? A reflection on green accounting and green eyeshades twenty years later. *Critical Perspectives on Accounting*, 24(6), pp. 448-458. https://doi.org/10.1016/j.cpa.2013.04.004.

3　Burritt, R., Hahn, T., & Schaltegger, S. (2002). Towards a comprehensive framework for environmental management accounting-links between business actors and environmental management accounting tools. *Australian Accounting Review*, 12(1), pp. 39-50.

Hernádi, H. B. (2012). Green accounting for corporate sustainability. *Theory, Methodology, Practice*, 8(2), pp. 23-30.

Lamberton, G. (2005). Sustainability accounting: A brief history and conceptual framework. *Accounting Forum*, 29(1), pp. 7-26.

4　Hernádi, H. B. (2012). Green accounting for corporate sustainability. *Theory, Methodology, Practice*, 8(2), pp. 23-30.

　　埃尔纳迪将可持续发展会计与早期的会计类型（即传统会计和环境会计）进行了比较，以了解它们之间的差异。[1] 三种会计制度的比较见表 3.1。

　　兰伯顿基于传统的财务会计模型，通过审查和结合各种试图将会计与可持续发展联系起来的研究，提供了一个全面的可持续发展会计框架。[2] 兰伯顿描述了一个可持续发展会计框架，在图 3.1 中显示了可持续发展的各个组成部分和维度之间的相互联系。支撑这个框架的假设是：

　　（1）确定可持续发展会计和报告系统的目标（第一阶段）；

　　（2）确定在系统实施过程中作为基础的原则（第二阶段）；

　　（3）构建获取、记录和测量可持续发展影响绩效数据的技术（第三阶段）；

　　（4）用于向利益相关者展示信息的报告框架（第四阶段）；

　　（5）制作和报告的信息的质量属性（第五阶段）。

　　可持续发展会计对于会计从业者和学者来说仍然是一个新的领域。沙尔特格和布里特[3] 表示，可持续发展会计"仍然处在早期发展阶段，且不够完善和不成熟的建议也在阻碍其发展。因此，未来的研究需要解决企业管理面临的真正挑战，即开发用于可持续发展会计的实用工具，以应对一系列清晰明了的商业情况"。

1　Hernádi, H. B. (2012). Green accounting for corporate sustainability. *Theory, Methodology, Practice*, 8(2), pp. 23-30.

2　Lamberton, G. (2005). Sustainability accounting: A brief history and conceptual framework. *Accounting Forum*, 29(1), p. 16.

3　Schaltegger, S., & Burritt, R. L. (2010). Sustainability accounting for companies: Catchphrase or decision support for business leaders? *Journal of World Business*, 45(4), p. 383.

68

表 3.1　传统会计、环境会计和可持续发展会计制度的比较

	传统会计	环境会计	可持续发展会计
前景	• 经济（金融）方面	• 经济与环境之间的联系	• 经济、社会和环境的融合
应用范围	• 财务会计 • 管理会计	• 环境财务会计 • 外部环境会计 • 环境管理会计 • 内部环境会计	• 可持续发展财务会计 • 可持续发展管理会计
任务	• 介绍总体经济形势 • 成本管理	• 介绍环境绩效、环境责任和环境成本	• 介绍可持续性表现（经济、社会和环境表现）
方法	• 评估程序 • 成本核算	• 环境性能评估 • 生命周期分析 • 环境成本节约分析	• 通过应用其他学科（生物学、社会学）的方法来评估可持续性的表现 • 可持续发展平衡计分卡
计量单位	• 货币（不包括存货）	• 货币和自然单位	• 货币和自然单位
账目形式	• 财务和会计报告 • 内部报告	• 环境报告	• 可持续发展会计和报告 • 全球报告倡议书
监管的严格程度	• 强制性（财务会计） • 自愿性（管理会计）	• 法律规定要求报告环境绩效的某些要素	• 不受监管，自愿性

资料来源：赫纳迪（2012）[1]

（三）可持续发展报告和全球报告倡议组织《可持续发展报告标准》

可持续发展报告是指向内部和外部利益相关者披露企业可持续发展影响和绩效信息。数据收集和测量技术方面的经验水平不断迅69 速增长，为企业提供了建立自己的报告系统的机会，包括投入产出

1　Hernádi, H. B. (2012). Green accounting for corporate sustainability. *Theory, Methodology, Practice*, 8(2), pp. 23-30.

分析报告、生命周期分析报告、平衡计分卡报告、企业社会报告、保证声明以及环境、社会和治理报告。

目前，为了协调报告各企业的经济、环境和社会影响，一些组织提供了可持续发展报告的框架和标准。其中最著名的是可持续发展会计准则委员会、威尔士亲王可持续发展会计项目、全球报告倡议组织、促进可持续发展世界商业理事会和碳披露项目。

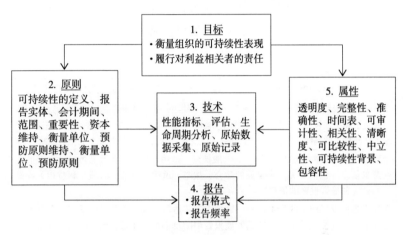

图 3.1　持续性会计框架的组成部分

资料来源：兰伯顿（2005）[1]

时至今日，全球报告倡议组织开发的可持续发展报告框架已经被越来越多的企业采用。全球报告倡议组织成立于1997年，得到了联合国环境规划署的支持，于2000年发布了首份可持续发展报告指南。2014年，全球报告倡议组织改变了治理结构，成立了全球可持续发展标准委员会，为可持续发展报告制定全球公认的标准。在此之前，全球报告倡

1　Lamberton, G. (2005). Sustainability accounting: A brief history and conceptual framework. *Accounting Forum,* 29(1), pp. 7-26.

议组织已经发布了四个版本的可持续发展报告指南。2016 年 10 月，全球可持续发展标准委员会引入了全球报告倡议组织标准，这是目前全球报告倡议组织报告框架的最新版本，其中大部分标准于 2018 年开始实施，而部分标准将于 2020 年后生效。全球报告倡议组织标准是第一个关于可持续发展报告的全球标准，其结构是一套相互关联的标准。

全球报告倡议组织标准分为四个部分。这些系列的解释和范围见下表（表 3.2、表 3.3、表 3.4 和表 3.5），这些表是基于 2016 年发布的全球报告倡议组织《可持续发展报告标准》。

70

表 3.2　100 系列——通用标准

全球报告倡议组织 100 系列"包含所有企业编制可持续发展报告都适用的三项通用标准"。
全球报告倡议组织 101 号文件——基金会是"使用一套全球报告倡议组织标准的起点。它规定了确定报告内容（利益相关者的包容性、可持续发展背景、重要性、完整性和质量）和质量（准确性、平衡性、明确性、可比较性、可靠性、及时性）的报告原则"。
全球报告倡议组织 102 号文件—— 一般披露"适用于报告企业及其可持续发展报告的背景信息。包括有关一个企业的简介、战略、道德和诚信、治理、利益相关者参与的做法和报告程序的信息"。
全球报告倡议组织 103 号文件——管理方法"适用于报告企业如何管理一个重大议题的信息。它被设计用于可持续发展报告中的每个重大议题，包括特定议题的全球报告倡议组织标准（200、300 和 400 系列）所涵盖的议题以及其他重大议题"。

资料来源：全球报告倡议组织准则（2016）[1]

表 3.3　200 系列——经济专题标准

全球报告倡议组织 200 经济系列"处理资本在不同持有人之间的流动，以及企业在整个社会中的主要经济影响"。
全球报告倡议组织 201 号文件——经济表现"规定了关于经济表现主题的报告要求。这包括企业生产和分配的经济价值；企业应履行的福利义务；企业从政府获得的财政援助；以及气候变化对企业的财政影响"。

1　GRI Standards. (2016). Global reporting initiative, The GRI standards. https://www.globalreporting.org/standards/gri-standards-download-center/.

续表

全球报告倡议组织 202 号文件——市场的存在"规定了关于市场存在主题的报告要求。它涉及企业所处的市场以及企业在市场中的生存方式，包括企业对其经营所在地区或社区的经济发展的贡献"。
全球报告倡议组织 203 号文件——间接经济影响"提出了关于间接经济影响的报告要求，间接经济影响是财务交易和企业与其利益相关者之间的资金流动的直接影响的附加后果。它还解决了企业的基础设施投资和支持的服务的影响"。
全球报告倡议组织 204 号文件——采购实践"规定了关于采购实践主题的报告要求。这包括企业对当地供应商或由妇女或弱势群体成员拥有的供应商的支持，还包括企业的采购行为（如给予供应商的准备时间或谈判的采购价格）如何导致或促成供应链中的负面影响"。
全球报告倡议组织 205 号文件——反腐败"规定了关于反腐败专题的报告要求。它包括诸如贿赂、好处费、舞弊、敲诈、串通和洗钱等做法；提供或接受礼物、贷款、费用、奖励或其他好处，作为做不诚实的、非法的或代表违反信任的事情的诱因"。
全球报告倡议组织 206 号文件——反竞争行为"规定了关于反竞争行为专题的报告要求，包括反垄断和垄断行为"。
全球报告倡议组织 207 号文件——税收"规定了关于税收主题的报告要求。它包括税收治理、控制和风险管理、利益相关者的参与以及对税收有关的管理的关注"。

资料来源：全球报告倡议组织准则（2016）[1]

表 3.4　300 系列——环境专题标准　71

全球报告倡议组织 300 环境系列"解决可持续发展的环境问题，关注企业对生物和非生物自然系统的影响，包括土地、空气、水和生态系统"。
全球报告倡议组织 301 号文件——原材料"规定了关于材料主题的报告要求。本部分提供了企业与原材料有关的影响，以及企业如何管理这些影响的信息。它包括按重量或体积使用的材料、使用的再生输入材料、再生产品及其包装材料"。
全球报告倡议组织 302 号文件——能源"规定了关于能源主题的报告要求。它包括企业内外的能源消耗、能源强度、能源消耗的减少以及产品和服务的能源需求的减少"。

1　GRI Standards. (2016). Global reporting initiative, The GRI standards. https://www.globalreporting.org/standards/gri-standards-download-center.

续表

全球报告倡议组织 303 号文件——水资源"规定了关于水问题的报告要求。它涵盖了按来源划分的取水情况、受取水影响较大的水源以及水的循环和再利用"
全球报告倡议组织 304 号文件——生物多样性"规定了关于生物多样性主题的报告要求。它包括在保护区和保护区外具有高生物多样性价值的地区拥有、租赁、管理的运营场所,活动、产品和服务对生物多样性的重大影响,受保护或恢复的栖息地,以及在受运营影响地区具有栖息地的世界自然保护联盟红色名录物种和国家保护名录物种(世界自然保护联盟,IUCN)"。
全球报告倡议组织 305 号文件——排放"规定了关于排放问题的报告要求。它包括七项具体的披露内容:(1)间接(范围 1)温室气体排放;(2)能源间接(范围 2)温室气体排放;(3)其他间接(范围 3)温室气体排放;(4)温室气体排放强度;(5)减少温室气体排放;(6)消耗臭氧层物质(ODS)的排放;(7)氮氧化物(NOX)、硫氧化物(SOX)和其他重要的气体排放"。
全球报告倡议组织 306 号文件——废物"规定了关于废物主题的报告要求(于 2020 年 1 月 1 日开始生效)。它旨在帮助企业更好地了解和传达其与废弃物相关的影响,以及如何管理这些影响。它包括废物的产生和重大的废物相关影响,以及重大的废物相关影响的管理。它还包括对所产生的废物、转移处理的废物和直接处理的废物进行具体的披露"。
全球报告倡议组织 307 号文件——环境合规性"规定了环境合规主题的报告要求。它涉及环境合规这一主题,涵盖企业对环境法律法规的遵守情况。这包括遵守国际宣言、公约和条约,以及国家、次国家、区域和地方法规"。
全球报告倡议组织 308 号文件——供应商环境评估"设定了关于供应商环境评估主题的报告要求。它包括使用环境标准筛选的新供应商,以及供应链中的负面环境影响和采取的行动"。

资料来源:全球报告倡议组织准则(2016)[1]

　　全球报告倡议组织认为,该标准为企业衡量、分析和报告其经济、环境、社会和治理绩效提供了一个良好的框架,从而更有效地制定目标和管理变革。[2]

---

[1] GRI Standards. (2016). Global reporting initiative, The GRI standards. https://www.globalreporting.org/standards/gri-standards-download-center/.

[2] GRI Standards. (2016). Global reporting initiative, The GRI standards. https://www.globalreporting.org/standards/gri-standards-download-center/.

表 3.5　400 系列——社会专题标准

全球报告倡议组织 400 社会系列"解决可持续发展社会层面问题，涉及企业对其经营所在的社会系统的影响"。
全球报告倡议组织 401 号文件——就业"规定了关于就业主题的报告要求。包括企业的就业或创造就业机会的方法，即企业在雇用、招聘、保留和相关做法方面的方法，以及提供的工作条件。还包括企业所处的供应链中的就业和工作条件"。
全球报告倡议组织 402 号文件——劳资关系"规定了劳资关系专题提出的报告要求。这涵盖了企业与员工及其代表的咨询实践，包括其沟通重大业务变化的方法"。
全球报告倡议组织 403 号文件——职业健康和安全"规定了关于职业健康和安全主题的报告要求。它包括制定政策、分析和控制健康和安全风险、提供培训，以及记录和调查健康和安全事件"。该文件于 2021 年 1 月 1 日开始实施。
全球报告倡议组织 404 号文件——职业培训和教育"规定了关于培训和教育主题的报告要求。这包括企业培训和提升员工技能的方法，以及绩效和职业发展审查。它还包括促进持续就业能力的过渡援助计划，以及对因退休或解雇而导致的职业生涯结束的管理"。
全球报告倡议组织 405 号文件——多样性和机会平等"规定了关于多样性和机会平等主题的报告要求。它包括关于治理机构和员工的多样性以及女性与男性的基本工资和薪酬比例的具体披露"。
全球报告倡议组织 406 号文件——反歧视"规定了关于反歧视主题的报告要求。它包括对歧视事件的具体披露和所采取的纠正行动"。
全球报告倡议组织 407 号文件——结社自由和集体谈判"规定了关于结社自由和集体谈判专题的报告要求。它包括关于结社自由和集体谈判权可能受到威胁的业务和供应商的具体披露"。
全球报告倡议组织 408 号文件——童工"规定了关于童工问题的报告要求。它包括对有发生童工事件重大风险的业务和供应商的具体披露"。
全球报告倡议组织 409 号文件——强迫或强制劳动"规定了关于强迫或强制劳动主题的报告要求。它包括对存在强迫或强制劳动事件重大风险的业务和供应商的具体披露"。
全球报告倡议组织 410 号文件——安全做法"规定了关于安全做法专题的报告要求。它包括关于接受过人权政策和程序培训的安全人员的具体披露"。
全球报告倡议组织 411 号文件——本地居民的权利"规定了关于本地居民权利专题的报告要求。它包括对涉及本地居民权利的侵权事件的具体披露"。
全球报告倡议组织 412 号文件——人权评估"规定了关于人权评估主题的报告要求。它包括已接受人权审查或影响评估的业务、员工关于人权政策和程序的培训、包含人权条款或经过人权筛查的重大投资协议和合同"。
全球报告倡议组织 413 号文件——本地社区"规定了关于本地社区主题的报告要求。它包括有当地社区参与的行动、影响评估和发展方案、对当地社区有重大的实际和潜在负面影响的业务"。

73	全球报告倡议组织 414 号文件——供应商社会评估"规定了关于供应商社会评估主题的报告要求。它包括对使用社会标准筛选的新供应商的具体披露，以及供应链中的负面社会影响和采取的行动"。
	全球报告倡议组织 415 号文件——公共政策"规定了关于公共政策主题的报告要求。这包括企业通过游说和向政党、政治家或事业提供资金或实物捐助等活动，参与公共政策的制定"。
	全球报告倡议组织 416 号文件——客户健康与安全"规定了关于客户健康与安全主题的报告要求。它包括企业在产品或服务的整个生命周期中为解决健康和安全问题所做的一系列努力，以及企业对客户健康、安全法规和自愿守则的遵守情况"。
	全球报告倡议组织 417 号文件——营销和标签"规定了关于营销和标签主题的报告要求。这包括客户获得准确和充分的信息，了解客户消费的产品和服务对经济、环境和社会的积极和消极影响——从产品和服务的标签和营销沟通的角度来看都是如此"。
	全球报告倡议组织 418 号文件——客户隐私"规定了关于客户隐私主题的报告要求。这包括有关侵犯客户隐私和丢失客户数据的经证实的投诉"。
	全球报告倡议组织 419 号文件——社会经济合规性"规定了关于社会经济合规性主题的报告要求。这包括企业的总体合规记录，以及对社会和经济领域特定法律或法规的合规情况"。

资料来源：全球报告倡议组织准则（2016）[1]

四、碳核算和报告

人类活动导致的温室气体排放量的日益增加，已成为维护自然资源和后代满足其需求的能力方面最具挑战性的问题之一。个人、政府和企业越来越关注自身活动对全球变暖和气候变化造成的负面影响。1992 年 6 月，许多国家参加了联合国环境与发展会议（"地球峰会"），并通过谈判达成了一项国际环境条约，即《联合国气候变化框架公约》。该公约的目标是"将大气中的温室气体浓度稳定在

1　GRI Standards. (2016). Global reporting initiative, The GRI standards. https://www.globalreporting.org/standards/gri-standards-download-center/.

可以防止对气候系统造成危险的人为干预的水平"。[1]

该公约基于"平等"、"共同但有区别的责任和各自的能力"、"预防性措施和政策"、"促进可持续发展的权利"、"自由贸易"和"成本效益"等几项基本原则建立。除了适用于所有缔约方的减少温室气体排放的义务,还为签约的发达国家和发展中国家规定了不同类型的义务。1997 年,《京都议定书》在日本京都通过,并于 2005 年正式生效。《京都议定书》涵盖两个承诺期(2008—2012 年和 2012—2020 年)。在第一个承诺期内(2008—2012 年),缔约方的目标是将其温室气体排放量减少到比 1990 年还低 5% 的水平,使用 替代能源替代化石燃料,并引入消耗较少能源的新系统。《京都议定书》还承认各国之间的排放交易符合《联合国气候变化框架公约》的基本原则,即"应对气候变化的政策和措施应具有成本效益,以确保以尽可能低的成本获得全球利益"。在第一承诺期结束后,《京都议定书》缔约方于 2012 年 12 月在卡塔尔的多哈举行会议,决定在第二承诺期减少至少 18% 的温室气体排放。《〈京都议定书〉多哈修正案》已于 2020 年 10 月生效。

《京都议定书》成功地引起了公众对人类生产和消费活动对气候造成的负面影响的关注。它鼓励政府、企业、国际组织和学者共同努力,确定管理气候变化和减少全球变暖的战略。此外,允许各签约国之间进行碳限额交易,除了对温室气体排放施加限制或上限,碳交易机制还通过提供经济激励措施来减少温室气体排放,从而激励发达国家和发展中国家管理和减少大气中的温室气体水平。

---

1 UNFCCC. (1992). United Nations framework convention on climate change (p. 4). https://UNFCCC.int/resource/docs/convkp/conveng.pdf.

与碳污染减排计划相比，温室气体排放交易似乎更能吸引各国履行《京都议定书》规定的义务。可交易的温室气体排放量给经济体以更低的成本来减少排放量提供了更多的激励。目前，欧盟、加拿大、中国、日本、新西兰、韩国、瑞士和美国已经或正在国家或国家以下一级实施和发展许多碳排放上限和交易制度。欧盟最早将碳交易作为其管理温室气体排放和应对全球气候变化政策的支柱，欧盟在2005年引入了碳排放交易系统，并要求欧盟成员国必须遵守该系统。

碳排放上限和交易制度为减少碳排放设定了法律限制，推动各国和各企业普遍接受《京都议定书》之下"排放量交易的核查、报告和问责"的规则和准则。目前，已经制定一些标准和指导方针来帮助企业计算和报告温室气体排放量。当今最为广泛接受和使用的标准包括：世界资源研究所和世界可持续发展商业理事会制定的《温室气体议定书》、国际标准化组织制定的 ISO 14064 标准，以及全球报告倡议组织制定的作为《可持续发展报告标准》的一部分的全球报告倡议组织 305 号文件的排放标准。

《温室气体议定书》第一版于 2001 年出版，为公司提供了用于衡量和报告《京都议定书》所涵盖的温室气体排放源的核算和报告标准，并为量化温室气体减排项目的减排量提供了指导。根据 ISO 14064-1 标准（2018），ISO 14064 标准"规定了企业一级温室气体排放量化和报告的原则和最低要求。它包括企业温室气体清单的设计、开发、管理、报告和核实的原则和要求"（国际标准化组织网站）。2006 年通过的 ISO 14064-1 标准是为了与《温室气体议定书》ISO 14064-2 标准保持一致和兼容而制定的，其重点是专门为减少温室气体排放而设计的温室气体项目。ISO 14064-3 标准提供了用于验证温室气体清单的标准化流程。

《温室气体议定书》规定了五项核算原则，这些原则部分源自公认的财务核算和报告原则，以支持和指导温室气体核算和报告：相关性、完整性、一致性、透明度和准确性。根据《温室气体议定书》，"为了实现有效和创新的温室气体管理，针对直接和间接排放设定全面的运营边界，将有助于公司更好地管理其价值链中存在的所有温室气体风险和机会"。[1] 出于温室气体核算和报告的目的，《温室气体议定书》修订了三个"范围"（范围1、范围2和范围3），它们符合 ISO 14064 标准（即直接温室气体排放、电力间接温室气体排放和其他间接温室气体排放）。

（1）范围1：来自公司拥有或控制的来源的直接温室气体排放，例如，来自拥有或控制的锅炉、熔炉、车辆等的燃烧排放，以及来自自有或受控过程设备中化学生产的排放。《京都议定书》未涵盖的温室气体排放量，例如氟氯碳化物（CFCs）、氮氧化合物（NOx）等不应包含在范围1中，但可以单独报告。[2]

（2）范围2：电力间接温室气体排放是指公司购买的电力的消耗产生的温室气体排放。范围2排放实际发生在发电设施中。[3]

（3）范围3：其他间接温室气体排放是一个可选的报告类别，允许处理所有其他间接排放。范围3排放是公司活动的结果，但来自非公司所有或控制的来源。范围3活动的一些例子是采购材料的

1　GHG Protocol. (2004). GHG protocol corporate standard (Rev. ed., p. 8). https://ghgprotocol. org/sites/default/files/standards/ghg-protocol-revised.pdf.

2　GHG Protocol. (2004). GHG protocol corporate standard (Rev. ed., p. 25). https://ghgprotocol. org/sites/default/files/standards/ghg-protocol-revised.pdf.

3　GHG Protocol. (2004). GHG protocol corporate standard (Rev. ed., p. 25). https://ghgprotocol. org/sites/default/files/standards/ghg-protocol-revised.pdf.

提取和生产，购买燃料的运输，销售产品和服务的使用。[1]

《温室气体议定书》已经和 ISO 14064 标准一起成为企业碳核算和报告的标准。这些标准已成为全球报告倡议组织 305 号文件的排放标准（于 2018 年 7 月生效）和碳披露项目的基础，这是一家总部位于英国的非营利组织，帮助地区、州、城市和公司衡量、管理和披露其环境影响和绩效。

全球报告倡议组织将《温室气体议定书》的范围 1、2、3 与 ISO 14064 标准的定义相结合，这些定义是全球报告倡议组织 305 号文件的排放标准中的"直接温室气体排放（范围 1）"、"能源间接温室气体排放（范围 2）"和"其他间接温室气体排放（范围 3）"。全球报告倡议组织 305 号文件的排放标准包括温室气体、臭氧消耗物质（ODS）、氮氧化物和硫氧化合物（SOX），以及其他重要的气体排放，以解决所有从源头排放入大气中的物质。该标准应该与全球报告倡议组织 103 号文件关于管理方法的规定一起使用，以便全面披露该类企业的影响。

除了报告标准，温室气体排放量交易制度的发展也揭示了企业对碳交易许可和报告进行识别和定价的必要性。在这种情况下，考虑到各种利益相关者在环境可持续性方面的优先权，引入了碳核算和报告来衡量、报告和分析碳绩效。碳绩效被定义为温室气体排放绝对量的减少。温室气体排放量是通过碳足迹计算的，碳足迹描述了由于个人或组织或整个社区的活动而释放到大气中的二氧化碳的量。碳核算建立了气候科学和会计实践之间的沟通，以准确衡量和

1　GHG Protocol. (2004). GHG protocol corporate standard (Rev. ed., p. 25). https://ghgprotocol. org/sites/default/files/standards/ghg-protocol-revised.pdf.

分析公司的碳绩效，并有助于规划和管理减少碳排放所需的战略和运营。[1]

沙尔特格和瓦格纳[2]认为，碳绩效需要一种将碳信息与经济活动信息相结合的竞争战略，因为企业管理必须对不同的利益相关者群体负责。从这个意义上说，学术研究人员在两个不同的子类别中研究碳核算：碳管理核算和碳财务核算。[3]碳管理核算为制定和实施有关公司活动引起的温室气体排放问题的战略管理决策提供了必要的信息。它包括"识别、评估和监测温室气体排放对生态系统碳循环的影响"。[4]引入财务碳核算以根据国家和国际法律要求（例如碳交易系统和《京都议定书》的要求）报告公司的碳绩效。

1　Burritt, R. L., Schaltegger, S., & Zvezdov, D. (2011). Carbon management accounting: Explaining practice in leading German companies. *Australian Accounting Review*, 21(1), pp. 80-98.

2　Schaltegger, S., Bennett, M., & Burritt, R. L. (2006). *Sustainability accounting and reporting*. Dordrecht: Springer.

3　Burritt, R. L., Schaltegger, S., & Zvezdov, D. (2011). Carbon management accounting: Explaining practice in leading German companies. *Australian Accounting Review*, 21(1), pp. 80-98.

Cotter, J., Najah, M., & Wang, S. S. (2011). Standardized reporting of climate change information in Australia. *Sustainability Accounting, Management and Policy Journal*, 2(2), pp. 294-321.

Gibassier, D., & Schaltegger, S. (2015). Carbon management accounting and reporting in practice. A case study on converging emergent approaches. *Sustainability Accounting, Management and Policy Journal*, 6(3), pp. 340-365.

Mizuguchi, T. (2008). The need for standardized disclosure on climate-risk in financial reports: Implications of the JICPA reports. In S. Schaltegger (Ed.), *Environmental accounting for cleaner production: Eco-efficiency in industry and science* (pp. 353-364). Dordrecht: Springer.

Schaltegger, S., & Csutora, M. (2012). Carbon accounting for sustainability and management. Status quo and challenges. *Journal of Cleaner Production*, 36(1), pp. 1-16.

4　Stechemesser, K., & Guenther, E. (2012). Carbon accounting: A systematic literature review. *Journal of Cleaner Production*, 36, pp. 17-38.

碳核算和报告是在可持续发展核算背景下对各企业进行核算的
一个新兴领域，即使对那些声称拥有有效的环境核算系统并在环境
绩效方面有所改善的企业来说也是如此。其需要发展会计方法来衡
量、验证和货币化碳表现，还要求与涉及碳交易或环境报告的利益
相关者相关的、可比较的和准确的碳排放核算实践。目前，各种报
告温室气体排放标准已经制定，以帮助企业识别和报告碳表现，并
支持碳交易市场。欧盟报告确定了 30 种"主要"温室气体核算和报
告方法，这些方法在欧洲甚至全球范围内广泛使用。[1] 企业边界、各
种温室气体排放报告标准以及内部和外部利害关系方的不同期望，
在碳的定价和可比较性方面带来了一些重要挑战。目前，我们正努
力汇集温室气体排放核算方法，并制定一套全球可接受的单一标准，
以满足不同利益相关者的要求。

五、综合报告

近年来，全球经济和社会危机频发且严重程度不断上升，促使
人们更加认识到可持续发展的重要性，并加速了综合报告的发展。
对企业来说，将可持续性纳入核心决策过程和财务报告已经变得至
关重要。目前，大多数企业都在发布关于可持续发展、社会责任、
企业治理和环境问题的不同类型的报告。

然而，关于社会责任、环境或可持续能力问题的公开披露对经
济现实的背离，或财务报告与社会和环境绩效的脱节，使得人们难

1　ERM. (2010). Company GHG Emissions Reporting—a Study on Methods and Initiatives. EU
Commission Directorate-General Environment, 10. https://ec.europa.eu/environment/pubs/pdf/
ERM_GHG_Reporting_final.pdf.

以确定企业在可持续发展方面创造的任何价值。因此，在报告治理和经济问题的同时考虑可持续发展，对企业股东和其他利益相关者评估企业的长期绩效和价值最大化方面已经变得越来越重要。

将企业管理的财务和非财务绩效整合到单个报表中，使利益相关者能够通过商业模式、战略目标、整体绩效和治理等各种概念之间的联系评价企业的绩效，从而在短期、中期和长期创造和维持价值。

综合报告是一种全面的报告方法，其展示了企业对全球经济、股东、社会和环境的责任。综合报告是一种将财务和可持续战略与结果相结合的报告形式。

综合报告在一个共同的报告平台上将企业治理概念与不包括在财务报告中的智力资本、社会资本和自然资本等资本相结合并相互关联。综合报告在企业战略愿景和治理价值下，将可持续发展方面的成果和企业经营成果结合起来。

综合报告的历史可以追溯到纳尔逊·曼德拉1992年为克服企业治理问题、鼓励南非机构的透明度和信息共享而授意默文·金成立的"金委员会"。1994年该委员会发表的第一份关于公司治理的报告（King Ⅰ）主张采用一种涉及所有利益相关者的综合方法。该报告在2002年进行了修订（King Ⅱ），涵盖了公司董事会的作用、风险管理和可持续发展报告，并建议进一步在治理和财务报告方面实现一体化和可持续性。该报告的第三个版本（King Ⅲ）于2009年出版。[78] 该报告建议企业应该编写一份综合报告，而不是单独的财务报告、可持续发展报告和治理报告，鼓励企业以整体的方式衡量对企业成功至关重要的各个方面的表现。这些方面包括：有效的战略和风险管理流程；良好的公司管治措施；财务绩效；以及解决经济、社会和环境问题的可持续发展。[1] 在第三个版本的报告中，综合报告被定义为"企业在财务和可持续发展方面的绩效的整体和综合表现"。2010 年，约翰内斯堡南非证券交易所按照此报告的要求强制上市企业发布综合报告。因此，南非成为第一个强制上市公司实施综合报告的国家。

在国际方面，2010 年 8 月国际综合报告委员会成立，"以支持着眼于短期、中期和长期创造价值的综合思维、决策和行动"。[2] 国际综合报告委员会表示，"综合思维越是嵌入到组织的活动中，信息的连通性就越自然地流向管理报告、分析和决策。这也会使支持内部和外部报告和沟通的信息系统得到更好的整合，包括综合报告的编制"。国际综合报告委员会确定的目标是制定一个全球公认的综合报告框架，使组织能够提供关于它们如何在一段时间内创造价值的简明交流。该委员会与来自世界各地的机构、组织和个人，包括投资人、监管者、标准制定者、会计行业、学术界以及民间社会的不同代表进行了全面而深入的磋商。经过漫长密集的磋商后，国际综合报告委员会于 2013 年 12 月发布了其《国际综合报告框架》的第一版。该框架设立了两个主要部分：指导原则和内容要素。指导原则

---

1 IoD. (2009). *King report on corporate governance for South Africa.* Johannesburg: Institute of Directors in Southern Africa. https://cdn.ymaws.com/www.iodsa.co.za/resource/resmgr/king_iii/King_Report_on_Governance_fo.pdf.

SAIRC. (2011, January 25). *Framework for integrated reporting and the integrated report* (Discussion Paper). Integrated Reporting Committee of South Africa. http://integratedreportingsa.org/ircsa/wp-content/uploads/2017/05/IRC-of-SA-Integrated-Reporting-Guide-Jan-11.pdf.

2 IIRC. (2013). International integrated reporting <IR> framework, 11. https://integratedreporting.org/wp-content/uploads/2015/03/13-12-08-THE-INTERNATIONAL-IR-FRAMEWORK-2-1.pdf.

在编制和提交综合报告的过程中被单独或集体应用。表 3.6 列出了五
个基本的指导原则。

表 3.7 列出了《国际综合报告框架》的内容要素，各要素基本上
是相互关联的，并支持指导原则。

表 3.6　《国际综合报告框架》的指导原则　　　　　　　　79

原则	描述
战略重点和未来定位	"综合报告应深入了解企业的战略，它与企业在短期、中期和长期内创造价值的能力的关系，以及它对资本的利用和影响。"
信息的联通性	"综合报告应显示影响组织长期创造价值能力的各种因素之间的组合、相互关系和依赖关系的整体情况。"
利益相关者的关系	"综合报告应深入了解企业与其主要利益相关者的关系，包括企业如何以及在多大程度上理解、考虑并回应他们的合法需求和利益。"
重要性	"综合报告应披露有关在短期、中期和长期内对企业创造价值能力产生实质性影响的事项的信息。"
简洁度	"综合报告应简明扼要。"
可靠性和完整性	"综合报告应该以一种平衡的、没有实质性误差的方式涵盖所有重要的事情，无论是积极的还是消极的。"
一致性和可比较性	"综合报告中的信息应以下列方式呈现：（a）在不同时期的基础上保持一致；（b）在对企业自身创造价值的能力具有重要意义的情况下，能够与其他企业进行比较。"

资料来源：国际综合报告（2013）[1]

表 3.7　《国际综合报告框架》的内容要素

内容要素	描述
企业概述和外部环境	"该企业是做什么的，它是在什么情况下经营的？"
治理	"企业的治理结构如何支持其在短期、中期和长期内创造价值的能力？"

1　IIRC. (2013). International integrated reporting <IR> framework (p. 5). https://integrate-dreporting.
org/wp-content/uploads/2015/03/13-12-08-THE-INTERNATIONAL-IR-FRAME-WORK-2-1.pdf.

内容要素	描述
商业模式	"该企业的商业模式是什么？"
风险与机会	"影响企业在短期、中期和长期内创造价值能力的具体风险和机会是什么，企业是如何应对的？"
战略与资源分配	"该企业的发展方向以及如何发展？"
绩效	"该企业在多大程度上实现了这一时期的战略目标，在对资本的影响方面，其结果如何？"
未来展望	"该企业在实施其战略时可能会遇到哪些挑战和不确定性，对其商业模式和未来绩效的潜在影响是什么？"
列报依据	"企业如何确定在综合报告中包括哪些事项，以及如何对这些事项进行量化或评估？"

资料来源：国际综合报告框架（2013）[1]

国际综合报告委员会认为，综合报告的总体目标是深入了解报告企业如何与外部环境和资本进行互动，从而在短期、中期和长期为自己和其他利益相关者创造价值。为此，国际综合报告委员会提出了支撑和加强综合报告的三个基本概念："为企业和他人创造价值"、"资本"和"价值创造过程"。

为企业和他人创造价值：金融资本的提供者对企业在一段时间内为自身创造的价值感兴趣，而企业为自身创造价值的能力与其为他人创造的价值是相联系的。这种价值通过企业的活动、互动、关系和产出，以及企业所使用和影响的各种资本的结果来实现。当这些互动、活动和关系对组织为自己创造价值的能力至关重要时，它

---

[1] IIRC. (2013). International integrated reporting <IR> framework (p. 5). https://integratedreporting.org/wp-content/uploads/2015/03/13-12-08-THE-INTERNATIONAL-IR-FRAMEWORK-2-1.pdf.

们就会被纳入综合报告。[1]

资本：所有企业的成功都依赖于各种形式的资本，如金融、制造、自然、知识、人力、社会和关系。一份综合报告可能不会涵盖所有的资本，但应该关注与实体相关的、为实体创造价值的资本。表 3.8 中列出了资本的类别。

价值创造过程：国际综合报告委员会在图 3.2 中显示了企业的价值创造过程，并解释了其如何与内容元素保持一致。[2]

国际综合报告委员会认为，以指导原则为基础的《国际综合报告框架》为向股东和其他团体解释一个企业如何随着时间的推移创造价值提供了有用的信息。框架中的每个内容元素都被设计用来为企业价值创造过程提供深刻洞察。如图 3.2 所示，第一，综合报告应包含关于企业运作的外部环境情况（如经济、技术、社会、政治和环境）的信息，以及这些情况如何对企业创造价值的能力产生重大影响（内容要素：企业概况和外部环境）。第二，综合报告应包含企业的治理结构（如领导结构、战略决策过程、风险管理方法和道德问题以及企业文化），这些结构负责建立适当的监督管理结构，以支持企业创造价值的能力（内容要素：治理）。第三，综合报告应该包含企业的商业模式，利用各种资本作为投入，并通过商业活动将其转化为产出（产品、服务、副产品和废品）和结果（可能是正面的，

1　IIRC. (2013). International integrated reporting <IR> framework (p. 11). https://integratedreporting.org/wp-content/uploads/2015/03/13-12-08-THE-INTERNATIONAL-IR-FRAMEWORK-2-1.pdf.

2　IIRC. (2013). International integrated reporting <IR> framework (p. 13). https://integratedreporting.org/wp-content/uploads/2015/03/13-12-08-THE-INTERNATIONAL-IR-FRAMEWORK-2-1.pdf.

如利润、税收、企业声誉、客户满意度、品牌忠诚度；或负面的，如损失、坏名声等）（内容要素：商业模式）。第四，综合报告应该包括与企业相关的具体风险和机会的定义、企业战略和影响企业创造价值能力的商业模式（内容要素：风险和机会）。第五，综合报告应包括企业的短期、中期和长期战略目标，以及实现这些目标的战略和资源分配计划（内容要素：战略和资源分配）。第六，综合报告应包含关于企业绩效的定量和定性信息，以评估企业实现其战略目标的程度以及结果对资本的影响（内容要素：绩效）。第七，综合报告应该包含企业的前景。由于价值创造过程不是静态的，企业必须审查每个组成部分及其与其他组成部分的相互影响（内容要素：展望）。[1]

81

表 3.8   与企业相关的资本形式

资本	描述
金融资本	"资金池： • 可用于企业生产商品或提供服务 • 通过融资获得，如债务、股权或赠款，或通过运营或投资产生"
制造资本	"可供企业用于生产货物或提供服务的人造实物（有别于自然实物），包括： • 建筑、设备 • 基础设施（如道路、港口、桥梁、污水处理厂）"
知识产权	"企业拥有的基于知识的无形资产，包括： • 知识产权，如专利、版权、软件、权利和许可 • 企业资本，如隐性知识、系统、程序和协议"
人力资本	"员工的能力、潜力和经验，以及他们的创新动机，包括： • 与企业的治理框架、风险管理方法和道德价值观保持一致并提供支持 • 具备理解、发展和实施企业战略的能力 • 改善流程、商品和服务的忠诚度和动机，包括领导、管理和协作能力"

---

1   IIRC. (2013). International integrated reporting <IR> framework (pp. 13-14). https://integratedreporting.org/wp-content/uploads/2015/03/13-12-08-THE-INTERNATIONAL-IR-FRAMEWORK-2-1.pdf.

续表

资本	描述
社会和关系资本	"机构、社区内部和社区之间的关系、利益相关者群体和其他网络，以及共享信息以增进个人和集体福祉的能力。社会和关系资本包括： • 共同的规范、共同的价值观和行为 • 关键利益相关者关系，以及企业与外部利益相关者建立并努力建立和保护的信任和参与意愿 • 与企业发展的品牌和声誉相关的无形资产 • 企业的经营许可证"
自然资源	"所有可再生和不可再生的环境资源和过程，它们提供商品或服务，支持一个企业过去、现在或未来的繁荣。这包括： • 空气、水、土地、矿物和森林 • 生物多样性和生态系统健康"

资料来源：国际综合报告框架（2013）[1]

　　企业编写和提交综合报告有许多内部和外部的好处。内部效益的例子包括：在如何更好地治理企业的问题上更加综合的思考；更加注重本企业的战略和使命；对提升财务和非财务绩效的业务问题有更深入的了解；与员工有更有效的沟通；提高员工的参与度。外部效益的例子包括：更多的相关性和透明度；为外部利益相关者提供更有效的报告；提高资本配置的效率；改善利益相关者关系和企业声誉。然而，综合报告对于一个企业来说也存在一些挑战，例如：识别和确定企业如何创造价值或利益相关者如何认识价值；信息的连通性对企业创造价值能力的因素进行整体描述的影响；界定财务和非财务绩效的指标；确定不同利益相关者的重要性；兼顾简洁性和与利益相关者进行有意义的沟通。

83

1　IIRC. (2013). International integrated reporting <IR> framework (pp. 11-12). https://integratedreporting.org/wp-content/uploads/2015/03/13-12-08-THE-INTERNATIONAL-IR-FRAME-WORK-2-1.pdf.

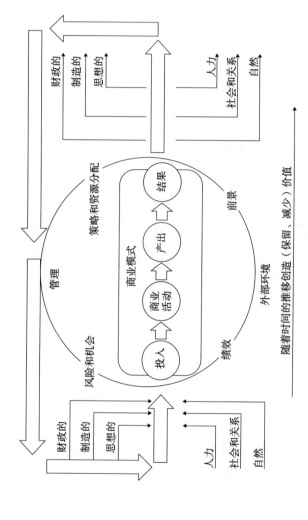

图 3.2 价值创造过程

资料来源：国际综合报告[1]

1 IIRC. (2013). International integrated reporting <IR> framework (p. 13). https://integrate-dreporting.org/wp-content/uploads/2015/03/13-12-08-THE-INTERNATIONAL-IR-FRAME-WORK-2-1.pdf.

目前，综合报告是企业最新的报告形式。在可持续发展的背景下，综合报告有望通过提出关于经济、社会和环境绩效以及公司治理的全面报告，为企业及其利益相关者提供好处。

六、结论

本章回顾了可持续发展、企业可持续发展和可持续发展会计和报告的概念，重点关注了可持续发展会计和报告的最新发展。可持续发展会计和报告提供了一种新的战略会计方法，帮助企业管理其可持续发展战略，并为可持续发展作出贡献。如今，企业处在一个非常具有竞争性和挑战性的世界中，有大量的内部和外部驱动因素影响决策过程和利益相关者的期望。企业管理层越来越需要管理、衡量和报告这些挑战，实施一种全面的方法，寻求在短期、中期和长期内创造、保存和衡量多资本价值，以实现可持续发展。在《京都议定书》和碳排放额度的推动下，碳核算在过去十年已经成为可持续发展会计和报告的一个领域。碳核算在气候变化科学和会计实践之间建立了联系，以衡量和分析一个公司的碳绩效，帮助其制定减少碳排放的目标。综合报告是可持续发展会计和报告的另一个发展。综合报告旨在支持综合思维、决策和行动，注重短期、中期和长期的价值创造。

由于可持续发展是一个变化的过程，而不是一个固定的状态，可持续发展会计和报告这个问题将继续对会计从业人员和学者提出挑战，以确保会计信息系统的发展，帮助各企业实现可持续性商业实践，并为社会和环境创造价值。除了报告社会和环境信息，可持续发展会计和报告需要在传统财务方面进行实质性的变革，并克服新出现的问题，如利益相关者的不同需求、审计质量的保证和执行力的不足。

第四章

应用层次分析法调查土耳其公共内部审计师的职责

根凯·卡拉卡亚 *

87　　　**摘要**：公共部门已经将使用预防性和增值性的行政工具（如内部审计、企业管理、企业风险管理、战略管理和内部控制）列入议程。公共部门所处环境的发展、日益增长的需求以及公民和利益相关者的需求进一步加剧了这种情况，并使得建设系统的基础框架变得至关重要。《公共财政管理和控制第 5018 号法》是这个基础框架的最新版本，旨在通过经济、有效且高效的方法利用公共资源以创造附加价值。透明度、问责制和平衡预算编制等进程是公共部门密切审查的问题，应当得到有效和高效的检查机制的支持。只有这样，它们才能创造价值。内部审计师作为公共部门相关审计活动的从业者，将继续完成这一首要任务。这项研究阐述了在《公共财政管理和控制第 5018 号法》框架内进行内部审计的必要性，并用层次分析法分析了内部审计师对法律规定的职责的看法。

　　关键词：内部审计；公共内部审计；层次分析法

---

* 　根凯·卡拉卡亚，伊斯坦布尔商业大学商学院，土耳其伊斯坦布尔。E-mail:gkarakaya@ticaret.edu.tr

一、简介

有效且高效地利用资源、建立公司治理机制、实施内部控制和风险管理等问题对事业单位来说非常重要。于 2006 年开始起草并于 2013 年全面实施的《公共财政管理和控制第 5018 号法》就上述 88 问题为公共行政部门作出了结构性规定。对企业来说相对较旧的制度，诸如内部审计、内部控制、公司治理和公司风险管理等现已开始在所有公共机构内实施。据称，行政部门的内部审计实践在许多方面不同于企业的内部审计实践。[1] 然而，一系列的管理程序消除了这种差异。由于这些过程是需要执行的、可以创造价值的和可持续的，因此内部审计过程也受到相关法律的规范。内部审计和内部审计师的主要职责在一定权限范围内被详细地表述。相关法律使得从传统的检查方法转向增值导向的内部审计方法成为可能。内部审计理论在私营部门的基础上进行了评价，强化了公共行政部门的反映，建立了系统的内部审计制度。2011 年 7 月 8 日，财政部内部审计协调委员会根据《公共财政管理和控制第 5018 号法》第 14 条规定了公共内部审计准则。相关条例规定了在土耳其公共行政部门工作的内部审计师在其活动中必须遵守的标准。本章采用多准则决策方法，分析了公共行政部门内部审计执行者——内部审计师的主要职责及从业人员对此的评价。

1　Goodwin, J. (2004). A comparison of internal audit in. *Managerial Auditing Journal*, 19(5), p. 641.

二、根据《公共财政管理和控制第 5018 号法》进行的内部审计

审计质量研究只集中在对企业的审计，而没有关注公共部门审计。[1] 自 2002 年以来，审计长的问责作用和政府强调的审计类型，从财务报表到合规审计再到绩效审计，都有了重大发展。[2]

在土耳其，《公共财政管理和控制第 5018 号法》对于重组公共财政管理和在特定方面建立标准做法具有重要意义。特别是在公共行政部门，诸如财政可持续性、绩效监督、附加值等概念已经在该法范围内获得了意义，并被要求执行。

《公共财政管理和控制第 5018 号法》，对内部审计、内部审计师的职责、内部审计师的资格和任命等所有相关问题上作出了重要规定。由会计法院制定并执行对行政部门的外部控制，这一点并未改变。内部审计理论也已经应用于行政部门，但不是基于经典的检查和审计理论，而是基于其价值导向的方法。为了以一种健康的方式在行政部门中实现现代内部审计职能，已经作出了重要的结构安排。[3] 从这个意义上讲，相关法律第 1 条的一般目的如下，其中还包括内部审计条例：[4] "该法的目的是根据发展计划和方案中包含的政策

89

---

1 Ismail, A. H., Merejok, N. M., Dangi, M. R. M., & Saad, S. (2020). Does audit quality matters in Malaysian public sector auditing? *Journal of Academia*, 7, pp. 102-116.

2 Othman, R., Nath, N., & Mahzan, N. (2013). Public sector audit: A century and beyond-the case of Malaysia. http://repository.um.edu.my/33955/.

3 Güner, F. (2009). Kamu Yönetiminde İç Denetime Geçiş Süreci ve Karşılaşılan Sorunlar: Kamu İç Denetiminin Değişimi Üzerine Bir Araştırma. *Ç.Ü. Sosyal Bilimler Enstitüsü Dergisi*, 18(2), p. 216.

4 Public Finance Management Control Law No. 5018. (2003). https://www.mevzuat.gov.tr/MevzuatMetin/1.5.5018.pdf.

和目标，有效、经济和高效地获取和使用公共资源，规范公共财政管理的结构和运作，编制和执行公共预算，核算和报告所有财务交易，以确保问责制和财政透明度。"

从这一点出发，该法的相关条款明确表示了公共行政部门开展有效且高效的活动的问题，过程保持透明性，并在下列条款中规定监督相关进程。有关条例根据通常的公共财政管理和控制程序提供了不同的视角，在这一点上将内部审计机构组织为独立的单位，并明确了其职责。在土耳其，公共行政部门的内部审计活动实际上是在 2008 年任命内部审计师之后开始实施的。[1]

为了监督公共行政部门的内部审计制度，并将其作为独立且公正的部分，财政部内设立了一个由七名成员组成的内部审计协调委员会。

内部审计协调委员会公布的立法框架在三个层次上确定了在行政部门开展的审计活动和所有相关程序。在此背景下，第一级立法规定包括关于内部审计的条例，这些条例是在《公共财政管理和控制第 5018 号法》框架内公布的，该规定包括《公共财政管理和控制第 5018 号法》范围内所有的内部审计和相关程序。第二级立法规定包括所有专门针对内部审计师制定的法规。同样，这一点的主要来源是《公共财政管理和控制第 5018 号法》。

第二级立法规定包括以下内容：[2]

（1）部长会议关于向地方行政部门提供内部审计师的法令；

（2）部长会议关于内部审计师分配的法令；

（3）关于内部审计师工作程序和原则的规定；

1　Gök, M. (2015). Türkiye'de Kamu İç Denetim Sistemi: Yapı ve Performans Açısından Bir Değerlendirme. *Yönetim ve Ekonomi Araştırmaları Dergisi*, 13(3), p. 483.

2　Internal Audit Coordination Board. (2003, April). Internal audit coordination board. https://www.hmb.gov.tr/idkk-mevzuat.

（4）内部审计师候选人的确定、培训和证书的规定；

（5）关于内部审计协调委员会工作程序和原则的规定；

（6）部长会议关于工作人员分配的决议；

（7）部长会议关于地方行政部门人员职务分配的决议。

90　　第三级立法规定是内部审计协调委员会公布的原则和公告，就如何进行内部审计、审计过程中应遵守的程序和条件、审计过程中应遵守的标准、报告程序等作出安排。[1]

《公共财政管理和控制第 5018 号法》第 63 条规定了内部审计的概念和总体框架。在相关条款的范围内，内部审计的定义如下：[2] "内部审计是一种独立、客观的鉴证及咨询活动，目的是评价和指导资源是否按照经济、有效和高效原则进行管理，以增加行政部门的价值并改进其工作。这些活动以系统、持续且有纪律的方式进行，并符合普遍接受的标准，以评价和改善行政部门的管理和控制结构的有效性以及财务交易、管理和控制过程的风险管理。"

在审计理论的框架内，内部审计是对企业管理、企业风险和行政部门的内部控制过程进行审计。这样一来，内部审计就为公共管理部门开展了完整的审计活动。由于这一定义，内部审计从传统的检查角度出发，以价值为导向的观点已经成为行政单位的主要任务。

为了提高公众对财务报表可靠性的信心，审计质量至关重要。因此，当审计师是独立的，审计质量将会提高。[3]在《公共财政管理和控

1　Şahin, Ü. (2008). 5018 Sayılı Kamu Mali Yönetimi ve Kontrol Kanununda İç Denetim Sistemi. *KMU İİBF Dergisi*, 15, p. 291.

2　Public Finance Management Control Law No. 5018. (2003). https://www.mevzuat.gov.tr/MevzuatMetin/1.5.5018.pdf.

3　Suyono, E. (2012). Determinant factors affecting the audit quality: An Indonesian perspective. *Global Review of Accounting and Finance*, 3(2), pp. 42-57.

制第 5018 号法》第 64 条中，内部审计的职能表述如下[1]：

（1）根据客观风险分析，评估公共行政部门的管理和控制结构；

（2）就如何有效利用资源进行研究并提出建议；

（3）在支出后进行合规审计；

（4）审计和评估行政部门在财务交易方面的支出、决定和节余是否符合目标和政策、发展计划、方案、战略计划和绩效方案；

（5）对财务管理和控制流程进行系统审计，并就需要纠正的问题提出建议；

（6）在审计结果的框架内提出改进建议；

（7）在审计期间或根据审计结果遇到需要调查的情况时，通知相关行政部门的最高主管。

三、研究方法

本部分分析了公共内部审计师对其法定职责的看法。本部分的研究方法为层次分析法，这是一种多准则决策方法。多准则决策方法可以概括为在确定的标准内对多个备选方案的优先级/等级进行分析。在进行相关分析时，应将一级负责人、授权人或执行人员纳入样本。

层次分析法适用于多准则决策的情况，有诸多决策者从许多备选方案中进行选择。在这个阶段，为了获得成功和现实结果，选择专家和知识渊博的人是非常重要的。层次分析法能否取得成功完全取决于他们在二元比较中知识的一致性。[2]因此，本章的样本包括在

---

1 Public Finance Management Control Law No. 5018. (2003). https://www.mevzuat.gov.tr/MevzuatMetin/1.5.5018.pdf.

2 Şahin, A. (2007). *Yalın Üretimde Analitik Hiyerarşi Model'inin Uygulanabilirliği*. Unpublished Master's Thesis. Gazi University, Institute of Social Sciences, Department of Business (p. 47).

行政部门工作的内部审计师。与其他分析方法不同的是，层次分析法还没有制定出一个样本可以代表总体的公式。因为层次分析法想要达到的结果是找到一级从业者/决策者的陈述，并从这一点获得最准确的信息。因此，层次分析法不存在样本问题。本章采访了19位在行政部门工作的内部审计师，阐述了层次分析法的基本操作，并填写了需要进行分析的矩阵。19名行政部门内部审计师共填写了90个一致/有效的备选矩阵，分析了16个一致/有效的标准矩阵，并在此背景下取得了最终结果，不一致的矩阵不包括在分析中。

在研究范围内建立的层次分析法模型的一致性（在备选方案和标准方面）测试的基本步骤如下。[1]

（1）确定研究的备选方案和标准；

（2）将备选方案和标准有意义地放置在矩阵中；

（3）考虑到相关的备选方案和标准，从通过司法抽样确定的个人身上收集数据；

（4）获取每个矩阵的对称矩阵值（求角矩阵下的值/数据）；

（5）根据每个标准找到所有备选方案的归一化值；

（6）通过取归一化矩阵中每一行的几何平均值，找到相对权重矩阵（如果矩阵是一致的，将通过该值进行分析）；

（7）创建一个一致性矩阵，作为处理数据的基本矩阵与相对权重矩阵相乘的结果；

（8）原始比率列是通过划分一致性矩阵和相对权重矩阵来计算的；

（9）通过取原始比率列的算术平均值，找到 λ 的最大值；

（10）一致性指数（CI）的计算公式为：$(\lambda\ max.-n)/(n-1)$；

1 Karakaya, G. (2019). *Yerel Yönetimlerde Kurumsal Risk Yönetimi*. Ankara: Nobel Bilimsel Eserler.

（11）随机一致性指数（RI）由矩阵大小来决定；

（12）一致性比率（CR）运用 CI / RI 这个公式计算。

表 4.1　重要度

重要性值	价值的定义
1	两个因素同等重要的事实
3	与因素 2 相比，因素 1 更重要
5	与因素 2 相比，因素 1 十分重要
7	与因素 2 相比，因素 1 非常重要
9	与因素 2 相比，因素 1 极其重要
2，4，6，8	中间值

资料来源：萨蒂（1980）[1]

除此之外，与层次分析法相关的最基本的步骤，即用层次分析法获得准则权重的步骤可以归纳如下。[2]

（1）步骤 1：创建比较矩阵，以在其中进行二元比较。在进行比较时，使用萨蒂开发的比例。一般来说，用专家意见获得的比较矩阵的比例在 1 和 9 之间（表 4.1）。

（2）步骤 2：对创建的比较矩阵进行标准化（规范化）。为此，取列总数，即每个值除以它自己的列总数得到标准化矩阵。

（3）步骤 3：采用线平均值来获得权重。

（4）步骤 4：得到权重后，应检查比较矩阵的一致性。如果比较矩阵不一致，则不能使用获得的权重。

$$A \cdot w = \lambda\ max \cdot w \tag{4.1}$$

必须首先获得使其相等的最大向量。这里 A 是比较矩阵，w 是

1　Saaty, T. (1980). *The analytic hierarchy process*. New York: McGraw-Hill.

2　Soner, S., & Önüt, S. (2006). Multi-criteria supplier selection: An ELECTRE-AHP application. *Sigma*, 4, pp. 113-114.

结果权矩阵。随后，使用最大值进行计算，得到一致性指数（CI），该指数被描述为接近一致性的指标。

$$CI=(\lambda max-n)/(n-1) \qquad （4.2）$$

93　　在计算了一致性指数后，应该得到的另一个值是随机一致性指数（RI）。这个值是针对不同的矩阵大小而列出的。不同矩阵的随机一致性指数见表 4.2。最后，通过这两个值得到一致性比率（CR=CI/RI）。一致性比率小于 0.10 的事实表明层次分析法的应用是一致的。如果超过了这个值，就应该对输入的数据进行审查。

表 4.2　随机一致性指数表

n	1	2	3	4	5	6	7	8	9	10
RG	0	0	0.58	0.9	1.12	1.24	1.32	1.41	1.45	1.49

资料来源：萨蒂（1980）[1]

（5）步骤 5：获得各备选方案的总分。即获得标准的相对重要性权重和根据每个标准的备选方案的相对重要性权重。

用层次分析法对实践中最常遇到的、相对更重要的、由法律确定的公共内部审计师职责的议题进行了研究，并确定了五种不同的标准来对备选方案进行分级。这些标准是根据一般的审计理论而被普遍接受的。因此，分析中使用的主要备选方案和标准设计如下（表 4.3 和表 4.4）。

- 备选方案

（1）根据客观风险分析，评估公共行政部门的管理和控制结构。

（2）在资源的有效利用、经济利用和生产性利用方面进行研究并提出建议。

1　Saaty, T. (1980). *The analytic hierarchy process.* New York: McGraw-Hill.

（3）支出后进行法律合规性检查。

（4）审计和评估行政部门在财务交易方面的支出、决定和节余是否符合监管项目。

（5）对财务管理和控制流程进行系统审计并提出建议。

（6）在审计结果的框架内提出改进建议。

（7）在审计期间或根据审计结果遇到需要调查的情况时，通知相关行政部门的最高主管。

● 标准

（1）创造附加价值。

（2）有效且高效地利用公共资源。

（3）遵守公共内部审计准则。

（4）建立有效的公共行政部门。

（5）审计师的独立性。

表 4.3　层次分析法矩阵结构　94

创造附加价值	根据客观风险分析，评估公共行政部门的管理和控制结构	在资源的有效利用、经济利用和生产性利用方面进行研究并提出建议	支出后进行法律合规性检查	审计和评估行政部门在财务交易方面的支出、决定和节余的合规性	对财务管理和控制流程进行系统审计并提出改进建议	在审计结果的框架内提出改进建议	在审计期间或根据审计结果遇到需要调查的情况时，通知相关行政部门的最高主管	总计
根据客观风险分析，评估公共行政部门的管理和控制结构	1							

续表

创造附加价值	根据客观风险分析，评估公共行政部门的管理和控制结构	在资源的有效利用、经济利用和生产性利用方面进行研究并提出建议	支出后进行法律合规性检查	审计和评估行政部门在财务交易方面的支出、决定和节余的合规性	对财务管理和控制流程进行系统审计并提出建议	在审计结果的框架内提出改进建议	在审计期间或根据审计结果遇到需要调查的情况时，通知相关行政部门的最高主管	总计
在资源的有效利用、经济利用和生产性利用方面进行研究并提出建议		1						
支出后进行法律合规性检查			1					
审计和评估行政部门在财务交易方面的支出、决定和节余的合规性				1				
对财务管理和控制流程进行系统审计并提出建议					1			
在审计结果的框架内提出改进建议						1		
在审计期间或根据审计结果遇到需要调查的情况时，通知相关行政部门的最高主管							1	
总计								

资料来源：研究人员编制

表 4.4　标准矩阵的结构

	创造附加价值	有效且高效地利用公共资源	遵守公共内部审计准则	建立有效的公共行政部门	审计师的独立性	总计
创造附加价值	1					
有效且高效地利用公共资源		1				
遵守公共内部审计准则			1			
建立有效的公共行政部门				1		
审计师的独立性					1	
总计						1

资料来源：研究人员编制

四、发现

本部分介绍了基于各项标准的评价结果以及在各项标准范围内的分析结果。由于这些表过多（106 个），所以仅以层次分析法矩阵和标准矩阵的结果为例，见表 4.3。

19 位行政单位内部审计师中有 13 位填写了一致的层次分析法矩阵，见表 4.5、表 4.6 和表 4.7。这项分析所得的每项标准的几何平均数是结果分析中的基数。

表 4.8 是 19 位行政单位内部审计师中的 16 位的一致标准矩阵的概要介绍。作为分析结果得到的几何平均数是结果分析中的基数之一。

公众内部审计师的职责在达到既定标准方面的相对重要性列示如下：

（1）在审计结果的框架内提出改进建议——24%；

（2）审计和评估行政部门在财务交易方面的支出、决定和节余的合规性——22%；

（3）在资源的有效利用、经济利用和生产性利用方面进行研究并提出建议——18%；

（4）对财务管理和控制流程进行系统审计并提出建议——12%；

100　（5）根据客观风险分析，评估公共行政部门的管理和控制结构——10%；

（6）支出后进行法律合规性检查——8%；

（7）在审计期间或根据审计结果遇到需要调查的情况时，通知相关行政部门的最高主管——6%。

表 4.5　层次分析法评分矩阵在创造附加价值方面的结果

创造附加价值	数据 1	数据 2	…	数据 13	几何平均
根据客观风险分析，评估公共行政部门的管理和控制结构	0.04	0.01	…	0.18	0.12
在资源的有效利用、经济利用和生产性利用方面进行研究并提出建议	0.14	0.09	…	0.09	0.07
支出后进行法律合规性检查	0.03	0.02	…	0.07	0.09
审计和评估行政部门在财务交易方面的支出、决定和节余的合规性	0.24	0.02	…	0.18	0.15
对财务管理和控制流程进行系统审计并提出建议	0.23	0.47	…	0.16	0.18
在审计结果的框架内提出改进建议	0.08	0.19	…	0.06	0.05
在审计期间或根据审计结果遇到需要调查的情况时，通知相关行政部门的最高主管	0.04	0.01	…	0.09	0.04

资料来源：研究人员编制

表 4.6　层次分析法评分汇总表

	创造附加价值	有效且高效地利用公共资源	遵守公共内部审计准则	建立有效的公共行政部门	审计师的独立性
根据客观风险分析，评估公共行政部门的管理和控制结构	0.12	0.08	0.09	0.06	0.09
在资源的有效利用、经济利用和生产性利用方面进行研究并提出建议	0.07	0.05	0.12	0.08	0.10
支出后进行法律合规性检查	0.09	0.12	0.07	0.06	0.06
审计和评估行政部门在财务交易方面的支出、决定和节余的合规性	0.15	0.12	0.08	0.21	0.17
对财务管理和控制流程进行系统审计并提出建议	0.18	0.18	0.20	0.21	0.19
在审计结果的框架内提出改进建议	0.05	0.06	0.10	0.06	0.09
在审计期间或根据审计结果遇到需要调查的情况时，通知相关行政部门的最高主管	0.04	0.06	0.10	0.06	0.06

资料来源：研究人员编制

表 4.7　标准矩阵权重表

标准	数据 1	数据 2	⋯	数据 16	几何平均
创造附加价值	0.12	0.11	⋯	0.18	0.12
有效且高效地利用公共资源	0.07	0.19	⋯	0.04	0.13
遵守公共内部审计准则	0.07	0.12	⋯	0.03	0.04
建立有效的公共行政部门	0.09	0.11	⋯	0.07	0.08
审计师的独立性	0.18	0.19	⋯	0.18	0.19

资料来源：研究人员编制

五、结论与建议

在审计理论的基础上对创造价值的关注也在公共行政的应用领域内。有效并高效地利用资源，建立一个有效的内部控制体系和风险管理结构已经成为公共行政部门的主要任务。针对以上问题，《公共财政管理和控制第 5018 号法》作出了具有约束力的规定。由于在公共行政部门设立了独立的内部审计单位，并确定了有关程序和原则的框架，因此在这一点上产生了不同的责任和期望。

从这个角度来看，内部审计师负责的领域和问题是在内部审计单位的协调下确定的，这也是本章的主要研究对象。在履行法律规定的职责时，不存在先后顺序和灵活性。但是，本章创建的标准可以作为评估依据，这些标准也可以用于公共行政部门方面的审计。由上述评估所获得的一致性，是根据它们在确定的标准的建立和执行中提供的贡献来评估的，而不是根据其任务本身的相对重要性。本章样本中的行政部门内部审计师在填写矩阵时也是从这个角度出发。根据对行政部门的重要标准，研究制定的关于内部审计师的职责和责任如下：

由所获结果可知，审计理论对企业或公共管理部门的贡献是第一位的。取得的结论与为行政部门设计的标准是一致的，提出的改进意见也与审计理论是一致的。同样，审计公共行政部门的有效性和生产力被认为是第二位和第三位的重要内容。这一结果也与《公共财政管理和控制第 5018 号法》的基本期望相一致。

因此，相关研究的结果证实了公共行政审计理论所需要的前瞻性方法和实践。从这个意义上说，与从公共内部审计师处获得的数据与理论信息相吻合。

表4.8　结果

结果	创造附加值		有效且高效地利用公共资源		遵守公共内部审计准则		建立有效的公共行政部门		审计师的独立性		最终结果	占比
	标准权重	AHP分值	标准权重	AHP分值	标准权重	AHP分值	标准权重	AHP分值	标准权重	AHP分值	标准权重	
根据客观风险分析，评估公共行政部门的管理和控制结构	0.12	0.12	0.13	0.06	0.04	0.09	0.08	0.05	0.19	0.09	0.05	10%
在资源的有效利用、经济利用和生产型利用方面进行研究并提出建议	0.12	0.19	0.13	0.11	0.04	0.14	0.08	0.16	0.19	0.17	0.09	18%
支出后进行法律合规性检查	0.12	0.09	0.13	0.06	0.04	0.07	0.08	0.09	0.19	0.06	0.04	8%
审计和评估行政部门在财务交易方面的支出、决定和节余的合规性	0.12	0.15	0.13	0.21	0.04	0.14	0.08	0.15	0.19	0.22	0.10	22%
对财务管理和控制流程进行系统审计并提出改进建议	0.12	0.18	0.13	0.09	0.04	0.06	0.08	0.04	0.19	0.11	0.06	12%
在审计结果的框架内提出改进建议	0.12	0.05	0.13	0.11	0.04	0.14	0.08	0.17	0.19	0.4	0.12	24%
在审计期间或根据审计结果遇到需要调查的情况时，通知相关行政部门的最高主管	0.12	0.04	0.13	0.06	0.04	0.09	0.08	0.06	0.19	0.04	0.03	6%

资料来源：研究人员编制

第五章

采用《国际财务报告准则》对信息不对称的影响：来自收购的证据[*]

梅利克·埃尔图鲁尔　沃尔坎·德米尔[**]

105　　**摘要：** 本章从并购（M&A）的角度分析了采用《国际财务报告准则》对信息不对称的影响，这为观察市场对收购公告的直接反应提供了便利的研究环境。由于并购交易具有不同的特征，因此，本章把1995—2005年之间发生的第六次并购浪潮作为基数浪潮来分析这整个时期。换句话说，1995—2005年这整个时期被分为三个子时期（第六次并购浪潮前、第六次并购浪潮和第六次并购浪潮后）。本章计算了每个子时期的累积超额收益率（Excess CAR）——信息不对称的代表。本章分析了在澳大利亚、法国和英国证券交易所上市的目标（被收购）企业，以揭示采用《国际财务报告准则》对信息不对称的影响。本章的结果有力地表明，《国际财务报告准则》的采用与Excess CAR指标没有统计意义上的关联。本章进一步分析，若只考虑采用《国际财务报告准则》的第六次并购浪潮期间，这种不

---

* 本文初稿在2017年5月10—12日于西班牙瓦伦西亚举行的第40届欧洲会计协会年会上发表。分析所需的数据由通讯作者在蒂尔堡大学攻读硕士学位时检索。

** 梅利克·埃尔图鲁尔、沃尔坎·德米尔，加拉塔萨雷大学工商管理系，土耳其伊斯坦布尔。E-mail:mertugrul@gsu.edu.tr; vdemiv@gsu.edu.tr

显著的关联仍然保持不变。总的来说，本章的结果并没有证明《国际财务报告准则》的采用对信息不对称性产生了负面影响。

关键词：采用《国际财务报告准则》；事件研究；信息不对称

一、引言

欧盟委员会[1]希望通过基于《国际财务报告准则》的财务报告来 106 提高财务报表的透明度和可比较性。提高透明度和可比较性可以改善财务报表的信息内容，从而有望减少与信息不对称相关的问题。此外，如果与信息不对称相关的问题减少，投资者可以施加更多的监督并要求更低的风险溢价。[2]支持采用《国际财务报告准则》的论点强调，《国际财务报告准则》是一种更加以资本市场为导向的方法，[3]而逆向选择风险可能会被高质量的财务报告和披露削弱。[4]如果信息不对称的担忧减少，资本成本就会降低，这最终会导致更有效的资产定价。[5]随着财务报表的可比较性的增加，（1）导致投资者基础增加的跨境投资也在增加，（2）而资本成本在降低。[6]弗朗西斯

---

1 European Commission. (2002). Regulation No. 1606/2002 on the application of international accounting standards. *Official Journal of the European Communities.*

2 Lee, E., Walker, M., & Christensen, H. B. (2008). *Mandating IFRS: Its impact on the cost of equity capital in Europe.* ACCA Research Report Series (No. 105).

3 Barth, M. E., Landsman, W. R., Lang, M., & Williams, C. (2012). Are IFRS-based and US GAAP-based accounting amounts comparable? *Journal of Accounting and Economics*, 54(1), pp. 68-93.

4 Daske, H., Hail, L., Leuz, C., & Verdi, R. (2008). Mandatory IFRS reporting around the world: Early evidence on the economic consequences. *Journal of Accounting Research*, 46(5), pp. 1085-1142.

5 Ball, R. (2016). IFRS—10 years later. *Accounting and Business Research*, 46(5), pp. 545-571.

6 Lee, E., Walker, M., & Christensen, H. B. (2008). *Mandating IFRS: Its impact on the cost of equity capital in Europe.* ACCA Research Report Series (No. 105).

等人[1]也证实了李等人[2]的第一个主张：对于具有类似且可比较的财务报告标准的国家，考虑跨境收购使其并购的总量和频率都明显增加。罗西和沃尔宾[3]进一步揭示，高质量的会计准则对并购总量有显著的贡献。

自 2005 年《国际财务报告准则》在许多国家强制采用以来，评估其对会计质量的影响已成为一个非常热门的研究课题。对会计质量的分析主要考虑（1）价值相关性，[4]（2）收益管理或应计质量，[5]（3）保守性或及时性。[6]此外，还有某些研究分析了《国际财务报告准则》

1　Francis, J. R., Huang, S. X., & Khurana, I. K. (2016). The role of similar accounting standards in cross-border mergers and acquisitions. Contemporary *Accounting Research*, 33(3), pp. 1298-1330.

2　Lee, E., Walker, M., & Christensen, H. B. (2008). *Mandating IFRS: Its impact on the cost of equity capital in Europe*. ACCA Research Report Series (No. 105).

3　Rossi, S., & Volpin, P. F. (2004). Cross-country determinants of mergers and acquisitions. *Journal of Financial Economics*, 74(2), pp. 277-304.

4　Barth, M. E., Landsman, W. R., & Lang, M. H. (2008). International accounting standards and accounting quality. *Journal of Accounting Research*, 46(3), pp. 467-498.

5　Chen, H., Tang, Q., Jiang, Y., & Lin, Z. (2010). The role of international financial reporting standards in accounting quality: Evidence from the European Union. *Journal of International Financial Management and Accounting*, 21(3), pp. 220-278.

Chua, Y. L., Cheong, C. S., & Gould, G. (2012). The impact of mandatory IFRS adoption on accounting quality: Evidence from Australia. *Journal of International Accounting Research*, 11 (1), pp. 119-146.

6　Ahmed, A.S., Neel, M., & Wang, D. (2013). Does mandatory adoption of IFRS improve accounting quality? Preliminary evidence. *Contemporary Accounting Research*, 30(4), pp. 1344-1372.

André, P., Filip, A., & Paugam, L. (2015). The effect of mandatory IFRS adoption on conditional conservatism in Europe. *Journal of Business Finance and Accounting*, 42(3-4), pp. 482-514.

的采用对信息不对称[1]和资本成本[2]的影响。从并购研究的角度来看，很少有研究分析《国际财务报告准则》的采用或披露质量对收购溢价的影响。[3]然而，在这些关于并购的文献中，没有研究通过收购日期前后的价格变动来分析《国际财务报告准则》的采用，而收购日期是收购公告的市场反应的直接衡量标准。本章的创新之处在于通过收购公告前后的价格变动来确定《国际财务报告准则》的采用对信息不对称的影响。并购交易为本章的研究提供了一个独特的研究环境，因为

---

1 Brochet, F., Jagolinzer, A. D., & Riedl, E. J. (2013). Mandatory IFRS adoption and financial statement comparability. *Contemporary Accounting Research*, 30(4), pp. 1373-1400.

Choi, Y. S., Peasnell, K., & Toniato, J. (2013). Has the IASB been successful in making accounting earnings more useful for prediction and valuation? UK evidence. *Journal of Business Finance and Accounting*, 40(7-8), pp. 741-768.

Gao, W., & Zhu, F. (2015). Information asymmetry and capital structure around the world. *Pacific Basin Finance Journal*, 32, pp. 131-159.

Lee, T., & Chih, S. (2013). Does financial regulation affect the profit efficiency and risk of banks? Evidence from China's commercial banks. *North American Journal of Economics and Finance*, 26, pp. 705-724.

2 Daske, H., Hail, L., Leuz, C., & Verdi, R. (2008). Mandatory IFRS reporting around the world: Early evidence on the economic consequences. *Journal of Accounting Research*, 46(5), pp. 1085-1142.

Florou, A., & Kosi, U. (2015). Does mandatory IFRS adoption facilitate debt financing? *Review of Accounting Studies*, 20(4), pp. 1407-1456.

Li, S. (2010). Does mandatory adoption of International Financial Reporting Standards in the European Union reduce the cost of equity capital? *Accounting Review*, 85(2), pp. 607-636.

3 Bozos, K., Ratnaike, Y. C., & Alsharairi, M. (2014). How has the international harmonization of financial reporting standards affected merger premiums within the European Union? *International Review of Financial Analysis*, 31, pp. 48-60.

Bugeja, M., & Loyeung, A. (2016). Accounting for business combinations and takeover premiums: Pre- and post-IFRS. *Australian Journal of Management*, 42(2), pp. 183-204.

Weitzel, U., & Berns, S. (2006). Cross-border takeovers, corruption, and related aspects of governance. *Journal of International Business Studies*, 37(6), pp. 786-806.

其直接提供了市场对出价的反应：（1）最好是来自目标公司的会计信息；（2）可能确实受到信息不对称[1]的影响。如果会计指标反映了目标公司的现有情况，收购方和目标公司的股东都可以估计交易价值。[2]然而，目标公司的管理层（和董事会）和其他人（包括收购方和目标公司的股东）之间会产生信息不对称，因为会计指标的信息含量不足以估计交易价值。[3]换句话说，在大多数交易中，收购方的股价在公告日前后明显下降，[4]这应该被理解为：收购方未来预期现金流的折现系数或资本成本增加。[5]文献提供了大量的证据表明，在公告日期前后，目标公司的价格变动很大且显著为正，而收购方的价格变动显著为负，或者没有统计学意义。本章认为，公告日前后的价格变动是信息不对称的代表，因为它们直接展现了收购公告的市场反应。

如果信息不对称程度提高，收购者更有可能支付更多的钱，相应的，目标公司更有可能获得更高的股票回报。[6]正如鲍尔[7]所说明的，

1　信息不对称导致了逆向选择的成本，对公司或公司股票的（潜在）买方和卖方之间的交易造成负担，参见 Leuz, C., & Verrecchia, R. E. (2000). The economic consequences of increased disclosure. *Journal of Accounting Research*, 38, p. 91。

2　双方的股东都可以估计交易的潜在协同效应。

3　目标公司比收购方更了解自己，这也被称为信息不对称，参见 Balakrishnan, S., & Korza, M. (1993). Information asymmetry, adverse selection and joint ventures: Theory and evidence. *Journal of Economic Behavior and Organization*, 20(1), pp. 99-117。

4　Martynova, M., & Renneboog, L. (2006). *Mergers and acquisitions in Europe*. CentER Discussion Paper (No. 2006-6). Tilburg。

5　有关图解，参见 Martynova, M., & Renneboog, L. (2006). *Mergers and acquisitions in Europe*. CentER Discussion Paper (No. 2006-6). Tilburg。

6　除信息不对称问题外，还有其他与超额支付相关的假设，如自负假说（Roll, R. (1986). The hubris hypothesis of corporate takeovers. *Journal of Business*, 59(2), pp. 197-216）和管理主义动机（Seth, A., Song, K. P., & Richardson Pettit, R. (2002). Value creation and destruction in cross-border acquisitions: An empirical analysis of foreign acquisitions of U.S. firms. *Strategic Management Journal*, 23(10), pp. 921-940. https://doi.org/10.1002/smj.264）。

7　Ball, R. (2016). IFRS—10 years later. *Accounting and Business Research*, 46(5), pp. 545-571.

基于《国际财务报告准则》的报告具有某些优势，即主要导致市场的高效性。换句话说，会计指标的信息含量是决定信息不对称的主要因素之一。从并购研究的角度来看，本章通过考虑公告日前后目标公司的回报率来研究信息不对称是否会随着《国际财务报告准则》的采用而减少。[1]如果采用《国际财务报告准则》后信息不对称减少，那么公告日前后目标公司的回报率应该会明显减少，从收购者的角度来看，这应该被视为资本成本降低。因此，在本章中，在 1995 年至 2015 年间，我们分析了在 2005 年之前不允许自愿采用《国际财务报告准则》的国家（澳大利亚、法国和英国），采用《国际财务报告准则》对目标公司价格变动的影响。[2]在这一时期，收购交易的总数和数量存在周期性模式和增长趋势。在这一时期，不仅收购交易的数量和金额，而且收购交易的特征也发生了明显的变化。因此，本章将这一时期划分为三个子时期：（1）1995—2002 年，即第六次并购浪潮前，主要包括第五次并购浪潮；（2）2003—2007 年，即第六次并购浪潮；（3）2008—2015 年，即第六次并购浪潮后。受贝斯勒和施纳克[3]的超额溢价计算方法的启发，本章计算了公告日前后的 108

---

1 科米尔揭示了信息不对称与公司治理之间的明显权衡：采用《国际财务报告准则》之后，公司治理对信息不对称的影响降低，这直接削弱了信息不对称本身。参见 Cormier, D. (2013). *The incidence of corporate governance and IFRS on information asymmetry and the value relevance of earnings: Some Canadian evidence.* Chaire d' Information Financière et Organisationnelle (No. 2014-01)。本章的假设也符合大多数公司治理的相关理论。

2 Jeanjean, T., & Stolowy, H. (2008). Do accounting standards matter? An exploratory analysis of earnings management before and after IFRS adoption. *Journal of Accounting and Public Policy,* 27(6), pp. 480-494.

3 Bessler, W., & Schneck, C. (2015). Excess premium offers and bidder success in European takeovers. *Eurasian Economic Review,* 5(1), pp. 23-62.

累积异常收益率（CAR），并且对三个子时期的 CAR 指标进行去趋势化，计算出 Excess CAR 指标，以比较不同并购浪潮中的 CAR 指标。[1] Excess CAR 在本次回归分析中是一个独立变量，代表信息不对称的指标。在计算了公告日附近的 Excess CAR 指标（[–1，1]，[–2，2]，[–5，5]，[–10，10]）[2] 后，本章分别对《国际财务报告准则》虚拟变量进行回归分析，从 2005 年开始，《国际财务报告准则》虚拟变量为 1，再加上某些交易特定的控制变量。[3] 结果显示，采用《国际财务报告准则》对 Excess CAR 指标没有统计学上的重大影响。本章在进行分析时，也只考虑了包括采用《国际财务报告准则》在内的第六次并购浪潮，并证实了这一在统计学上不明显的关联。换句话说，本章的研究并不支持信息不对称会随着《国际财务报告准则》的采用而减少的观点。

本章在某些方面对现有文献有所贡献。目前还没有研究分析采用《国际财务报告准则》对 CAR 的影响，而 CAR 是一种短期的绩效和反应指标。现有文献大多以收购溢价作为因变量。[4] 其次，本章使用 Excess CAR 指标（对所有的 CAR 指标进行去趋势化），

---

1 每个并购浪潮具有不同的特征，这将在第五章第三节中详细讨论。

2 [-x，y] 表示从事件日期前 x 天开始到事件日期后 y 天结束的时间间隔，指定的时间间隔包括 x 和 y。

3 由于我们的最终样本（包含 281 笔交易）不是很大，因此我们在模型中只考虑了交易的特定特征。为了不丢失进一步的观察结果，我们不考虑数据库中不完整的任何会计特定变量。

4 Bozos, K., Ratnaike, Y. C., & Alsharairi, M. (2014). How has the international harmonization of financial reporting standards affected merger premiums within the European Union? *International Review of Financial Analysis*, 31, pp. 48-60.

Bugeja, M., & Loyeung, A. (2016). Accounting for business combinations and takeover premiums: Pre- and post-IFRS. *Australian Journal of Management*, 42(2), pp. 183-204.

Weitzel, U., & Berns, S. (2006). Cross-border takeovers, corruption, and related aspects of governance. *Journal of International Business Studies*, 37(6), pp. 786-806.

而不是直接使用受并购浪潮和趋势影响较大的 CAR 指标；因此，本章的结果可以在不同时期进行比较，正如贝斯勒和施纳克[1] 所说明的那样。然而，本章的研究与贝斯勒和施纳克[2] 的研究不同，因为他们计算了超额溢价并将其作为因变量，而 CAR 是其独立变量之一。最后，本章使用的是包含大部分非美国收购活动的高度发达市场的样本。

下一节讨论了所选研究的主要结论；再接下来的两节说明了样本的选择和研究方法及变量；最后两节记录了分析的结果，并提供了结论意见。

二、文献回顾

文献提供了一系列与《国际财务报告准则》对资本市场的影响有关的研究，这直接涉及本章的研究范围。本章根据资本成本和信息不对称的不同代用指标将现有文献分为两类：收购溢价或 CAR 衡量标准，以及其他。本节将首先介绍所选研究的主要成果，这些研究的重点是资本成本与《国际财务报告准则》（或披露）之间的联系。之后，作为第一类研究的一个子集，本节将总结、分析关于《国际财务报告准则》（或披露）对信息不对称的影响的研究的主要结论。最后，本节将讨论、分析关于《国际财务报告准则》（或披露/监管质量）对收购溢价或资本回报率影响的部分研究的重要结果。

109

1　Bessler, W., & Schneck, C. (2015). Excess premium offers and bidder success in European takeovers. *Eurasian Economic Review*, 5(1), pp. 23-62.

2　Bessler, W., & Schneck, C. (2015). Excess premium offers and bidder success in European takeovers. *Eurasian Economic Review*, 5(1), pp. 23-62.

　　现有文献的第一类分析了资本成本和基于《国际财务报告准则》的报告之间的关系。达斯科等人[1]通过采用包括51个国家在内的非常全面的样本，得出结论：强制采用《国际财务报告准则》对资本成本有明显的负面影响。此外，他们报告说，这种影响对于早期（晚期）采用者来说是 2.5（3.5）倍以上。卡拉曼努和西奥蒂斯[2]揭示了在宣布自愿采用《国际会计准则》之后，资本成本明显下降。他们还证实了这种关系，发现在自愿采用《国际会计准则》后，分析师的建议数量明显增加，这隐含着资本成本的降低。李[3]表明，自愿采用者的股权成本明显低于强制采用者。此外，他还报告说，在强制采用《国际财务报告准则》后，强制采用者的股权成本明显下降，而自愿采用者的股权成本没有明显的变化。金等人[4]指出，《国际财务报告准则》的采用显著降低了股权成本，而美国通用会计准则则没有。他们还将某些制度性因素，如反董事权利和披露要求纳入回归，并记录了《国际财务报告准则》（美国通用会计准则）对七种回归设置中的六种（三种）权益成本有统计学上的负面影响。对于强制采用《国际财务报告准则》的国家，弗洛鲁和科希[5]揭示了公共债

1　Daske, H., Hail, L., Leuz, C., & Verdi, R. (2008). Mandatory IFRS reporting around the world: Early evidence on the economic consequences. *Journal of Accounting Research*, 46(5), pp. 1085-1142.

2　Karamanou, I., & Nishiotis, G. P. (2009). Disclosure and the cost of capital: Evidence from the market's reaction to firm voluntary adoption of IAS. *Journal of Business Finance and Accounting*, 36(7-8), pp. 793-821.

3　Li, S. (2010). Does mandatory adoption of International Financial Reporting Standards in the European Union reduce the cost of equity capital? *Accounting Review*, 85(2), pp. 607-636.

4　Kim, J.-B., Shi, H., & Zhou, J. (2014). International Financial Reporting Standards, institutional infrastructures, and implied cost of equity capital around the world. *Review of Quantitative Finance and Accounting*, 42(3), pp. 469-507.

5　Florou, A., & Kosi, U. (2015). Does mandatory IFRS adoption facilitate debt financing? *Review of Accounting Studies*, 20(4), pp. 1407-1456.

务的成本显著下降，而私人债务的成本在常规的显著性水平上没有变化。此外，他们还发现，在采用《国际财务报告准则》之后，正式的《国际财务报告准则》采用者更有可能发行公共债务。高和朱[1]报告说，采用《国际财务报告准则》对股权成本和债务成本都没有明显的直接影响。

还有许多研究分析了基于《国际财务报告准则》的报告和信息不对称之间的关系。这些研究被认为是本章第一类研究的一个子集。博塞林克等人[2]发现，在强制采用《国际财务报告准则》后，公共和私人信息的精确度都有明显的提高。他们还报告说，《国际财务报告准则》的采用年份对公共（私人）信息的精确度没有大的影响。陈等人[3]记录了强制采用《国际财务报告准则》后，信用等级明显提高，如果《国际财务报告准则》和当地公认会计原则之间的报告差异较大，则这种影响更大。[4]崔等人[5]通过考虑估值方法分析信息不对称。他们报告说，采用《国际财务报告准则》后，报告收益（分析师的收益预测）的价值相关性明显增加（减少）。换句话说，《国际财务报告准则》的采用揭示了以前可以被分析师解码（或理解）的

1　Gao, W., & Zhu, F. (2015). Information asymmetry and capital structure around the world. *Pacific Basin Finance Journal*, 32, pp. 131-159.

2　Beuselinck, C., Joos, P., Khurana, I. K., & Van der Meulen, S. (2010). *Mandatory adoption of IFRS and analysts' forecasts information properties*. CentER Discussion Paper Series (No. 2010-112).

3　Chan, A. L.-C., Hsu, A. W., & Lee, E. (2013). Does mandatory IFRS adoption affect the credit ratings of foreign firms cross-listed in the U.S.? *Accounting Horizons*, 27(3), pp. 491-510.

4　强制采用《国际财务报告准则》后信用评级的提高应理解为信息不对称程度的降低。

5　Choi, Y. S., Peasnell, K., & Toniato, J. (2013). Has the IASB been successful in making accounting earnings more useful for prediction and valuation? UK evidence. *Journal of Business Finance and Accounting*, 40(7-8), pp. 741-768.

收益信息内容。布罗切特等人[1]研究了强制采用《国际财务报告准则》对信息不对称的影响，通过内部人的购买交易和分析师建议升级来衡量。他们报告说，强制性《国际财务报告准则》的采用极大地减少了内部人的私人信息优势和分析师的信息优势。霍顿等人[2]报告说，强制性《国际财务报告准则》的采用改善了信息环境，以分析师的预测准确性来衡量。他们还发现，在当地公认会计原则和《国际财务报告准则》之间存在较大报告差异的国家，这种改善会更大。

现有文献的第二类集中在《国际财务报告准则》（或披露）对收购溢价的影响上，这类文献得出的结论不一。虽然魏茨尔和伯恩斯[3]记录了目标公司高质量的财务披露标准对收购溢价有显著的贡献，但伯佐斯等人[4]揭示了基于《国际财务报告准则》的报告的目标公司的收购溢价明显较低。此外，卜格雅和洛永[5]指出，基于《国际财务报告准则》的报告和收购溢价之间没有关系。然而，他们还表明，在采用《国际财务报告准则》后，估值过高的目标公司对收购溢价的负面影响减少了，因为根据《国际财务报告准则》的报告，商誉

1 Brochet, F., Jagolinzer, A. D., & Riedl, E. J. (2013). Mandatory IFRS adoption and financial statement comparability. *Contemporary Accounting Research*, 30(4), pp. 1373-1400.

2 Horton, J., Serafeim, G., & Serafeim, I.(2013). Does mandatory IFRS adoption improve the information environment? *Contemporary Accounting Research*, 30(1), pp. 388-423.

3 Weitzel, U., & Berns, S. (2006). Cross-border takeovers, corruption, and related aspects of governance. *Journal of International Business Studies*, 37(6), pp. 786-806.

4 Bozos, K., Ratnaike, Y. C., & Alsharairi, M. (2014). How has the international harmonization of financial reporting standards affected merger premiums within the European Union? *International Review of Financial Analysis*, 31, pp. 48-60.

5 Bugeja, M., & Loyeung, A. (2016). Accounting for business combinations and takeover premiums: Pre- and post-IFRS. *Australian Journal of Management*, 42(2), pp. 183-204.

不会被摊销，这不会减少收购后的利润。

　　分析银行样本的研究没有提供《国际财务报告准则》的影响，因为银行受制于不同的会计环境和法规。因此，为（银行）监管制度和收购溢价之间的关系提供证据的研究被认为是本章第二类的一部分。贝尔塔蒂和帕拉迪诺[1]表明，收购方国家的监管质量和目标方国家的监管质量之间的差异对目标方在公告前后3天的CAR没有统计上的显著影响。朱等人[2]发现，目标国的信息披露在收购溢价中并没有起到明显的作用。另一方面，哈根道夫等人[3]与卡洛里和塔波达[4]提供了不同的结果。哈根道夫等人[5]通过采用欧洲银行的样本，报告了目标国的监管力度，这是审慎监管和监督的代表，大大降低了收购溢价。[6]卡洛里和塔波达[7]表明，收购方国家的监管质量和目标国的监管质量之间的差异，对目标国在公告前后3天和40天的CAR有

1　Beltratti, A., & Paladino, G. (2013). Is M&A different during a crisis? Evidence from the European banking sector. *Journal of Banking and Finance*, 37(12), pp. 5394-5405.

2　Zhu, P. C., Jog, V., & Otchere, I. (2014). Idiosyncratic volatility and mergers and acquisitions in emerging markets. *Emerging Markets Review*, 19, pp. 18-48.

3　Hagendorff, J., Hernando, I., Nieto, M. J., & Wall, L. D. (2012). What do premiums paid for bank M&As reflect? The case of the European Union. *Journal of Banking and Finance*, 36(3), pp. 749-759.

4　Karolyi, G. A., & Taboada, A. G. (2015). Regulatory arbitrage and cross-border bank acquisitions. *Journal of Finance*, 70(6), pp. 2395-2450.

5　Hagendorff, J., Hernando, I., Nieto, M. J., & Wall, L. D. (2012). What do premiums paid for bank M&As reflect? The case of the European Union. *Journal of Banking and Finance*, 36(3), pp. 749-759.

6　该结果属于具有交互项的回归结果。如果没有相互作用条款，监管力度只会显著降低上市银行的收购溢价。

7　Karolyi, G. A., & Taboada, A. G. (2015). Regulatory arbitrage and cross-border bank acquisitions. *Journal of Finance*, 70(6), pp. 2395-2450.

明显的积极影响。作为一种经济解释，如果目标公司所在国的监管制度质量优于收购方所在国的监管制度质量，目标公司在公告前后的 CAR 就会明显下降。由于贝尔塔蒂和帕拉迪诺[1]以及卡洛里和塔波达[2]的监管制度变量被定义为收购国和目标国监管质量之间的差异，它们提供了目标国监管质量的相对影响，而不是绝对影响。总而言之，上述分析《国际财务报告准则》的采用对信息不对称的影响的研究显示，《国际财务报告准则》的采用会减少信息不对称。然而，分析《国际财务报告准则》的采用、监管制度质量或披露质量对收购溢价或 CAR 指标的影响的研究并没有形成一个共识。

三、样本选择

所有关于并购交易的信息都是从证券数据公司的并购数据库中获取的。证券数据公司的并购数据库是由汤姆森金融公司编制的。个别股票的价格和市场指数来自 Datastream 数据库，这也是由汤姆森金融公司编制的。最初的样本包括澳大利亚、法国和英国的公开上市的目标公司，时间从 1995—2015 年。样本仅包括已完成的交易和导致控制权变更的交易。[3] 交易价值低于 100 万美元或缺少目标

1　Beltratti, A., & Paladino, G. (2013). Is M&A different during a crisis? Evidence from the European banking sector. *Journal of Banking and Finance*, 37(12), pp. 5394-5405.

2　Karolyi, G. A., & Taboada, A. G. (2015). Regulatory arbitrage and cross-border bank acquisitions. *Journal of Finance*, 70(6), pp. 2395-2450.

3　如果交易前持有的股份比例低于 50%，而交易后持有的股份比例超过 50%，则交易会导致控制权发生变化。

数据流代码的交易除外。[1] 本章还排除了有管理层参与的交易和具有以下特征的交易:(1)分拆;(2)资本重组;(3)自我投标;(4)交换报价;(5)回购;(6)杠杆收购。由于金融机构和公用事业有不同的报告环境,而且它们受到高度监管,与其他文献[2]一致,如果交易的一方的主要安全行业代码(SIC)为 4 或 6,则该交易被排除。最后,缺失每日价格或缺失市场指数的交易不能被纳入。所有这些筛选方法产生了 281 笔交易,其中 36/83/162 笔属于英国 / 澳大利亚 / 法国。

1　这些文献通常不包括相对规模低于 1% 的任何交易,因为此类交易对收购方而言可能不重要,参见 Alexandridis, G., Petmezas, D., & Travlos, N. G. (2010). Gains from mergers and acquisitions around the world: New evidence. *Financial Management*, 39(4), pp. 1671-1695; Alexandridis, G., Mavrovitis, C. F., & Travlos, N. G. (2012). How have M&As changed? Evidence from the sixth merger wave. *The European Journal of Finance*, 18(8), pp. 663-688; Danbolt, J., Siganos, A., & Vagenas-Nanos, E. (2015). Investor sentiment and bidder announcement abnormal returns. *Journal of Corporate Finance*, 33, pp. 164-179; Hagendorff, J., Hernando, I., Nieto, M. J., & Wall, L. D. (2012). What do premiums paid for bank M&As reflect? The case of the European Union. *Journal of Banking and Finance*, 36(3), pp. 749-759. 相对规模是指交易价值与收购方在公告前一个月(参见 Alexandridis, G., Petmezas, D., & Travlos, N. G. (2010). Gains from mergers and acquisitions around the world: New evidence. *Financial Management*, 39(4), pp. 1671-1695)或两个月(参见 Martynova, M., & Renneboog, L. (2011). The performance of the European market for corporate control: Evidence from the Fifth Takeover Wave. *European Financial Management*, 17(2), pp. 208-259)的市场价值之比。由于我们只关注上市目标,收购方可能已上市或未上市。因此,近三分之二的收购方无法获得市值数据。与亚历山德里亚斯等人的研究(Alexandridis, G., Petmezas, D., & Travlos, N. G. (2010). Gains from mergers and acquisitions around the world: New evidence. *Financial Management*, 39(4), pp. 1671-1695; Alexandridis, G., Mavrovitis, C. F., & Travlos, N. G. (2012). How have M&As changed? Evidence from the sixth merger wave. *The European Journal of Finance*, 18(8), pp. 663-688)一致,我们排除了 100 万美元以下的所有交易,以消除非物质交易。

2　Hu, M., & Yang, J. (2016). The role of leverage in cross-border mergers and acquisitions. *International Review of Economics and Finance*, 43, pp. 170-199.

四、研究方法和变量

事件研究方法被用来确定股票收益率是否与收购公告日期前后的
市场收益率有明显的不同。事件窗口是观察超额股票收益的时期，估
计窗口是计算正常股票收益的时期。[1] 为了排除任何可能泄漏的影响，
本章的估计窗口在公告前 30 个工作日结束，与其他文献[2]一致。本章
的估计窗口从公告前 210 个工作日开始，在这 180 个工作日内，通过
采用市场模型回归来计算正常的股票表现，如公式（5.1）所示。[3] 在
估计窗口中，β_i 捕捉股票 i 与其相应市场指数之间的关联。

$$NR_{i,t} = \alpha_i + \beta_i R_{m,t} + \varepsilon_{i,t} \tag{5.1}$$

其中 i、t、R_m 和 NR_i 分别代表公司、日、市场回报和正常股票
回报。在这个模型中，使用了每个国家的广泛市场回报指数（BMI）。
在获得估计的 α 和 β 指标后，计算出事件窗口中每一天的预期正常股
票收益。然后，通过计算已实现收益和预期正常收益之间的差异，得
到超额收益（$AR_{i,t}$）。最后，将事件窗口中的所有超额收益相加，就
得到了每个事件的 CAR_i。在这项研究中，本章分析了公告日期前后
的 [−1, 1]、[−2, 2]、[−5, 5]、[−10, 10] 的回报。

1　为了处理异常值问题，此处使用了对数收益率。详细讨论参见 Fergusson, K., & Platen, E. (2006). On the distributional characterization of daily log-returns of a world stock index. *Applied Mathematical Finance*, 13(1), pp. 19-38。

2　Liargovas, P., & Repousis, S. (2011). The impact of mergers and acquisitions on the performance of the Greek banking sector: An event study approach. *International Journal of Economics and Finance*, 3(2), pp. 89-100.

3　由于较长的估计窗口会减少观测数量，而较短的估计窗口不会显著增加最终样本中的观测数量，因此 180 个工作日被认为足以计算 β_i 值。

文献对某些并购浪潮进行了界定。每次浪潮都有不同的特征和不同的趋势。例如,第五次浪潮主要包括高水平的收购活动和大型交易,[1]而第六次浪潮的平均收购溢价相对较低。[2]由于研究的时间区间从 1995 年开始,到 2015 年结束,涵盖了某些主要的并购趋势。[3]因此,本章通过考虑不同的并购浪潮将时间区间划分为三个子时期:(1)1995—2002 年,即第六次并购浪潮前,主要包括第五次并购浪潮;(2)2003—2007 年,即第六次并购浪潮;(3)2008—2015 年,即第六次并购浪潮后。正如亚历山德里亚斯等人[4]所强调的那样,由于每个浪潮都有不同的平均收购溢价,本章根据这三个子时期来考虑每个 CAR 指标。[5]

---

1 Martynova, M., & Renneboog, L. (2011). The performance of the European market for corporate control: Evidence from the Fifth Takeover Wave. *European Financial Management*, 17(2), pp. 208-259.

2 Alexandridis, G., Mavrovitis, C. F., & Travlos, N. G. (2012). How have M&As changed? Evidence from the sixth merger wave. *The European Journal of Finance*, 18(8), pp. 663-688.

3 第六次并购浪潮包括 2003 年和 2007 年。在 2003 年之前,第五次并购浪潮发生在 1993 年至 2001 年,参见 Martynova, M., & Renneboog, L. (2011). The performance of the European market for corporate control: Evidence from the Fifth Takeover Wave. *European Financial Management*, 17(2), pp. 208-259; Alexandridis, G., Mavrovitis, C. F., & Travlos, N. G. (2012). How have M&As changed? Evidence from the sixth merger wave. *The European Journal of Finance*, 18(8), pp. 663-688。

4 Alexandridis, G., Mavrovitis, C. F., & Travlos, N. G. (2012). How have M&As changed? Evidence from the sixth merger wave. *The European Journal of Finance*, 18(8), pp. 663-688.

5 对于不同地区第六次并购浪潮的详细分析,参见 McCarthy, K. J. (2011). Understanding success and failure in mergers and acquisitions: Questing for the Holy Grail of economics, fifinance, and strategic management. Doctoral dissertation, University of Groningen. https://www.rug.nl/research/portal/fifiles/14564838/10complete.pdf.

贝斯勒和施纳克[1]通过在 OLS 回归中采用某些决定因素来估计预期的收购溢价，以比较不同时期和行业的收购溢价。在获得预期溢价后，他们通过用预期溢价减去实现溢价来计算超额溢价。本章倾向于采用贝斯勒和施纳克的超额计算方法来比较不同并购浪潮中的 CAR 指标。首先，本章对这三个子时期的 CAR 指标进行去趋势化，得到每个公告的预期 CAR。其次，用预期的 CAR 减去已实现的 CAR 来计算 Excess CAR。在获得 Excess CAR 指标后，本章采用公式（5.2）来确定《国际财务报告准则》的采用是否对 Excess CAR 指标有明显的影响：

$$\text{Excess CAR}_i = \text{IFRS}_i + \text{Controls}_i + \varepsilon_{i,t} \qquad （5.2）$$

其中，Excess CAR 是信息不对称的指标，IFRS 是一个虚拟变量，自 2005 年开始的期间等于 1。由于澳大利亚、法国和英国不允许自愿采用《国际财务报告准则》，正如吉安和斯托洛伊[2]所说，《国际财务报告准则》虚拟模型有望捕捉到强制采用《国际财务报告准则》对目标公司的 CAR 指标的影响（如果有的话）。还有 7 个交易特定控制变量，分别是支付手段（the means of payment）、收购部分（acquired portion）、持股量（toehold）、大型交易、资产分散化程度（diversification）、跨境（cross-boarder）和交易态度。由于本章的最终样本不是很大，在此不考虑任何不完整的会计特定变量，以免丢失进一步的观察结果。

1　Bessler, W., & Schneck, C. (2015). Excess premium offers and bidder success in European takeovers. *Eurasian Economic Review*, 5(1), pp. 23-62.

2　Jeanjean, T., & Stolowy, H. (2008). Do accounting standards matter? An exploratory analysis of earnings management before and after IFRS adoption. *Journal of Accounting and Public Policy*, 27(6), pp. 480-494.

支付手段显示了交易的融资部分是如何完成的。支付手段可以是全部现金、全部股权、其他或未知的手段。如果交易完全通过现金支付完成，则这个虚拟变量为 1，因为现金支付可能被认为是目标公司质量和收购方对目标公司未来价值的预期较高以至于收购方不想与目标公司的现有股东分享的信号。

收购部分被定义为对目标公司的购买比例。收购部分反映的是一次性购买的所有权，而比例过大则趋向于合并，即一次性购买所有股份。部分所有权可以提高目标公司的盈利能力，这也可以使目标公司和收购方公司的财富最大化。[1]另一方面，马尔蒂诺娃和伦尼博格[2]声称，部分收购可能是一种将财富从目标公司的股东转移到收购方股东的方式；因此，部分收购很可能导致目标公司的 CAR 值降低。

持股量是一个虚拟变量，如果交易前收购方的所有权超过 5%，则其等于 1。持股量增加了收购方的讨价还价能力，预计这将导致较低的溢价。此外，持股量减少了目标管理层抵制最终收购的概率，尤其是在跨境收购中，持股量可以作为一种风险缓解机制。[3]之前的所有权低于 5% 不被认为是重要的，[4]本章将持股量定义为一个虚拟变

1　Foros, Ø., Jarle Kind, H., & Shaffer, G. (2011). Mergers and partial ownership. *European Economic Review*, 55(7), pp. 916-926.

2　Martynova, M., & Renneboog, L. (2011). The performance of the European market for corporate control: Evidence from the Fifth Takeover Wave. *European Financial Management*, 17(2), pp. 208-259.

3　Mantecon, T. (2009). Mitigating risks in cross-border acquisitions. *Journal of Banking and Finance*, 33(4), pp. 640-651.

4　Ciobanu, R. (2014). Does the toehold influence the success of an M&A transaction? International Journal of Academic Research in Accounting, *Finance and Management Sciences*, 4(1), pp. 235-239.

量：如果之前的所有权大于或等于 5%，持股量就等于 1。

亚历山德里亚斯等人[1]认为，大型交易导致较低的收购溢价，因为大型交易可能激励收购者通过谈判达成更好的交易。他们进一步记录了较低的溢价和大型交易之间的负面关系。坎帕和赫尔南多[2]指出，在事件窗口［1，1］中，目标公司的 CAR 指标对小型（大型）交易来说是（非）显著的正数。[3]他们也表示，大型交易具有巨大的成本降低潜力。本章的大型交易变量是一个虚拟变量，如果大型交易变量超过 2.5 亿美元，则等于 1。[4]

资产分散化程度是一个虚拟变量，如果收购方和目标公司的前两个 SIC 代码相同，则其等于 1。根据代理文献，[5]复杂性和信息不对称可能会随着资产分散化程度增加，此时资产分散的优势可能会消失。另一方面，根据经典的投资组合理论，资产分散会降低风险。[6]马尔蒂诺娃和伦尼博格[7]断言，分散交易会导致更高的收购溢价，因

---

1 Alexandridis, G., Mavrovitis, C. F., & Travlos, N. G. (2012). How have M&As changed? Evidence from the sixth merger wave. *The European Journal of Finance*, 18(8), pp. 663-688.

2 Campa, J. M., & Hernando, I. (2006). M&As performance in the European financial industry. *Journal of Banking and Finance*, 30, pp. 3367-3392.

3 由于作者的其他事件窗口太长，我们只讨论他们为这个短事件窗口提供的结果。

4 我们还直接使用交易价值的自然对数，以及一个小的虚拟变量，如果交易价值大于 5000 万美元，则虚拟变量等于 1。作者提供的未更新结果保持不变。

5 Arikan, A. M., & Stulz, R. M. (2016). Corporate acquisitions, diversification, and the firm's life cycle. *Journal of Finance*, 71(1), pp. 139-194.

6 Baselga-Pascual, L., Trujillo-Ponce, A., & Cardone-Riportella, C. (2015). Factors influencing bank risk in Europe: Evidence from the financial crisis. *The North American Journal of Economics and Finance*, 34, pp. 138-166.

7 Martynova, M., & Renneboog, L. (2011). The performance of the European market for corporate control: Evidence from the Fifth Takeover Wave. *European Financial Management*, 17(2), pp. 208-259.

为收购方会积极出价以说服目标公司的股东。

跨境是一个虚拟变量，如果在证券数据公司数据库中被报告为"是"，则等于1。跨境交易也可以被认为是地理上的分散，[1]上述与分散有关的讨论也适用于这里的跨境变量。

敌意收购会导致目标公司的CAR值更高，[2]因为敌意收购者可能会直接向目标公司的股东而不是董事会提出建议，而且敌意收购可能会支付更多的溢价来说服目标公司的股份持有人。敌意收购也可以被认为是目标公司议价能力的一个指标。[3]马尔蒂诺娃和伦尼博格[4]发现，与其他交易相比，友好交易会导致CAR指标较低。因此，交易态度是一个虚拟变量，如果态度友好就等于1。[5]

表 5.1 汇总统计

	总体	平均数	中位数	标准差	最小值	最大值
CAR[−1, 1]	281	7.47%	1.56%	13.30%	−7.23%	55.40%
Excess CAR[−1, 1]	281	0.03%	−2.31%	11.90%	−17.10%	39.10%
CAR[−2, 2]	281	9.39%	3.04%	15.20%	−10.50%	58.30%
Excess CAR[−2, 2]	281	0.03%	−3.53%	13.80%	−20.30%	38.90%

---

1 Srinivasa Reddy, K. (2014). Extant reviews on entry-mode/internationalization, mergers & acquisitions, and diversification: Understanding theories and establishing interdisciplinary research. *Pacific Science Review*, 16(4), pp. 250-274.

2 Bessler, W., & Schneck, C. (2015). Excess premium offers and bidder success in European takeovers. *Eurasian Economic Review*, 5(1), pp. 23-62.

3 Martynova, M., & Renneboog, L. (2011). The performance of the European market for corporate control: Evidence from the Fifth Takeover Wave. *European Financial Management*, 17(2), pp. 208-259.

4 Martynova, M., & Renneboog, L. (2006). *Mergers and acquisitions in Europe*. CentER Discussion Paper (No. 2006-6). Tilburg.

5 由于恶意投标在我们的总样本中所占的比例低于5%，我们不希望使用恶意的虚拟变量。

	总体	平均数	中位数	标准差	最小值	最大值
CAR［–5, 5］	281	12.00%	7.13%	18.30%	–17.80%	66.40%
Excess CAR［–5, 5］	281	0.08%	–2.97%	16.80%	–26.70%	44.90%
CAR［–10, 10］	281	13.30%	10.70%	19.70%	–22.40%	63.60%
Excess CAR［–10, 10］	281	0.02%	–2.98%	18.40%	–30.60%	43.20%
《国际财务报告准则》	281	0.48	0	0.50	0	1
支付手段	281	0.51	1	0.50	0	1
收购部分	281	67.70%	69.20%	20.40%	23.90%	98.70%
持股量	281	0.31	0	0.46	0	1
大型交易	281	0.17	0	0.38	0	1
资产分散化程度	281	0.42	0	0.50	0	1
跨境	281	0.50	0	0.50	0	1
交易态度	281	0.88	1	0.32	0	1

注：CAR 代表累积异常收益率。Excess CAR 是通过对三个子时期的 CAR 进行去趋势化得到的残差项。［–x, y］代表从事件发生前的 x 天开始到事件发生后的 y 天结束的时间间隔。除了"收购部分"和"Excess CAR"指标，所有的变量都是虚拟变量。收购部分是购买目标的百分比。从 2005 年开始，《国际财务报告准则》指标等于 1。如果交易完全由现金支付，则支付手段指标等于 1。如果交易前收购方的所有权超过 5%，则持股量指标等于 1。如果收购方和目标公司的前两个 SIC 代码相同，则资产分散化程度指标等于 1。如果在证券数据公司数据库中被报告为"是"，则跨境指标等于 1。如果交易价值超过 2.5 亿美元，则大型交易指标等于 1。如果交易态度是友好的，则其指标等于 1。

　　直接进行固定效应回归是不可能的，因为绝大多数目标都在样本中出现过一次。公式（5.2）中隐含了国家虚拟变量，以在一定程度上抑制内生性。[1] 由于在进行公式（5.2）的回归之前，CAR 指标已经被去趋势化了，所以没有采用年份虚拟变量。标准误差是通过

---

[1]　由于行业虚拟变量造成多重共线性，我们没有纳入行业虚拟变量，因为在控制内生性方面，行业虚拟变量优于国家虚拟变量。

在年度层面上的聚类得到的，以减轻异方差的潜在影响。最后，所有因变量和非虚拟自变量都在2.5和97.5的百分位数上进行了缩尾处理，[115] 以消除极端离群值的潜在影响，这与伯佐斯等人[1]的研究一致。[2]

五、分析结果

如表5.1所示，由于平均CAR指标和Excess CAR指标大于中位CAR指标和Excess CAR指标，可以推断出CAR指标和Excess CAR指标是偏斜的。所有中位CAR指标都很大，而且是正数，这与文献记载一致。[3]然而，中位Excess CAR指标是相当大的负数，[116]这表明CAR指标受并购浪潮的影响很大。此外，几乎一半的观测值属于《国际财务报告准则》时期。作为一种融资方式，一半的交易倾向于采用纯现金支付。此外，收购者在近70%的交易中没有持股量。收购部分的平均数和中位数远远大于获得控制权所需的百分比，这应该被解读为：收购者在一次交易中获得完全的控制权。

表 5.2　相关矩阵

	1	2	3	4	5	6	7	8
1	1							
2	0.0681	1						
3	−0.0093	−0.1130	1					
4	0.0493	0.1237*	−0.5012*	1				

1　Bozos, K., Ratnaike, Y. C., & Alsharairi, M. (2014). How has the international harmonization of financial reporting standards affected merger premiums within the European Union? *International Review of Financial Analysis*, 31, pp. 48-60.

2　由于我们的样本规模不够大，在第一个和第99个百分位数进行缩尾处理可能并不方便。

3　例如，当计算全年（252个交易日）时，3天1.56%的CAR[−1，1]中值将是一个非常大的数字。

	1	2	3	4	5	6	7	8
5	−0.0011	−0.0427	0.1503*	0.0233	1			
6	−0.0169	0.0989	0.0117	0.0180	−0.0445	1		
7	0.0390	0.1460*	−0.0325	−0.0361	0.0016	−0.0474	1	
8	−0.0032	−0.0514	−0.0675	−0.0426	−0.0400	0.0889	0.0319	1

注：变量从1到8编号，表示1（《国际财务报告准则》）、2（支付手段）、3（收购部分）、4（持股量）、5（大型交易）、6（资产分散化程度）、7（跨境）、8（交易态度）。除了"收购部分"（即购买目标的百分比），所有的变量都是虚拟变量。从2005年开始，《国际财务报告准则》指标等于1。如果交易完全由现金支付，则支付手段指标等于1。如果收购方在交易前的所有权超过5%，则持股量指标等于1。如果收购方和目标公司的前两个SIC代码相同，则资产分散化程度指标等于1。如果在证券数据公司数据库中被报告为"是"，则跨境指标等于1。如果交易价值超过2.5亿美元，则大型交易指标等于1。如果交易态度是友好的，则其指标等于1。

*表示显著性水平为5%。

　　未报告的汇总统计数据还显示，在所有交易中，收购者在获得控制权之前的所有权不足1%，超过了65%。近30%的收购者拥有目标公司的股权。样本中几乎同样包含了国内和跨境交易，而其中以非多元化或集中交易为主。最后，近10%的报价是不友好的。

　　表5.2中的相关矩阵揭示了独立变量之间的相关性，星号代表两个变量之间在5%水平上的显著性。《国际财务报告准则》的虚拟变量与任何独立变量都没有统计上的显著关系。除了收购部分和持有部分之间的相关系数较大且具有统计学意义，其他相关系数都很小，在统计学上不重要。由于相关矩阵给出了两个变量之间的关系，而没有考虑到其他变量，因此进行了方差指数分析，以统计确定独立变量之间的机械相互依赖关系。本章用行业虚拟变量进行方差指数分析，这可以有效缓解行业层面的内生性。通过考虑前两个SIC代码或目标公司的第一个SIC代码来创建行业虚拟变量。方差指数

分析显示，这些虚拟变量之间存在明显的多重共线性问题，与行业虚拟变量的类型无关。因此，本章继续用国家虚拟变量进行分析。在这个研究环境中，所有单个方差指数值和平均方差指数值都远远低于临界方差指数值 10。换句话说，没有任何经验证据表明存在明显的多重共线性相关问题。表 5.3 列出了所有回归的结果。作为一种经济学解释，《国际财务报告准则》虚拟变量的负系数与本章的预期一致。《国际财务报告准则》的采用降低了所有的 Excess CAR 指标；然而，《国际财务报告准则》虚拟变量的回归系数的最高 P 值为 0.14，这表明这种经济学解释在常规的显著性水平上没有意义。换句话说，采用《国际财务报告准则》对 Excess CAR 指标的影响在统计学上并不明显。 118

所有分析都揭示了相同的结果：采用《国际财务报告准则》并没有显著减少 Excess CAR 的数据。换言之，本章的研究不支持采用《国际财务报告准则》会减少信息不对称的说法。从并购研究的角度来看，这一结果符合卜格雅和洛永[1]的结论，而与魏茨尔和伯恩斯[2]以及伯佐斯等人[3]的结论不一致。

表 5.3　回归结果-1

变量	（1）	（2）	（3）	（4）
《国际财务报告准则》	−0.0086	−0.0083	−0.0041	−0.0039
	（0.14）	（0.20）	（0.59）	（0.62）

1　Bugeja, M., & Loyeung, A. (2016). Accounting for business combinations and takeover premiums: Pre- and post-IFRS. *Australian Journal of Management*, 42(2), pp. 183-204.

2　Weitzel, U., & Berns, S. (2006). Cross-border takeovers, corruption, and related aspects of governance. *Journal of International Business Studies*, 37(6), pp. 786-806.

3　Bozos, K., Ratnaike, Y. C., & Alsharairi, M. (2014). How has the international harmonization of financial reporting standards affected merger premiums within the European Union? *International Review of Financial Analysis*, 31, pp. 48-60.

变量	（1）	（2）	（3）	（4）
支付手段	0.0073	0.0156	0.0184	0.0201
	（0.56）	（0.39）	（0.40）	（0.34）
收购部分	0.0545	0.0456	0.1131*	0.1116
	（0.32）	（0.43）	（0.09）	（0.18）
持股量	−0.0127	−0.0377	−0.0292	−0.0343
	（0.48）	（0.11）	（0.22）	（0.20）
大型交易	−0.0041	0.0171	0.0065	−0.0042
	（0.76）	（0.36）	（0.81）	（0.88）
资产分散化程度	−0.0086	−0.0107	−0.0267	−0.0297
	（0.64）	（0.56）	（0.17）	（0.13）
跨境	0.0357**	0.0220	0.0345	0.0467**
	（0.04）	（0.20）	（0.11）	（0.05）
交易态度	−0.0176	−0.0124	−0.0365	−0.0293
	（0.45）	（0.65）	（0.37）	（0.38）
持续能力	0.0014	0.0160	−0.0301	−0.0234
	（0.98）	（0.81）	（0.68）	（0.77）
观测值	281	281	281	281
决定系数（R^2）	0.083	0.068	0.066	0.072

注：第1、2、3、4列的自变量分别是公告日期前后 [−1, 1]、[−2, 2]、[−5, 5]、[−10, 10] 天计算的 Excess CAR。基准指数是广泛市场回报指数。Excess CAR 是通过对三个子时期的 CAR 进行去趋势化得到的残差项。[−x, y] 代表从事件发生前的 x 天开始到事件发生后的 y 天结束的时间间隔。除了"收购部分"和"Excess CAR"，所有的变量都是虚拟变量。收购部分是购买目标的百分比。从 2005 年开始，《国际财务报告准则》指标等于 1。如果交易完全由现金支付，则支付手段指标等于 1。如果交易前收购方的所有权超过 5%，则持股量指标等于 1。如果收购方和目标公司的前两个 SIC 代码相同，则资产分散化程度指标等于 1。如果在证券数据公司数据库中被报告为"是"，则跨境指标等于 1。如果交易价值超过 2.5 亿美元，则大型交易指标等于 1。如果交易态度是友好的，则其指标等于 1。所有的回归都是以国家虚拟变量进行的。标准误差按年份聚类。括号内为 P 值。

***/**/* 分别表示 1%/5%/10% 的显著性水平。

在表 5.3 中，大多数属于其他独立变量的回归系数没有被报告为具有统计上的显著性。具体而言，支付手段、持股量、大型交易、资产分散化程度和交易态度的回归系数被报告为与 Excess CAR 无关。在所有的 Excess CAR 指标中，收购部分也是如此，但有一个例外：收购部分在统计上只与 Excess CAR［–5，5］有 10% 的关系。跨境变量在 5% 和 10% 的水平上对 Excess CAR［–1，1］、［–10，10］具有显著性，而对其他变量则没有统计学意义。这些具有统计学意义的回归系数表明，目标公司的股东更倾向于跨国交易。由于 Excess CAR 指标是在四个不同的时间区间内测量的，表 5.4 中的各列同时作为稳健性工具发挥作用。本章进行了进一步的稳健性分析，以检查《国际财务报告准则》的采用对 Excess CAR 指标的影响，这些指标是信息不对称的代表。

赛博–奥通和穆尔佳[1]记录了使用准确的市场指数的重要性，他们指出，当使用 Datastream 数据库中的银行行业指数而不是一般市场指数时，属于目标银行的平均 CAR 指标不受影响，而属于收购银行的平均 CAR 指标则发生了巨大的变化。根据这一具体证据，本章选择每个国家的非金融指数（DSNFI）作为基准指数，以消除金融公司对广泛市场回报指数的影响，本章重新采用市场模型并相应地重新计算 CAR 指标。本章按照同样的步骤，获得 Excess CAR 指标，并重新进行所有的回归。表 5.4 的前四列显示的是使用非金融指数得到的回归结果。《国际财务报告准则》虚拟变量的回归系数在统计学上并不显著。换句话说，《国际财务报告准则》的采用并没有显著地

1　Cybo-Ottone, A., & Murgia, M. (2000). Mergers and shareholder wealth in European banking. *Journal of Banking and Finance,* 24(6), pp. 831-859.

减少信息不对称。

杜索等人[1]指出，在较短的事件窗口中计算的 CAR 指标不便于反映交易的长期盈利能力。本章将杜索等人的担忧考虑在内，作为第二个稳健性检查。他们建议使用［−50，5］和［−25，5］的事件窗口来捕捉长期的可盈利性；然而，由于本章的估计窗口在公告前30 个工作日结束，所以只选择后一个事件窗口，并考虑上述两个基准指数重新进行所有回归。表 5.4 的最后两列显示了 Excess CAR 这一因变量的回归结果［−25，5］。《国际财务报告准则》的虚拟变量和 Excess CAR 之间的联系在统计上是不明显的。在这些分析中，除支付手段外，所有的回归系数在常规的显著性水平上都是不显著的。支付手段对 Excess CAR 值的影响是显著的正数，这意味着现金支付会导致更高的 Excess CAR。

表 5.4　回归结果-2

变量	（1）	（2）	（3）	（4）	（5）	（6）
《国际财务报告准则》	−0.0085	−0.0082	−0.0040	−0.0042	−0.0088	−0.0087
	（0.14）	（0.21）	（0.60）	（0.61）	（0.32）	（0.33）
支付手段	0.0069	0.0154	0.0180	0.0202	0.0548**	0.0555**
	（0.58）	（0.40）	（0.41）	（0.33）	（0.03）	（0.03）
收购部分	0.0548	0.0444	0.1106*	0.1095	0.1426	0.1482
	（0.31）	（0.45）	（0.10）	（0.19）	（0.15）	（0.13）
持股量	−0.0122	−0.0377	−0.0297	−0.0345	−0.0119	−0.0106
	（0.50）	（0.11）	（0.21）	（0.20）	（0.72）	（0.75）
大型交易	−0.0045	0.0163	0.0058	−0.0055	0.0046	0.0048
	（0.74）	（0.38）	（0.84）	（0.84）	（0.88）	（0.87）

---

1 Duso, T., Gugler, K., & Yurtoglu, B. (2010). Is the event study methodology useful for merger analysis? A comparison of stock market and accounting data. *International Review of Law and Economics*, 30(2), pp. 186-192.

变量	（1）	（2）	（3）	（4）	（5）	（6）
资产分散化程度	−0.0085	−0.0114	−0.0279	−0.0310	−0.0313	−0.0301
	（0.64）	（0.53）	（0.14）	（0.11）	（0.17）	（0.19）
跨境	0.0350**	0.0211	0.0340	0.0474**	0.0198	0.0195
	（0.04）	（0.22）	（0.11）	（0.04）	（0.40）	（0.42）
交易态度	−0.0182	−0.0122	−0.0353	−0.0279	−0.0418	−0.0437
	（0.43）	（0.66）	（0.38）	（0.40）	（0.40）	（0.39）
持续能力	0.0014	0.0171	−0.0287	−0.0232	−0.0319	−0.0348
	（0.98）	（0.79）	（0.69）	（0.77）	（0.76）	（0.74）
基准市场指数	DSNFI	DSNFI	DSNFI	DSNFI	DSNFI	BMI
观测值	281	281	281	281	281	281
决定系数（R^2）	0.081	0.066	0.064	0.072	0.066	0.067

注：第 1、2、3、4 列的自变量分别是公告日期前后 [−1，1]、[−2，2]、[−5，5]、[−10，10] 天计算的 Excess CAR。最后两栏的自变量是计算出的 [−25，5] 和公告日期前后的 Excess CAR。前五列的基准指数是每个国家的非金融指数，而最后一列的基准指数是广泛市场回报指数。Excess CAR 是通过对三个子时期的 CAR 进行去趋势化得到的残差项。[−x，y] 代表从事件发生前的 x 天开始到事件发生后的 y 天结束的时间间隔。除了"收购部分"和"Excess CAR"，所有的变量都是虚拟变量。收购部分是购买目标的百分比。从 2005 年开始，《国际财务报告准则》指标等于 1。如果交易完全由现金支付，则支付手段指标等于 1。如果交易前收购方的所有权超过 5%，则持股量指标等于 1。如果收购方和目标公司的前两个 SIC 代码相同，则资产分散化程度指标等于 1。如果在证券数据公司数据库中被报告为"是"，则跨境指标等于 1。如果交易价值超过 2.5 亿美元，则大型交易指标等于 1。如果交易态度是友好的，则其指标等于 1。所有的回归都是以国家虚拟变量进行的。标准误差按年份聚类。括号内为 P 值。

***/**/* 分别表示 1%/5%/10% 的显著性水平。

本章还进行了另一项分析。第六次并购浪潮是在 2003 年至 2007 年之间。这一时期为分析《国际财务报告准则》对 Excess CAR 的影响提供了一个方便的研究环境，因为每个并购浪潮都有其特点，而《国际财务报告准则》的采用就发生在这个并购浪潮中。因此，本章 119

直接重新进行回归，只考虑第六次并购浪潮，并在表 5.5 中记录结果。在该表中，《国际财务报告准则》虚拟变量的回归系数没有被报告为具有统计上的显著性，这意味着没有证据表明采用《国际财务报告准则》会减少信息不对称。属于其他控制变量的回归系数也被报告为不具统计学意义。

120

表 5.5　回归结果-3

变量	（1）	（2）	（3）	（4）
《国际财务报告准则》	0.0038	0.0050	0.0084	0.0098
	（0.79）	（0.73）	（0.45）	（0.48）
支付手段	0.0062	0.0037	−0.0045	−0.0047
	（0.82）	（0.88）	（0.78）	（0.31）
收购部分	0.1896	0.1696	0.1511	0.0790
	（0.40）	（0.48）	（0.52）	（0.76）
持股量	0.0194	0.0135	0.0128	0.0033
	（0.82）	（0.89）	（0.89）	（0.97）
大型交易	0.0112	0.0181	0.0248	0.0130
	（0.75）	（0.64）	（0.67）	（0.82）
资产分散化程度	0.0584	0.0593	0.0508	0.0631
	（0.22）	（0.19）	（0.30）	（0.12）
跨境	0.0200	0.0101	−0.0027	−0.0042
	（0.76）	（0.89）	（0.97）	（0.95）
交易态度	0.0069	−0.0080	−0.0282	−0.0741
	（0.88）	（0.88）	（0.67）	（0.27）
持续能力	−0.1431	−0.1075	−0.0797	0.0269
	（0.48）	（0.61）	（0.68）	（0.91）
观测值	69	69	69	69
决定系数（R^2）	0.256	0.214	0.102	0.118

注：第 1、2、3、4 列的自变量分别是在公告日期前后［−1，1］、［−2，2］、［−5，5］、［−10，10］天计算的 Excess CAR。分析是在第六次并购浪潮中进行的。基准指数是广泛市场回报指数。Excess CAR 是通过对三个子时期的 CAR 进行去趋势化得到的残差项。［−x，y］代表从事件发生前的 x 天开始到事件发生后的 y 天结束的时间间隔。除了"收购部分"和"Excess CAR"，所有的变量都是虚拟变量。收购部分是购买目标的百分比。从2005 年开始，《国际财务报告准则》指标等于 1。如果交易完全由现金支付，则支付手段指标等于 1。如果交易前收购方的所有权超过 5%，则持股量指标等于 1。如果收购方和目标公司的前两个 SIC 代码相同，则资产分散化程度指标等于 1。如果在证券数据公司数据库

中被报告为"是"，则跨境指标等于 1。如果交易价值超过 2.5 亿美元，则大型交易指标等于 1。如果交易态度是友好的，则其指标等于 1。所有的回归都是以国家虚拟变量进行的。标准误差按年份聚类。括号内为 P 值。

***/**/* 分别表示 1%/5%/10% 的显著性水平。

所有的分析都显示了相同的结果。《国际财务报告准则》的采用并没有明显地减少过剩的 CAR 指标。换句话说，本章的研究并不支持关于信息不对称随着《国际财务报告准则》的采用而减少的论点。

六、结论

在本章中，通过采用澳大利亚、法国和英国 1995—2015 年期间的目标企业样本，分析了采用《国际财务报告准则》对信息不对称的影响。由于这些国家不允许自愿采用《国际财务报告准则》，[1] 因此分析的后半段预计会直接反映出《国际财务报告准则》对企业的影响。并购交易按波次考虑，具有不同的特点。受贝斯勒和施纳克[2] 的超额溢价计算方法的启发，并比较不同时期的因变量，（1）对第六次并购浪潮前（1995—2002）、第六次并购浪潮（2003—2007）和第六次并购浪潮后（2008—2015）三个时期的 CAR 指标进行去趋势化；（2）计算每个公告的预期 CAR；（3）得到 Excess

121

1　Jeanjean, T., & Stolowy, H. (2008). Do accounting standards matter? An exploratory analysis of earnings management before and after IFRS adoption. *Journal of Accounting and Public Policy*, 27(6), pp. 480-494.

2　Bessler, W., & Schneck, C. (2015). Excess premium offers and bidder success in European takeovers. *Eurasian Economic Review*, 5(1), pp. 23-62.

CAR 指标，即用预期 CAR 减去实现的 CAR 来代表信息不对称。为不同事件窗口计算的 Excess CAR 指标是回归的因变量。回归的结果一致表明，采用《国际财务报告准则》对 Excess CAR 指标没有统计学上的显著影响，这表明在采用《国际财务报告准则》后，信息不对称并没有明显减少。本章还进行了一系列的稳健性检查，这一结果仍然相同。

本章的结论可能为研究人员提供了重要的启示。会计质量是通过价值相关性、及时性和保守性概念来分析的，这些概念是基于市场的方法，并不直接反映与未来公司价值相关的预期。对收购公告的价格反应可能是观察会计改进对未来公司价值预期的影响的一个有益工具，这是一个更加市场化的方法。

本章的结论也可能引起监管部门的兴趣。以技术为基础的并购活动的数量一直在显著增加。2018 年软件和互联网服务行业的并购活动数量与 2000 年的数量非常接近，而 2000 年正好是网络泡沫之前。[1] 此外，新冠疫情加速了技术型并购活动。例如，在疫情大流行期间，威瑞森通信公司收购了 BlueJeans，这是 Zoom 的主要竞争对手。[2] 总的来说，在以技术为基础的行业，财务报告信息应该反映公司的现有情况，因为不仅是现有的，而且即将需要高度相关的会计信息来进行估值，以正确确定公司的价值。正如列夫[3] 所强调的那样，无形资产是当今经济的驱动因素。然而，关于无形资产的便捷

1　https://imaa-institute.org/m-and-a-by-industries/.

2　https://www.computerworld.com/article/3513439/biggest-technology-acquisitions-2020.html.

3　Lev, B. (2000). Intangibles: Management, measurement and reporting. Washington, DC: Brookings Institution Press.

会计处理方法仍在讨论中。[1]正如阿米尔和列夫[2]所报告的，会计信息在高科技产业（美国手机公司）中没有价值相关性，列夫和扎罗温[3]揭示了在过去的 20 年中，会计信息的价值相关性在下降，这是财务 122 报告制度在财务报表中未能充分反映创新活动的结果。特别是在疫情大流行之后，这个时代预计将更多地受到以技术为基础的革命和经济转型的影响。因此，有理由预计，即将到来的并购浪潮将以高科技并购交易为主导和特征。研究结果显示，在采用《国际财务报告准则》的第六次并购浪潮中，《国际财务报告准则》的采用并没有明显地减少信息不对称。因此，考虑到即将到来的并购浪潮，监管部门可以设计新的准则并改进现有的准则，以减少信息不对称，并为高科技企业的估值提供更有用的相关信息。

1 Ertuğrul, M. (2020). Maddi Olmayan Duran Varlıkların Değer İlişkisi. *Muhasebe ve Denetime Bakış*, 59, pp. 213-233.

Zulfiqar, S., Shah, A., & Akbar, S. (2008). Value relevance of advertising expenditure: A review of the literature. *International Journal of Management Reviews*, 10(4), pp. 301-325.

2 Amir, E., & Lev, B. (1996). Value-relevance of nonfinancial information: The wireless communications industry. *Journal of Accounting and Economics*, 22(1-3), pp. 3-30.

3 Lev, B., & Zarowin, P. (1999). The boundaries of financial reporting and how to extend them. *Journal of Accounting Research*, 37(2), pp. 353-385.

第二部分

内部控制和审计的战略方针

第六章

舞弊审计与法务会计的关系

塔梅尔·阿克索伊　塞班·乌扎伊 *

　　摘要：会计师和审计师的职责、责任和期望在今天变得更加明 127
确。一个人可能需要会计、审计、法律和现代技术方面的知识，如
此才能找到一些解决在私人和商业生活中遇到的纠纷的方法。这种
需求出现在法律和会计的交叉领域，特别是舞弊审计领域。这种情
况导致了法务会计/法务审计的出现，这是一个公认的独立的专业领
域。本章的目的是揭示法务会计/法务咨询及其专业领域与舞弊和舞
弊审计之间的关系。需要法务会计师的利益相关者也是多种多样的，
可能包括律师、警察和其他执法机构、保险公司、银行、法院、商
业界、政府代表和政府法律实体。法务会计与传统会计的主要区别
在于，法务会计以系统的方式调查和揭露会计舞弊。审计、舞弊审
计和法务会计是密切相关的领域。审计的知识和专业技能将会在舞
弊审计和法务会计中发挥作用。同样，掌握会计的技术和理论知识
也会对舞弊审计产生积极的影响。司法会计活动的三个主要领域是
舞弊审计或调查会计（行政支持）、诉讼支持（法律支持）和专家证

---

* 塔梅尔·阿克索伊，伊本·哈尔顿大学商学院工商管理系，土耳其伊斯坦布尔。E-mail:tamer.
aksoy@ihu.edu.tr. 塞班·乌扎伊，埃尔希耶斯大学经济与行政科学学院工商管理系，土耳其埃尔
希耶斯。E-mail:suzay@erciyes.edu.tr

人（专家证言）。审计师可以从许多相关做法中受益，例如独立审计师在舞弊审计中应用的技术、计划、应用程序、舞弊风险指标和法务会计研究中的文档。大多数发达国家都有提供法务会计和舞弊审计服务的组织，这些组织被授予各种头衔。相比之下，即使在与土耳其法务会计实践没有直接关系的领域，主管当局也会在这方面作出安排。此外，法律体系中对法务会计职业有各种规定。

关键词：法务会计；舞弊性财务报表；舞弊审计；舞弊风险因素，舞弊三角；内部审计；内部控制

一、简介

会计可以被定义为通过使用账户、会计技术记录货币交易，并在特定时期或任何需要的时候将其汇总到财务报表中。准备好的财务报表可能由于许多不同的原因被篡改。其主要目的是由于利益冲突而误导决策者对有问题的财务信息的判断。篡改可能是由于错误或舞弊。舞弊有别于错误的主要特征是舞弊是故意且非法的。其动机的主要标志是有利于作弊者且非法。例如，为了从银行获得贷款而显示商业状况较好，或为了少交税而显示某一时期的利润更低。

发现舞弊比发现错误更难，因为前者会掩饰和故意隐藏某些东西。如今，舞弊技术的进步导致了大规模作弊的出现。根据舞弊的原因，舞弊的主要类型可归纳为：（a）员工舞弊或滥用资产，（b）财务报表舞弊。揭露员工舞弊是企业管理者的主要责任之一，如果是公共机构，可以利用内部审计师或监察专员来实现这一目的。揭露财务报表舞弊主要是独立审计师的责任。独立审计师将揭露并纠正

因错误或舞弊而产生的任何不妥之处，从而提高其编制的财务报表的可信任度。由于审计师的独立性原则，编制财务报表的会计师和审计这些财务报表的审计师不应该是同一个人。事实上，独立性原则是一项基本的道德原则，在各种审计工作中都应该遵守。

今天，会计师和审计师的职责、责任和期望已经变得很明确。在私人生活和商业生活中遇到的一些事件、纠纷、法律案件可能需要会计、审计、法律甚至是技术知识来找到问题的解决方案。例如，根据商业法庭的任命，会计师和审计师可能需要担任专家证人或提供专家报告。这种需求出现在法律和会计的交叉领域，特别是舞弊审计领域，这导致了法务会计和法务审计这两个职业的出现。这是一个公认的独立的专业领域。129

权利要求，即索赔，构成了任何审计的本质。管理层提交的独立审计的财务报表也是一种索赔。资产负债表和利润表中的项目是否存在和完整、是否属于公司，资产负债表中的项目的估值是否正确、项目的列报是否恰当，都是由审计师从总体和账户项目分别审查的，这其中还包括资产负债表的脚注。员工舞弊案件中的索赔是为了揭露参与舞弊的人是否还犯有腐败罪。例如，商业法院为破产延期案件任命的会计师或审计专家的主要任务是调查企业管理层的破产（债务多于资产）指控。在另一个例子中，新当选的联合管理人员可能会要求对前任管理层的腐败指控进行调查，或者对公共或私营机构高级管理人员提出资产与收入不相称的指控。

在审计中，通过使用被称为审计技术的特殊程序并收集有关索赔事件或交易的可靠和足够数量的证据来完成各种索赔。审计中使用的主要技术包括：访谈、观察、计数（体检）、验证、账簿和文件审查以及分析性审查。然而，这些技术在哪里使用以及如何使用主要是依靠审计师的专业判断，即他自己的专业知识和经验。

本章旨在介绍法务会计及其相关专业或专门知识，其中包括在法务案件中利用审计师的知识如何以各种方式发现舞弊，并揭示其与舞弊和舞弊审计的关系。

二、法务会计

法务会计的概念首次出现在一项名为《法务会计：在当今经济中的地位》的研究中，该研究由佩卢贝特会计师事务所的合伙人莫里斯·佩卢贝特发表。[1]

最被广泛接受的法务会计的定义如下：这是一门通过自己的研究、询问和分析技术来寻求真相的科学，主要涉及可能已经被提交给法院或尚未提交，但有可能产生法律冲突的问题中有关会计的部分，也使用其他科学分支，如心理学和犯罪学。[2]

法务会计是一个联合法律和经济的领域，需要协调调查、会计和审计的知识和技能，并需要使用审计方法、技术和程序来澄清法律问题。在国际金融丑闻发生后，法务会计的重要性更加突出。随着安然丑闻后《萨班斯-奥克斯利法案》（Sarbanes-Oxley Act）的公布，美国资本市场委员会，即美国证券交易委员会（SEC）指出，[3]法

130

1　Al, A. (2014). Adli Muhasebe ve Karar Alma Arasındaki Iliskilerin Finansal Kararlar Acisindan Degerlendirilmesi. *Mali Cozum*, 125(Eylul-Ekim), p. 101.

2　Gülten, S. (2010). Adli Muhasebe Kavramı ve Adli Musavirlik Meslegi. *Ankara Barosu Dergisi*, 68(3), p. 312.

Al, A. (2014). Adli Muhasebe ve Karar Alma Arasındaki Iliskilerin Finansal Kararlar Acisindan Degerlendirilmesi. *Mali Cozum*, 125(Eylul-Ekim), p. 103.

3　Karahan, M. (2020). Adli Muhasebecilik Mesleginin Bilinirligi: Avukatlar Uzerine Bir Arastirma. *Mali Cozum Dergisi*, 30(159), p. 158.

务会计的做法应在审计研究中使用。需要法务会计的原因之一是其与其他专业的密切关系，以及其可为大多数专业提供支持服务。一些可能被纳入法务会计师服务领域的活动实例如下：[1]

（1）涉及舞弊和金融腐败、违规行为的法律案件；

（2）判断和预防员工舞弊（贪污）犯罪；

（3）合伙企业和/或股东的纠纷和诉讼；

（4）调解/仲裁；

（5）保险交易；

（6）商业过失；

（7）身体伤害和死亡事故；

（8）在离婚和婚姻方面经历的财务纠纷。

随着技术的快速发展，对法务会计的需求增加了。他们的专业可以揭露通过使用计算机和在线记录、相关先进技术达成的远程连接进行的舞弊，他们拥有的技术知识可以使他们评估会计、审计和法律层面的事件。[2]法务会计还可以为企业的调查提供行政、诉讼和专家支持，以及对企业内部的财务、管理、生产、销售、营销和法律领域要作出的各种决定提出相关建议。[3]需要法务会计的利益相关者是多样化的，包括但不限于律师、执法部门、保险公司、银行、法院（法官、检察官）、商业界、政府代表和政府下属的法律实体。[4]

1　Kızıl, C., Akman, V., & Yilmaz, B. (2019). Adli Muhasebe ve Adli Muhasebecilik Mesleğine Genel Bir Bakıs. *Beykent Üniversitesi Sosyal Bilimler Dergisi*, 12(1), pp. 62-63.

2　Karahan, M. (2020). Adli Muhasebecilik Mesleginin Bilinirligi: Avukatlar Uzerine Bir Arastirma. *Mali Cozum Dergisi*, 30(159), p. 156.

3　Al, A. (2014). Adli Muhasebe ve Karar Alma Arasındaki Iliskilerin Finansal Kararlar Acisindan Degerlendirilmesi. *Mali Cozum*, 125(Eylul-Ekim), p. 97.

4　Kızıl, C., Akman, V., & Yilmaz, B. (2019). Adli Muhasebe ve Adli Muhasebecilik Mesleğine Genel Bir Bakıs. *Beykent Üniversitesi Sosyal Bilimler Dergisi*, 12(1), p. 63.

　　诸如会计部门与其他部门串连、对业务的影响很彻底、需要专业技术以及不能被其他部门控制等原因，财务报告容易受到舞弊。法务会计作为商业活动的结果，涉及对司法和会计两方面问题的处理。法务会计与传统会计的区别在于，前者以系统的方式调查和揭露会计舞弊行为。[1]

　　从图 6.1 可以看出，审计、舞弊审计和法务会计是密切相关的领域。审计知识和专长将对舞弊审计和法务会计有帮助。同样，掌握会计的技术和科学方面的知识也会对舞弊审计产生积极的影响。

131　　资料指出，法务会计一般包括三个活动领域。由卡拉汗列出：[2]

　　（1）舞弊审计师或调查会计（行政支持）；

　　（2）诉讼支持（法律支持）；

　　（3）专家证言（专家证人）。

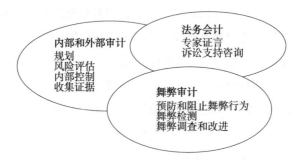

图 6.1　审计、法务会计和舞弊审计之间的关系

资料来源：阿塔甘和卡瓦克（2017）[3]

1　Atagan, G., & Kavak, A. (2017). Relationship between fraud auditing and forensic accounting. *International Journal of Contemporary Economics and Administrative Sciences*, 7(3-4), p. 200.

2　Karahan, M. (2020). Adli Muhasebecilik Mesleginin Bilinirligi: Avukatlar Uzerine Bir Arastirma. *Mali Cozum Dergisi*, 30(159), p. 159.

3　Atagan, G., & Kavak, A. (2017). Relationship between fraud auditing and forensic accounting. *International Journal of Contemporary Economics and Administrative Sciences*, 7(3-4), p. 200.

当法务会计发现舞弊或滥用行为时，他还会计算机构或个人所遭受的经济损失，即实施该行为的个人或多人的贪污数额，这也是此事件的物质规模。一般来说，法务会计在诉讼支持范围内会做的工作如下：[1]

（1）提供必要的文件来拒绝或支持一项索赔；

（2）检查文件，对情况进行初步评估，并确定遗漏处；

（3）参与了解财务状况的过程，研究报告中要提出的其他问题的调查结果；

（4）审查对方提交的损害（赔偿）索赔报告，以及审查关于当前情况的积极和消极方面的报告；

（5）协助就案件的和解（撤诉）进行谈判和讨论。

诉讼支持一般适用于与经济损失有关的案件，如计算另一方因不公正地终止双方的合同而被剥夺的利润。在舞弊控制方面，有可能遇到许多不同的例子。例如一个汽车服务机构外部备件的仓库的职员贪污，或者一家食品公司的会计经理通过舞弊赚取不公平的财富。[2]

在专家证言领域，例如，美国证券交易委员会和英国的严重舞弊办公室可以将法务会计师作为证人（专家证人）。在英国，最广泛使用的法务会计类型就是专家证词。[3]因为所有这些，在文献中他们

132

1　Çakır, M. A. (2015). Adli Muhasebecilik Mesleğinin İncelenmesi ve Değerlendirilmesi. *MaliÇozum Dergisi*, 129(Mayis-Haziran), p. 100.

2　近年来最大的腐败事件之一发生在 Dimes 食品贸易公司，这是一家著名的果汁饮料公司。在该公司工作了 21 年的会计经理被逮捕，案发时他已在过去 5 年中贪污了 1600 万里拉，他的财产被查封。https://www.hurriyet.com.tr/gundem/16-milyon-liralik-meyveli-vurgun40329019.

3　Kızıl, C., Akman, V., & Yilmaz, B. (2019). Adli Muhasebe ve Adli Muhasebecilik Mesleğine Genel Bir Bakış. *Beykent Üniversitesi Sosyal Bilimler Dergisi*, 12(1), p. 69.

对法务会计进行的活动，也可以给出"研究会计师"或"舞弊审计师"的名字。[1]

三、舞弊审计

根据美国最高法院的说法，舞弊是一种有条件的谎言。在最广泛的法律意义上，舞弊可以被定义为通过任何故意的欺骗行为剥夺一个人或一个团体的权利或财产。在财务报表审计方面，舞弊被定义为财务报表中的故意错报。[2]

根据注册舞弊审查师协会（Association of Certified Fraud Examiners，ACFE）的说法，职业舞弊被定义为以有计划和故意的方式利用工作场所的资产和资源，通过滥用或误用获取个人财富。该协会将其划分为三类：

（1）挪用资产；

（2）获得不公平的利润，即腐败；

（3）财务报表舞弊（舞弊性财务报表）。

资产滥用中的主体舞弊，也称员工舞弊，并不像财务报表舞弊那么重要。然而，无论盗窃数额大小，企业资产的盗窃、滥用往往与管理密切相关，因为随着时间的推移，轻微盗窃的数量很容易增加，而此类事件的出现和被披露会大大损害公司的声誉。

1　Al, A. (2014). Adli Muhasebe ve Karar Alma Arasındaki Iliskilerin Finansal Kararlar Acisindan Degerlendirilmesi. *Mali Cozum*, 125(Eylul-Ekim), p. 103.

2　Arens, A., Randal, A., Elder, J., Beasley, M. S., & Hogan, C. E. (2017). *Auditing and assurance services—An integrated approach* (16th ed., p. 298). Upper Saddle River, NJ: Pearson.

与滥用资产相关的舞弊案例，即员工舞弊：[1]

科维尔还利用舞弊手段规避检查和控制，造成70亿美元的损失。作为法国主要银行之一的兴业银行（Societe General）的商业交易损失达到了极端水平。尽管科维尔的薪水只有7万美元，而且是一名资历较低的股票经纪人，但他从事的是与欧洲股票指数基金相关的高风险交易，这导致的风险超过了该银行的净资产。他知道如何伪装上述舞弊性交易以防止其发生。然而，舞弊交易的持续储存是基于高度警惕以及不断重复并删除虚假交易的原则。因此，科维尔从来没有休过假，甚至在假期也倾向于工作。然而，在随后的调查中，科维尔承认他进行了舞弊和风险交易，金额超过500亿欧元。另一方面，该银行在解决这些交易之前，危及了自己145年的生存，损失了49亿欧元（74亿美元）。据说这一失败背后最重要的原因之一是银行内部的过度信任。这种过度自信导致了强大的威慑和内部控制的缺乏。[2]

伯纳德·麦道夫的庞氏骗局同样造成了将近210亿美元的损失，这被认为是有史以来最大的投资者骗局之一。这些舞弊性交易的涉案金额大约是世通舞弊案（110亿美元）的两倍。麦道夫承认了自己的罪行，并被判处150年监禁。[3]

133

1　Arens, A., Randal, A., Elder, J., Beasley, M. S., & Hogan, C. E. (2017). *Auditing and assurance services—An integrated approach* (16th ed., p. 346). Upper Saddle River, NJ: Pearson.

2　Clark, N., & Bennhold, K. (2010, June 25). A Societe Generale trader remains a mştery as hiscriminal trial ends. *New York Times*.

3　Clark, N., & Bennhold, K. (2010, June 25). A Societe Generale trader remains a mştery as hiscriminal trial ends. *New York Times*.

Arens, A., Randal, A., Elder, J., Beasley, M. S., & Hogan, C. E. (2017). *Auditing and assurance services—An integrated approach* (16th ed., p. 302). Upper Saddle River, NJ: Pearson.

舞弊性财务报告通常是指在管理层同意和知情的情况下故意操纵财务报表的行为。这种由管理层实施的舞弊行为会给企业带来更大的损失，而且往往无法得到补偿。舞弊被认为是一种可以威胁到企业的连续性的风险，具体取决于其性质和规模。

表 6.1 中的案例分析数据显示，舞弊性财务报告所占的比例最低，但与其他类型的舞弊相比，舞弊性财务报告平均造成的损失更高，即该类型的舞弊对整个经济造成的损失最严重。[1]此外，值得注意的是，从 2012—2018 年，发生在企业的财务报告舞弊事件的数量有增加的趋势。

尽管舞弊性财务报告是一种影响信息使用者决策并带有法律风险的犯罪，但人们发现，企业中负责管理的人往往会采用这种方法，特别是在事情进展不顺利的时候。这种舞弊性财务报告的主要目标是谎报企业的净收入和 / 或使其资产的价值高于实际情况。

在上述管理层财务报告舞弊的主要原因中，存在着各种舞弊风险因素，包括三种类型：激励 / 压力、机会、态度 / 合理化。这三者简称"舞弊三角"。这些因素表明了是否存在一个适合作弊的环境。基本舞弊风险因素的例子包括以下几点。[2]

激励 / 压力：以绩效为基础的报酬，无法实现的目标，高市场预期，需要借贷或股权融资，过度竞争，市场份额的减少，技术的快速变化，希望提高声誉，审计事务所的态度。

1　Kaya, P., & Uzay, S. (2018). Hileli Finansal Raporlama ve Bağımsız Denetçinin Sorumluluğu. *Muhasebe Bilim Dünyası*, 20(Ozel sayı), p. 724.

2　Kaya, P., & Uzay, S. (2018). Hileli Finansal Raporlama ve Bağımsız Denetçinin Sorumluluğu. *Muhasebe Bilim Dünyası*, 20(Ozel sayı), p. 724.

机会：内部控制系统薄弱，缺乏公司治理，会计准则复杂，对 135
作弊者的纪律制裁不力，缺乏内部审计，没有审计委员会或其效力
不高。

态度／合理化：管理层与独立审计师之间的纠纷，对管理人员
违反法律或舞弊的指控，高股价为管理层提供了过多的利益，非
财务经理在选择会计政策和确定重要估价方面的作用过大，管理
层内部控制的缺陷没有得到补救，工资不足导致管理人员的积极
性低。

表 6.1　根据注册舞弊审查师协会报告，各类舞弊的发生率和平均损失的百分比

舞弊方式	2012		2014		2016		2018	
	百分比	损失（＄）	百分比	损失（＄）	百分比	损失（＄）	百分比	损失（＄）
滥用资产	86.7	120,000	85.4	130,000	83.5	125,000	89	114,000
贪污腐败	33.4	250,000	36.8	200,000	35.4	200,000	38	250,000
财务报告舞弊	7.6	1,000,000	9	1,000,000	9.6	975,000	10	800,000

资料来源：该表由作者使用注册舞弊审查师协会报告（2016，2018）[1] 的数据编制

1　ACFE. (2016). *Report to the nations on occupational fraud and abuse. 2016 global fraud study* (pp. 10-12). https://www.acfe.com/rttn2016/docs/2016-report-tothe-nations.pdf.

ACFE. (2018). *Report to the nations 2018 global study on occupational fraud and abuse.* https://www.acfe.com/uploadedFiles/ACFE_Website/Content/rttn/2018/RTTN-Government-Edition.pdf.

四、舞弊风险因素和预防舞弊行为

尽管三种适用于舞弊性财务报告和在"舞弊三角"中滥用资产的情况类似，但风险因素各不相同。造成财务报告舞弊的因素主要分为三类，分别是：[1]（a）薄弱的制度结构；（b）强大的内部和外部压力；（c）薄弱的内部控制结构。制度结构薄弱的一些突出特征是：

（1）缺乏道德原则；

（2）在企业中感受不到领导和指导的精神；

（3）没有确定内部规则、政策和程序；

（4）不必要地高估了企业的一些目标和/或利益。

在《审计标准建议声明》第 99 条中，以下建议被提出以作为对在企业中协调的反舞弊工具：（a）建立诚信文化和高道德标准；（b）建立反舞弊控制；（c）设计有效的监督机制。

会计人员的频繁变动（更替）或会计和信息管理过程中的其他缺陷可能会给错报创造机会。在董事会审计委员会和财务报告的无效监督下，许多财务报表中的报告舞弊不会被发现。薄弱的内部控制，如职责分离、授权、良好的文件和记录系统，以及对独立核查等控制程序不够重视，往往会为舞弊者创造机会。[2]

表 6.2 列出了在大型企业中观察到的导致舞弊风险的综合因素

1　Küçük, E., & Uzay, S. (2009). Hileli Finansal Raporlamanın Oluşumu ve Doğurduğu Sorunlar. *Erciyes Üniversitesi İİBF Dergisi*, 32(Ocak-Haziran), p. 242.

2　Arens, A., Randal, A., Elder, J., Beasley, M. S., & Hogan, C. E. (2017). *Auditing and assurance services—An integrated approach* (16th ed., p. 300). Upper Saddle River, NJ: Pearson.

样本：[1]

舞弊通常是由管理层、内部审计师或偶然发现的。独立审计师发现的舞弊相对较少，但他们更有可能发现对财务报表有重大影响的舞弊。

表 6.2 在实践中观察到的大公司业务中导致舞弊风险的因素 136

A 关于企业管理的舞弊风险因素
• 公司所有者的地位
• 管理层对董事会的权力
• CEO 或总裁是公司的创始人
• 该实体没有设立审计委员会
• 很少有董事会成员来自公司外部
• 内幕交易的可能性
• 没有股东在公司外持有大量股份
• 审计委员会会议每年少于两次
• 管理人员和官员之间的相对关系
• 公司股份主要由公司内部的个人或为其他公司提供管理服务的经验不足的管理人员所拥有
• 公司股票在证券交易所的异常波动
• 公司第一任 CEO 仍在任
B 与内部控制有关的舞弊风险因素
• 内部审计师与管理人员的关系
• 流程和控制没有得到足够的重视，可能导致报告不完整
• 内部审计师的专业经验
• 高级管理层关于内部控制的报告
C 管理层的特点和对环境控制的影响
• 管理层倾向于承担过度的风险
• 没有经验的管理层
• 公司内部或员工之间的利益冲突
• 与客户公司交换意见
• 管理层在商业环境中的声誉不佳
• 重要的商业承诺
• 客户公司人员的非法行为
• 最高管理层对审计组的看法和行动方案
• 不适合管理层身份的生活方式（豪华的资产、豪华的生活条件等）
• 控制不足的反集权主义组织结构
• 管理层的不诚实行为

---

1 Aksoy, T. (2006). *Denetim: AB ile Müzakere ve Uyum Sürecinde Denetimde Yeni Bir Paradigma* (Cilt I-II, pp. 2020-2043). Ankara: Yetkin Yayınevi.

D 与财务绩效有关的舞弊风险因素
• 检查现金银行储备是否符合销售要求
• 资产构成（存货数量/总资产高、应收账款数额/总资产高、流动资产总额/资产高）
• 财务比率分析
• 投资周转率低
E 与企业的经营特点和财务状况有关的风险因素
• 组织结构非常复杂
• 资产、负债、费用或收入是基于重要的估计，而这些估计包含非同寻常的偏差和不确定性。
• 记录不正常，或相关资产或项目未被审计，或其他公司已被审计
• 尽管收益增加，但企业无力从其活动中产生现金流
• 与同行相比，增长或盈利能力异常迅速
• 该业务对利率的变化非常敏感
• 存在补充资本的巨大压力，以保持竞争力
• 存在结束过账的风险
• 激励工具的存在，可能会使企业主/经理人做出财务报告中的违规行为
• 该实体异常依赖借贷或难以摊还债务
• 不良财务绩效的恢复有可能对企业的关键问题产生不利影响，如向银行借款
• 企业主或经理人与现任审计师或前任审计师之间关系紧张
• 如果企业的财务状况很弱或不好，公司董事或业主个人为公司的重要债务作担保
F 与企业所处行业的状况有关的风险因素
• 企业破产的增加和客户需求的显著减少
• 可能扰乱企业财务状况或盈利能力的新计算或监管要求
• 企业所处行业的突然变化
G 关于客户公司的舞弊风险因素的评估阶段
• 在客户接受（继续）的阶段
• 在审计规划过程中
• 在审查前一时期的财务报表和审计报告期间
• 在达成审计意见之前的所有过程中
H 在决定是否继续接受客户时，应用于确定舞弊风险因素的方法
• 标记了风险因素的检查清单
• 风险等级显示为5级标准，1级为最低，5级为最高。
I 在审计规划阶段对舞弊风险因素进行评估的人所使用的评估方法
• 通过列举因素及其实例，将其标记为是/否
• 对各种因素进行分类，并将其评价为低/中/高
J 进行舞弊风险因素评估的人
• 主审计师
• 联合审计师
• 助理审计师
• 负责任的主审计师
• 负责任的联合主审计师

续表

K 舞弊风险评估的做法
• 风险评估员
• 不作风险评估的人
• 在正常的审计活动之外准备一个单独的方案的人

资料来源：阿克索伊（2006）[1]

　　企业中的舞弊风险，以及企业管理层为应对舞弊而采取的活动，137
可以总结为以下几点。

　　（1）防止舞弊：

　　　　（a）舞弊风险评估；

　　　　（b）对流程的反作弊控制；

　　　　（c）内部交流和培训；

　　　　（d）员工和第三方评价；　　138

　　　　（e）行为准则（道德准则）。

　　（2）揭露舞弊：

　　　　（a）帮助和通知热线；

　　　　（b）监督和监测；

　　　　（c）主动的数据分析。

　　（3）应对舞弊：

　　　　（a）调查协议；

　　　　（b）通知协议；

　　　　（c）改进行动和协议。

　　内部审计在监督活动中发挥着至关重要的作用，内部审计可以
确保反舞弊程序和控制措施的有效运作。内部审计活动既能预防也

1　Aksoy, T. (2006). *Denetim: AB ile Müzakere ve Uyum Sürecinde Denetimde Yeni Bir Paradigma* (Cilt I-II, pp. 2020-2043). Ankara: Yetkin Yayınevi.

能发现舞弊。因此，内部审计是审查舞弊最重要的补充和支持部分之一。内部审计师通过审查和评估来减少内部的舞弊风险并预防舞弊。他们还通过审计程序，揭示舞弊性财务报告和滥用资产的行为，帮助发现舞弊行为。[1]

监管机构为发现和预防舞弊行为而推出的一些法规、原则和规则也是有益的。这类行动的主要例子如下。

（一）财务报告的内部控制的有效性报告

安然、世通、帕玛拉特等公司在内部控制方面暴露出严重的不足和缺陷。为了解决这些问题，美国上市公司管理局使用《萨班斯-奥克斯利法案》第 404 条报告和评价了其财务报告的内部控制的有效性。[2]

然而，大型上市公司也需要关于内部控制的有效性的审计报告。类似的法律规定已经开始在不同的国家发布。"日本版的《萨班斯-奥克斯利法案》"就是其中之一，该法规定日本企业必须就内部控制进行管理和监督报告。

《萨班斯-奥克斯利法案》第 404 条（a）款规定，公共企业管理部门必须发布的内部控制报告包括：

企业管理层关于负责建立和维护适当的内部控制系统、结构和财务报表报告流程的声明。

139　　评估截至本财政年度末的企业财务报告的内部控制系统、结构和流程的有效性。

1　Arens, A., Randal, A., Elder, J., Beasley, M. S., & Hogan, C. E. (2017). *Auditing and assurance services—An integrated approach* (16th ed., p. 309). Upper Saddle River, NJ: Pearson.

2　Aksoy, T. (2005). Küresel Etkili Muhasebe ve Denetim Skandallarının Nedenleri Işığında Sarbanes-Oxley Yasasıile SPK Düzenlemesinin Karşılaştırılması. *Muhasebe Bilim Dünyası*, 7(4), pp. 45-79.

企业管理层还应该定义用于评估企业内部控制的有效性的框架。大多数美国公司使用全美反舞弊性财务报告委员会发起组织（Treadway Commission Supporting Organizations Committee，以下简称COSO）的内部控制框架，该框架于 1992 年发布，并于 2013 年更新。除此以外，世界上还有不同的框架，如英国财务报告委员会的《风险管理指南》《内部控制及相关财务和商业报告》或加拿大的《控制指南》（Canada's Control Assessment Guide，COCO）。舞弊行为的发现也会影响上市公司内部控制和财务报告内部控制系统的审计报告。根据上市公司会计监督委员会（the Public Company Accounting Oversight Board，PCAOB）的审计标准，涉及高级管理层的任何规模的舞弊行为的存在，都会严重影响审计师对财务报表和所有财务报告程序的内部控制的意见。[1]

（二）审计委员会的积极监督

审计委员会应在管理层评估舞弊风险和监控应对这些风险的过程中发挥积极作用。审计委员会还会加强管理层对舞弊行为的零容忍，帮助形成一个有效的高级管理层，使管理层认识到诚实和道德行为的重要性。[2]

（三）公司治理原则

公司治理还可通过在机构中应用公平、透明、问责制和责任原

1　Arens, A., Randal, A., Elder, J., Beasley, M. S., & Hogan, C. E. (2017). *Auditing and assurance services—An integrated approach* (16th ed., pp. 322-337). Upper Saddle River, NJ: Pearson.

2　Arens, A., Randal, A., Elder, J., Beasley, M. S., & Hogan, C. E. (2017). *Auditing and assurance services—An integrated approach* (16th ed., p. 310). Upper Saddle River, NJ: Pearson.

则，创造相应的公司文化，从而最大限度地减少舞弊风险，并且在防止内部冲突、使合格人员加入机构并保持机构的连续性方面也能起到重要作用。

（四）举报奖金

美国政府通过立法，向成功举报的公司（尤其是上市公司）支付激励奖金。在这种背景下，美国证券交易委员会在 2015 年支付了大约 5000 万美元。[1] 而在土耳其，以减免税收的形式代替举报奖金的支付，由土耳其资本市场委员会（CMB）和土耳其银行管理和监督机构（BRSA）就该领域的适用性进行评估。[2]

表 6.3　财务报表中的舞弊技术

舞弊目的	舞弊技术
使企业的财务状况显得比实际情况更好	过早记录收入 记录未实现的收入 筹集资产或减少债务 对长期或短期资产进行重新分类，以纠正流动资金状况 将短期债务分类为长期债务 以较高的价值出售低价值的资产 通过不必要地提前偿还债务提供折扣收入 将本期费用转入下期 避免披露对公司有不利影响的意外事件

1　Arens, A., Randal, A., Elder, J., Beasley, M. S., & Hogan, C. E. (2017). *Auditing and assurance services—An integrated approach* (16th ed., p. 305). Upper Saddle River, NJ: Pearson.

2　BRSA 以保证金融市场的可靠性和稳定性、确保信贷系统的有效运行、保护储蓄者的权利和利益以及发展金融部门为目标，履行监管、监督和执行的职能，并将战略规划作为有效履行其职责的主要手段之一。

续表

舞弊目的	舞弊技术
使企业的财务状况显得比实际情况更糟	将本期收入转入下期 将未来期间的费用记为本期的费用 储存营业额 以不切实际的方式增加开支 过度的折旧和拨备

资料来源：作者编制

五、舞弊性财务报告和独立审计师的责任

在有合适的环境制作舞弊性财务报告的情况下，企业管理层会使用一些舞弊技术来显示企业的现状比实际情况更好或更差。《国际审计准则》第 240 号 A3 中规定了企业管理层作舞弊性财务报告的方式，表 6.3 中总结了更为具体的例子。

如表 6.3 所述，舞弊性财务报告在企业中以多种不同方式出现。而由于财务报表提供的是会计记录的摘要，因此舞弊行为不可避免地来自会计过程。审计师对舞弊行为的披露一般是在财务报表层面和交易组、账户项目的索赔层面。审计师对舞弊风险的评估应贯穿整个审计过程。

尽管分析审查程序有助于发现舞弊，比如关注被称为"红旗"的舞弊风险因素，但标准审计程序可能不足以发现和防止舞弊。出于这个原因，应利用有效的统计方法，如数据挖掘、人工智能等当今日益发展的技术，方可增加效率。审计师对舞弊使用的主要审计方法有：访谈、倾听、观察行为线索、审计软件分析、扩展支持性

测试和其他审计推断。[1]

（一）舞弊的具体风险领域

收入、信贷和现金账户均特别容易被操纵或舞弊。一项由COSO支持的研究发现，超过一半的财务报表舞弊与收入和应收账款有关。尽管与涉及股票或应收账款的舞弊相比，与贸易应收款有关的舞弊性借贷财务报告事件较少发生，但这些舞弊行为表现出相对一致的特点。收入交易中最常见的舞弊者是向虚构的账户或虚构的供应商支付现金的行为人。其他舞弊风险的例子有：相对更敏感的固定资产、无形资产、费用支出，但几乎每个账户项目都有操纵行为。[2]

（二）评估舞弊风险

在评估舞弊风险时，审计师应该有一种质疑的心态，即探究性思维或专业怀疑主义。这强调应考虑到客户对舞弊的敏感性，而不考虑审计师对舞弊发生的可能性的期望和管理层的诚信和操守。审计师在对审计证据进行关键性评估时，应注意不要认为错报是一个例外事件，或试图将其合理化。[3]

审计师评估舞弊风险的信息来源如下：

1　Arens, A., Randal, A., Elder, J., Beasley, M. S., & Hogan, C. E. (2017). *Auditing and assurance services—An integrated approach* (16th ed., p. 319). Upper Saddle River, NJ: Pearson.

2　Arens, A., Randal, A., Elder, J., Beasley, M. S., & Hogan, C. E. (2017). *Auditing and assurance services—An integrated approach* (16th ed., pp. 313-318). Upper Saddle River, NJ: Pearson.

3　Arens, A., Randal, A., Elder, J., Beasley, M. S., & Hogan, C. E. (2017). *Auditing and assurance services—An integrated approach* (16th ed., pp. 303-304). Upper Saddle River, NJ: Pearson.

（1）审计小组之间的会议；

（2）与管理层的讨论；

（3）风险因素；

（4）分析程序；

（5）其他信息（审计师在评估舞弊风险时需要考虑到他们在审计的任何阶段获得的任何信息）。

根据《国际审计准则》第 240 号，独立审计师在舞弊方面的责任归纳如下。 142

风险评估程序：

审计师采用下列审计程序获取信息，用于查明舞弊造成的重大错报风险。

（1）与管理层的讨论，例如管理层对舞弊性财务报告的评价，管理层针对舞弊性财务报告所遵循的程序，管理层就舞弊性财务报告与高级管理层的沟通，（如果有的话，）管理层就商业惯例和道德规范与高级管理层的沟通。

（2）了解管理层对内部控制进行什么样的监督。

（3）对确定的异常关系提出质疑，特别是由分析性检查程序确定的异常关系。

（4）对其他研究中获得的关于舞弊风险因素的信息的问题进行研究。

审计师在发现舞弊过程中的法律责任，总结如下：

（1）审计师必须合理保证财务报表不存在重大错报，无论其来源如何；

（2）因此，审计师必须在审计过程中以专业怀疑主义进行研究。

为了使独立审计有效，审计师必须遵守独立审计标准。如果存在违反独立审计准则的情况，并且这种矛盾无法得到纠正或审计师的独立性被消除了，则视为没有进行独立审计。

（1）独立审计师有明显的过错时，如果出现了独立审计的减损，相关责任合伙人主审和独立审计师事务所要共同承担其他损失，包括公告费用。

（2）如果被视为无效的独立审计报告先前已与财务报表一起发布，则按照相同的程序和原则，将独立审计无效的事实与相关财务报表一起再次发布并公告。

（3）此外，对那些违反独立审计标准编制和安排独立审计报告的人的刑事责任，在法律中作了特别规定。

因此，如果本章对上述解释进行总结；独立审计师在舞弊审计中涉及的技术、计划、程序、舞弊风险指标、舞弊调查和认证等许多应用，都有可能从中受益，特别是在法务会计方面的研究中。

六、舞弊审计和法务会计应用

143 在美国，审计事务所还从事会计和税务服务、管理和风险咨询以及审计与鉴证服务等工作。审计事务所正在不断开发新的产品和服务，如财务规划、商业评估、法务会计和信息技术咨询。[1]

在法务会计和舞弊审计领域提供服务的主要组织如下：[2]

---

1 Arens, A., Randal, A., Elder, J., Beasley, M. S., & Hogan, C. E. (2017). *Auditing and assurance services—An integrated approach* (16th ed., p. 25). Upper Saddle River, NJ: Pearson.

2 Kızıl, C., Akman, V., & Yilmaz, B. (2019). Adli Muhasebe ve Adli Muhasebecilik Mesleğine Genel Bir Bakış. *Beykent Üniversitesi Sosyal Bilimler Dergisi*, 12(1), p. 69.

（1）注册舞弊审查师协会；

（2）内部控制协会；

（3）加拿大特许会计师协会；

（4）特许会计师事务所；

（5）全国注册舞弊审查师协会；

（6）全国法务会计协会；

（7）注册法务会计师协会；

（8）国际注册法务会计师协会；

（9）独立法务会计师网络；

（10）加拿大注册法务调查员协会；

（11）美国法务会计委员会；

（12）国际认证法务调查专家协会。

在美国这个法务会计专业最发达的国家，法务会计师使用的主要头衔由不同的机构授予：注册法务会计师、法务会计师、司法鉴定会计师，注册财务鉴证资格，商业评估认证，注册舞弊审计师。[1]

在土耳其，国际舞弊审查师协会是一个完全按照土耳其法律建立和注册的协会。同时，国际舞弊审查师协会也是注册舞弊审查师协会在土耳其的分支，注册舞弊审查师协会的总部设立于美国。国际舞弊审查师协会（注册舞弊审查师协会土耳其支部）的使命是通过游说和宣传等各种举措，使人们接受舞弊调查是一种职业；通过培训活动向希望从事这一职业或已在从事这一职业的专业人士提供

1　Kurt, G., & Uçma, T. (2009). Adli Muhasebecilik Mesleği ve Adli Muhasebeci Olabilme Sürecinin Türkiye' deki ve Amerika' daki Yasal Düzenlemeler Açısından Karşılaştırılması. *Ticaret ve Turizm Eğitim Fakültesi Dergisi*, 2, p. 170.

支持；同时建立必要的法律秩序、专业标准和道德规则。在履行使命的同时，国际舞弊审查师协会直接或间接地为从事这一职业的人、将选择这一职业的人、面临腐败的私营部门和公共机构乃至于国家和社会作出贡献。该协会还提供注册舞弊审计师认证，该认证对需要完成相关要求和考试的专业人员来说是在全世界范围内有效的。[1]

　　在土耳其，法务会计没有直接的应用。然而，以下是被授权在法务会计范围内进行活动的组织：[2]

144　　（1）金融犯罪调查委员会、税务检查委员会、税收管理局、财政控制委员会；

　　（2）银行业管理和监督机构；

　　（3）资本市场委员会；

　　（4）注册会计师和土耳其注册会计师公会联盟；

　　（5）公共监管、会计和审计标准管理局（下文简称土耳其监管局）。

　　在美国和加拿大等法务会计比较发达的国家，都有相关的本科和研究生培养计划。例如，位于纽约的尤蒂卡学院的经济犯罪管理研究生培养计划。位于加拿大的蒙特利尔高等商学院是一所法语教学的大学机构，提供国际知名的管理教育和研究，其与多伦多大学合作，开设了例如"调查员和法务会计"这类的培养计划。[3]

1　USIUD. (2020). https://www.acfetr.com/index.php?pg=hk_main.

2　Kurt, G., & Uçma, T. (2009). Adli Muhasebecilik Mesleği ve Adli Muhasebeci Olabilme Sürecinin Türkiye' deki ve Amerika' daki Yasal Düzenlemeler Açısından Karşılaştırılması., *Ticaret ve Turizm Eğitim Fakültesi Dergisi*, 2, p. 167.

3　Kızıl, C., Akman, V., & Yilmaz, B. (2019). Adli Muhasebe ve Adli Muhasebecilik Mesleğine Genel Bir Bakış. *Beykent Üniversitesi Sosyal Bilimler Dergisi*, 12(1), p. 69.

而在土耳其，根据相关调查，[1] 截至 2016 年，在商科课程计划中没有名为"法务会计"的本科或研究生培养计划；已确定有 1 个本科、6 个硕士和 6 个博士培养方案在"法务会计"或"法务会计和舞弊控制"的标题下设有选修课程。此外，从 2004 年开始，共有 18 篇硕士学位论文和 6 篇博士学位论文是关于法务会计领域的。[2]

法务会计可以被认为是土耳其专业会计师的一个专业领域。事实上，法务会计也可以被视为具有另一个领域专业知识的律师们的一个专业领域，他们与之相关。根据相关研究，[3] 65% 的被调查律师同意这样的观点，即"需要司法会计来防止舞弊和腐败"。为了提高人们对法务会计的认识，除了会计课程，审计课程也可以添加到法学院的培养计划中，还可以开设"商法"或"商法跨学科研究生培养计划"。[4]

事实上，自 2009 年以来，伊斯坦布尔金融顾问商会已经为专业人士组织了"独立法务会计专业培训"。此外，《民事诉讼法》第 6100 号第 293 条"专家意见"部分于 2011 年制定。[5]

此外，《土耳其商法》第 6100 号规定了私人审计师需保护股东获得有关公司信息的权利。另外，即使没有列入议程，如果有必

1　Kıllı, M. (2016). Türkiye'de Universitelerde Adli Muhasebe Egitimi ve Lisansustu Calısmalar Uzerine Bir Inceleme. *Uluslararası Yönetim İktisat ve İşletme Dergisi* (ICAFR 16, ÖzelSayı).

2　USIUD. (2020). https://www.acfetr.com/index.php? pg=hk_main.

3　Karahan, M. (2020). Adli Muhasebecilik Mesleginin Bilinirligi: Avukatlar Uzerine Bir Arastirma. *Mali Cozum Dergisi*, 30(159), pp. 155-178.

4　在土耳其，有一个名为"经济法"的硕士项目（有论文/无论文），由比尔基大学社会科学研究所开设。但是，这个项目的目的和内容与我们提议开放的"商法"有所不同。

5　Al, A. (2014). Adli Muhasebe ve Karar Alma Arasındaki Iliskilerin Finansal Kararlar Acisindan Degerlendirilmesi. *Mali Cozum*, 125(Eylul-Ekim), p. 102.

要，并且在之前已经行使了获取信息或审查的权利的情况下，每个股东都可以要求大会使用特别审计来澄清某些事件。法律强调，不能在每一个问题和具体问题的条款理由中适用特别审计。法律规定，任何业务、交易、决定、对财政资源的需求、公司损失、控股股东公司的决定都可以进行审计（第 438/1 条）。虽然独立审计师是由公司的全体大会选举产生的，但独立审计师的任命是由独立法院负责的。然而，法律不允许股东或少数股权持有人不向大会提出请求而直接向法院提出申请，并以向公司的全体大会提出这方面的请求作为前提条件。私人审计的主题也与法务会计行业存在重叠。

七、结论

在土耳其，法务会计已成为一个研究人员感兴趣的领域，有关法务会计的文章和论文越来越多。此外，据观察，法务会计已经成为本科生和研究生培养计划的一部分（作为一门"课程"）。然而，由于该行业没有任何法律地位，法务会计工作者是以会计师、独立审计师、专家、调解人、调停人、受托人、调解专员和可向法院提供意见的讲师等身份开展工作的。土耳其应仔细研究美国、英国和加拿大等法务会计发达的国家的相关模式，建立自己的法务会计模式；应该确定一个主管职位，并公布法律原则（如职业介绍——培训、实习和考试条件——职责范围、权力和责任、职业道德原则等）。

然而，无论如何，从事这一职业的人必须具有土耳其监管局颁发的"独立审计师"头衔。这是因为法务会计的许多不同任务领域存在一个共同点，即利用审计技术对索赔进行审查并以此编写报告，因此法务会计与舞弊性财务报告的舞弊审计有许多类似的做法。

在必要的法律基础设施建立起来之后，本科或研究生水平的专业课程的开设将会自动进行。

土耳其于 1989 年建立了独立于审计专业的法律基础设施，从而在很大程度上促进了向法务会计的过渡。下一步应该是建立一个全球性的专业组织，其将类似于内部审计行业的国际化专业组织。

第七章

从检查清单延伸到战略和内部控制绩效的保证预期

阿里·塔亚尔·埃雷*

147　　**摘要**：在许多因素的影响下，商业活动变得越来越复杂，这也使得内部控制体系的重要性和质量越来越高。同时，内部控制体系需要根据当前的保证预期来发展。传统的检查清单在很大程度上满足了管理者在简单结构方面的鉴证需求。然而，随着历史的发展，外部利益相关者的保证预期需求已经提高到了一个战略层面。本章旨在根据不断变化的保证预期来研究内部控制的多维演变，并建立一个衡量内部控制绩效的框架。本章从新制度理论的范式出发，对土耳其的内部控制绩效进行案例研究。在研究中，我们对 10 位在强制、模仿和规范机制占主导地位的部门中负责内部控制的人员进行了访谈，并使用定性数据分析软件 QDA Miner 5 对数据进行了内部分析。最终本章发现，土耳其在内部控制方面已经形成了一套强有力的制度。此外，研究还发现，强制性机制在宏观层面具有一致性，但在内部控制实践和绩效衡量方面仍有待改进的地方。

　　关键词：内部控制；鉴证；新制度理论；绩效；战略管理；审计

---

*　阿里·塔亚尔·埃雷，巴斯肯特大学培训与咨询服务中心，土耳其安卡拉。

一、简介

自古以来，内部控制在审计体系内经历了一个概念的演变，从 148
而获得了其目前的意义。许多基本"审计"文献或书籍都详细论述
了内部控制问题。[1] 毋庸置疑，内部控制这一概念大多是从审计和审
计师的角度来被解释的。不过一个引人注目的发展是，以审计为导
向的出版物的名称开始转变为"审计与鉴证服务"。[2]

纵观历史，内部控制一直在审计或者会计领域中被定义，而现
在则在更广泛的领域和良好管理原则的范围内被定义。因此，内部
控制已经从一个简单的检查清单发展为一种组织战略。其主要原因
是组织中的保证预期被认为受许多因素的影响。在这项研究中，人
们注意到在保证预期的背景下，内部控制的概念的变化是基于历史
发展的改革的。

阿伦斯等人[3] 指出，内部控制系统由政策和程序组成，旨在为管

1　Demirbaş, T., & Çetinkaya, Ö. (2018). *Kamu Mali Yönetiminde Kontrol ve Denetim*. Bursa: Ekin Yayınevi.

Mil, H. İ. (2016). *Türk Kamu Denetim Sistemi*. Ankara: Gazi Kitabevi.

Selimoğlu, S. K., & Özbek, C. Y. (2018). *İç Denetim: Uluslararası İç Denetim Standartları ile Uyumlu*. Ankara: Nobel Yayıncılık.

Selimoğlu, S. K., Özbirecikli, M., & Uzay, Ş. (2017). *Bağımsız Denetim. Türkiye Denetim Standartlarıyla Uyumlaştırılmış* (2.Baskı). Ankara: Nobel Yayıncılık.

Aksoy, T. (2006). *Denetim: AB İle Müzakere ve Uyum Sürecinde Denetimde Yeni Bir Paradigma*. Ankara: Yetkin Yayınları.

2　Arens, A. A., Elder, R. J., Beasly, M. S., & Hogan, C. E. (2017). *Auditing and assurance services* (16th ed.). Harlow: Global Edition.

Güredin, E. (2014). Denetim ve Güvence Hizmetleri (14.Baskı). İstanbul: Türkmen Kitabevi.

3　Arens, A. A., Elder, R. J., Beasly, M. S., & Hogan, C. E. (2017). *Auditing and assurance services* (16th ed., p. 376). Harlow: Global Edition.

理层提供合理保证，使其能够实现组织目标和目的。这些政策和程序通常被称为控制，它们共同构成一个组织的内部控制系统。各组织根据其最高政策、任务、战略计划以及相关的法律和行政法规来确定其目标。在设计内部控制系统时，组织会识别和分析可能对实现其确定的目标产生不利影响的风险，并制定控制策略和活动来降低这些风险。内部控制系统的设计就考虑了这些目标。因此，如果一个组织的目标没有被明确界定，其内部控制系统的设计就会出现问题。

内部控制在组织中的多维定位以及向利益相关者提供的保证水平，使得衡量这一领域的绩效更有价值。在本章中，内部控制绩效被定义为在内部控制系统中使组织及其利益相关者的利益得到保护的保证水平。内部控制体系旨在为内部和外部利益相关者（公民、债权人、股东、投资者、监督机构、其他机构和组织、员工等）提供合理保证，以实现组织的目标。换句话说，组织的内部控制绩效成为重要决策（投资/审计优先权、行动计划、重组、风险管理、投资/合作/贷款请求等）之前的一个重要的评价标准。

内部控制表达了为内部和外部利益相关者建立合理水平的保证的责任，无论其组织和部门的特点。因此，一个要求信贷的公司必 149 须向银行提供这种保证，就像一个公共管理部门，使用了所收的税款，就要向公民提供这种保证。同样地，向股东承诺分红的管理层也必须提供这种保证。这种保证的被接受程度与内部控制绩效的衡量结果有因果关系。

衡量内部控制的绩效势在必行，自然而然地，关于衡量方法的讨论也变得同样重要。内部控制实践因部门、立法、组织结构、战略、组织文化、外部环境、内部环境、风险偏好、管理理念等诸多变量而不同，因此衡量方法被认为是一个重要研究领域。

评价内部控制绩效的一个重要课题是组织执行的过程和审计师执行的工作之间的关系。罗伯逊[1]从成本的角度对这个课题进行了描述。根据他的观点，审计的主要目标是效率。这意味着在高质量的审计过程是以最少的时间和成本工作，同时收集足够的、合格的证据。在这种情况下，审计师掌握的有关良好控制的信息越多，年终研究就减少得越少。

内部控制绩效的评价方法、组织的特点、审计和／或评估的目的等因不同因素而不同。毋庸置疑，如今，关于组织的内部控制绩效的衡量和分析是通过许多方法进行的。相关资源，如内部／外部审计报告，涵盖了组织内部控制绩效的主要结论。在这种情况下，这些审计机制所使用的绩效衡量方法（问卷调查、检查清单、指南等）被认为是重要的工具。[2]

内部控制制度的一个重要局限是其容易受到人类行为的影响。根据辉汀和帕尼[3]的观点，标准化的内部控制问卷的缺点是缺乏灵活性。许多问题是针对在小公司中并没有应用的特殊系统。同样地，阿伦斯等人[4]批评这种方法不能提供系统的概况，尤其不适合小公司

1　Robertson, J. C. (1996). *Auditing* (8th ed., p. 209). Chicago: Irwin.

2　Aksoy, T. (2010). The role of modern internal auditing and corporate governance in Turkey: A sound comparison with the global internal auditing standards and a benchmark analysis on companies with corporate governance rating scores that listed in Istanbul stock exchange corporate governance index. *World of Accounting Science, AACF/Modav,* 12(4), pp. 15-45.

3　Whitting, O. R., & Pany, K. (1998). *Principles of auditing* (20th ed., pp. 233-234). Singapore: McGraw-Hill Book.

4　Arens, A. A., Elder, R. J., Beasly, M. S., & Hogan, C. E. (2017). *Auditing and assurance services* (16th ed., p. 409). Harlow: Global Edition.

Güredin, E. (2014). Denetim ve Güvence Hizmetleri (14.Baskı, p. 409). İstanbul: Türkmen Kitabevi.

的审计。这些表格可以为审计师提供对内部控制体系的了解。但是，如果审计师认为问卷调查完成后，审计任务就完成了，那么就会出现机械地填写"是"和"否"的倾向，而不能充分了解被审计的交易过程的实际情况。出于这个原因，建议使用其他方法以及大量问卷。

（1）为什么以及如何在组织中改变对保证的期望？

（2）内部控制是如何基于不断变化的期望而发展的？

（3）内部控制是否已经制度化？

（4）应该如何衡量一个组织的内部控制绩效？

150　　　本章由五个部分组成。第一部分包括研究的介绍。在第二部分，从四个方面对该主题进行了文献回顾。在第三部分，解释了本章的研究方法。在第四部分，将讨论研究的结果及其相关讨论。在第五部分，将对研究结果进行评估并提出建议。

二、文献综述

在文献中，有许多关于内部控制的研究。这些研究主要包括在内部控制的背景下对特定主题和部门的研究。然而，很少有研究调查内部控制和制度理论提供的保证。

在当前正在发展的框架内正确定义和定位内部控制是很重要的（很多概念都如此）。内部控制正在向一种管理模式发展，即从作为财务和会计职能的基础的保证工具的地位，向涵盖整个组织的方向发展。

本章认为，从不同的角度来研究这种演变，所得到的结果将对文献作出重要贡献。事实上，本章在不断变化的保证预期背景下，通过四个角度（如图 7.1 所示）对内部控制的多维度演变进行了研究。

图中所示的观点并不是相互独立的。的确，历史进程中的事件为新概念的出现和对现有概念的质疑孕育了环境。另一方面，概念领域的发展使社会事实更容易获得理论意义。由社会事实和概念形成的更广泛的领域可以用理论范式进行解释。

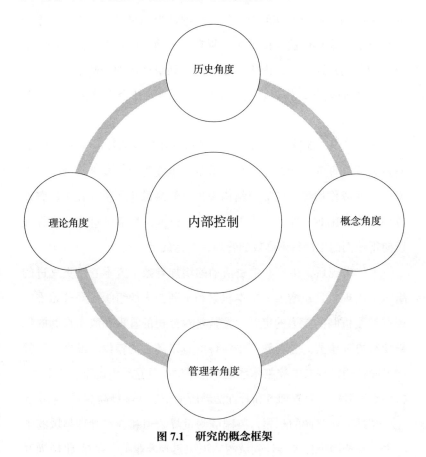

图 7.1　研究的概念框架

（一）历史角度

内部控制的历史发展一直是许多研究的主题。自古以来，内部控制一直是针对商业交易的审计活动的一部分。在这种情况下，货物和资本的所有者需要保证商业货物的存在和财务交易的准确性。

威尔逊等人[1]指出，内部控制的历史可追溯到人类的复杂性开始形成的时候，这种复杂性需要有人对其他生物进行监督或控制。研究内部控制的历史发展的作者指出，内部控制早已成为人类关系的一部分。在最早的法律体系中，所有权是简单的，内部控制的需求也是简单的；而今天，由于所有权扩散到更广泛的基础上，内部控制因此更加复杂。作者认为，规则更复杂的社会需要更好的内部控制。

19 世纪末，随着工业革命开始的机械化造成的管理问题的增加，商业流程管理问题的数量增多、质量上也变得更加复杂。习惯于以家庭企业或作坊形式的简单结构来进行管理的企业主，在工厂管理方面遇到了困难。在这一点上，企业主已经向职业经理人寻求保证以使得他们的工厂得到高效的管理，并达成了一致。

工厂出现后，生产和消费活动的增加导致了资本管理更先进的组织的出现。日益增加的资本积累和不断扩大的组织已经开始推动现有控制机制的能力的提升。尤其是对公司的管理和股东权利的保护变得更加重要。公司管理中浮现的越来越多的错误、欺骗、舞弊和丑闻证明，现有的控制体系是不充分的。在这种情况下，企业主，特别是小股东，对管理者和管理活动的期望进一步提高。

经过工业革命的积累，英国成为世界公司和资本管理领域的中心之一。英国审计和会计领域的知识积累和专业概念在 20 世纪初开始转移到美洲大陆。

1　Wilson, T., Wells, S., Little, H., & Ross, M. (2014). A history of internal control: From then to now. *Academy of Business Journal*, 1, pp. 73-74.

内部控制的概念从 20 世纪 20 年代和 30 年代开始在美国的专业领域得到定义，但大多数的发展发生在 20 世纪 50 年代及以后。[1] 在 20 世纪 20 年代，管理者需要信息作为正确决策的基础，因此将重点放于内部控制的管理方面。[2] 这一趋势不久就转向了财务报告方面，并持续了很长一段时间。在 1939 年的一本会计教科书中，内部控制被定义为"员工相互控制对方的记录的方式"。内部控制的正式定义是在 1949 年制定的。然而，这个广泛的定义在 1957 年受到了审计责任方面的批评。[3] 因此，内部控制在 1958 年被分为会计和管理控制两部分。在这一时期，管理和审计机制的责任开始分离且变得更加明确。

在这一时期，有两个突出的问题构成了美国内部控制的断裂点。第一点是要明白在经营活动中控制每一笔财务交易是不理性的。据观察，在日益复杂的商业环境中，不可能用传统的检查方法逐一控制所有的流程。另一方面，据了解，如果对每项交易进行控制，那么所产生的成本可能超过所获得的收益。这个情况强化了企业中的风险管理方法。换句话说，控制活动是根据风险可能造成的最大危害程度来确定优先次序的。第二点是人们接受企业中所有的控制责任不仅仅属于审计师。同时，管理者必须考虑到预防舞弊、错误和腐败，以及在设计商业流程时提高效率和效益。因此，控制的责任

1　Hay, D. (1993). Internal control: How it evolved in four English-speaking countries. The academy of accounting historians. *The Accounting Historians Journal*, 20(1), p. 3.

2　Wilson, T., Wells, S., Little, H., & Ross, M. (2014). A history of internal control: From then to now. *Academy of Business Journal*, 1, p. 74.

3　Hay, D. (1993). Internal control: How it evolved in four English-speaking countries. The academy of accounting historians. *The Accounting Historians Journal*, 20(1), p. 6.

是由管理层和审计师共同承担的。1958 年，控制被定义为两类，即管理和会计。因此可以看出，与公司有利益关系的利益相关者所期望的保证责任是同时包括这两个方面的。

构成今天广泛使用的内部控制的概念的基础的具体发展，是在 20 世纪 90 年代以来导致全球危机的审计和会计丑闻之后出现的。安然公司和世通公司的财务报告问题揭示了内部控制的严重缺陷。[1] 为了解决这些问题，一些重要的法规在《萨班斯-奥克斯利法案》的框架内被制定。《萨班斯-奥克斯利法案》旨在支持、重建可信度，并解决和控制会计舞弊和不可信的财务报告问题，以恢复美国政府对金融市场失去的信心。威尔逊等人指出，内部控制的改进动力始终源于公司股票投机所引起的经济丑闻和危机，这些投机是基于在过去被证明是虚假的或误导的财务报表。[2]

153　　在《萨班斯-奥克斯利法案》的范围内，导致公司责任加重的一个重要问题是内部控制的责任。因此，公司行政部门必须准备、批准和评估内部控制评估报告以及独立审计报告。[3]

在此期间，共同承担保证责任的两个主要行为者（管理层和审计）一起犯错和作弊的风险发生了。对这些丑闻之后的良好管理

1　Arens, A. A., Elder, R. J., Beasly, M. S., & Hogan, C. E. (2017). *Auditing and assurance services* (16th ed., p. 376). Harlow: Global Edition.

Güredin, E. (2014). Denetim ve Güvence Hizmetleri (14.Baskı, p. 376). İstanbul: Türkmen Kitabevi.

2　Wilson, T., Wells, S., Little, H., & Ross, M. (2014). A history of internal control: From then to now. *Academy of Business Journal*, 1, pp. 73-89.

3　Aksoy, T. (2010). *Derecelendirme ve Kurumsal Yönetim Süreci ile KOBİ'ler, Bankalar ve Kurumsal İşletmeler Işığında Basel ve İç Kontrol* (Vol. 384, p. 225). Ankara: Türmob yayınları.

模式的研究已经恢复了关于内部控制的原则和责任。特别是 COSO 在这方面的工作为内部控制的定义和实施提供了框架。在这方面，2002 年出版的《萨班斯-奥克斯利法案》为今后在其他国家和国际领域制定内部控制条例树立了榜样。在这一时期，透明度和问责制的原则定义使内部控制提供的保证问题更有意义，特别是在公司治理的范围内。独立审计师和管理者将有责任检查并解释企业内部控制系统提供的保证。

与许多类似的概念一样，内部控制首先在私营部门出现和发展，后来被公共行政部门采用。COSO 的内部控制模式在由美国审计署（绿皮书等）[1] 和欧盟 [2] 制定的法规中被作为公共行政的基础。

在内部控制方面，随着美国的发展，世界其他地区根据当地的动态进行了研究，规章制度也随之不断出现。许多类型的内部控制研究在区域和国家层面开展。[3]

毋庸置疑，内部控制范围内的条例将在许多其他因素的影响下继续变化。威尔逊等人 [4] 指出，长期以来，内部控制一直是人际关系的一部分；由于财产的分散，现在更需要对所有权进行解释。作者解释说，内部控制被划分为管理和会计控制，最初是由于社会复杂性的增加，内部控制已经从会计文献中的专业定义发展为 COSO 的

1　https://www.gao.gov/greenbook/overview.

2　https://ec.europa.eu/info/publications/internal-control-standards_en.

3　Hay, D. (1993). Internal control: How it evolved in four English-speaking countries. The academy of accounting historians. *The Accounting Historians Journal*, 20(1), pp. 79-203.

Pirvan, C., & Nisulescu, I. (2018). Internal control systems in the European Union Member States. *Audit Financiar*, XVI(2-150), pp. 270-277. https://doi.org/10.20869/AUDITF/2018/150/01.

4　Wilson, T., Wells, S., Little, H., & Ross, M. (2014). A history of internal control: From then to now. *Academy of Business Journal*, 1, p. 78.

组成部分。作者预测，内部控制是一个空洞的努力，但随着美国社会的变化，改变内部控制的需求也可能随之改变。

总之，企业向利益相关方提供保证的性质和范围已提上议事日程，并经常在历史进程中的丑闻和危机之后被重新界定。在同样的过程中，构成这种保证的内部控制系统的原则和责任也被重新设计。

（二）概念角度

154　　　从术语上讲，内部控制通常与财务、会计和审计交替使用，其可以被视为财务交易的审计模式。然而，效力、效率、透明度和问责制等术语在管理质量方面变得越来越重要，它们提高了内部控制的基本效益标准。这就要求对内部控制的定义要比目前更具有包容性。

内部控制的概念的发展大多伴随着审计和会计概念，而这些审计和会计概念依赖于历史事件。在这种情况下，对于检查、审计和控制等概念，没有公认的明确定义。[1] 在古代，审计的概念为追溯交易的存在或准确性提供了保证。换句话说，"过去发生了什么"这个问题占据了优先地位。然而，越来越多的管理问题和复杂的商业流程使得这些概念更加详细，特别是在工业革命后成长起来的组织中。

内部审计的概念开始发展成为一种通过组织内各单位进行保障管理的机制。内部审计与管理层有机地联系在一起，但同时也被设计为一种独立的运作功能。外部审计作为一个独立的机制，对外部利益相关者，如企业的股东、债权人、投资者和纳税人的利益越来越重要。由于其透明度，外部审计可以确保管理人员对他们的职责负责。毋庸置疑，内部审计和外部审计的概念并不相互排斥，还为

1　在这一部分，为了使研究保持在研究问题的范围之内，重点不是概念的术语，而是它们在内部控制的情况下相互之间的关系。

组织管理作出了宝贵的贡献。管理者有责任在他们的组织中建立和运行一个有效的内部控制体系。在履行这一责任的同时，他们也从内部审计和外部审计的报告中受益。企业的内部控制体系建立了内部审计师和外部审计师的共同利益。这种共同利益有两个主要原因。首先，这两种审计职能都为管理层提供有关内部控制体系状况的具体信息和咨询支持。其次，审计师认为有必要在审计前检查内部控制体系的现状，以确定审计的质量和控制风险。因为企业内部控制系统的充分性会影响审计的范围、持续时间和质量。

总之，内部审计和外部审计除了其他职能，还对内部控制制度是否为利害关系方提供了合理的保证具有决定性的作用。最高管理 155
者对外部利益相关者和公众利益的内部控制保证声明具有内外部审计职能的具体数据意义。

（三）管理者角度

由于历史和概念方面的发展，内部控制被设计和界定为管理责任。由于业务的结构性扩张和商业流程的复杂性，一种基于风险的管理模式于 20 世纪初在美国出现。人们优先考虑在成本和效益方面被认为是重要的领域的内部控制，而不设想对所有交易进行控制的传统检查活动。

由于经济领域的变化，企业的管理模式也在发展。COSO 根据当前的预期重新考虑内部控制，并将内部控制定义为管理责任。包括内部控制标准的《内部控制-综合框架》于 1992 年出版，并已于 2013 年更新。[1]另一方面，2004 年出版的《企业风险管理》于 2017

---

1 https://www.coso.org/Documents/990025P-Executive-Summary-final-may20.pdf.

年更新为《战略与绩效整合》。[1]

COSO 对内部控制的定义如下：[2]内部控制是一个过程，由实体的董事会、管理层和其他人员实施，旨在为实现与业务、报告和合规性有关的目标提供合理保证。

COSO 对内部控制的定义一直保持宽泛，以便在不同结构、部门和地理区域保持应用的灵活性。事实上，这个定义已经在全球范围内被采用。该定义强调，内部控制是一个过程。这种强调表明，内部控制包括重复性的任务和活动。换句话说，内部控制本身不是一个结果，而是一个引导企业走向结果的工具。因此，管理者需要不断控制和改进这一动态过程。

在内部控制的定义中，在运营、报告和合规性方面确定了三个目标类别。管理者必须识别威胁这些目标的风险，并采取适当的控制措施。管理者通过有效的风险管理来确保企业及其利益相关者的利益得到保护。由于人和外部环境因素会影响内部控制，这种保证程度被定义为合理的，而不是绝对的。

156 　　本质上，使审计和控制等基本概念变得有价值的基本动机，是人们和企业的自身利益需要获得保证。在传统和简单的结构中，对保证的期望是为了准确确定"过去发生了什么"。然而今天，这种保证已经扩展到未来。更确切地说，企业必须在周围的不确定因素下生存下去，找出可能妨碍其实现目标的风险，并制定必要的控制措施来应对这些风险。

1　https://www.coso.org/Documents/2017-COSO-ERM-Integrating-with-Strategy-and-Performance-Executive-Summary.pdf.

2　https://www.coso.org.

另一方面，保险范围的扩大与风险管理概念的发展有关。先前在运营层面出现的风险管理实践，开始覆盖整个组织结构。在这个时期结束时，企业风险管理模型形成了。

COSO 定义的内部控制的五个组成部分，特别是"风险评估"部分，构成了企业风险管理的核心。企业风险管理将内部控制的风险管理现象带到组织的整个结构和战略中。因此，风险管理，即内部控制的基本方法，被转移到组织的战略领域。在这种情况下，内部控制提供的合理保证扩展了组织的完整性和未来。威尔逊等人[1]指出，企业风险管理是内部控制（风险评估）的一个组成部分，但同时也是一个更广泛的术语。

朔宁、格奥尔基斯和珀恩斯坦纳[2]已经在奥地利、德国和土耳其进行了详细的企业风险管理研究。作者认为，重点是识别、评估和管理未来可能出现的风险，并对风险评估过程中出现的机会进行分析，从而使机会风险评估过程与战略规划分析相结合。

科格朗和拉什福德[3]在组织产生战略思想和行为的建议中，提出注重建立基于企业诚信的战略管理。在这个框架中，风险管理被定义为未来的战略行动，需要在企业诚信的基础上进行设计。

萨拉曼和阿斯奇[4]认为，战略与组织变革有关；当一项决定或行

1　Wilson, T., Wells, S., Little, H., & Ross, M. (2014). A history of internal control: From then to now. *Academy of Business Journal*, 1, pp. 73-89.

2　Schöning, S., Göğüş, E. H. S., & Pernsteiner, H. (Der.). (2018). *İşletmelerde Risk Yönetimi: Türkiye, Almanya ve Avusturya Karşılaştırması* (p. 5). İstanbul: İstanbul Bilgi Üniversitesi Yayınları.

3　Coghlan, D., & Rashford, N. S. (2006). *Organizational change and strategy, an Interlevel dynamics approach* (p. 101). New York: Routledge Taylor & Francis Group.

4　Salaman, G., & Asch, D. (2003). *Strategy and capability. Sustaining organizational change* (p. 126). Malden, MA: Blackwell.

动旨在保持组织在未来的生存时，它就变成了战略。一个想要在未来生存的组织应该在风险管理方面有必要的结构和策略。德鲁克[1]认为，组织结构将遵循战略，但是组织结构应该在没有组织机制的情况下发展。内部控制规范了威胁组织目标的风险管理。从技术上讲，战略被认为与连续性而非变化有关，因为今天，对战略的管理也意味着对变化的管理。[2]根据达福特[3]的研究，组织的战略意图和方向反映了对组织和环境因素的系统分析。系统的风险分析和在这些分析范围内确定的控制构成了对整个组织及其未来的保证。今天，控制的概念具有战略意义。明茨伯格[4]将战略的管理定义为对思想和行动、控制和学习、稳定和变化的精妙管理。

157

埃雷和瑟兹金[5]调查了在土耳其公共管理背景下战略管理和内部控制之间的关系。这项研究比较了战略管理与内部控制组成部分的一般阶段。因此，可以确定这两个概念在范围和应用维度上存在显著的相互作用。

在旧时期，对"回顾性验证"的保证的寻求也包括了今天的"未来风险管理"。在这种情况下可以看到，所需的保证不仅在交易

1　Drucker, P. F. (1999). *Management* (Rev. ed., p. 425). New York: HarperCollins e-books.

2　Mintzberg, H., Lampel, J., Quinn, J., & Ghoshal, S. (2003). *The strategy process: Concepts, contexts, cases* (4th ed., p. 166). Harlow: Pearson Education.

3　Daft, R. L. (2015). *Örgüt Kuramları ve Tasarımını Anlamak* (10. Baskı, p. 102) (Özmen, Ö.N.T., Çev.Ed.). Ankara: Nobel Yayınevi.

4　Mintzberg, H. (1989). *Mintzberg on management, inside our strange world of organizations* (p. 38). New York: Free Press.

5　Eray, A. T., & Sezgin, E. (2017, May 25-27). Kamu Kurumlarında Stratejik Yönetim-İç Kontrol İlişkisine Yönelik Bir Analiz. In *Ulusal Yönetim ve Organizasyon Kongresi Bildiriler Kitabı* (pp. 953-964).

规模上有变化，而且在时间维度上也有变化。

内部控制就其模式而言是一种管理模式。因此，行政领域的其他发展影响了内部控制的定义和地位。特别是，随着公司治理的出现，公平、透明、问责制和责任等原则所形成的总体氛围，促进了内部控制概念在更坚实的基础上的发展。

内部控制在公司治理概念的整体结构中找到了更多的改进机会。因此，公共部门和私营部门出现类似的管理方法的原因是相同的管理范式在这两个部门占主导地位。公司治理的概念是由社会政治系统中所有相关行为者的共同努力所获得的结果形成的结构。[1]在这种结构中，正在公共部门和私营部门之间的边界上发展的管理风格是模糊的，这种管理风格是为了改进现有的行政机构而设计和重组的。[2]换句话说，公司治理是一种把社会中的伙伴看成是合作伙伴并进行指导和控制的模式，它产生于社会中经济、政治和社会行为者的互动之中。[3]公司治理方法，特别是在管理环境下遇到的问题，在土耳其已经被认为是一个重要的模式。研究如何确定内部控制和公司治理之间存在着积极和强烈的关系。[4]

内部控制存在于许多不同规模的互动网络中，可以广泛应用

1　Bozkurt, Ö., Ergun, T., & Sezen, S. (1998). *Kamu Yönetimi Sözlüğü* (p. 274). Ankara: TODAİE Yayınları.

2　Stoker, G. (1998). Governance as theory: Five positions. *International Social Science Journal*, 50 (I.1), pp. 17-18.

3　Cope, S., Leishman, F., & Storie, P. (1997). Globalization, new public management, and the enabling state. *International Journal of Public Sector Management*, 10(6), pp. 444-460.

4　Baskıcı, Ç. (2015). Kurumsal Yönetim Uygulamalarında İç Kontrol Sisteminin Önemi: Borsa İstanbul Şirketleri Üzerine Bir Araştırma. *Uluslararası Yönetim İktisat ve İşletme Dergisi*, 11(15), pp. 163-180.

于从业务层面使用的人工控制清单到与自动化相结合的复杂战略管理。

　　总之，管理者有责任建立和有效地运行内部控制系统。因此，内部控制是在一个行政区域内被系统地设计的。管理者必须建立和发展内部控制，提供合理的保证，以防范威胁企业资产和利益相关者利益的风险。同时，根据对风险的认识和控制措施的充分与否进行必要的修改。因此，由风险和控制措施构成的总体结构构成了组织的内部控制体系。这个结构在管理层的负责下运作，其主要产出是为被保护组织及其利益相关者的利益建立合理保证。

（四）理论角度

　　由 COSO 在一个广泛的框架中定义的，根据内部控制的不同参数制定的规则和应用，是许多学术研究的主题。然而，研究内部控制的理论范式因研究问题的不同而有所不同。[1]海伊[2]指出，关于控制的管理理论的变化间接地影响了内部控制的演变。

　　内部控制已成为导致组织在历史和概念发展时期"制度化"的一种"制度"。因此，本章决定用"新制度理论"范式来检验内部控制。

　　新制度理论诞生于 20 世纪 70 年代末和 80 年代初，对此前盛行

1　例如，管理者和股东/所有者之间的期望和行为差异，特别是在上市公司中，可以通过代理理论来解释。在这方面，可以认为，期望管理人员向其利益攸关方提供合理保证的原因，为代理问题提供了部分解决办法。

2　Hay, D. (1993). Internal control: How it evolved in four English-speaking countries. The academy of accounting historians. *The Accounting Historians Journal*, 20(1), p. 3.

的应急理论的一些方法提出了挑战。梅耶和罗文[1]、扎克尔[2]、迪马吉奥和鲍威尔[3]、鲍威尔和迪马吉奥[4]等学者的研究形成了该理论的基础。然而，迪马吉奥和鲍威尔[5]以及塞尔兹尼克[6]的研究也很有价值，其首次对组织进行了制度分析，解释了制度理论的新旧方法。

不同于以往的方法，在新制度理论方法中，人们认为，不应逐一检查组织，而应把重点放在组织共同体上。换句话说，新制度论者关注的是组织如何通过采用在部门、社会甚至国际层面上已形成的制度来保持相似和相同。因此，制度的概念被认为是一个环境属性，而不是一些组织获得的资历证明。

制度理论解释了组织如何通过与环境的期望相协调而得以生存和成功。这一理论的观点是，认为各组织将以取悦外界的方式组织其结构和流程，而这些活动将在各组织中变成某种类似规则的框架。[7]

1　Meyer, J. W., & Rowan, B. (1977). Institutionalized organizations: Formal structure as myth and ceremony. *American Journal of Sociology*, 83, pp. 340-363.

2　Zucker, L. G. (1977). The role of institutionalization in cultural persistence. *American Sociological Review*, 42, pp. 726-743.

3　DiMaggio, P. J., & Powell, W. W. (1983). Iron cage revisited: Institutional isomorphism and collective rationality in organizational fields. *American Sociological Review*, 48, pp. 147-160.

4　Powell, W. W., & DiMaggio, P. J. (Der.). (1991). *The new institutionalism in organizational analysis*. Chicago: University of Chicago Press.

5　DiMaggio, P. J., & Powell, W. W. (1991). Introduction. In W. W. Powell & P. J. DiMaggio (Der.), *The new institutionalism in organizational analysis* (Vol. 138). Chicago: University of Chicago Press.

6　Selznick, P. (1949). *TVA and the grassroots: A study in the sociology of formal organizations*. New York: Harper Torchbooks.

7　Daft, R. L. (2015). *Örgüt Kuramları ve Tasarımını Anlamak* (10. Baskı, p. 164) (Özmen, Ö.N.T., Çev.Ed.). Ankara: Nobel Yayınevi.

奥森[1]在总结新制度理论的主要论点时指出，社会秩序是由制度
159 （法律、规范、信仰）形成的。一方面，人们形成了这些制度，另一
方面，人类的行为受这些制度的指导。组织作为社会的一部分也受到
同样秩序的影响。组织是根据历史进程中的需要而形成的，同时，它
们也是通过适应周围的制度而形成的，而这些制度是它们通过相互
作用而创造出来的。在这一点上，组织倾向于遵守制度的原因可以
用"合法性"的概念来解释。组织需要在其环境中显得合法。由于这
种需求，组织结构和行为可以集中于环境接受程度，而不是内部过程
的技术效率。迪普豪斯[2]表明，银行由于遵守制度而加强了其合法性。
组织合法性是现有机构对组织存在的解释/理解程度。[3]因此，确保相
似人群中的组织的制度相似定义了组织间的关系。遵守这些制度的组
织在其环境中获得了被接受的地位。一个获得合法性的组织可以更容
易地在社会中拥有其所需要的资源，换句话说，它获得了关于生存的
保证。组织被其利益相关者（如客户、供应商和政府部门）接受，这
构成了其生存环境，这一事实使组织能够获得资源并维持其存在。因
此，在同一环境中运作的组织都会受到相同制度的强制约束。作为这
种强加的结果，那些想合法并保持合法地位的组织开始在结构上和行
政上彼此相似，而不考虑它们的独特条件。

1　Özen, Ş. (2013). Yeni kurumsal kuram. In D. Taşçı & E. Erdemir (Eds.), Taşçı, D., Koç, U., Sayılar, Y., Önder, Ç., Wastı, N., Özen, Ş., Aytemur, J. Ö., & Erdemir, E. *Kitap Bölümü* (No: 2949, p. 122). Eskişehir: Anadolu Üniversitesi Yayını.

2　Deephouse, D. L. (1996). Does isomorphism legitimate? *Academy of Management Journal*, 39, pp. 1024-1039.

3　Meyer, J. W., & Scott, W. R. (1983). Centralization and the legitimacy problems of local government. In J. W. Meyer & W. R. Scott (Der.), *Organizational environments: Ritual and rationality* (p. 201). Newbury Park: Sage.

随着时间的推移，那些接受与制度环境期望相适应的组织形式和实践的组织开始变得相像。这种情况也被称为协同形式，是制度理论的重点。[1]

新的制度理论将制度的概念视为包括组织在内的社会背景的一个特征。在这种背景下，根据奥森[2]的研究，社会构建的行为模式和规则系统制度可以给社会行为带来意义和稳定。制度化是一种社会秩序或模式，被定义为获得这种品质的过程。[3]制度化是指新的组织形式、管理实践和制度环境的出现、采用和持久化。在制度化中，大环境的发展以不同的方式影响组织。这些影响在政治上通过国家法律、技术或市场条件的变化发生。制度化是通过重复一种行为模式，获得独立于人的规则地位的过程。换句话说，制度化就是某些行为和思想"获得规则状态"的过程。[4]因此，制度（婚姻、公司、保险、学校、学术、选举、问候等）不断重复，因为它们没有受到太多的质疑和规范。因此，制度通过"给社会行为带来意义和稳定"来确保社会秩序。制度在三个维度稳定社会行为：认知的、道德的和强制的。[5] 160

---

1 Çakar, M., & Danışman, A. (2017). Kurumsal kuram. In H. C. Sözen & H. N. Basım (Eds.), *Örgüt Kuramları* (4. Baskı içinde, pp. 257-285). İstanbul: Beta Yayınları.

2 Özen, Ş. (2013). Yeni kurumsal kuram. In D. Taşçı & E. Erdemir (Eds.), Taşçı, D., Koç, U., Sayılar, Y., Önder, Ç., Wastı, N., Özen, Ş., Aytemur, J. Ö., & Erdemir, E. *Kitap Bölümü* (No: 2949, p. 124). Eskişehir: Anadolu Üniversitesi Yayını.

3 Jepperson, R. L. (1991). Institutions, institutional effects, and institutionalism. In W. W. Powell & P. J. DiMaggio (Der.), *The new institutionalism in organizational analysis* (pp. 144-149). Chicago: University of Chicago Press.

4 Meyer, J. W., & Rowan, B. (1977). Institutionalized organizations: Formal structure as myth and ceremony. *American Journal of Sociology*, 83, p. 341.

5 Scott, W. R. (1995). *Institutions and organizations* (p. 33). Thousand Oaks: Sage.

认知过程是心理上获取、理解和使用信息的过程。制度认知维度的社会基础在于它们是习惯性的。这种规模的组织会在不知不觉中适应制度。使得一个机构能够被周围的组织采纳的最重要的载体机制是它在社会领域中的"可见性"。事实上，在一个充满不确定性的环境中，模仿行为被认为是更安全的。一个制度认知层面的例子是：一个采用公司治理原则的组织，往往不会经过太多质疑而选择内部控制制度。

道德维度上，制度是社会的正确行为。一个机构的道德维度的社会基础是它是"道德正确和适当的"。道德维度的载体机制是教育、职业和认证体系。例如，受过内部控制教育的管理人员认识到，通过教育，"风险管理实践"将获得实现其组织目标的必要保证。内部控制专家或内部审计师证书是目前这方面最明显的例子。

强制维度上，机构可以通过包括制裁在内的规则得到支持。制度的规范性层面的社会基础是附加在制度上的制裁。提供这些制裁的载体机制是确保遵守制度的法律、法规和合同。制裁以使组织或个人在不遵守制度的情况下以某种方式受到惩罚。因此，与认知和道德维度不同，组织采用制度来避免这些制裁。例如在美国，上市公司基于《萨班斯-奥克斯利法案》，根据《资本市场和银行法》建立内部控制制度，并授权强制性法规来发展和控制。

制度上的相似性，在学术文献中被定义为制度一致性，在内部控制方法中也有所体现。一致性是指面临相同环境条件的单位的统一过程。这种在内部控制规则中不断增加的亲和力通过三种基本机制产生。这些机制是共同形成的，可以被定义为不确定性的反应的模仿力、政治影响产生的强制力和联合教育与专业化产生的规范力。

上面解释了新制度理论在同一制度环境中由于强制、模仿和规范机制而变得统一。制度环境被定义为一组受制度影响的组织。所述环境涵盖了与生产相同产品和服务的组织所形成的概念不同的领域（食品、纺织、建筑部门等）。根据斯科特[1]的说法，制度环境是 161 一组共享某种共同意义的系统的组织，比环境外的组织互动更密切。从本质上讲，制度环境是一组组织，它们相对频繁和显著地相互作用，创造一个共同的意义系统。因此，如果它们与伙伴机构、公共监管机构、专业组织、非政府组织、客户、供应商有关系，就可以在一个特定的制度环境中。另一方面，根据霍夫曼[2]的观点，构成制度环境的最重要的因素是组织共享一个共同的问题。组织试图通过冲突与协调来解决这个问题。所有参与这个过程的组织也形成了与这个问题相关的制度环境，所达成的解决方案构成了被认为能够解决这个问题的规则、规范和假设，简而言之，就是制度。

上述制度环境的概念在本章的内部控制研究中占有重要地位。在全球性丑闻和危机之后，各组织、国际组织和国家在管理方面遇到了共同的问题，它们寻求更好的管理模式来解决它们的问题。在寻找解决方案之后，可以看到公司治理原则和包括内部控制在内的许多概念都在这个范围内出现了。例如，因为内部控制系统满足了组织利益攸关方对透明度和问责制原则所需的概念保证，所以内部控制系统成为与战略相结合的企业风险管理的核心。从本质上讲，在追求良好管理的范围内出现的内部控制、（企业）风险管理、合理保证、内部审计、外部（独立）审计等概念，为所有在这方面有共

1　Scott, W. R. (1995). *Institutions and organizations* (p. 56). Thousand Oaks: Sage.

2　Hoffman, A. (1999). Institutional evolution and change: Environmentalism and the US chemical industry. *Academy of Management Journal*, 42, pp. 351-371.

同问题的组织提供了一个制度环境。因此，许多概念、公司治理原则、内部控制组成部分和标准作为当今管理问题的解决方案，已经成为一种制度，并创造了一种制度环境。事实上，采用相同制度的组织的结构和做法正变得越来越统一。有关机构环境中的所有组织都根据 COSO 的内部控制模式和组成部分采取了风险管理做法，各组织的内外部审计机制和工作方法的设计方式几乎相同。

例如，今天，根据透明度和问责制的原则，美国、欧盟和土耳其的许多组织的高级管理人员——这些组织都处于同样的制度环境中——分享类似的关于合理的保证的公开声明。这种实施方法正在许多国家发展。

在土耳其已形成的制度环境就是这方面的例子。根据为私营部门制定的法律和结构法规，资本市场委员会、伊斯坦布尔交易所、公共监督局、银行管理和监督机构、所有商业组织和独立审计事务所都受制于相关制度的活动，即内部控制、内部审计、风险管理。经营机构、协会等很多专业组织、培训公司和咨询公司都处于相同的制度环境中。同样，在公共部门的许多组织，如财政和金融部、会计法院主席团、所有受《公共财政管理和控制第 5018 号法》约束的公共行政部门、为这些机构运作的专业组织和非政府组织都处于同一制度环境中。因此，可以看到，一个覆盖两个部门的制度环境形成了，组织在内部控制模式和风险管理做法方面变得统一。公司治理机制的有效性、内部控制结构的监督力度和有效的审计委员会之间存在正相关关系。[1]

---

1 Aksoy, T., & Kahyaoglu, S. (2009). Economic demand for an effective audit committee to monitor management in the light of corporate governance mechanism and oversight of the firms' internal control structure. *World of Accounting Science, AACF/modav*, 11(2), pp. 153-173.

在文献综述的范围内，认为宏观层面内部控制的发展过程可以在上述新制度理论的基本方法框架内通过三维整合机制加以解释。内部控制已成为企业治理、内部审计、外部审计、风险管理、战略管理等概念在发展过程中相互影响的制度。另一方面，如果从国际和国内领域的行为者的角度考虑，可以认为在这些概念的背景下形成了一个制度环境，而内部控制是导致这个环境中的不同机制趋同化的制度之一。

三、研究和方法 [1]

根据新制度理论的范式，本案例研究的实地研究涉及对土耳其内部控制绩效的审查。在这种背景下，于国家和国际层面进行了详细和系统的文件审查。考虑到新制度理论的三个基本机制（强制力、模仿力和规范力），对通过非概率抽样确定的组织进行了访谈。

（一）样本和数据收集程序

在文件审查中，对公共部门和私营部门内部控制的历史发展和 163 概念发展进行了比较研究。在此背景下，对与内部控制有关的结构和法规进行了分类。在内部控制条例的框架内，对实践进行了审查，并从不同来源获得了有关内部控制总体绩效的数据。关于内部控制的条例和实践，在这两个部门中属于监管和审计范围的当局报告也被考虑在内。此外，还对内部控制的发展过程和绩效进行了学术研

1　本节从作者未发表的博士论文 *Internal Control Performance in Turkey: A Model Proposal* 中获益匪浅，该论文由瓦罗格鲁教授指导。

究，并保证了数据多样性。

为与研究中获得的数据相一致，选择对土耳其内部控制的相关做法进行编辑和采访。此外，还选择合适的人以采集新制度理论下各载体机制中组织的运作经验。

根据确定的部门和机构的特点，准备了涵盖不同问题的问题集。问题集由下列五个主题下的 25 至 30 个问题组成：

（1）内部控制条例的存在（数量）；

（2）内部控制条例的质量；

（3）内部控制条例的实施；

（4）对内部控制条例的评估；

（5）衡量内部控制绩效。

在上述研究中确定了与 20 个机构的联系。在这种情况下，10 个组织对采访给出了积极的回应。最终有 10 位在这些组织中有 10—30 年的内部控制经验的人接受了采访。在半结构化的面试中，使用了事先准备好的问题集。八名受访者进行了面对面的采访，并记录了录音。两个人（一个在美国）通过电子邮件以书面形式回答了问题。表 7.1 在新制度理论的三个机制范围内列出了受访者在内部控制方面能够胜任的职位的资料。

表 7.1　受访者信息

	部门 / 组织	职位	新制度理论的载体机制
1	公共部门 / 监管和监督机构	内部管理部门首席学术官	强制力、模仿力
2	公共部门 / 监管和监督机构	专家审计师内部控制专员	强制力、模仿力
3	私营部门 / 监管和监督机构	专家审计师内部控制专员	强制力、模仿力
4	私营部门 / 监管和监督机构	专家审计师内部控制专员	强制力、模仿力

续表

	部门 / 组织	职位	新制度理论的载体机制
5	非政府组织 / 国际专业组织（美国）——内部控制	组织主席	模仿力、规范力
6	非政府组织 / 专业组织——内部控制	组织主席	模仿力、规范力
7	公共部门 / 非政府组织 / 专业组织	组织主席	模仿力、规范力
8	公共部门 / 非政府组织 / 专业组织	组织主席	模仿力、规范力
9	独立审计和咨询公司	审计署署长	模仿力、规范力
10	大学	风险管理与审计部门首席学术官	模仿力、规范力

资料来源：研究人员编制

（二）核算

本节采用内容分析的方式对所审查的文献和受访者提供的定性数据进行了分析。在此基础上对根据研究问题确定的主题进行了频率统计和描述性统计。

采用定性数据分析软件 QDA Miner 5 对访谈数据进行分析。在 164 本次分析中，根据研究问题确定主题。这些主题是构成研究的制度范式的新制度理论的基本要素，即制度 / 制度化、制度环境、强制统一性、模仿统一性和规范统一机制。然后，对访谈中获得的数据进行了编码。在编码过程中，着力于创建适合主题的编码。重复部分被修改，并进行了必要的修订（取消、合并、重新定义等）。作为编码的结果，对主题是否形成了适合其意义的模式进行了判断。在创建主题和编码列表后，最终获得了必要的统计信息。

在研究中进行的每一次访谈都作为单独的案例处理。在此基础上，也检查了案例之间的相似性。为能够对案例同时进行部分和整体的分析，创建了相关数据集。

四、结果和讨论

165　　　研究所获得的数据分为两个互补的部分。首先，在新制度理论的框架内对 QDA Miner 程序中获得的数据进行了分析。其次，将受访者给予内部控制组成部分的绩效权重评分进行了合并并制成表格。

　　对受访者的回答根据预先确定的主题归纳为相应编码。编码后，把 QDA Miner 软件获得的统计数据分为三部分以便于核算。可以看到三个表中编码的频率的百分比总和是 100% 。

　　表 7.2 记录了在"制度和制度化"类别中，受访者解释组织内的编码的统计数据。作为研究的主题和问题的焦点，"内部控制"自然占据了首位，被提到的次数最多。第二常用的"意识 / 感知 / 采纳"编码反映了在内部控制中对意识、感知或采纳的强调。

　　许多受访者表示，内部控制的意识也是影响其他问题的一个关键因素。他们还指出，绩效取决于对内部控制的正确认识，如果管理者不采用内部控制，那么就会导致绩效较低。"角色和责任"在表 7.2 中排第三位，这表明有关内部控制的角色和责任必须明确和可行。在这个问题上的不确定或消极被动会降低内部控制的绩效。排在第四位的"经理 / 管理"解释了经理和管理在建立和发展内部控制系统方面的重要性。

　　表格中的另一种编码反映了访谈中最被强调的模式。排名前八位的编码涵盖了十分之八的受访者所表达的问题。这些编码本质上是内部控制系统中"控制环境"部分的属性。另一方面，一个引人注目的问题是，表格中有许多编码强调"管理"制度。这种强调是有意义的且一致的，因为内部控制是一种管理责任。

结果表明，受访者主要强调制度和制度化的编码（60.2%）。这个结果表明制度的存在和强度可以使组织在内部控制下达成统一。可以看到，这些编码之间存在着有意义的函数模式，比如"意识／认知／采纳"编码决定了"角色和责任"编码的有效性水平。

在内部控制方面，关于可能构成制度环境的编码的统计数据载于表 7.3。

表 7.2　基于制度和制度化类别的编码的统计数据　166

类别	编码	数目	数目频率（%）	案例	案例频率（%）
制度和制度化	内部控制	237	16.9	10	27.80
制度和制度化	意识／感知／采纳	82	5.9	10	27.80
制度和制度化	角色和责任	50	3.6	9	25.00
制度和制度化	经理／管理	47	3.4	8	22.20
制度和制度化	风险管理	45	3.3	9	25.00
制度和制度化	内部审计	32	2.3	8	22.20
制度和制度化	绩效管理	29	2.1	8	22.20
制度和制度化	人力资源管理	22	1.6	8	22.20
制度和制度化	外部审计	20	1.4	6	16.70
制度和制度化	企业管理	19	1.4	6	16.70
制度和制度化	组织结构／联结	19	1.4	6	16.70
制度和制度化	公共行政	17	1.2	5	13.90
制度和制度化	保证	16	1.2	7	19.40
制度和制度化	协调	15	1.1	6	16.70
制度和制度化	中央政府	15	1.1	4	11.10
制度和制度化	审计	14	1.0	7	19.40
制度和制度化	报告	14	1.0	6	16.70

类别	编码	数目	数目频率（%）	案例	案例频率（%）
制度和制度化	策略管理	12	0.9	6	16.70
制度和制度化	社区/组织文化	11	0.8	5	13.90
制度和制度化	公共财政管理	10	0.7	4	11.10
制度和制度化	方法论	8	0.6	3	8.30
制度和制度化	财务会计	8	0.6	4	11.10
制度和制度化	道德价值观和诚实	8	0.6	5	13.90
制度和制度化	过程管理	8	0.6	4	11.10
制度和制度化	科技/创新	8	0.6	4	11.10
制度和制度化	地方政府	7	0.5	3	8.30
制度和制度化	检查	7	0.5	3	8.30
制度和制度化	领导/所有者	6	0.4	1	2.80
制度和制度化	顾问	6	0.4	3	8.30
制度和制度化	资讯系统	5	0.4	3	8.30
制度和制度化	资源管理	4	0.3	3	8.30
制度和制度化	学术界	4	0.3	3	8.30
制度和制度化	合法性	4	0.3	4	11.10
制度和制度化	官僚主义	4	0.3	2	5.60
制度和制度化	首创精神	3	0.2	1	2.80
制度和制度化	自治	3	0.2	2	5.60
制度和制度化	等级制度	3	0.2	2	5.60
制度和制度化	代理人	2	0.1	2	5.60
制度和制度化	伙伴关系	2	0.1	2	5.60
			60.2		

资料来源：研究人员计算

　　"土耳其"已经成为最重要的制度环境。采访中第二受关注的话题包含在"COSO"编码中。这是因为土耳其已经采用了 COSO 的内部控制模型。除此之外，公共行政部门的最大重点集中在"财政部"和"公共行政"，因为土耳其公共行政部门正在执行中央统一内 169 部控制的任务。另一方面，"战略发展小组"一直是公共行政部门最强调的问题。这是因为管理公共行政部门的内部控制活动是这些小组的责任。在表格中，可以看到"非政府组织／专业组织"编码位于顶部。这些组织在公共和私营部门高度活跃地从事教育、咨询和认证方面的专业活动。"欧盟"在所有编码中也应被强调，因为由公共行政部门缔造的土耳其的内部控制要考虑涵盖欧盟的相关成果。

表 7.3 中的编码构成了内部控制背景下的制度环境。更准确地说，由于内部控制、模仿和规范机制的存在，本表中的行为者在与内部控制有关的结构和做法方面已经开始统一。表 7.3 中的制度环境由表 7.2 中的一组完全受制度影响的组织构成。制度环境中的组织在内部控制的背景下共享某些具有共同意义的系统。简而言之，受访者最强调的行为者的编码界定了内部控制背景下的制度环境。

表 7.3　基于制度环境类别的编码的统计数据

类别	编码	数目	数目频率（%）	案例	案例频率（%）
制度环境	土耳其	38	2.7	8	22.20
制度环境	COSO	26	1.9	8	22.20
制度环境	财政部	25	1.8	6	16.70
制度环境	公共行政	22	1.6	7	19.40
制度环境	非政府组织／专业组织	21	1.5	5	13.90
制度环境	战略发展小组	19	1.4	5	13.90
制度环境	欧盟	17	1.2	4	11.10
制度环境	规管及监督机构	16	1.2	6	16.70
制度环境	资本市场机构	16	1.2	2	5.00

续表

类别	编码	数目	数目频率（%）	案例	案例频率（%）
制度环境	大学——学术环境	16	1.2	6	16.70
制度环境	美国	15	1.1	4	11.10
制度环境	独立审计及顾问公司	12	0.9	4	11.10
制度环境	土耳其会计法院	11	0.8	4	11.10
制度环境	行动小组	9	0.7	4	11.10
制度环境	土耳其银行监管会	7	0.5	3	8.30
制度环境	上市公司	7	0.5	2	5.60
制度环境	家族企业	6	0.4	2	5.60
制度环境	集团公司—控股	5	0.4	2	5.60
制度环境	高级经理	8	0.6	3	8.30
制度环境	银行	4	0.3	4	11.10
制度环境	资本市场委员会	4	0.3	1	2.80
制度环境	军事／国防工业	4	0.3	2	5.60
制度环境	公共监督管理局	3	0.2	3	8.30
制度环境	经济合作与发展组织	3	0.2	2	5.60
制度环境	市政当局	3	0.2	1	2.80
制度环境	公共经济企业	3	0.2	2	5.60
制度环境	最高审计机关国际组织	2	0.1	2	5.60
制度环境	中小型企业	1	0.1	1	2.80
			23.9		

资料来源：研究人员计算

在新制度理论方面，确保形成统一制度的载体机制被分类排列，如表 7.4 所示。在这种情况下，根据这些类别对受访者最强调的内部控制机制进行编码。

当对表格中的统计数据进行分析时，可以看到最强调的载体机制被列为强制性的、模仿性的和规范性的。

表 7.4　基于新制度理论类别的载体机制的编码的统计数据

类别	编码	数目	数目频率（%）	案例	案例频率（%）
强制一致性	一级法律	49	3.5	9	25.00
强制一致性	二级法律	33	2.4	7	19.40
强制一致性	标准	26	1.9	8	22.20
强制一致性	三级法律	14	1.0	6	16.70
强制一致性	刑事制裁	3	0.2	2	5.60
强制一致性	欧盟成果	1	0.1	1	2.80
			9.1		
模仿一致性	模仿	39	2.8	9	25.00
模仿一致性	不确定性	21	1.5	9	25.00
			4.3		
规范一致性	教育	15	1.1	7	19.40
规范一致性	职业活动	12	0.9	5	13.90
规范一致性	课业认证	5	0.4	3	8.30
规范一致性	资格认证	1	0.1	1	2.80
			2.5		

资料来源：研究人员计算

　　根据这些数据，可以了解到，在内部控制的一致性方面，一级 170 和二级法律所占的份额最高。在此之外，内部控制标准在一致性方面也是一个重要的机制。

　　在模仿机制方面，人们认为在遇到管理和审计问题的不确定性环境时，组织会模仿其环境中普遍接受的内部控制方法。经测定，COSO 所定义的内部控制模式大多被模仿。毫无疑问，在模仿过程中，考虑到部门和机构的差异，必要的协调是明显可见的。

　　普遍认为，内部控制的其他一致性是通过规范机制来实现的。制度环境中的许多非政府组织和专业组织定期开展关于内部控制的培训和认证活动。因此，经历过类似培训、有类似教材的管理者在他们的组织中促使了类似的内部控制做法出现。

表 7.1 列出了受访者在内部控制方面所任的部门和组织信息。受访者被视为代表不同部门或组织的案例。因此，土耳其的公共部门采取了在私营部门 / 监管和监督机构中专业人士的意见。

当对表 7.5 中的相似性数据进行分析时，人们认为，构成制度环境的制度，特别是内部控制，存在着很强的相似性。尽管它们之间没有太大的区别，但是非政府组织 / 专业组织、大学以及独立审计和咨询公司之间最相似（0.9 及以上）。原因可能是这些组织在公共部门和私营部门都开展业务。

另一方面，案例之间的高比例相似性证明了内部控制领域的高度统一性。事实上，尽管受访者和他们主管内部控制的部门和组织不同，但他们强调的事项明显相似。

在这项研究中，就内部控制的绩效向受访者提出了以下两个问题：哪个因素对组织的内部控制绩效影响最大？

在一个组织的内部控制系统中，对于内部控制组成部分，即规章的"数量、质量、执行和评价"方面的权重各应是多少？

在第一个问题的范围内，对可能影响一个组织内部控制绩效的因素进行了广泛的文献梳理，确定了 14 个因素，并将其列入访谈问题。受访者在半结构化的访谈问题中添加了另外两个因素。

最终，受访者根据影响内部控制绩效的权重，优先考虑共 16 个因素（公营部门和私营部门分开）。在这个优先级中，数字 1 代表影响内部控制绩效最大的因素，数字 16 代表影响最小的因素。也就是说，数字最小的因素被确定为影响内部控制绩效最大的因素。

10 位受访者给出的分数经过平方后，根据两个部门的算术平均数列出各因素，见表 7.6。对表中的排名进行分析，公共部门和私营部门之间没有显著差异。然而，管理哲学被列为组织文化中对高层政策和计划影响最大的因素。人们认为这三个因素反映了内部控制的主要组成部分——控制环境。

表 7.6 指出，排在最后的管理人员和员工的人口学特征、内部审计师的绩效、部门因素对组织内部控制绩效的影响相对较小。在这种情况下，说明一点是有益的：所有受访者都表示，这些因素影响内部控制的绩效，但如果有必要进行排名，那么表中的排名就有问题了。

因此，可以理解的是，内部动力在内部控制绩效方面是最有效的，而管理在这方面起着决定性的作用。

向受访者提出的第二个问题，涉及内部控制的执行情况。这些人 174 被要求考虑"数量、质量、实施和评价"的内部控制规则的四个维度。在这种情况下，对这四个方面进行了加权打分，每个内部控制部分都是 100%。表 7.7 显示了受访者通过取算术平均数确定的权重百分比。

对表 7.7 中的数据进行分析，可以看出，内部控制条例的数量和质量方面几乎具有相同的权重。一般认为，内部控制条例的实施维度比其他维度更重要。这种情况主要反映了内部控制条例中遇到的实施问题。受访者表示，许多规定是在组织和企业中制定的，即使是这些研究报告也是详细而细致地准备的。在访谈中，有人指出，175 管理人员没有完全采用内部控制且员工认为内部控制是一种额外的工作负荷，因为内部控制的实施产生了积极的结果。

最后，可以看到，内部控制条例的评估维度所占的权重分数最小。一个理由是这个维度取决于其他维度是否可用或有效。换句话说，内部控制条例的评估取决于它的存在、质量和实施。这个问题中的评估维度本质上类似于内部控制的监控功能。主要差异包括本章中的评估与对监测组成部分的内部控制规定的评估。简而言之，对监测的内部控制条例也要进行评估。

表 7.5 案例相似度统计

受访者工作的部门或组织	1. 独立审计和咨询公司	2. 大学	3. 公共监管和监督机构-1	4. 公共监管和监督机构-2	5. 私营部门监管和监督机构-1	6. 私营部门监管和监督机构-2	7. 非政府组织/专业组织-1	8. 非政府组织/专业组织-2	9. 非政府组织/专业组织-3	10. 非政府组织/专业组织-4
1. 独立审计和咨询公司	1	0.885	0.856	0.781	0.896	0.871	0.828	0.902	0.871	0.876
2. 大学	0.885	1	0.838	0.760	0.816	0.840	0.781	0.812	0.844	0.905
3. 公共监管和监督机构-1	0.856	0.838	1	0.846	0.831	0.820	0.782	0.802	0.884	0.844
4. 公共监管和监督机构-2	0.781	0.760	0.846	1	0.776	0.729	0.759	0.733	0.814	0.770
5. 私营部门监管和监督机构-1	0.896	0.816	0.831	0.776	1	0.861	0.840	0.850	0.838	0.832
6. 私营部门监管和监督机构-2	0.871	0.840	0.820	0.729	0.861	1	0.788	0.769	0.832	0.907
7. 非政府组织/专业组织-1	0.828	0.781	0.782	0.759	0.840	0.788	1	0.826	0.812	0.823
8. 非政府组织/专业组织-2	0.902	0.812	0.802	0.733	0.850	0.769	0.826	1	0.814	0.806
9. 非政府组织/专业组织-3	0.871	0.844	0.884	0.814	0.838	0.832	0.812	0.814	1	0.839
10. 非政府组织/专业组织-4	0.876	0.905	0.844	0.770	0.832	0.907	0.823	0.806	0.839	1

资料来源：研究人员计算

表 7.6　影响内部控制绩效的因素

影响权重 （从最高到最低）	影响内部控制绩效的因素	公共部门	私营部门	平均值
1	管理哲学	2.60	3.80	3.20
2	高层次的政策和计划	4.00	5.40	4.70
3	组织文化	5.20	5.80	5.50
4	战略策略	5.00	6.20	5.60
5	法例	5.00	7.60	6.30
6	管理人员对内部控制的态度	5.40	7.40	6.40
7	道德价值观	7.80	5.40	6.60
8	员工对内部控制的态度	7.80	9.40	8.60
9	风险偏好	11.20	6.20	8.70
10	组织结构	8.80	8.80	8.80
11	外部利益相关者的期望（公众舆论）	10.20	10.25	10.22
12	管理人员的人口学特征	12.00	10.20	11.10
13	内部审计师的绩效	10.60	12.40	11.50
14	部门（卫生、安全、教育、金融等）	13.40	9.80	11.60
15	组织内的绩效系统	13.20	11.50	12.35
16	员工的人口学特征	13.80	14.00	13.90

资料来源：研究人员计算

表 7.7　内部控制的绩效维度

内部控制元素	内部控制条例的绩效维度（权重百分比）				
	数量 （％）	质量 （％）	执行 （％）	评估 （％）	总计 （％）
控制环境	25.0	25.0	32.0	18.0	100.0
风险评估	23.5	23.0	31.5	22.0	100.0
控制活动	26.5	25.5	29.0	19.0	100.0
信息与沟通	26.0	25.0	31.0	18.0	100.0
监督	23.5	26.5	30.0	20.0	100.0
平均值	24.9	25.0	30.70	19.40	100.0

资料来源：研究人员计算

五、结论

本章从历史、概念、管理和理论四个角度对内部控制进行了研究，并对相关文献进行了综述。新制度理论构成了本案例研究的理论范式。在此背景下，我们对土耳其内部控制的绩效进行了研究。在以这种方式进行的文献回顾和实证研究框架内，得出了以下结果。

纵观历史，内部控制通常在审计和会计领域得到定义，它已经从简单的检查清单发展为一种组织战略。这种演变的主要原因被认为是关于使组织及其利益相关者的利益得到保护的保证预期的变化。

在丑闻、腐败和其他导致全球危机的负面事态发展之后，人们对内部控制给予了更多关注。在这种情况下，内部控制与公司治理等概念一起得到了多维度的发展。内部控制从财务和会计领域已经扩散到从业务层面到战略层面的整个体制结构中。以前在会计和财务领域作为检查清单的内部控制概念，已经开始在战略管理、企业风险管理、流程管理、质量管理等行政领域发生作用。这背后是关于建立良好管理原则的思考，例如如何防止在历史进程中经历的负面情况再次发生，寻求实现公司目标、透明度、问责制和效率的合理保证。在各组织的内部控制系统中，基本产出被确定为合理的保证，而有效的风险管理则被确定为基本方法。事实上，在风险管理无效的组织中，危机管理一般被判断为不可避免的。

组织和利益相关者的保证预期随着经济、政治、社会文化和技术等许多领域的发展而变化。然而，纵观历史进程，可以理解，在经历了各类重大丑闻和危机之后，当前的管理模式是多么的充分。在这个框架中，内部控制的新方法和模型是根据不断变化的保证预期而开发的。内部控制系统以前只为企业所有者提供保证，现在已经为企业外部利益相关者所关注。毫无疑问，这个变化过程将随着无数的变量无限地循环下去。

如上所述，在本章的研究问题框架内，解释了组织的保证预期发生了什么变化、保证预期是如何发生变化的以及内部控制在这个框架内是如何发展的。

另一个研究问题是，在变革时期，内部控制是否已经制度化。这个问题的答案已经在土耳其的案例中找到了。根据研究结果，在内部控制方面，土耳其的制度化程度很高。在这种情况下，许多概念，如内部控制、内部审计、外部审计、合理保证、风险管理和公司治理已经成为制度。这些制度使那些想要获得合法性的组织能够更容易地维持其存在。这种统一性是由强制机制带入组织的，这些机制大多是由法律和法规来规范的。然而，已经确定的是，制度也通过模仿和规范机制被迁移到了组织中。据了解，非政府组织和专业组织在形成规范的一致性方面发挥了显著的作用。关于新制度理论的另一个问题是制度环境的形成。事实上，就土耳其而言，内部控制是在全国范围的制度环境中进行的。据观察，所涉及的国家环境与国际机构环境密切相关。在这方面，一些组织如 COSO、欧盟、经济合作与发展组织和国际专业组织已被认为是制度环境形成的决定性角色。

这项研究对如何衡量内部控制绩效的问题进行了研究。内部控 177 制的绩效解释了内部控制系统在多大程度上满足了对它的预期保证水平。毋庸置疑，这一主题所涉及的问题足够复杂，需要单独研究。

许多不同的方法和领域已经研究了哪些方法和工具适合分析内部控制系统。这些研究的范围根据内部审计和外部审计等主题而不同。[1] 然而，关于内部控制的讨论涉及控制概念的各个方面，这些方面超出了会计和管理文献所提到的简单的控制程序。[2] 因此，在更广泛和更深入的范式下考虑内部控制绩效是合适的。

另外，我们还向受访者提出了一些问题，这些问题将成为创建内部控制绩效模式的基础。我们对他们的回答进行了分析。当然，这些权重比例可能因条件不同而不同。因为内部控制绩效的充分性指标与组织的管理理念会基于许多参数而不同，如战略、风险偏好、利益相关者的期望、部门和组织差异。在此背景下设计的测量模型中，通过数字和语言信息的共同使用，可以确定组织的内部控制系统的绩效和有待发展的领域。这个模型预计会有一个灵活的结构，将被组织管理层和内外部审计机制实际使用。

本章有望在方法和结果上对知识储备作出重大贡献。由此可见，按照多维度的理论范式对内部控制进行的研究并不充分。

在本章结论的框架内，建议在未来的研究中，将内部控制的发展与其他理论（如代理理论）的范式一起进行研究。如此，将在理论上为管理领域的发展增加深度和丰富性。

此外，未来组织的内部控制绩效需要在技术发展的基础上用更加复杂和综合的模型来衡量。因此，本章认为关于衡量内部控制绩

1　Murthy, U. S., & Wheeler, P. R. (2018). The effects of decision-aid design on auditor performance in internal control evaluation tasks. Journal of Information *Systems American Accounting Association*, 32(2), pp. 95-113. https://doi.org/10.2308/isys-51739.

Gramling, A., & Schneider, A. (2018). Effects of reporting relationship and type of internal control deficiency on internal auditors' internal control evaluations. *Managerial Auditing Journal*, 33(2), pp. 318-335.

2　Hay, D. (1993). Internal control: How it evolved in four English-speaking countries. The academy of accounting historians. *The Accounting Historians Journal*, 20(1), p. 1.

效的多方向研究将对知识储备、理论和应用作出重大贡献。

因此，内部控制的变化过程仍将取决于对保护组织和利益相关者的利益的保证预期。一般认为，从业务一级的进程到战略一级的决定的基本期望是获得"使事情顺利进行的合理程度的保证"。

然而，如果不能正确衡量内部控制系统的性能，其所提供的保 178 证水平将掩盖威胁组织目标的实现的真正风险，并降低管理决策的正确率。作为底线，"一个不能管理其风险的组织将被危机管理"的说法是有道理的。

第八章

独立审计和可持续发展报告鉴证的重要性

亚塞敏·埃尔坦 *

181　　**摘要**：随着可持续发展概念的重要性日益凸显，发布可持续发展报告的公司的数量也在增加。为了确保可持续性披露的可靠性和完整性，鉴证可持续发展报告的需求已经出现。可持续发展报告的鉴证是一个相对较新的概念，对审计师构成了很多挑战。重要性考虑是审计师在鉴证过程中面临的重要挑战之一。相关文献中有很多关于重要性的研究，但大多数都集中在财务报表审计上。本章旨在检验财务报表审计中的重要性概念，并将其与可持续发展报告鉴证业务中的重要性概念进行比较。

　　关键词：重要性；独立审计；可持续发展报告；鉴证；环境可持续性；鉴证业务；社会会计；环境会计

一、引言

　　自 20 世纪以来，全世界都开始编制并发布财务报表。随着世界

---

* 亚塞敏·埃尔坦，布尔萨乌鲁达大学工商管理系，土耳其布尔萨。E-mail:yasertan@uludag.edu.tr

范围内社会和环境的发展，利益相关者对企业的财务信息以外的其他信息的需求开始出现。为了满足利益相关者的需求，企业开始发布可持续发展报告。

商业信息对决策者的价值取决于信息的正确性和真实性。因此，可持续发展报告的鉴证业务被列入议程。本章的研究目的是讨论可持续发展报告的鉴证服务，并呼吁注意鉴证可持续发展报告的重要性概念。

182

二、可持续发展

第二次世界大战之后，世界人口有所增加；为了满足人类的需求，自然资源被认为是无限的。无限的消耗使人们面临诸如气候变化、自然灾害和自然资源减少等灾难。这些危及人类未来的灾难，引起了社会各阶层对"可持续发展"概念的关注。

在世界环境与发展委员会 1987 年发表的《布伦特兰报告》中，可持续发展被定义为"在不损害我们共同的未来世代满足自身需要的能力的情况下满足当代需要的发展"。[1]

可持续发展包括三个方面。其中之一是经济可持续性。经济可持续性就是有效地管理权益、债务、有形资产和无形资产，并在它们之间建立最佳平衡，从而保护和提高企业的长期盈利能力。可持续发展的另一个方面是环境可持续性。环境可持续性要求企业考虑其活动对包括土地、空气、水和生态系统在内的生物和非生物自然

1　The World Commission on Environment and Development. (1987). *Report of the World Commission on Environment and Development: Our common future* (online). http://www.un-documents.net/our-common-future.pdf.

系统的负面影响，并规划和开展活动以尽量减少这种负面影响。社会可持续性是可持续发展的第三个维度。企业的战略、政策和活动会影响与企业有直接业务关系的人，如企业员工、供应商、客户，以及与企业没有直接关系的人。社会的可持续性要求这种互动处于管理和监控下，这样子孙后代至少会拥有现在这一代人所拥有的生活质量。

为了实现可持续发展，应考虑到发展的经济、社会和环境方面，并应确保这些方面之间的平衡。

三、企业可持续性和非财务报告的历史

自 20 世纪以来，全世界范围内的企业都在编制并发布财务报表。尽管随着时间的推移，财务报告的方式和实践发生了变化，但其仍然是当今最重要的商业动态之一。然而，传统会计实践侧重于企业自身的利润优化，没有考虑企业对外部环境和社会的影响。由于这些会计实践而产生的财务报表包含企业的资产、资源、收入、费用、现金流等财务信息。企业是与自然和社会环境相互作用而保持其存在的经济单位。由于社会对气候变化、自然灾害、自然资源稀缺等问题的认识有所提高，财务报告中的信息再也无法满足利益相关方的需要。

从第二次世界大战到 20 世纪 70 年代，人口和福利水平有所提高，生活质量和人权等问题受到重视。20 世纪 70 年代，社会会计方法出现了。社会会计可以定义为：试图将社会因素纳入社会行为者之间问责关系所要求和提供的考虑范围的会计。[1]

社会会计是为了管理目的和责任而认定、衡量和报告企业对经

---

1 Boyle, D., & Simms, A. (2009). *The new economics: A bigger picture*. London: Earthscan.

济和社会的影响。随着社会会计的出现，企业试图通过在年度报告中增加与其社会绩效相关的部分来履行其社会责任。然而，由于缺乏有关社会会计的法规，以及 20 世纪 80 年代的经济衰退和失业人数增加，人们的注意力偏离了社会会计实践，再次将重点放在企业的经济绩效上。

20 世纪 80 年代末，随着社会环境意识的提高以及非营利组织的努力，人们逐渐了解"环境会计"。环境会计是对会计系统的衡量、识别和整合，并将其运用于商业决策。[1]

环境会计方法的重点是环境。企业的社会维度不如其环境维度重要。这一缺陷导致了 20 世纪 90 年代"三重底线"方法的出现，这是一种将社会、环境和经济绩效结合起来的会计框架。

企业是经济的基本组成部分。要实现可持续发展，就需要在商业层面解决可持续性问题。考虑到企业的可持续发展，企业可持续性的概念应运而生。企业的可持续性不仅取决于组织的活动和满足利益相关者的需求，而且取决于不损害满足其未来利益相关者需求的能力。[2]因此，企业的可持续性要求企业不仅要创造经济价值、生产商品和服务，还要积极努力减少由于它们的活动而产生的环境和 184
社会问题。[3]

根据透明度和社会责任的惯例，企业准备包括财务报告和非财务信息的报告，并将其呈现给利益相关者。除自愿申请外，各国政

1　Aslanertik, B. E., & Özgen, U. (2007). Otel İşletmelerin Çevresel Muhasebe. *Dokuz Eylül Üniversitesi İşletme Fakültesi Dergisi*, 8(2), p. 171.

2　Dyllick, T., & Hockerts, K. (2002). Beyond the business case for corporate sustainability. *Business Strategy and the Environment*, 11(2), p. 131.

3　Hahn, T., & Scheermesser, M. (2006). Approaches to corporate sustainability among German companies. *Corporate Social Responsibility and Environmental Management*, 13(3), p. 2.

府和其他利益相关者还关注企业在确保可持续发展范围内的非财务信息。例如，欧洲议会和欧盟理事会[1]在 2004 年发布了 2014/95/EU 指令，规定了 500 人以上的大型公益公司的非财务和多样性信息的披露规则。根据该指令，欧盟的公司被要求从 2018 年起在其年度报告中包含非财务报表。这些非财务报表需要包含以下信息：

（1）环境保护；

（2）员工的社会责任和待遇；

（3）尊重人权；

（4）反腐败和反贿赂。

四、可持续发展报告

可持续发展报告是企业解释其活动及经济、环境和社会影响，并描述管理和减少这些影响或积极利用这些影响的项目和实践的报告。可持续发展报告之所以出现，是因为一个不仅涉及投资者，还涉及整个社会（作为利益相关者）的过程。[2]

由于"三重底线"方法，可持续发展报告开始编写。可持续发展报告使企业能够与利益相关者就其财务、社会和环境表现进行沟通。[3]

---

1 The European Parliament and the Council of the European Union. *Disclosure of non-fifinancial and diversity information by certain large undertakings and groups* (online). https://eur-lex.europa.eu/legal-content/EN/TXT/?uri=CELEX%3A32014L0095.

2 Türkiye İşveren Sendikaları Konfederasyonu. (2016). Türkiye Sürdürülebilirlik Raporlaması Ulusal İnceleme Raporu, 18-19. http://tisk.org.tr/herkes-icinkurumsal-sosyal-sorumluluk-projesi/.

3 Junior, R. M., Best, P. J., & Cotter, J. (2014). Sustainability reporting and assurance: A historical analysis on a world-wide phenomenon. *Journal of Business Ethics*, 120(1), p. 2.

近年来，随着可持续发展理念的日益重要，越来越多的企业开始向公众披露其环境和社会信息。一些企业在年报中披露这些信息，另一些则在网页上披露社会和环境信息，还有一些企业则单独发布报告。

如今，编制可持续发展报告已经成为大企业的惯例。78% 的标准普尔 500 指数覆盖的公司发布了 2018 年可持续发展报告。[1] 毕马威（KPMG）对来自 49 个不同国家的 4900 家企业进行了一项研究，结果显示，发布可持续发展报告的企业数量从 2015 年到 2017 年增长了 2%，达到 75%。

可持续发展报告包含许多不同主题的财务和非财务信息。因此，可持续发展报告是一个复杂的问题，可以以不同的方式解释。不同 185 企业编制的报告内容和结构不同。[2]

可持续发展报告对企业来说是一个相对较新的现象。为帮助企业编制可持续发展报告，使不同企业编制的报告标准化，目前已制定了如下一些指导方针和标准：

（1）《跨国企业指导方针》——经济合作与发展组织

（2）《联合国全球契约》

（3）《AA1000 审验标准》——社会和道德责任研究所

（4）《可持续发展报告标准》——全球报告倡议组织

全球报告倡议组织出版的标准是全球使用最广泛的标准。毕马威于 2017 年发布的报告显示，49 个不同国家的世界 100 强企业中有

1　Lukomnik, J. (2018). *State of integrated and sustainability reporting 2018* (online). https://corpgov.law.harvard.edu.

2　Nordhaug, S. (2017). *The role of third party assurance of sustainability reports—Incentives and challenges*. Master Thesis. Jönköping University (p. 2).

大约 65% 根据此标准编制了可持续发展报告, 世界 250 强企业中有
75% 也根据此标准编制了可持续发展报告。[1]

全球报告倡议组织于 1997 年开始发布《可持续发展报告标准》。
全球报告倡议组织 G4 报告框架(第 4 版标准)于 2013 年发布。

G4 报告框架内指出, 由独立于企业的审核人员或审计师批准可
持续发展报告可能是有益的, 并建议企业接受可持续发展报告的鉴
证服务。[2]

在一些国家, 发布可持续发展报告是强制性的。例如, 自 2008
年以来, 电力行业以及丹麦、法国和南非的上市公司都必须发布可
持续发展报告。指令 2014/95/EU 没有规定非财务信息需要审计, 但
要求欧盟成员国确保法定审计师检查所需信息的存在。[3]在一些国家,
政府已将监管权力下放给资本市场董事会(如印度)、股票交易所
(如中国)或地方政府(阿根廷首都布宜诺斯艾利斯)。[4]在一些国家,
可持续发展报告是在自愿的基础上编写的。在这些说服企业准备可
持续发展报告的过程中, 留下了市场动态。

---

1 KPMG. (2017). *The road ahead* (p. 28). https://assets.kpmg.com/content/dam/kpmg/
xx/pdf/2017/10/kpmg-survey-of-corporate-responsibility-reporting-2017.pdf. Accessed
31.03.2017.

2 Küresel Raporlama Girişimi. (2013). *G4 Sürdürülebilirlik Raporlaması Klavuzları* (p. 13).
https://www.globalreporting.org/resourcelibrary/Turkish-G4-Part-One.pdf.

3 The European Parliament and the Council of the European Union. (2013). *On the annual
fifinancial statements, consolidated fifinancial statements and related reports of certain types of
undertakings, amending Directive 2006/43/EC of the European Parliament and of the Council and
repealing Council Directives 78/660/EEC and 83/349/EEC* (online). https://eur-lex.europa.eu/eli/
dir/2013/34/oj.

4 http://www.sseinitiative.org/data/sustainabilityreporting/.

虽然在一些国家，法律或法规规定企业必须发布可持续发展报告，但在另一些国家，这是一种自愿提出的申请。编制可持续发展报告使企业承担了与报告相关的一些成本。编制可持续发展报告的企业会主动比较可持续发展报告的成本和收益，以决定是否提交报告。可持续发展报告对企业的好处如下。

根据利益相关者理论，一个机构的合法性取决于其利益相关者对其的接受。[1] 可持续发展报告履行了企业对社会的责任，确保了透明度。这样，企业就会被社会接受并获得合法性。 186

可持续发展报告提高了企业的声誉。[2] 在企业社会责任方面享有较好声誉的企业与消费者、投资者、银行、供应商和竞争对手的关系更密切。[3]

发布可持续发展报告的企业被投资者认为风险较低，因此资本成本下降。[4]

可持续发展报告积极影响信誉，因为其增加了企业的透明度。[5]

1　Kalemci, R. A., & Tüzün, İ. K. (2008). Örgütsel Alanda Meşruiyet Kavramının Açılımı: Kurumsalve Stratejik Meşruiyet. *Süleyman Demirel Üniversitesi İktisadi ve İdari Bilimler Fakültesi Dergisi*, 13(2), p. 406.

2　Herzig, C., & Schaltegger, S. (2011). Corporate sustainability reporting. In J. Godemann & G. Michelsen (Eds.), *Sustainability communication* (p. 152). Cham: Springer. http://www.sseinitiative. org/data/sustainabilityreporting/.

Kolk, A. (2004). A decade of sustainability reporting: Developments and significance. *International Journal of Environment and Sustainable Development*, 3(1), p. 54.

3　Branco, M. C., & Rodrigues, L. L. (2006). Corporate social responsibility and resource-based perspectives. *Journal of Business Ethics*, 69, p. 122.

4　Aras, G., & Crowther, D. (2009). Corporate sustainability reporting: A study in disingenuity? *Journal of Business Ethics*, 87, pp. 279-288.

5　Kolk, A. (2004). A decade of sustainability reporting: Developments and significance. *International Journal of Environment and Sustainable Development*, 3(1), p. 54.

发布可持续发展报告的企业审查其内部流程。这样可以降低成本、提高效率。[1]

可持续发展报告对企业价值产生积极影响。[2]

可持续发展报告使企业能够专注于其目标，因此，企业实现目标的能力提升。[3]

在企业社会责任的范围内，诸如公平的工资、清洁和安全的工作环境、保障员工及其家人的健康和教育机会、建立托儿设施等做法可以提高员工的士气、积极性和对工作的承诺。因此，员工在企业工作的时间更长，更快乐，员工流失率降低。因此，招聘新员工的成本和培训成本也会下降。此外，通过可持续发展报告与社会分享这种做法，可以使更多合格的候选人申请该企业。[4]

1　Wagner, M., & Schaltegger, S. (2003). How does sustainability performance relate to business competitiveness? *Greener Management International*, 44, p. 5.

Kolk, A. (2004). A decade of sustainability reporting: Developments and significance. *International Journal of Environment and Sustainable Development*, 3(1), p. 54.

2　Berhelot, S., Coulmont, M., & Serret, V. (2012). Do investors value sustainability reports? A Canadian study. *Corporate Social Responsibility and Environmental Management*, 19, pp. 355-363.

Wang, K.T., & Li, D. (2016). Market Reactions to the First-Time Disclosure of Corporate Social Responsibility Reports: Evidence from China. *Journal of Business Ethics*, 138, pp. 661-682.

Reverte, C. (2016). Corporate social responsibility dizclosure and market valuation: Evidence from Spain listed fifirms. *Review of Managerial Science*, 10(2), pp. 411-435.

Robinson, M., Kleffner, A., & Bertels, S. (2011). Signaling sustainability leadership: Empirical evidence of the value of DJSI membership. *Journal of Business Ethics*, 101, pp. 493-505.

3　Kolk, A. (2004). A decade of sustainability reporting: Developments and significance. *International Journal of Environment and Sustainable Development*, 3(1), p. 54.

4　Kolk, A. (2004). A decade of sustainability reporting: Developments and significance. *International Journal of Environment and Sustainable Development*, 3(1), p. 5.

Branco, M. C., & Rodrigues, L. L. (2006). Corporate social responsibility and resource-based perspectives. *Journal of Business Ethics*, 69, p. 120.

可持续发展报告通过促进企业环境战略的发展和实施，为企业提供竞争优势。[1] 例如，它可以为企业提供一个机会来重组其生产流程，以适应污染预防、使用对环境危害较小的原材料、废物回收等应用。[2] 另一方面，减少生产活动产生的废物量可以通过减少对劳动力和废物处理机器的需求来降低成本。

若企业能够准备一份可持续发展报告，就可以减轻一些压力。例如，企业可以准备一份可持续发展报告，以消除竞争对手准备可持续发展报告所带来的压力，在行业领导者准备可持续发展报告时模仿它们，以及减少媒体或利益相关者对企业的压力。[3]

要把可持续发展报告作为实现目标的工具，报告机构应该合理、187 真实地呈现可持续发展的绩效，包括正面的和负面的结果。

五、鉴证

在审计文献中，鉴证是指"鉴证从业人员对结论的表述，旨在增加用户对给定主题的信心"。[4] 独立审计是鉴证业务，在审计结束时，审计师对年度财务报告是否符合当前的财务报告框架表达他们的意见。审查也是鉴证业务，审查业务的主体是中期财务报告。

---

1 Kolk, A. (2004). A decade of sustainability reporting: Developments and significance. *International Journal of Environment and Sustainable Development*, 3(1), p. 54.

2 Branco, M. C., & Rodrigues, L. L. (2006). Corporate social responsibility and resource-based perspectives. *Journal of Business Ethics*, 69, p. 120.

3 Nordhaug, S. (2017). *The role of third party assurance of sustainability reports—Incentives and challenges.* Master Thesis. Jönköping University (p. 16).

4 CPA Australia. (2019). *Audit and assurance* (online) (p. 5). https://www.cpaaustralia.com.au/professional-resources/audit-and-assurance.

　　审计师在审计过程中对历史财务信息进行调查，并在审计报告中审查和发表意见，从而提高了决策者对财务报表的信任度。

　　决策者在决策时除需要财务信息外，还需要非财务信息。发布可持续发展报告是向决策者传达非财务信息的一种方式。关于企业的信息对决策者来说是否具有价值，这一事实取决于信息的正确性和真实性。然而，有时由于信息提供者的错误，信息可能不准确、不真实。有时，由于信息提供者和决策者之间的利益冲突，信息可能会以不同的方式反映出来。通过鉴证服务，可以提高非财务信息的可信度。

　　国际审计与鉴证标准委员会为审计和其他鉴证制定国际标准。非财务信息可能受到鉴证业务的限制，其范围很广。例如：[1]

　　（1）绩效指标；

　　（2）物理属性（如容量）；

　　（3）公司治理；

　　（4）人力资源应用；

　　（5）可持续发展报告；

　　（6）内部控制系统；

　　（7）信息系统。

六、可持续发展报告的鉴证

188　　在可持续发展报告数量增加的同时，对鉴证的需求也在增加。

1　Dinç, E., & Atabay, E. (2016). Güvence Denetimi Standartları ve Güvence Denetimi Süreci. *Süleyman Demirel Üniversitesi İkti-sadi ve İdari Bilimler Fakültesi Dergisi*, 21, p. 1531.

然而，获得可持续发展报告的鉴证服务还不是一项法律义务。这允许不同类型的主体提供鉴证服务。独立审计师是独立审计方法方面的专家。他们有鉴证技能，如计划、证据收集、证据评估、沟通和报告。因此，独立审计师可以为可持续发展报告提供鉴证服务，即使他们对可持续发展报告中包括的一些信息（用水量、温室气体排放等）不具备专门知识。此外，在主题信息方面具有专业知识的工程和咨询公司也可以确保可持续发展报告。

国际审计与鉴证标准委员会于 2003 年发布了《国际鉴证业务准则第 3000 号——除历史财务资料审核或回顾之外的鉴证业务》（ISAE 3000）。本标准于 2013 年修订，沿用至今。根据 ISAE 3000：[1] 鉴证业务是指从业人员旨在获得足够适当的证据，以表达旨在提高目标用户（而非责任方）对主题信息的信心程度的结论的业务。

独立审计师在为可持续发展报告提供鉴证时，应按照本审计报告准则和与审计业务相关的任何特定主题的审计报告准则行事。

七、可持续发展报告鉴证的重要性

独立审计的目的是判断财务报表是否在所有重要方面都是按照适用的财务报告框架编制的。在审计文献中，重要性术语是指如果没有列入或没有正确列入财务报表，就足以影响使用者决策的数额。《国际会计准则第 320 号》（IAS 320）为审计师规定了指导原则，以便他们能够在独立审计过程中适当应用重要性概念。然而，在 IAS

1　ISAE 3000. *Assurance engagements other than audits or reviews of historical financial information.*

320[1]中，强调重要性的确定需要依靠审计师的专业判断。审计师必须使用他们的专业判断来设定用于确定重要性的基准。此外，适用于基准的百分比是由审计师的专业判断决定的。

可持续发展报告包括企业的经济、社会和环境信息。因此，其比财务报告更复杂。

ISAE 3000 中的第 44 条和 IAS 320 中的第 5 条强调审计师在计划、执行和评估鉴证业务时应考虑重要性。审计师应使用他们的专业判断来确定重要性。为了确定重要性，审计师应该了解可能影响信息使用者决策的因素。

此外，他们必须考虑目标用户作为一个群体的共同信息需求。在这一点上，可持续性鉴证审计的重要性概念比独立审计的概念更加复杂。由于可持续发展报告包含了企业的经济、社会、环境等信息，因此比财务报告更加复杂。

根据 ISAE 3000，审计师在考虑重要性时应考虑定性和定量因素。可持续发展报告包含了大部分不同的信息。当审计师评估定性因素时，他们应该考虑各个组成部分之间的相互作用。一般来说，公司要求在可持续发展报告中提供具体的服务鉴证，如温室气体排放、废水、员工离职等。重要性应该只考虑与鉴证业务所涵盖的信息有关的信息。

八、结论

这项研究的目的是提醒大家注意可持续发展报告的鉴证和重要性概念。

---

1   IAS 320. *Materiality in planning and performing an audit* (p. 4).

　　对审计师来说，鉴证业务是一个相对较新且不断发展的工作领域。独立审计的方法与可持续发展报告鉴证的方法没有太大区别。然而，可持续发展报告比财务报告包含更全面、更复杂的信息。在可持续发展报告鉴证中，重要性考虑是一个重要且具有挑战性的问题。对重要性的考虑在独立审计与鉴证业务中没有方法论上的区别。但独立审计中对重要性的考虑应采用可持续性鉴证业务。这项工作是一个起点，应该随着时间的推移，由抽样审计师和 / 或可持续发展报告使用者进行研究。

第九章

印度尼西亚第二类代理问题中的公司治理信息披露分析

马丁·穆亚迪　尤尼塔·安瓦尔*

191　　**摘要：** 本章调查了印度尼西亚企业，特别是存在第二类代理问题的企业的公司治理信息披露。家族企业和政府企业糟糕的公司治理实践被认为是20世纪90年代印度尼西亚的亚洲金融危机发生的主要原因。此前的研究还提到了包括印度尼西亚在内的大多数亚洲国家独特的治理结构。代理理论将这些公司称为具有第二类代理问题的公司。本章运用代理理论，分析了印度尼西亚前100家上市的家族企业和政府企业的公司治理信息披露。在分析披露情况时使用了联合国贸易和发展会议的《公司治理信息披露基准》（即 UNCTAD ISAR 基准）。年度报告中披露的所有信息均使用该清单进行分类——根据披露的信息在每份清单中是否出现。为了扩展分析，本章还考虑了这些披露的性质（强制性或自愿性）。本章的第一部分记录了印度尼西亚家族企业和政府企业的公司治理信息披露。第二部分分析印度尼西亚第二类代理问题对公司治理信息披露的影响。研究发现，政府企业比家族企业披露的信息更多。本章为分析印度尼西亚具有第二类代理问题的公司的公司治

---

*　马丁·穆亚迪，谢南多尔大学商学院，美国弗吉尼亚州温彻斯特。E-mail:mmulyadi@su.edu. 尤尼塔·安瓦尔，独立学者，美国弗吉尼亚州温彻斯特。

理信息披露提供了一个起点。未来的研究可以考虑对这些信息披露进行纵向分析，也可以考虑纳入多元回归分析，通过纳入代理问题变量来分析这些变量能否对印度尼西亚的公司治理信息披露产生影响。

关键词：公司治理信息披露；第二类代理问题；双董事会结构；透明度；问责制；强制性/自愿性批露

一、引言

本章调查了印度尼西亚家族企业和政府企业在年报中披露的公　192
司治理实践，着重研究了公司特定代理问题对印度尼西亚上市家族和政府企业治理信息披露的影响。

20 世纪 90 年代的金融危机引发了亚洲的重大治理改革。糟糕的公司治理实践加上制度和政策的弱点被认为是危机的主要原因。[1] 当时，印度尼西亚公司因其低质量的信息披露、缺乏透明度和劣质的董事会做法而受到强烈批评。[2] 金融危机之后，亚洲的公司治理实践有所改善。[3]1997 年的亚洲金融危机促使印度尼西亚在 2000 年制定

1　Das, D. K. (2001). Corporate governance and restructuring: A post-crisis Asian perspective. *The Asia Pacific Journal of Economics and Business*, 5(1), pp. 4-25, 147.

Johnson, S., Boone, P., Breach, A., & Friedman, E. (2000). Corporate governance in the Asian financial crisis. *Journal of Financial Economics*, 58(1-2), pp. 141-186.

2　ADB. (2014). *ASEAN corporate governance scorecard: Country reports and assessments 2013-2014*. Mandaluyong City: Asian Development Bank.

OECD. (2014). *Corporate governance in Asia*. Paris: OECD.

3　Claessens, S., & Yurtoglu, B. B. (2013). Corporate governance in emerging markets: A survey. *Emerging Markets Review*, 15, pp. 1-33.

Sawicki, J. (2009). Corporate governance and dividend policy in Southeast Asia pre- and post-crisis. *The European Journal of Finance*, 15(2), pp. 211-230. https://doi.org/10.1080/13518470802604440.

了第一个正式的《公司治理准则》。[1] 先前的研究表明，在印度尼西亚，存在广泛的家族所有制和大量的政府所有制。[2]

根据经济合作与发展组织[3] 发布的《公司治理准则》，公司治理信息应通过各种媒体渠道进行透明披露。公司治理信息披露的增加提高了股东和董事会的监督能力。此外，改善公司披露与更好的财务指标、更好的公司治理和财务丑闻的避免有关。[4]

以前的公司治理研究大多采用代理理论。代理理论认为，正式的公司治理机制已经演变为公司最大限度地减少代理问题的一种手段。[5] 本章的第一个目标是分析印度尼西亚家族企业和政府企业的公

1　Alnasser, S. (2012). What has changed? The development of corporate governance in Malaysia. *The Journal of Risk Finance*, 13(3), pp. 269-276.

Daniel, W. E. (2003). Corporate governance in Indonesian listed companies—a problem of legal transplant. *Bond Law Review*, 15(1), pp. 345-375.

2　Chen, V. Z., Li, J., & Shapiro, D. M. (2011). Are OECD-prescribed "good corporate governance practices" really good in an emerging economy? *Asia Pacific Journal of Management*, 28(1), pp. 115-138.

Globerman, S., Peng, M., & Shapiro, D. (2011). Corporate governance and Asian companies. *Asia Pacific Journal of Management*, 28(1), pp. 1-14.

3　OECD. (1999). *OECD principles of corporate governance*. Paris: OECD.

OECD. (2004). *OECD principles of corporate governance*. Paris: OECD.

OECD. (2015). *G20/OECD principles of corporate governance*. Paris: OECD.

4　Beyer, A., Cohen, D. A., Lys, T. Z., & Walther, B. R. (2010). The financial reporting environment: Review of the recent literature. *Journal of Accounting and Economics*, 50(2-3), pp. 296-343.

Eccles, R. G., & Mavrinac, S. C. (1995). Improving the corporate disclosure process. *Sloan Management Review*, 36(4), pp. 11-25.

Healy, P. M., Hutton, A. P., & Palepu, K. G. (1999). Stock performance and intermediation changes surrounding sustained increases in disclosure. *Contemporary Accounting Research*, 16(3), pp. 485-520.

Kothari, S. P. (2000). The role of financial reporting in reducing financial risks in the market. Federal Reserve Bank of Boston. *Conference Series* (44), pp. 89-102.

5　Coase, R. H. (1937). The nature of the firm. *Economica*, 4(16), pp. 386-405.

司治理信息披露。第二个目标是分析印度尼西亚公司的特定代理问题是否对公司治理信息披露产生影响。为了回答这两个问题，本章使用代理理论作为理论框架。通过代理理论的视角，本章有助于印度尼西亚的公司治理信息披露，与发达国家相比，印度尼西亚在这方面的研究较少。

二、印度尼西亚的公司治理发展

公司治理至关重要，特别是在发展中国家。[1]公司治理关注的是 193 公司中所有利益相关者之间的关系。迪尔登[2]解释说，援助国可能有助于发展中国家公司治理的发展。在金融危机之后，作为印度尼西亚主要贷款机构的国际货币基金组织（IMF），推动了该国对公司治理发展的承诺。那次金融危机摧毁了亚洲幅度巨大的经济增长，并与糟糕的治理有关。[3]因此，发展良好的公司治理实践对于改善公司和恢复投资者——特别是在 1997 年撤出金融投资的外国投资者——的信心至关重要。

1999 年，印度尼西亚成立了全国公司治理委员会，负责制定、设计和推荐公司治理政策，并制定《良好公司治理准则》。2004 年，该委员会更名为全国行政管理委员会。该委员会于 2000 年公布了第

1　Kidd, J. B., & Richter, F.-J. (2003). The 'oppression' of governance? In J. B. Kidd & F.-J. Richter (Eds.), *Corruption and governance in Asia* (pp. 1-26). New York: Palgrave Macmillan.

2　Dearden, S. (2003). The challenge to corruption and the international business environment. In J. B. Kidd & F.-J. Richter (Eds.), *Corruption and governance in Asia* (pp. 27-42). New York: Palgrave Macmillan.

3　Gan, C. (2003). Poor corporate governance, market discipline and cronyism in the 1997 Asian crisis. In J. B. Kidd & F.-J. Richter (Eds.), *Corruption and governance in Asia* (pp. 43-60). New York: Palgrave Macmillan.

一份《良好公司治理准则》，随后于 2001 年和 2006 年进行了修订。总的来说，本准则与经济合作与发展组织的《公司治理准则》是一致的。2006 年的《良好公司治理准则》包括八个部分，以确保建立有效的公司管治架构、良好的公司管治原则、商业道德和行为守则、公司机构、股东的权利和角色、其他股东的权利和角色、实施良好的公司治理规范的实施声明和一般准则。[1]

该准则有五个基本原则，包括透明度、问责制、责任、独立和公平。透明度原则要求公司为利益相关者提供容易获取的信息。问责制原则要求对企业绩效进行透明、公正的评估，责任原则要求企业遵守所有法律法规。公司的独立管理和适当的权力平衡是独立原则的要求，而公平原则提醒公司在进行活动时要公平地考虑所有的利益相关者。表 9.1 列出了印度尼西亚《良好公司治理准则》的每一项原则的守则规定。

印度尼西亚作为大陆法系国家，实行双重董事会结构。这种结构由管理层和监事会组成。管理委员会的角色类似于单一董事会制度下的管理层，监事会的角色类似于单一董事会制度下的董事会。[2]有人认为，在荷兰殖民时期，荷兰东印度公司建立监事会时，印度尼西亚是世界上第一个应用双重董事会结构的国家。[3]这一事件发生在 1632 年，随后法国和德国于 19 世纪初引入了双重董事会结构。

1　National Committee on Governance. (2006). *Code of good corporate governance*. Jakarta: National Committee on Governance.

2　Gul, F. A., & Tsui, J. S. L. (2004). Introduction and overview. In F. A. Gul & J. S. L. Tsui (Eds.), *The governance of East Asian corporations* (pp. 1-26). New York: Palgrave Macmillan. Wulandari, E. R., & Rahman, A. R. (2004). Political patronage, cross-holdings and corporate governance in Indonesia. In F. A. Gul & J. S. L. Tsui (Eds.), *The governance of East Asian corporations* (pp. 71-95). New York: Palgrave Macmillan.

3　Jaswadi. (2013). *Corporate governance and accounting irregularities: Evidence from two-tier board structure in Indonesia* (Doctor of business administration thesis). Melbourne: Victoria University.

表 9.1　印度尼西亚良好公司治理的原则和规范条款

194

原则	内容
透明度	公司必须向利益相关者提供及时、适当、清晰、准确和可比较的信息，这些信息应与其权利相匹配。
	披露的信息包括但不限于愿景、使命、商业目标和战略、财务状况、管理层构成和薪酬、控股股东、董事会成员、监事会成员及其家属在公司和其他公司拥有的股份、风险管理体系、监督和内部控制体系、GCG 结构和机制及其合规水平，以及可能影响公司状况的重要事件。
	公司采用的透明度原则并不减轻其根据法律法规、职业保密和个人权利履行保密规定的义务。
	公司政策必须正式书写并按比例传达给利益相关者。
问责制	公司必须明确定义符合公司愿景、使命、价值观和战略的每个机构和员工的工作描述和职责。
	公司必须确保所有公司机构和所有员工具备与其职责、责任和在实施 GCG 中的角色相匹配的资格。
	公司必须确保存在有效的内部控制系统。
	公司必须为所有董事会成员、监事会成员、员工制定符合公司目标的绩效指标，并有奖惩系统。
	在履行职责时，公司的每个机构和所有员工必须遵守商业道德和公认的行为准则。
责任	公司各部门在决策和行动上必须谨慎，并确保遵守法律法规、公司章程和内部规章制度。
	公司必须履行其社会责任，尤其是通过适当的规划和实施，了解公司所在社区的环境和社会利益，以解决这些问题。
独立	公司各部门必须避免任何一方控制公司的情况发生，不得受任何特定利益的影响，不得有利益冲突和任何影响或压力，以便客观地进行决策。
	公司各部门必须按照公司章程和规章制度行使职权，不得相互支配，不得相互推卸责任。
公平	公司必须为利益相关者提供为公司利益投入资源和提供意见的机会，并根据透明度原则，在其各自的能力范围内设立对公司信息的使用权限。
	公司必须根据对公司的利益和贡献，为利益相关者提供公平公正的待遇。
	公司必须在招聘员工、职业发展和让员工专业地履行职责方面给予平等的机会。

资料来源：印度尼西亚《良好公司治理准则》[1]

1　National Committee on Governance. (2006). *Code of good corporate governance*. Jakarta: National Committee on Governance.

195 印度尼西亚证券交易所的上市规则要求，独立监事会的比例至少为 30%，以确保其监督职能的有效性。此外，2007 年的《印度尼西亚公司法》也规定，监事会有权暂停董事会的工作，并可在特定时间内承担管理职务。

  2015 年 11 月 17 日，印度尼西亚金融服务管理局发布了对上市公司治理的强制性规定。良好的公司治理应用包括 8 条原则和 25 条建议。本规定与 2006 年的《良好公司治理准则》不同，本规定只适用于上市公司，本规定采用"遵守或解释"的方式。表 9.2 提供了该规则的细节。

三、公司治理信息披露

  公司信息披露为公司及其利益相关者提供了一种公司信息交流的形式，使他们能够监测和评估公司绩效。[1]根据公司治理信息披露的性质，可以将其分为强制性披露和自愿性披露两种类型。自愿性披露可以进一步分为三类：战略和前瞻性信息的披露、财务信息的披露和非财务信息的披露。[2]虽然法律和法规要求强制性

---

1 Farvaque, E., Refait-Alexandre, C., & Saïdane, D. (2011). Corporate disclosure: A review of its (direct and indirect) benefits and costs. *International Economics*, 128, pp. 5-31.

Healy, P. M., & Palepu, K. G. (2001). Information asymmetry, corporate disclosure, and the capital markets: A review of the empirical disclosure literature. *Journal of Accounting and Economics*, 31, pp. 405-440.

Monks, R. A. G. (2001). Redesigning corporate governance structures and systems for the twenty first century. *Corporate Governance: An International Review*, 9(3), pp. 142-147.

2 Cotter, J., Lokman, N., & Najah, M. M. (2011). Voluntary disclosure research: Which theory is relevant? *The Journal of Theoretical Accounting Research*, 6(2), pp. 77-95.

Meek, G. K., Roberts, C. B., & Gray, S. J. (1995). Factors influencing voluntary annual report disclosures by U.S., U.K. and continental European multinational corporations. *Journal of International Business Studies*, 26(3), pp. 555-572.

披露，但根据定义，自愿性披露是不需要披露的。[1]克拉克森等人认为自愿性披露的数量也少于强制性披露。[2]

公司治理信息的增加提高了股东和董事会的监督能力。[3]甘迪亚认为需要更加频繁地披露公司治理信息，公司应该利用多种媒体，主要通过年报和互联网披露公司治理信息。[4]达玛迪的研究中调查了2010年印度尼西亚伊斯兰商业银行年度报告中的公司治理信息披露。[5]这就产生了一个包含七个披露维度的公司治理信息披露指数：伊斯兰教监事会、董事会、董事会委员会、内部控制和外部审计、风险管理和公司治理实施报告。达玛迪研究中的公司治理信息披露指数强调董事会和管理层的结构和过程。他的结论是，印度尼西亚的公司治理信息披露水平相对较低。

1 Allegrini, M., & Greco, G. (2013). Corporate boards, audit committees and voluntary disclosure: Evidence from Italian listed companies. *Journal of Management and Governance*, 17(1), pp. 187-216.

Ghazali, N. A. M. (2008). Voluntary disclosure in Malaysian corporate annual reports: Views of stakeholders. *Social Responsibility Journal*, 4(4), pp. 504-516.

2 Clarkson, P., Van Bueren, A. L., & Walker, J. (2006). Chief executive officer remuneration disclosure quality: Corporate responses to an evolving disclosure environment. *Accounting and Finance*, 46(5), pp. 771-796.

3 Hermalin, B. E., & Weisbach, M. S. (2012). Information disclosure and corporate governance. *The Journal of Finance*, 67(1), pp. 195-233.

4 Gandía, J. L. (2008). Determinants of internet-based corporate governance disclosure by Spanish listed companies. *Online Information Review*, 32(6), pp. 791-817.

5 Darmadi, S. (2013). Corporate governance disclosure in the annual report: An exploratory study on Indonesian Islamic banks. *Humanomics*, 29(1), pp. 4-23.

表 9.2   印度尼西亚上市公司的公司治理原则和建议

原则	建议
提升股东大会的价值	上市公司有投票的技术程序，以确保股东的独立性和利益
	所有管理委员会和监事会成员必须出席年度 GMS 会议
	年度 GMS 会议纪要的摘要必须在上市公司网站上提供至少 1 年
提高与股东或投资者的沟通质量	上市公司有与股东或投资者沟通的沟通政策
	上市公司在公司网站上披露与股东或投资者的沟通政策
加强监事会的结构和组成	监事会成员人数的确定必须考虑上市公司的情况
	决定监事会成员的组成必须考虑到专业知识、知识和经验的多样性
提高监事会职责的履行质量	监事会有一个自我评估政策来评估他们的表现
	评估监事会绩效的自我评估政策必须在年度报告中披露
	监事会有关于涉及金融犯罪的监事会成员的辞职的相应政策
	监事会或负责提名和薪酬职能的委员会就董事会成员的提名程序安排继任政策
加强管理委员会的结构和组成	管理层人数的确定必须考虑上市公司的条件和决策的有效性
	决定管理委员会成员的组成必须考虑到专业技术、知识和经验的多样性
	负责会计或财务职能的管理委员会成员必须具有会计专业技术和 / 或知识
提高管理层职责的履行质量	管理委员会有一个自我评估政策来评估他们的表现
	评估管理委员会绩效的自我评估政策必须在年度报告中披露
	管理委员会有关于涉及金融犯罪的管理委员会成员的辞职的相应政策

续表

原则	建议
通过利益相关者的参与，提高公司治理水平	上市公司有防止内幕交易的政策
	上市公司有反腐败和反舞弊政策
	上市公司有一个关于供应商选择的政策
	上市公司有一项关于履行债权的政策
	上市公司有举报制度政策
	上市公司对管理层和员工有长期的激励政策
增加信息披露	上市公司利用网站以外的信息技术作为披露信息的媒介
	上市公司年报披露了持有公司 5% 以上股份的上市公司的最终股东，以及主要股东和控股股东的最终所有者

资料来源：印度尼西亚金融服务管理局 [1]

沙尔玛 2010 年在尼泊尔进行了公司治理信息披露研究。[2] 他对 59 家银行和金融公司的年度报告中公司支配结构的披露情况进行了调查，并制定了公司支配结构披露指数。他的公司治理信息披露指数包括四项强制性披露标准和四项自愿性披露标准。他的结论是，大公司提供了更广泛的公司治理信息披露，反之亦然。这一结论在所有不同性质的披露（强制性、自愿性和所有披露）中都是一致的。此外，他的研究没有发现任何证据表明外资所有权和杠杆与公司治理信息披露有关。

联合国贸易和发展会议下辖的国际会计和报告标准政府间专家工作组制定了《公司治理信息披露基准》，以评估公司治理信息披露

1　Indonesian Financial Services Authority. (2015). *Corporate governance of publicly listed companies* (Vol. 32/SEOJK.04/2015). Jakarta: Indonesian Financial Services Authority.

2　Sharma, N. (2014). Extent of corporate governance disclosure by banks and finance companieslisted on Nepal Stock Exchange. *Advances in Accounting*, 30(2), pp. 425-439.

的透明度。该基准最初是在 2006 年制定和引入的，在 2011 年的最
198 新修订中纳入了 52 个披露项目。这 52 个项目分为 5 个类别：所有
权结构和控制权的行使、财务透明度、审计、公司责任和合规，以
及董事会和管理结构和流程。这个基准的细节在研究方法和假设发
展部分进行了讨论。萨玛哈等人[1]在对埃及 100 家最大的公司的公司
治理信息披露分析中应用了该基准。[2]他们发现，对于整体指数和每
个子类指数，董事会组成、CEO 的二元性、大股东所有权和公司规
模与整体公司治理信息披露指数显著相关。

四、代理理论

大多数公司治理研究使用代理理论来分析不同公司治理环境下
公司绩效是否存在差异。[3]此外，道尔顿等人[4]也陈述了代理理论在公
司治理研究中的压倒性应用。他们认为，代理理论主要用于反对其
他有影响力的理论。

根据代理理论，企业中有两个主要的行为主体。首先，有一个

1　Samaha, K., Dahawy, K., Hussainey, K., & Stapleton, P. (2012). The extent of corporate governance disclosure and its determinants in a developing market: The case of Egypt. *Advances inAccounting*, 28(1), pp. 168-178.

2　UNCTAD. (2011). *Corporate governance disclosure in emerging markets*. New York: United Nations.

3　Aguilera, R. V., Filatotchev, I., Gospel, H., & Jackson, G. (2008). An organizational approach to comparative corporate governance: Costs, contingencies, and complementarities. *Organization Science*, 19(3), pp. 475-494.

4　Dalton, D. R., Hitt, M. A., Certo, S. T., & Dalton, C. M. (2007). The fundamental agency problem and its mitigation: Independence, equity, and the market for corporate control. *Academy of Management Annals*, 1(1), pp. 1-64.

合法拥有公司的所有者（股东）。在大多数情况下，股东并不参与他们所拥有的公司的日常运营。他们任命其他人（如代理人或管理人员）来管理公司的日常运作。在这种情况下，当所有者和代理人的利益不一致时，代理问题就出现了。[1]

为了解决这些问题，研究运用代理理论来框定企业内部的问题以及如何克服这些问题。研究的主要支持者同意董事会可能在尽量减少公司的代理问题的方面发挥重要作用。[2]此外，董事会在打击信息不对称方面也有影响力。虽然第一种机制位于内部，但也有一些外部机制被认为可以有效地减少这些问题，即公司控制权的股权机制和市场。根据股权机制，作为股东的代理人与主要所有者利益错位的可能性较小。与此同时，"公司控制权市场"的观点认为，不恰当地推动与所有者利益不一致的利益的代理人将自动被市场纠正。

大多数基于代理理论的公司治理研究都集中在正式的公司治理机制上。由于分析中缺少公司环境的组成部分，揭示正式公司治理机制与公司绩效之间关联的实证结果是混合的且不确定的。[3]他们提出公司治理实践的有效性可能取决于组织特征。此外，应该从机制 199

1　Jensen, M. C., & Meckling, W. H. (1976). Theory of the firm: Managerial behavior, agency costs and ownership structure. *Journal of Financial Economics*, 3(4), pp. 305-360.

2　Aguilera, R. V., & Jackson, G. (2010). Comparative and international corporate governance. *The Academy of Management Annals*, 4(1), pp. 485-556.

Filatotchev, I., Jackson, G., & Nakajima, C. (2013). Corporate governance and national institutions: A review and emerging research agenda. *Asia Pacific Journal of Management*, 30(4), pp. 965-986.

Tosi, H. L., Jr. (2008). Quo Vadis? Suggestions for future corporate governance research. *Journal of Management and Governance*, 12(2), pp. 153-169.

3　Filatotchev, I. (2008). Developing an organizational theory of corporate governance: Comments on Henry L. Tosi, Jr. (2008). Quo Vadis? Suggestions for future corporate governance research. *Journal of Management and Governance*, 12(2), pp. 171-178.

组合的角度分析公司治理实践的有效性。[1]

　　阿吉莱拉等人[2]认为，对公司治理有效性的分析应该采用不同的方法，以消除良好的公司治理与公司绩效之间的非决定性联系。他们没有分析公司治理有效性与股东财富最大化的关系，而是提出了另一种途径，如分析公司治理有效性与公司披露的关系。他们的建议也符合代理理论。根据该理论，公司信息披露被公司用来解决代理问题。[3]

　　在印度尼西亚，企业所有权和治理主要与重要的家族和政府所有权有关。[4]本章将这些企业称为家族企业和政府企业。这种由家族和政府集中的所有权带来了一个警告，即公司的大多数股东（家族和政府）可能会追求自己的目标，同时忽视了他们对于最大化公司价值和少数股东的责任。[5]陈等人[6]指出，在以所有权集中为特征的新

1　Filatotchev, I., & Nakajima, C. (2010). Internal and external corporate governance: An interface between an organization and its environment. *British Journal of Management*, 21(3), pp. 591-606.

Misangyi, V. F., & Acharya, A. G. (2014). Substitutes or complements? A configurational examination of corporate governance mechanisms. *Academy of Management Journal*, 57(6), pp. 1681-1705.

2　Aguilera, R. V., Desender, K., Bednar, M. K., & Lee, J. H. (2015). Connecting the dots. *The Academy of Management Annals*, 9(1), pp. 483-573.

3　Fama, E. F., & Jensen, M. C. (1983). Separation of ownership and control. *Journal of Law and Economics*, 26(2), pp. 301-325.

Leftwich, R. W., Watts, R. L., & Zimmerman, J. L. (1981). Voluntary corporate disclosure: The case of interim reporting. *Journal of Accounting Research*, 19, pp. 50-77.

4　Claessens, S., & Fan, J. P. H. (2002). Corporate governance in Asia: A survey. *International Review of Finance*, 3(2), pp. 71-103.

5　Young, M. N., Peng, M. W., Ahlstrom,D., Bruton, G. D., & Jiang, Y. (2008). Corporate governance in emerging economies: A review of the principal-principal perspective. *Journal of Management Studies,* 45(1), pp. 196-220.

6　Chen, V. Z., Li, J., & Shapiro, D. M. (2011). Are OECD-prescribed "good corporate governance practices" really good in an emerging economy? *Asia Pacific Journal of Management*, 28(1), pp. 115-138.

兴经济体中，正式的公司治理机制作为缓解这些主要问题的手段是无效的。

发达国家的公司大多面临第一类代理问题，这种问题源于股东和管理层的不同利益。然而，本章的重点是第二类代理问题。与第一类代理问题不同，第二类代理问题不是由于所有权和管理的分离而产生的。第二类代理问题与控股股东与非控股股东之间的利益冲突有关。与第二类代理问题相关的公司类型是家族企业和政府企业，因为家族和政府持有很大比例的所有权。[1]

五、研究方法和假设发展

印度尼西亚前 100 家上市的家族企业和政府企业构成了研究样本。市值是用来确定在印度尼西亚上市的前 100 家公司的工具。本章分析了样本公司在 2017 年年报中的公司治理信息披露情况。所有年度报告都是从各公司网站或证券交易所网站下载的。

本章采用联合国贸易和发展会议的《公司治理信息披露基准》[2] 分　200 析公司治理信息披露。年度报告中披露的所有信息均使用该清单进行分类——根据披露的信息在每个清单中出现与否。如果是公开的，则这个特定项目的得分是 1。因此，公司治理信息披露在年度报告中的最高得分为 52。表 9.3 总结了本章分析的 52 个公司治理信息披露项目。

为了扩展对公司治理信息披露的分析，本章还提供了对强制性

1　Ali, A., Chen, T.-Y., & Radhakrishnan, S. (2007). Corporate disclosures by family firms. *Journal of Accounting and Economics*, 44(1-2), pp. 238-286.

2　UNCTAD. (2006). *Guidance on good practices in corporate governance disclosure*. New York: United Nations.

和自愿性的公司治理信息披露的分析。表 9.4 总结了印度尼西亚的强制性和自愿性的公司治理信息披露。

六、结果与分析

图 9.1 和图 9.2 提供了公司治理信息披露的详细结果。数据被分析为每个公司类型（家族或政府）单独的合并数据集，以便分析强制性和自愿性的公司治理信息披露。从图 9.1 可以看出，本章中并非所有的家族企业都在年报中提供了强制性的公司治理信息披露。

家族企业提供的强制性项目披露最少的是绩效评价过程、专业发展和培训活动。缺乏关于绩效评估过程、专业发展和培训活动的信息证实了之前的研究，即业主-经理（家族）可能追求自身利益，而使问责过程不透明。

这项研究也在政府企业中发现了类似的结果。政府企业提供的强制性项目中，披露最少的是绩效评价过程、专业发展和培训活动。然而，与家族企业相比，政府企业提供更多的自愿性信息披露。因此，这一发现否定了具有第二类代理问题的公司不愿提供自愿性披露的观点。

为了更好地比较政府企业和家族企业的公司治理信息披露，图 9.3 和图 9.4 比较了这些公司的得分。图 9.3 为强制性公司治理信息披露的对比，图 9.4 为自愿性公司治理信息披露的对比。

虽然两家公司提供的强制性披露最少的项目是相同的，但从图 9.3 可以看出，政府企业的强制性披露的不合规程度远远小于家族企业。在本章中，所有政府企业都披露了 12 个强制性披露项目。相反，家族企业只有 2 家。这两个强制性的披露项目是财务和经营绩效以及董事会的组成。本章中的所有政府企业也都披露了这些信息。

202

表9.3　本章使用的公司治理信息披露得分

序号	信息披露项目
1	所有权结构
2	召开年度股东大会的程序
3	股权的变化
4	控制结构
5	控制及相应的股权
6	会议议程的可用性和可实现性
7	控制权利
8	在资本市场上取得公司控制权的规则和程序
9	反收购措施
10	财务及经营绩效
11	重要会计估计
12	关联方交易的性质、类型和要素
13	公司目标
14	替代性会计决策（判断）的影响
15	关联方交易审批的决策程序
16	管理特殊交易的规则和程序
17	董事会在财务沟通方面的责任
18	与内部审计师互动的流程
19	与外部审计师互动的流程
20	外部审计师的任命程序
21	内部审计师的任命程序/工作范围和职责
22	董事会信任外部审计师的独立性和完整性
23	内部控制制度
24	现任审计师任职期间
25	审计合伙人的轮换
26	审计师参与非审计工作的情况及支付给审计师的费用
27	与环境和社会责任有关的政策和表现
28	环境和社会责任政策对企业可持续性的影响

序号	信息披露项目
29	董事会的道德准则和对道德准则的豁免
30	所有公司员工的道德准则
31	保护所有员工的"告密者"政策
32	保护商业中其他利益相关者权利的机制
33	员工在公司管治中的角色
34	治理结构，如委员会和其他机制，以防止利益冲突
35	"制衡"机制
36	董事会的组成（执行董事和非执行董事）
37	治理委员会结构的组成和功能
38	董事会的角色和职能
39	风险管理目标、体系和活动
40	董事会成员的资格和履历信息
41	外部董事会和管理层职位的类型和职责
42	董事会成员和管理层的物质利益
43	继承计划的存在
44	董事的合同期限
45	因合并或收购而离职的高级管理人员的补偿政策
46	董事报酬的确定和组成
47	董事会的独立性
48	董事担任的外部董事会和管理职位董事的数量
49	存在解决董事会成员之间利益冲突的程序
50	专业发展和培训活动
51	报告所述期间咨询设施的提供和使用情况
52	绩效评估过程

资料来源：联合国贸易和发展会议 [1]

1　UNCTAD. (2011). *Corporate governance disclosure in emerging markets*. New York: United Nations.

先前的研究对具有第二类代理问题的公司的自愿性披露提出了担忧。然而，图9.4显示，政府企业比家族企业提供更多自愿性的公司治理信息披露。在研究样本中，有五个自愿项目所有政府企业都披露了（表9.4的前五项）。家族企业披露最多的自愿项目是董事会的独立性。

通过分析政府企业自愿性披露的五项信息，本章认为政府企业的问责性优于家族企业。这五项对"外部股东"对公司负责至关重要。一些家族企业缺乏这方面的信息，使其在亟需的问责程序中存在许多漏洞。

此外，比较这些公司的合规率也很重要。从上面的描述性分析可以得出，政府企业比家族企业提供更多的信息披露。图9.5通过对比家族企业和政府企业的合规率，证实了这一结论。政府企业有一个例外，其合规率为61%。然而，其他政府企业的合规率在80%和100%之间。至于家族企业，这一比例介于42%和100%之间。

表9.4　本章中印度尼西亚年度报告中强制性和自愿性的公司治理信息披露得分　203

印度尼西亚年度报告中的强制性披露	印度尼西亚年度报告中的自愿性披露
所有权结构	召开年度股东大会的程序
控制结构	股权的变化
控制及相应的股权	会议议程的可用性和可实现性
财务和经营结果	控制权利
董事会在财务沟通方面的责任	在资本市场上取得公司控制权的规则和程序
内部审计师的任命程序 / 工作范围和职责	反收购措施
与环境和社会责任有关的政策和表现	重要会计估计
董事会的道德准则和对道德准则的放弃	关联方交易的性质、类型和要素
所有公司员工的道德准则	公司目标

印度尼西亚年度报告中的强制性披露	印度尼西亚年度报告中的自愿性披露
保护所有员工的"告密者"政策	替代性会计决策（判断）的影响
董事会组成（执行董事和非执行董事）	关联方交易审批的决策程序
治理委员会结构的组成和功能	管理特殊交易的规则和程序
董事会的角色和职能	与内部审计师互动的流程
风险管理目标、系统和活动	与外部审计师互动的流程
董事会成员的资格和履历信息	外部审计师的任命程序
外部董事会和管理层职位的类型和职责	董事会信任外部审计师的独立性和完整性
董事会成员和管理层的重要性利益	内部控制制度
董事合同的期限	现任审计师任职期间
董事报酬的决定和组成	审计合伙人的轮换
专业发展和培训活动	审计师参与非审计工作的情况及支付给审计师的费用
绩效评估过程	环境和社会责任政策对企业可持续性的影响
	保护商业中其他利益相关者权利的机制
	员工在公司管治中的角色
	治理结构，如委员会和其他机制，以防止利益冲突
	"制衡"机制
	继承计划的存在

资料来源：印度尼西亚金融服务管理局[1]、资本市场和金融机构监督局[2]以及联合国贸易和发展会议

---

[1]　Indonesian Financial Services Authority. (2015). *Website of publicly listed companies* (Vol. 8/POJK.04/2015). Jakarta: Indonesian Financial Services Authority.

[2]　The Capital Market and Financial Institution Supervisory Agency. (2012). *Annual report submission of publicly listed companies* (Vol. KEP-431/BL/2012). Jakarta: The Capital Market and Financial Institution Supervisory Agency.

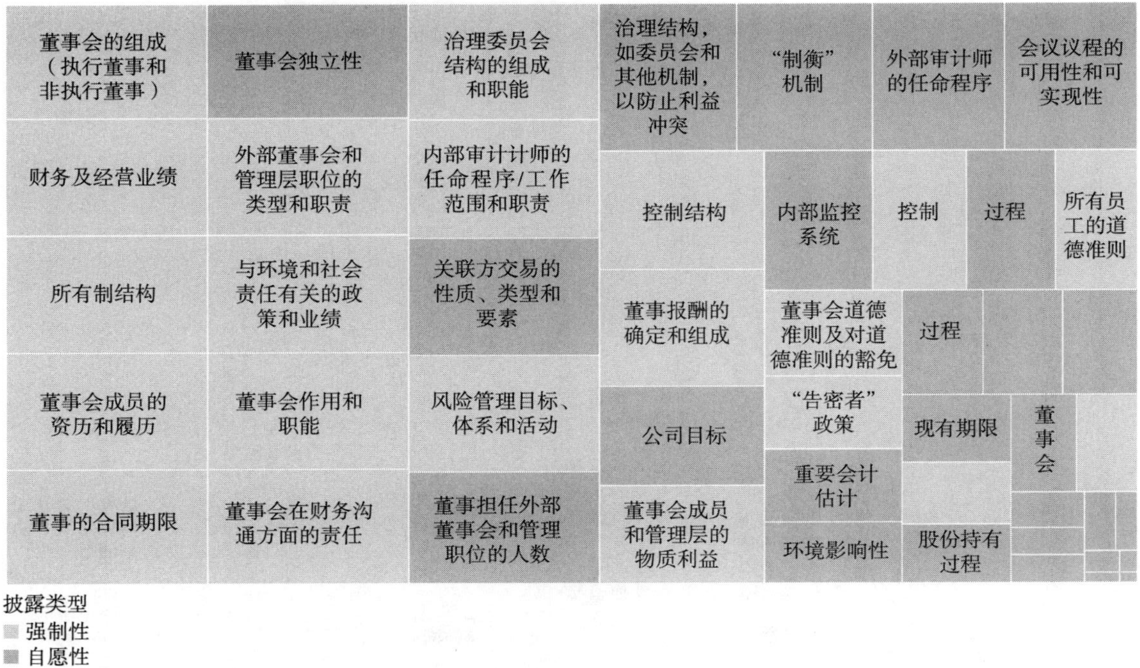

图 9.1 印度尼西亚家族企业的公司治理信息披露

资料来源：作者分析

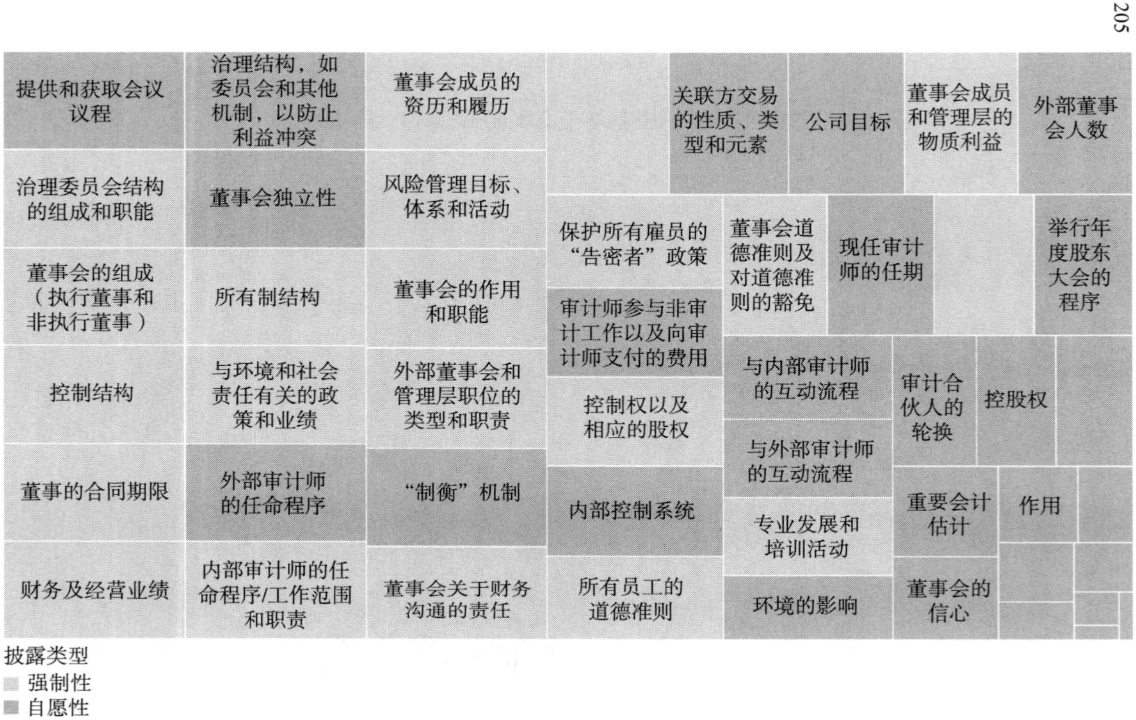

图 9.2 印度尼西亚政府企业的公司治理信息披露

资料来源：作者分析

图 9.3 印度尼西亚政府企业和家族企业的强制性公司治理信息披露

资料来源：作者分析

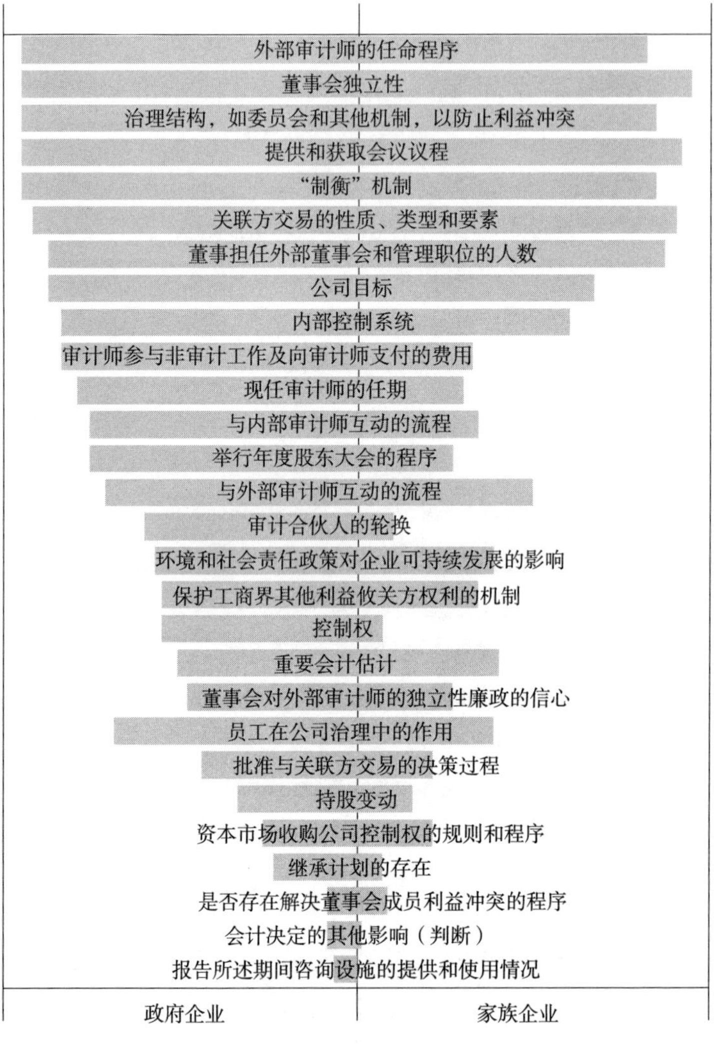

外部审计师的任命程序

董事会独立性

治理结构，如委员会和其他机制，以防止利益冲突

提供和获取会议议程

"制衡"机制

关联方交易的性质、类型和要素

董事担任外部董事会和管理职位的人数

公司目标

内部控制系统

审计师参与非审计工作及向审计师支付的费用

现任审计师的任期

与内部审计师互动的流程

举行年度股东大会的程序

与外部审计师互动的流程

审计合伙人的轮换

环境和社会责任政策对企业可持续发展的影响

保护工商界其他利益攸关方权利的机制

控制权

重要会计估计

董事会对外部审计师的独立性廉政的信心

员工在公司治理中的作用

批准与关联方交易的决策过程

持股变动

资本市场收购公司控制权的规则和程序

继承计划的存在

是否存在解决董事会成员利益冲突的程序

会计决定的其他影响（判断）

报告所述期间咨询设施的提供和使用情况

政府企业　　　　　　　　家族企业

图 9.4　印度尼西亚政府企业和家族企业的自愿性公司治理信息披露

资料来源：作者分析

七、结论与未来展望

本章的第一部分记录了印度尼西亚家族企业和政府企业的公司治理信息披露。第二部分分析了印度尼西亚第二类代理问题对公司治理信息披露的影响。通过本章的研究，我们发现，政府企业的自愿性信息披露问题缺乏证据支持。然而，很明显，一些家族企业在年报中忽视了责任披露。此外，本章还得出结论，政府企业比家族企业在公司治理信息披露方面表现得更好。

本章为分析印度尼西亚二类代理问题公司的公司治理信息披露提供了一个起点，也为今后的研究提供了一个契机。未来的研究可能会考虑对这些披露进行纵向分析。未来的研究还可能通过将代理　207问题变量（公司规模、杠杆等）纳入多变量回归分析来分析这些变量是否对印度尼西亚的公司治理信息披露有影响。

208

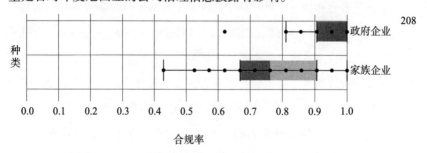

图 9.5　印度尼西亚政府企业与家族企业的合规率

资料来源：作者分析

第十章

董事会和独立审计团队中的性别对银行业企业盈余管理行为的影响

梅尔·阿卡尔[*]

213   **摘要**：本章分析了董事会和独立审计团队的性别多样性对银行盈余管理行为的影响。我使用了 308 个企业年度观测样本的数据，包括 2003 年至 2018 年土耳其银行业的数据，并对其进行面板最小二乘回归分析。首先，测试在土耳其运营的银行的无效银行盈余管理行为。检验董事会和独立审计团队中的性别差异对银行盈余管理行为的相对影响。性别差异体现在首席执行官（CEO）的性别、董事会中女性成员的比例以及主审计师的性别。研究结果显示，银行利用贷款损失准备金来管理盈利。在对银行盈余管理行为进行检验后，本章分析了性别效应并提出了建议。结果表明，CEO 和主审计师的性别对银行的新兴市场行为均有显著影响。由女性主审计师或女性 CEO 董事会成员审计的公司，应计收益水平更高，其新兴市场行为受到约束。全性别效应的多元回归结果是混合的。本章发现 CEO 和主审计师的性别对盈余管理行为有缓和作用。然而，有证据表明，董事会的女性成员

1   梅尔·阿卡尔，安卡拉耶尔德勒姆·贝亚泽特大学商学院管理系，土耳其安卡拉。E-mail:macar@ybu.edu.tr

比例与盈余管理倾向无关。综合分析结果显示，由女性主审计师审计、由男性 CEO 负责执行的公司有更高的贷款损失准备金水平，从而扭转了在土耳其运营的银行的银行盈余管理行为。

关键词：盈余管理；公司治理；性别多样性；董事会；主审计师

一、引言

捍卫财务报表使用者的利益，加强内部和外部决策者的决策过程，以正确、道德、公正和合格的方式提供财务报表，几十年来变得越来越重要。大多数时候，投资者看不到会计数字的临时性失真，他们广泛使用会计收益来衡量公司绩效。[1] 鉴于这些论点，财务报表编制人员没有正确使用可控应计利润来传达公司的准确财务状况。[2] 会计原则和财务报告准则为管理层的盈余管理行为提供了一定的余地，盈余管理研究在财务会计文献中被仔细审查。虽然关于工业企业盈余管理行为的证据很多，但关于会计操纵行为与董事会性别差异和独立审计水平之间关系的研究却很少。本章的主要动机是将性别观点与盈余管理行为联系起来，并对可能导致盈余管理行为的不同激励作出重大贡献。

本章探讨董事会性别多样性、CEO 性别、主审计师性别是否显著影响银行的盈余管理行为。"可持续发展目标"将妇女权利合法化，作为"实现其他经济和社会目标的先决条件"。[3] 此外，在公司

214

1　Bradshaw, M. T., Richardson, S. A., & Sloan, R. G. (2001). Do analysts and auditors use information in accruals? *Journal of Accounting Research*, 39(1), pp. 45-74.

2　Niskanen, J., Karjalainen, J., Niskanen, M., & Karjalainen, J. (2011). Auditor gender and corporate earnings management behavior in private Finnish firms. *Managerial Auditing Journal*, 26(9), pp. 778-793.

3　World Bank. (2012). *World development report: Gender equality and development*. Washington, DC. United Nations. (2015). *Sustainable development goals*. New York: United Nations.

治理实践中，女性董事会代表在过去十年中不断增加。[1] 国际货币基金组织提出，"董事会中的女性可能在很大程度上影响银行的风险承担、监管质量，并最终影响金融稳定"。[2] 国际清算银行（BIS）也非常重视女性代表。报告称，金融服务业的性别多样性应被视为一项有价值和有影响力的资产，是"提高监督效率，从而减轻整个金融服务业会计丑闻的手段"。[3] 少数研究质疑女性参与最高行政级别或审计团队/委员会能否在约束盈余管理方面发挥重要作用。总的来说，相关文献提供了证据，表明女性董事在高管级别中占较高比例与盈余管理行为的显著缓解有关。[4]

为了研究金融行业性别差异与盈余管理之间的关系，本章对一组包含 22 家银行 2003—2019 年的 290 个观察数据进行了分析。在收益平滑假设的框架下，贷款损失准备金作为银行部门财务报表中最高的应计收益，可以反映盈余管理行为。此外，性别差异分为三组：（1）CEO 的性别；（2）主审计师的性别；（3）董事会中女性董事的比例。

本章提供了一些贡献。首先，性别多样性在执行和审计层面对盈余

1　Rose, C. (2007). Does female board representation influence firm performance? The Danish evidence. *Corporate Governance*, 15(2), pp. 404-413.

2　Gibbs, A. (2015). Can female board members help make banks more Ro-bust? *CNBC News*. https://www.cnbc.com/2015/09/15/can-female-board-members-help-makebanks-more-robust.html.

3　Donnery, S. (2018). *The importance of diversity in central banks and supervised entities*. Bank for International Settlements (BIS) central bankers' speeches. https://www.bis.org/review/r180511f.html. Accessed 14. 10. 2018.

Sibley, E. (2018). *The importance of diversity in financial services*. Bank for International Settlements (BIS) central bankers' speeches. https://www.bis.org/review/r180302c.htm . Accessed 14. 10. 2018.

4　Krishnan, G. V., & Parsons, L. M. (2008). Getting to the bottom line: An exploration of gender and earnings quality. *Journal of Business Ethics*, 78(1e2), pp. 65-76.

Srinidhi, B., Gul, F. A., & Tsui, J. (2011). Female directors and earnings quality. *Contemporary Accounting Research*, 28(5), pp. 1610-1644.

管理有影响，特别是在银行部门，但在大多数研究中被排除在外，这增加了本章在文献扩展方面的潜在好处。本章不同于其他研究，考虑了主审计师。大多数研究分析了董事会和 / 或审计委员会中的性别差异。另外，本章试图从包括审计师在内的监控机制角度提出一个新的视角。

本章的其余部分的结构如下。第二部分对相关研究进行了回顾，并提出了研究假设。第三部分说明数据和实证模型。第四部分报告观察结果。最后，对本章的研究进行总结，并对未来的研究提出建议。

二、文献综述

相关文献认为，男性和女性在工作环境中的态度和举止的差异主要是因为社会学习过程[1]和社会化过程。贝茨等人[2]认为，在性别社会化过程中，工作场所的特定决策和实践正是由于不同性别所带来的不同价值观或规范。例如，一些证据表明，女性很可能会做出道德行为。[3]

1　Offermann, L. R., & Armitage, M. A. (1993). Stress and the woman manager: Sources, health outcomes and interventions. In *Women in management: Trends, issues and challenges in managerial diversity* (pp. 131-161). Newbury Park, CA: Sage.

2　Betz, M., O'Connell, L., & Shepard, J. M. (1989). Gender differences in proclivity for unethical behaviour. *Journal of Business Ethics*, 8(5), pp. 321-324.

3　Miethe, T. D., & Rothschild, J. (1994). Whistle blowing and the control of organizational misconduct. *Sociological Inquiry*, 643, pp. 322-347.

Bernardi, R. A., & Arnold, D. F. (1997). An examination of moral development within public accounting by gender, staff level, and firm. *Contemporary Accounting Research*, 14(4), pp. 653-668.

Collins, D. (2000). The quest to improve the human condition: The first 1,500 articles published in 'Journal of Business Ethics'. *Journal of Business Ethics*, 26, pp. 1-73.

O'Fallon, M. J., & Butterfield, K. D. (2003). A review of the empirical ethical decision-making literature: 1996-2003. *Journal of Business Ethics*, 59, pp. 375-413.

Albaum, G., & Peterson, R. A. (2006). Ethical attitudes of future business leaders: Do they vary by gender and religiosity? *Business & Society*, 45(3), pp. 300-321.

埃克尔斯[1]对成功预期的性别差异进行了参数研究，得出结论：如果女性认为某项任务是不道德的，她们不会要求对该任务负责。此外，一些学者认为，风险规避在女性高管中更常见，[2]尤其是在金融部门的决策过程中，[3]她们更不容易代表管理机会主义。[4]除此之外，贝茨等人[5]的研究表明，男性更关心经济利润，因为他们认为自己的职业

（接上页）Vermeir, I., & Van Kenhove, P. (2007). Gender differences in double standards. *Journal of Business Ethics*, 81, pp. 281-295.

Kaplan, S., Pany, K., Samuels, J., & Zhang, J. (2009). An examination of the association between gender and reporting intentions for fraudulent financial reporting. *Journal of Business Ethics*, 87, pp. 15-30.

1　Eccles, J. S. (1994). Understanding women's educational and occupational choices: Applying the Eccles et al. model of achievement-related choices. *Psychology of Women Quarterly*, 18, pp. 585-610.

2　Faccio, M., Marchica, M. T., & Mura, R. (2016). CEO gender, corporate risk-taking, and the efficiency of capital allocation. *Journal of Corporate Finance*, 39, pp. 193-209.

Huang, J., & Kisgen, D. J. (2013). Gender and corporate finance: Are male executives overconfident relative to female executives. *Journal of Financial Economics*, 108(3), pp. 822-839.

Martin, A., Nishikawa, T., & Williams, M. (2009). CEO gender: Effects on valuation and risk. *Quarterly Journal of Finance and Accounting*, 48(3), pp. 23-40.

3　Powell, M., & Ansic, D. (1997). Gender differences in risk behaviour in financial decision-making: An experimental analysis. *Journal of Economic Psychology*, 18(6), pp. 605-628.

4　Owhoso, V. (2002). Mitigating gender-specific superior ethical sensitivity when assessing likelihood of fraud risk. *Journal of Managerial Issues*, 14(3), pp. 360-374.

Simga-Mugan, C., Daly, B. A., Onkal, D., & Kavut, L. (2005). The influence of nationality and gender on ethical sensitivity: An application of the issue-contingent model. *Journal of Business Ethics*, 57(2), pp. 139-159.

Lund, D. B. (2008). Gender differences in ethics judgment of marketing professionals in the United States. *Journal of Business Ethics*, 77(4), pp. 501-515.

5　Betz, M., O'Connell, L., & Shepard, J. M. (1989). Gender differences in proclivity for unethical behaviour. *Journal of Business Ethics*, 8(5), pp. 321-324.

是晋升到更高等级和获得更多补偿的一个步骤。他们也比女性更有可能高估工资或奖金。[1]

基于这些差异（在性别特征、决策过程、风险承担行为、沟通方法方面的领导能力），以及心理学和管理学文献，性别问题增加了对多年来公司治理文献的关注。研究人员认为，女性董事会成员提高了董事会成员之间的沟通质量，减轻了决策过程中的约束，从而提升了董事会和公司的效率和职能表现。[2]

董事会中的女性高管往往在更高层次上提供监督，并要求更大 216 的管理责任。[3] 这被认为可以减少董事会层面的信息不对称，并减轻管理者通过限制男性的机会主义行为来操纵收入数字的倾向。[4]

本章质疑性别差异和性别多样性对银行盈余管理行为的缓解作

1　Vinkenburg, C. J., Van Engen, M. L., Eagly, A. H., & Johannesen-Schmidt, M. C. (2011). An exploration of stereotypical beliefs about leadership styles: Is transformational leadership a route to women's promotion? *The Leadership Quarterly*, 22(1), pp. 10-21.

2　Fondas, N., & Sassalos, S. (2000). A different voice in the boardroom: How the presence of women directors affects board influence over management. *Global Focus*, 12, pp. 13-22.

Daily, C. M., & Dalton, D. R. (2003). Women in the boardroom: A business imperative. *The Journal of Business Strategy*, 24(5), pp. 8-9.

Huse, M., & Solberg, A. (2006). Gender related boardroom dynamics: How women make and can make contributions on corporate boards. *Women in Management Review*, 21(2), pp. 113-130.

Bear, S., Rahman, N., & Post, C. (2010). The impact of board diversity and gender composition on corporate social responsibility and firm reputation. *Journal of Business Ethics*, 97(2), pp. 207-221.

3　Adams, R. B., & Ferreira, D. (2009). Women in the boardroom and their impact on governance and performance. *Journal of Financial Economics*, 94(2), pp. 291-309.

Terjesen, S., Sealy, R., & Singh, V. (2009). Women directors on corporate boards: A review and research agenda. *Corporate Governance: An International Review*, 17(3), pp. 320-337.

4　Gul, F. A., Srinidhi, B., & Ng, A. C. (2011). Does board gender diversity improve the informativeness of stock prices? *Journal of Accounting and Economics*, 51(3), pp. 314-338.

用。财务报表的编制者如何利用会计灵活性来操纵收益和其他绩效评价数据，这一问题在财务会计文献中引起了极大的兴趣。希利和华伦[1]对盈余管理的定义如下：当管理人员在财务报告和交易安排中使用判断来改变财务报告，以误导一些利益相关者关于公司基本经济表现的信息，或者影响依赖于所报告的会计数字的合同结果时，盈余管理就发生了。

关于盈余管理的文献数量较多，但仍在寻找实证证据。此外，文献提出了公司操纵收益的许多动机，如收益平滑，[2]即将收益调整到一个确定的目标水平，[3]并在损失不可避免的情况下确认重大损失，以增加未来正收益的可能性。在银行业框架内，贷款损失准备金是财务报表中的重大应计项目，[4]需要一条重要的法令来决定其数量和时间。许多研究调查了贷款损失准备金能否作为收益平滑工具。一

1 Healy, P. M., & Wahlen, J. M. (1999). A review of the earnings management literature and its implications for standard setting. *Accounting Horizons*, 13(4), pp. 365-383.

2 Dechow, P., Ge, W., & Schrand, C. (2010). Understanding earnings quality: A review of the proxies, their determinants and their consequences. *Journal of Accounting and Economics*, 50, pp. 344-401.

Dechow, P., Myers, L., & Shakespeare, C. (2010). Fair value accounting and gains from asset securitizations: A convenient earnings management tool with compensation side benefits. *Journal of Accounting and Economics*, 49, pp. 2-25.

3 Burgstahler, D., & Dichev, I. (1997). Earnings management to avoid earnings decreases and losses. *Journal of Accounting and Economics*, 24, pp. 99-126.

Degeorge, F., Patel, J., & Zeckhauser, R. (1999). Earnings management to exceed thresholds. *The Journal of Business*, 72, pp. 1-33.

4 Barth, M. E., Gomez-Biscarri, J., Kasznik, R., & López-Espinosa, G. (2017). Bank earnings and regulatory capital management using available for sale securities. *Review of Accounting Studies*, 22(4), pp. 1761-1792.

些证据支持银行管理收益的论点。[1] 然而，一些研究发现证据表明它们并没有使收益平滑。[2]

与现有的广泛的盈余管理文献相反，只有少数研究涉及盈余管理中的性别差异。如上所述，女性董事被认为更有道德、为操纵账户提供了更少的空间；然而，罗克萨斯和斯通贝克[3]警告要谨慎对

1　Ma, C. K. (1988). Loan loss reserves and income smoothing: The experience in the US banking industry. *Journal of Business Finance & Accounting*, 15(4), pp. 487-497.

Greenawalt, M. B., & Sinkey, J. F. (1988). Bank loan-loss provisions and income smoothing hypothesis: An empirical analysis, 1976-1984. *Journal of Financial Services Research*, 1, pp. 301-318.

Wahlen, J. M. (1994). The nature of information in commercial bank loan loss disclosures. *Accounting Review*, 69(3), pp. 455-478.

Beatty, A., Chamberlain, S., & Magliolo, J. (1995). Managing financial reports of commercial banks: The influence of taxes, regulatory capital and earnings. *Journal of Accounting Research*, 33, pp. 231-262.

Collins, J. H., Shackelford, D. A., & Wahlen, J. M. (1995). Bank differences in the coordination of regulatory capital, earnings, and taxes. *Journal of Accounting Research*, 33(2), pp. 263-291.

Bhat, V. N. (1996). Banks and income smoothing: An empirical analysis. *Applied Financial Economics*, 6(6), pp. 505-510.

Kim, M., & Kross, W. (1998). The impact of the 1989 change in bank capital standards on loan loss provisions and write-offs. *Journal of Accounting and Economics*, 25, pp. 69-99.

Kanagaretnam, K., Lobo, G. J., & Mathieu, R. (2003). Managerial incentives for income smoothing through bank loan loss provisions. *Review of Quantitative Finance and Accounting*, 20, pp. 63-80.

Pérez, D., Salas-Fumás, V., & Saurina, J. (2008). Earnings and capital management in alternative loan loss provision regulatory regimes. *European Accounting Review*, 17, pp. 423-445.

2　Wetmore, J. L., & Brick, J. R. (1994). Commercial bank risk: Market, interest rate, and foreign exchange. *Journal of Financial Research*, 17, pp. 585-596.

Ahmed, A. S., Takeda, C., & Thomas, S. (1999). Bank loan loss provisions: A re-examination of capital management, earnings management and signalling effects. *Journal of Accounting and Economics*, 28, pp. 1-25.

3　Roxas, M. L., & Stoneback, J. Y. (2004). The importance of gender across cultures in ethical decision making. *Journal of Business Ethics*, 50(2), pp. 149-165.

待国家差异。在一些国家，女性在商业环境中从事更有道德的行为。一些研究表明，董事会中的女性董事为高质量的收入创造了条件。[1] 相反，一些研究人员没有发现性别特征（特别是女性董事占多数）与盈余管理行为相关的证据。[2] 此外，卡普兰等人[3] 发现男性

1　Thiruvadi, S., & Huang, H. W. (2011). Audit committee gender differences and earnings management. *Gender in Management: An International Journal*, 26(7), pp. 483-498.

Abbott, L. J., Parker, S., & Presley, T. J. (2012). Female board presence and the likelihood of financial restatement. *Accounting Horizons*, 26(4), pp. 607-629.

Gavious, I., Segev, E., & Yosef, R. (2012). Female directors and earnings management in high technology firms. *Pacific Accounting Review*, 24(1), pp. 4-32.

Clatworthy, M. A., & Peel, M. J. (2013). The impact of voluntary audit and governance characteristics on accounting errors in private companies. *Journal of Accounting and Public Policy*, 32 (3), pp. 1-25.

Gul, F. A., Hutchinson, M., & Lai, K. M. (2013). Gender-diverse boards and properties of analyst earnings forecasts. *Accounting Horizons*, 27(3), pp. 511-538.

Arun, T. G., Almahrog, Y. E., & Aribi, Z. A. (2015). Female directors and earnings management: Evidence from UK companies. *International Review of Financial Analysis*, 39, pp. 137-146.

Cumming, D., Leung, T. Y., & Rui, O. (2015). Gender diversity and securities fraud. *Academy of Management Journal*, 58(5), pp. 1572-1593.

Lanis, R., Richardson, G., & Taylor, G. (2017). Board of director gender and corporate tax aggressiveness: An empirical analysis. *Journal of Business Ethics*, 144(3), pp. 577-596.

Owen, A. L., & Temesvary, J. (2018). The performance effects of gender diversity on bank boards. *Journal of Banking & Finance*, 90, pp. 50-63.

2　Yu, S., Lord, R., Peni, E., & Vahamaa, S. (2010). Female executives and earnings management. *Managerial Finance*, 36(7), pp. 629-645.

Sun, J., Liu, G., & Lan, G. (2011). Does female directorship on independent audit committees constrain earnings management? *Journal of Business Ethics*, 99(3), pp. 369-382.

Lara, J. M. G., Osma, B. G., Mora, A., & Scapin, M. (2017). The monitoring role of female directors over accounting quality. *Journal of Corporate Finance*, 45, pp. 651-668.

3　Kaplan, S., Pany, K., Samuels, J., & Zhang, J. (2009). An examination of the association between gender and reporting intentions for fraudulent fifinancial reporting. *Journal of Business Ethics*, 87, pp. 15-30.

高管更倾向于发布安全稳健的财务报表以及约束会计操纵行为。

除了这些研究，女性审计师和审计委员会的作用和影响最近也 217
引起了很大的兴趣，但其结果和激励措施并不明显。审计委员会在
确保财务报表和公司内部控制过程的质量和可靠性方面发挥着至关
重要的作用，从而分担部分外部审计师的责任。从这个角度来看，
大多数研究支持审计委员会属性（独立性、专业知识、经验）对盈
余管理行为的有利影响。[1]贝纳尔迪和阿诺德[2]、戈尔德等人[3]的结论支
持了心理学的研究结果，即女性审计师在审计过程中更倾向于规避
风险。这种方法积极地影响了她们的判断，主要是以一种更保守的
方式。诗里尼德等人[4]和古尔等人[5]研究了风险承担、道德态度和领
导风格之间的性别差异。诗里尼德等人[6]将女性董事定义为"信任构

1 Klein, A. (2002). Audit committee, board of director characteristics, and earnings management. *Journal of Accounting and Economics*, 33(3), pp. 375-400.

Bedard, J., Chtorou, S., & Courteau, L. (2004). The effect of audit committee expertise, independence, and activity on aggressive earnings management. *Auditing: A Journal of Practice & Theory*, 23(2), pp. 13-35.

Yang, J. S., & Krishnan, J. (2005). Audit committees and quarterly earnings management. *International Journal of Auditing*, 9(3), pp. 201-219.

2 Bernardi, R. A., & Arnold, D. F. (1997). An examination of moral development within public accounting by gender, staff level, and firm. *Contemporary Accounting Research*, 14(4), pp. 653-668.

3 Gold, A., Hunton, J. E., & Gomaa, M. I. (2009). The impact of client and auditor gender on auditors' judgments. *Accounting Horizons*, 23(1), pp. 1-18.

4 Srinidhi, B., Gul, F. A., & Tsui, J. (2011). Female directors and earnings quality. *Contemporary Accounting Research*, 28(5), pp. 1610-1644.

5 Gul, F. A., Srinidhi, B., & Ng, A. C. (2011). Does board gender diversity improve the informativeness of stock prices? *Journal of Accounting and Economics*, 51(3), pp. 314-338.

6 Srinidhi, B., Gul, F. A., & Tsui, J. (2011). Female directors and earnings quality. *Contemporary Accounting Research*, 28(5), pp. 1610-1644.

建"角色。因此，他们的证据支持了他们的论点，即女性遵守公平规则，并能阻止盈余管理行为。

相反，奥沃索、阿布杜拉和伊斯梅尔[1]发现在审计过程中，性别差异对舞弊风险的检测没有影响。同样，孙等人也没有发现审计委员会女性成员比例与盈余管理之间存在显著关联。[2]他们认为，女导演的行为比男导演更道德；然而，他们没有权力影响其他委员会成员。

基于这些关于性别差异对盈余质量影响的论点，本章的假设如下。

H1：银行的董事会中女性占多数，因此不太容易进行盈余管理。

H2：有女性 CEO 的银行不太容易进行盈余管理。

H3：拥有女性主审计师的银行不太容易进行盈余管理。

三、数据与经验规范

本章探讨了性别差异（包括董事会女性成员占多数以及 CEO 和主审计师之间的性别差异）对银行业盈余管理行为的影响。为了检验这种影响，我们通过面板回归对土耳其银行业进行了分析，并通过银行网站上公布的年度财务报告收集了资产负债表和损益表中的数据。本章样本包括 2003—2018 年间土耳其银行业共 308 家公司的观察结果。

218　　　本章通过分析形成了两个初级序列。首先，观察银行是否使用

1　Abdullah, S. N., & Ismail, K. N. I. K. (2016). Women directors, family ownership and earnings management in Malaysia. *Asian Review of Accounting*, 24(4), pp. 525-550.

2　Sun, J., Liu, G., & Lan, G. (2011). Does female directorship on independent audit committees constrain earnings management? *Journal of Business Ethics*, 99(3), pp. 369-382.

"贷款损失准备金"来平滑收入。其次，观察性别差异对盈余管理行为的相对影响。为了分析样本银行的盈余管理行为，本章检验了以下实证模型：[1]

$$LLP_{i,t}/TA_{i,t-1}=\alpha_0+\alpha_1 LLP_{i,t-1}/TA_{i,t-2}+\alpha_2 LLP_{i,t-2}/TA_{i,t-3}+\alpha_3 EBLLP_{i,t}/TA_{i,t-1}+\alpha_4$$
$$CLOANS_{i,t}/TA_{i,t-1}+\alpha_5 LLA_{i,t-1}/TA_{i,t-1}+\varepsilon_{i,t} \qquad （10.1）$$

其中，$LLP_{i,t}$ 是 i 银行在第 t 年的贷款损失准备金。$EBLLP_{i,t}$ 是 i 银行在第 t 年未计入贷款损失准备金的税前收益，$CLOANS_{i,t}$ 是总贷款的变化，$LLA_{i,t-1}$ 是 i 银行贷款损失准备金总额的期初余额。所有变量在第 t 年年初通过银行总资产标准化，以缓解具有异方差的潜在估计问题。为了分析性别对盈余管理行为的影响，在模型中加入性别变量如下：

$$LLP_{i,t}/TA_{i,t-1}=\alpha_0+\alpha_1 LLP_{i,t-1}/TA_{i,t-2}+\alpha_2 LLP_{i,t-2}/TA_{i,t-3}+\alpha_3 EBLLP_{i,t}/$$
$$TA_{i,t-1}+\alpha_4 CLOANS_{i,t}/TA_{i,t-1}+\alpha_5 LLA_{i,t-1}/TA_{i,t-1}+\alpha_6$$
$$CEOG_{i,t}+\alpha_7 LAUDG_{i,t}+\alpha_8 FEMRATE_{i,t}+\varepsilon_{i,t} \qquad （10.2）$$

其中，CEOG 代表 CEO 的性别，LAUDG 代表主审计师的性别，FEMRATE 代表董事会中女性董事的比例。

四、实证结果

表 10.1 中面板 A 展示了描述性统计数据，面板 B 展示了变量之间的相关性。面板 A 显示，大多数董事会和审计团队主要由男性 CEO 和主审计师组成。女性董事仅占董事会的 11%，而本次研究中

---

1 Fonseca, A. R., & Gonzalez, F. (2008). Cross-country determinants of bank income smoothing by managing loan-loss provisions. *Journal of Banking & Finance*, 32(2), pp. 217-228.

所涉及的银行，只有 17% 的 CEO 和约 34% 的主审计师是女性。从主审计师职位上观察到的女性代表可以看出，土耳其银行业负责整个审计过程的女主管人员的数量不断增加，这表明人们认识到妇女参与金融服务部门的重要性。

面板 B 展示了分析中使用的变量之间的皮尔逊相关矩阵。可控应计利润与 CEO 性别和女性董事比例之间的相关性不显著。相反，可控应计利润与女性主审计师之间存在显著正相关关系。这些都是第一步分析的结果，真正的结论只有在考虑了可能影响盈余管理行

220 为的其他因素之后才能得出。一般来说，使用的变量之间不存在严重的多重共线性问题，如表 10.1 中面板 B 所示。

表 10.2 中面板 A 显示了第一个分析的结果，该分析质疑在土耳其银行业运营的银行是否通过平滑收入来管理收益。根据文献，银行在预期收入较高时拨备较高，在预期收入较低时拨备较低，以使高峰和低谷更加尖锐，使收入流更加畅通。根据银行的结果，银行通过贷款损失准备金平滑收益，因为贷款损失准备金的可裁量部分与贷款损失准备金之前的收益之间的相关性为正（0.063），在 1% 的显著水平下显著。

表 10.2 中面板 B 展示了关于性别差异对土耳其银行业收益平滑行为影响的小组回归分析结果。通过实证检验，本章对研究假设的检验可分为五个部分。首先，质疑了 CEO 性别；然后，分析了主审计师的性别差异、CEO 和主审计师的性别效应、董事会中的女性董事比例以及混合效应（CEO、主审计师和董事会中的女性董事比例）。结果表明，CEO 性别与银行盈余管理行为之间存在显著的相关关系，男性 CEO 的银行报告的可自由支配的贷款损失准备金较少，这导致盈余管理行为的消失。

表10.1　描述性统计和相关矩阵

面板A：描述性统计

变量	可控应计利润	未计入贷款损失准备金的收益	主审计师性别	CEO性别	女性董事比例	总免税额	贷款损失准备金	总贷款额	LCO	贷款损失准备金期初余额	不良贷款
平均值	−9.01E-05	0.025609	0.348276	0.172414	0.143531	67,204,090	676,064.7	47,464,740	156,210.9	1,179,741	1,381,577
中位数	−0.000261	0.024919	0.000000	0.000000	0.111111	24,519,987	225,322.0	14,001,94	3191.000	443,977.5	605,924.0
最大值	0.043296	0.132010	1.000000	1.000000	0.666667	5.37E+08	7,121,703	4.80E+08	4,583,196	13,692,652	12,379,857
最小值	−0.023590	−0.059358	0.000000	0.000000	0.000000	42,906.00	0.000000	2329.000	0.000000	0.000000	0.000000
标准偏差	0.006270	0.016422	0.477248	0.378393	0.137287	95,119,255	1,052,858	79,006,421	398,451.5	1,909,350	2,030,138
观测值	290	290	290	290	290	290	290	290	290	290	290

面板B：相关矩阵

变量	可控应计利润	未计入贷款损失准备金的收益	主审计师性别	首席执行官性别	女性董事比例	总免税额	贷款损失准备金	总贷款额	LCO	贷款损失准备金期初余额	不良贷款
可控应计利润	1.00										

续表

	可整应计利润	未计入贷款损失准备金的收益	主审计师性别	CEO性别	女性董事比例	总免税额	贷款损失准备金	总贷款额	LCO	贷款损失准备金期初余额	不良贷款
未计入贷款损失准备金的收益	0.126 (0.03^{**})	1.00									
主审计师性别	0.110 (0.06^{*})	0.005 (0.93)	1.00								
CEO性别	0.004 (0.94)	0.008 (0.88)	-0.007 (0.89)	1.00							
女性董事比例	-0.010 (0.86)	-0.104 (0.07^{*})	-0.037 (0.52)	0.600 (0.00^{***})	1.00						
总免税额	-0.017 (0.76)	-0.006 (0.91)	0.071 (0.22)	-0.272 (0.00^{***})	-0.255 (0.00^{***})	1.00					

续表

	可控应计利润	未计入贷款损失准备金的收益	主审计师性别	CEO性别	女性董事比例	总免税额	贷款损失准备金	总贷款额	LCO	贷款损失准备金初余额	不良贷款
贷款损失准备金	0.125 (0.03**)	0.035 (0.55)	0.130 (0.02**)	-0.249 (0.00****)	-0.223 (0.00****)	0.886 (0.00****)	1.00				
总贷款额	-0.006 (0.90)	-0.017 (0.76)	0.088 (0.13)	-0.229 (0.00****)	-0.205 (0.00****)	0.975 (0.00****)	0.892 (0.00****)	1.00			
LCO	0.036 (0.53)	0.013 (0.81)	0.162 (0.01***)	-0.130 (0.02****)	-0.086 (0.14)	0.389 (0.00****)	0.582 (0.00****)	0.404 (0.00***)	1.00		
贷款损失准备金初余额	0.022 (0.70)	0.015 (0.79)	0.127 (0.03**)	-0.229 (0.00****)	-0.225 (0.00****)	0.853 (0.00****)	0.939 (0.00****)	0.885 (0.00****)	0.486 (0.00****)	1.00	
不良贷款	-0.006 (0.91)	0.009 (0.86)	0.131 (0.02**)	-0.247 (0.00***)	-0.247 (0.00***)	0.876 (0.00***)	0.930 (0.00***)	0.899 (0.00***)	0.478 (0.00***)	0.983 (0.00***)	1.00

注：*、**、***分别表示10%、5%和1%的统计学显著性水平。

资料来源：作者计算

表 10.2　回归结果

面板 A：盈余管理分析（横截面固定面板最小二乘法）

变量	系数	T值
常数	0.02	0.13 (1.49)
不良贷款	0.303	0.00*** (8.63)
不良贷款变化额	0.096	0.01*** (2.51)
贷款总额变化	−0.002	0.17 (−1.35)
未计入贷款损失准备金的收益	0.063	0.00*** (3.36)
观测值	308	
决定系数	0.539	
F 统计量	15.38***	

面板 B：性别对盈余管理行为的影响

变量	CEO 性别影响 系数	T值	主审计师性别影响 系数	T值	CEO 和主审计师性别影响 系数	T值	女性董事比例影响 系数	T值	综合结果 系数	T值
常数	0.003	0.00*** (3.55)	0.002	0.19 (1.28)	0.02	0.23 (1.18)	0.01	0.00*** (2.83)	0.001	0.00*** (2.81)
不良贷款	0.326	0.00*** (12.94)	0.307	0.00*** (7.83)	0.306	0.00*** (7.79)	−0.093	0.00*** (7.41)	0.319	0.00*** (12.41)

续表

变量	CEO性别影响		主审计师性别影响		CEO和主审计师性别影响		女性董事比例影响		综合结果	
	系数	T值	系数	T值	系数	T值	系数	T值	系数	T值
不良贷款变化	0.051	0.24（1.17）	0.021	0.60（0.52）	0.021	0.62（0/49）	0/058		0.048	0.26（1.12）
总贷款额变化	-0.001	0.53（-0.62）	-0.002	0.27（-1.08）	-0.002	0.31（-1.01）	-0.002	0.17（-1.34）	-0.001	0.63（-0.48）
未计入贷款损失准备金的收益	0.011	0.58（0.54）	0.039	0.05**（1.89）	0.035	0.08*（1.73）	0.065	0.01***（2.39）	0.010	0.59（0.52）
CEO性别	-0.004	0.00***（-3.82）			0.02	0.40（0.83）			0.001	0.10*（1.64）
主审计师性别			0.002	0.06*（1.88）	0.02	0.06*（1.84）			-0.004	0.01***（-2.54）
女性董事比例							-0.001	0.88（-0.14）	-0.003	0.51（-0.64）
观测值	287		290		287		290		286	
决定系数	0.419		0.537		0.536		0.511		0.421	
F统计值	12.48***		9.51***		9.28***		11.77***		11.38***	

注：*、**、***分别表示10%、5%和1%的统计学显著性水平。CEO性别是一个虚拟变量，其中1代表女性董事，0代表男性董事。主审计师性别是一个虚拟变量，其中1代表女性主审计师，0代表男性主审计师。女性董事比例是以女性董事人数除以董事会总人数来计算的。

资料来源：作者计算

在考虑主审计师的性别效应的同时，本章观察到，有女性主审计师的银行在财务报表中有更多的贷款损失准备金。由女性主审计师进行审计的影响与由男性 CEO 担任董事会成员的影响不同。研究发现，对于由女性主审计师审计的银行，盈余管理行为并没有降低到零；然而，在没有性别影响相关变量的情况下，其幅度会比基础模型下降。

令人惊讶的是，当 CEO 和主审计师的性别效应一起考虑时，盈余管理行为显著消失（决定系数 =0.53）。当同时考虑 CEO 和主审计师的性别时，CEO 之间性别差异的显著影响变得无效。结果表明，由女性主审计师审计的银行减少了样本银行的收益平滑行为。此外，这种对收益平滑行为的缓和作用是通过增加贷款损失准备金来实现的。由女性主审计师审计的银行，其财务报表中贷款损失准备金的金额较高。

然而，并没有发现董事会中女性董事比例与盈余管理之间存在显著的关联。最后一项分析包括对关于土耳其银行业的收益平滑行为的所有性别相关变量（CEO 性别、主审计师性别、女性董事比例）的提问。

结果显示，尽管董事会中女性董事比例仍然不显著，但 CEO 和主审计师的性别系数均显著。这些混合的结果表明，所有性别相关的变量考虑在这项研究中，约束经理人操纵收益。更具体地，可以这样说，拥有男性 CEO 和女性主审计师的银行报告的可自由支配的贷款损失准备金更少，这导致了在土耳其银行业观察到的盈余管理行为的消失。对于混合结果，显然假设 H1 不成立，但 H2 和 H3 成立。CEO 与主审计师性别对盈余管理行为影响的唯一差异，在于他们对贷款损失准备金的影响相对不同。在这个框架内，结果表明，在由女性 CEO 领导的银行中，经理们报告的贷款损失准备金水平更高。

相比之下，由女性主审计师审计的银行报告的贷款损失准备金较少。总而言之，女性主审计师是盈余管理的障碍。这一发现支持了在保守主义和风险承担行为框架下的性别差异的相关文献。[1]此外，基于性别之间态度和行为上的这些差异，女性高管可能更倾向于避免激进的收入增加的盈余管理，这一观点是合理的。由女性董事领导的银行报告的贷款损失准备金水平更高。

五、结论

在本章中，我研究了董事会中女性董事比例、CEO 和主审计师的性别差异与基于应计制的盈余管理行为之间的关系，而这种盈余管理行为可以指定为 2003—2019 年土耳其的银行开展的收益平滑行为。本章的主要动机是关于保守主义、风险厌恶和道德行为的性别差异的非决定性论点。在此框架内，首先检验收益平滑假设，然后分析性别差异对样本银行盈余管理行为的相对影响。

结果表明，银行通过贷款损失准备金来平滑收入，以随着时间

---

1 Byrnes, J. P., Miller, D. C., & Schafer, W. D. (1999). Gender differences in risk taking: A metaanalysis. *Psychological Bulletin*, 125(3), p. 367.

Schubert, R. (2006). Analyzing and managing risks — on the importance of gender differences in risk attitudes. *Managerial Finance*, 32(9), pp. 706-715.

Watson, J., & McNaughton, M. (2007). Gender differences in risk aversion and expected retirement benefits. *Financial Analysts Journal*, 63(4), pp. 52-62.

的推移获得更稳定的收入流。当性别变量加入到分析中，得到显著的和不一般的结果。与之前的研究一致，研究结果支持女性董事和盈余管理的限制性作用的存在。有趣的是，当考虑 CEO 和主审计师的性别时，主审计师的性别效应超过了 CEO 的性别效应。由女性主审计师审计对盈余管理的缓解作用比由女性 CEO 指导更显著。

另一方面，董事会中女性董事比例与盈余管理之间的关系并不显著。总体而言，本章的实证结果表明性别相关差异可能对盈余管理行为中的会计质量有重要作用，特别是在稳健性、风险厌恶和管理机会主义方面。结果支持女性审计师和女性 CEO 在审计判断中更倾向于规避风险，允许的会计操纵空间更小的观点。

虽然本章的结论为女性 CEO 进入董事会和由女性主审计师审计对银行业盈余管理行为的重要作用提供了一个新的观点，但本章也存在一些局限性。这些建议可在今后的研究中加以考虑。首先，本章以贷款损失准备金代表可控应计利润来衡量盈余管理。在未来的研究中，可以将贷款损失补偿作为盈余管理工具，取代贷款损失准备金，后者是资产负债表中的累积显示，可用于出售资产或与证券化过程相关的账户。其次，本章质疑 CEO 性别、主审计师性别和董事会女性董事比例对盈余管理行为的影响。在未来的研究中，可以考虑可能影响 CEO 或审计师的盈余管理的其他特征（如年龄、任期、教育程度）。除了其他高管（如首席财务官、内部审计负责人）的特征，审计委员会和独立审计团队也可以在盈余管理中进行分析。这些建议可以为未来研究提供更多的线索，丰富性别特征差异、盈余管理和公司治理研究的相应文献。

第三部分

审计决策的管理方法

第十一章

使用审计决策支持系统审查客户数据集：增强创建审计证据的工作

穆罕默德·加贝尔　爱德华·J. 卢斯科[*]

摘要：在美国注册会计师协会、美国上市公司会计监督委员会 231 及美国证券交易委员会的无数政策、程序、声明、协议、规章和规则的基础上，执行认证审计的最佳做法的唯一和必要的要素是：所需的认证审计意见必须基于在审计时间范围内创建的有效审计证据。由于大多数审计证据必须来自客户数据集，因此在进行任何审计测试之前，都必须对这些客户数据集的相关性、可靠性和准确性进行审查。本章建议：（1）要求负责审计的人员对每个客户数据集的预期进行先验假设；（2）创建审计证据时在接受客户数据集之前，根据客户的自动识别系统对预期进行推断测试。本章将这种对客户数据集的审查称为有效性阶段。至于效率阶段，审计师必须使用决策支持系统。本章将讨论：作为决策支持系统推理机的 P 值、变换筛选、重新性能和重新计算协议、纽卡姆和本福特分析、使用土耳其-探索性数据分析的前沿分析以及使用隔板分析的自动识别系统的形式完

---

* 穆罕默德·加贝尔、爱德华·J. 卢斯科，纽约州立大学经济与管理学院会计系、美国纽约州匹兹堡。E-mail:gabermk@plattsburgh.edu; luskej@plattsburgh.edu

整性筛选。这些决策支持系统平台是在 VBA 公开访问 Excel 文档中编程的，这些处理功能的集合是审计审阅决策支持系统。本章讨论了每个审计审阅决策支持系统平台，并用实际审计数据集进行了说明。审计审阅决策支持系统可以免费下载，使用也不受限制。

　　关键词：审查客户数据集；审计决策支持系统；关键审查任务；决策支持系统；本福特首位数字筛选；创建审计证据；审查质量；假阳性错误测试

一、简介

232　　审计审阅决策支持系统[1]的重点是使审计负责人在审计执行中能够更好地符合美国的规定：联邦许可证发放机构，即上市公司会计监督委员会。美国上市公司会计监督委员会是根据《萨班斯-奥克斯利法案》创建的。设立上市公司会计监督委员会的《萨班斯-奥克斯利法案》的"描述性标题"最具启发意义：该法案旨在通过提高根据证券法进行的公司披露的准确性和可靠性，以及出于其他目的，保护投资者。

　　上市公司会计监督委员会要求审计负责人表达两个意见：一是客户财务报告内部控制制度是否充分；二是保证客户财务报表中报告的信息不存在重大错误。关于执行美国上市公司会计监督委员会的审计与鉴证业务的各个方面，有大量的信息可以在整个过程中读取。这在很大程度上是由于以下法律的相互关系。

1　AVDSS-Link. (2020). *Google Chrome*. https://drive.google.com/fifile/d/1dPjKDRGP_H52y7lIP9oCDpj2OAIhsRmp/view?ts=5f85a3e1.

（一）美国上市公司会计监督委员会[1]致力于保护那些在美国交易所投资资源的人的公共福利，从而使美国上市公司会计监督委员会的设立合理化，使其成为一个美国联邦机构，负责为在美国交易所上市的公司提供审计与鉴证服务的审计鉴证有限责任公司发放执照。

（二）美国注册会计师协会[2]负责：（1）编写统一认证考试（注册会计师），这是在特定法域取得提供审计与鉴证认证资格的必要条件；（2）编写《美国公认审计准则》，这些准则最初是美国上市公司会计监督委员会发布审计准则的平台，最初是第2号，目前是第8号。

（三）美国证券交易委员会，[3]作为一个美国联邦机构，负责交易所的有序运作，允许公司交易其所有权证书，即股票，以换取广义货币。

美国上市公司会计监督委员会、美国注册会计师协会及美国证券交易委员会是一个监测、评估和决策的集体，它向公众提供保证，即在美国交易所交易的公司所报告的信息可以作为用于购买股票的经济交易资源。

二、审阅：审计的基础

美国注册会计师协会、上市公司会计监督委员会和证券交易委

1　Public Company Accounting Oversight Board [PCAOB]. (2017). https://pcaobus.org/Standards/Auditing/Documents/PCAOB_Auditing_Standards_as_of_December_15_2017.pdf.

2　AICPA. (2019). *SAS 135 Omnibus Statement on Auditing Standards—2019*. https://www.aicpa.org/content/dam/aicpa/research/standards/auditattest/downloadabledocu-ments/sas-135.pdf.

3　U. S. Securities and Exchange Commission (SEC). (2020). https://www.sec.gov/about/laws/secrulesregs.htm. Accessed 03. 10. 2020.

员会的政策、程序、声明、协议、规章和规则，基本都集中在一个
事实上：审计的质量完全取决于用来证明审计师意见正确性的证据
的质量。

这个问题非常简单：审计师依赖数据和信息（主要由客户提供）
来创建审计证据，以编写脚本并为其审计意见辩护。但是，由于从
逻辑上必须假定客户在向审计师提供的信息的准确性方面存在利益
冲突，客户数据不能被接受为审计证据，除非对其准确性进行测试。
可以肯定的是，这种准确性测试是多方面的。测试的一个方面应该
是标准的，那就是审查在审计与鉴证业务中收到的客户数据集，然
后再用其来创建审计证据：审查是最佳实践赖以存在的平台。

有趣的是，我们搜索了上述三者最新的帖子：使用关键词搜索
（审阅或审查），但在这些监管文档中没有使用该词的实例。然后，
通过 ABI-INFORM Global 数据库以及 EBSCOhost 数据库，在标题
或摘要中搜索了关键词：审阅和审查，包括同行评议领域，都没有
找到任何相关文章。这充分说明，在评价上市公司会计监督委员会
的审计时，有必要重新考虑审计与鉴证的做法与最佳做法之间的语
言联系。在这方面，《审计标准建议声明》第135条是必须阅读的。
最后，本章可能是第一次给出审计环境中审阅的定义：**审阅**要求独
立审查委员会：（1）使用经验判断形成对每个客户数据集的概况性
质的预期，这些数据集将用于创建审计证据；（2）收集关于该概况
的实际性质的相关信息；（3）创建推断性证据，即以"预期与实际"
这两个概况之间的差异为基础决定是否需要扩展程序来进一步测试
该客户数据集，然后才能将其作为可用于创建审计证据的数据。

考虑到美国上市公司会计监督委员会和注册会计师协会以及证
券交易委员会对**审计环境下的审查**的定义进行了合理化，现在将考

233

虑可用于创建可靠和相关信息的审计与发展支持系统的平台，这些信息可用于在创建审计证据时对客户数据集进行限定。

三、审计审阅决策支持系统

作为报告的一个重要背景，本章希望叙述一个由伯恩和卢斯克[1]报告的小插曲，这有助于理解审计审阅决策支持系统的性质。

一个年轻的学生在三年级的拼写测试中表现很差。在晚宴上，家长们好奇地提到："你的拼写测试肯定不好，是吗？"孩子开诚布公地打趣道："好吧，你还指望什么，这支愚蠢的钢笔连拼写都不会——我问你！我该怎么办？"通过广泛的经验发现并强化了一个问题，那就是决策者想要按几个按钮，让决策支持系统揭示"真相"。好吧，就像"不会拼写的钢笔"的滑稽背景一样，如果你希望审计审阅决策支持系统提供的信息可以让你摆脱使用你的培训和经验"常识"来产生审计与鉴证业务的最佳实践的要求，那么建议你跳过这一章，转向下一章，因为你会对接下来的内容感到失望。

审计决策支持系统认为：责任和义务在于**用户**，而不在于**工具**。本着这种精神，本章将审计审阅决策支持系统组织成高度互动的系统。决策支持系统设计的要求是通过目标寻求参与的技术互动来产生**承诺**和**责任**。

（一）审计审阅决策支持系统欢迎词

打开审计审阅决策支持系统后，会出现以下信息："欢迎使用审

234

1　Bern, M., & Lusk, E. (2020). The reduced rules Rule Based Forecasting system: Details and functionalities: An audit context. *Accounting and Finance Research*, 9, pp. 13-30. https://doi.org/10.5430/afr.v9n3p13.

计审阅决策支持系统。在您使用任何审计平台之前，我们建议您首先阅读文档《审计审阅决策支持系统概述》，这里有关于审计审阅决策支持系统所有功能的重要信息。此外，加博和卢斯克[1]在各种平台上有更多有用的讨论和细节。在没有咨询意见、律师和说明性指导的情况下使用决策支持系统，可能难以实现审计审阅决策支持系统的全部优点。"

（二）P值推断背景

每个审计审阅决策支持系统工作表都提供P值功能。在审计环境中，审计师依据经验判断产生的统计推断为审计团队提供了理论依据和指导，指导他们决定是否有必要对客户的数据集进行扩展程序检查，以确定他们是否有资格提供审计证据，而审计证据将是审计与鉴证意见的基础。简单地说，在美国上市公司会计监督委员会审计的最佳实践决策环境中，P值是预期的；P值在为审计师创建以行动为导向的审计证据的方式辩护时至关重要。该P值使得审计审阅决策支持系统非常简捷，适用于审计。推断测试与大多数现场工作标准，尤其是现场工作标准第2号和第3号非常一致。为了便于说明，本章提供了引导P值计算的各种审计审阅决策支持系统平台功能的参数化说明。所有说明性示例均取自实际审计经验。我们与提供这些说明和数据的联盟达成的协议是，我们不会提及客户，如果在任何出版物中报告，数据将以容易的方式进行修改。

---

1 Gaber, M., & Lusk, E. (2015). Account screening: Rationalizing the extended procedures decision in the audit context. *EXCEL International Journal of Multidisciplinary Management Studies*, 5, pp. 1-20.

　　例如，假设审计客户拥有以下经管理层批准的、目前正在运行 235 的关于应付账款清偿或支付的协议：组织现金支付协议以获得可用的时间折扣，以避免花费超过解决合同所需的时间。

　　在美国上市公司会计监督委员会和美国注册会计师协会的最佳实践背景下，审计负责人需要测试各种客户端协议，以查看客户端是否正确执行其协议；如果推理测试表明并非如此，那么审计的风险水平可能需要提高，即更多的保证测试。

　　假设审计负责人指派一名员工对过去 5 个月内支付的 200 个应付账款随机样本重新进行执行和计算，以确定这 200 个应付账款中有多少未享受超过 5.00 美元的折扣。她的一般推断或总体判断预期为：如果客户实际上本着"诚信"的原则执行其应付账款现金支付协议，那么他们 95% 的时间将享受大于 5.00 美元的应付账款折扣。这意味着，如果客户有 5% 的大于 5.00 美元的应付账款为了符合折扣条件而未支付，她也会认为客户是"诚信"执行应付账款协议的，因此不需要采取扩展程序行动或调查。

　　根据重新执行和重新计算，在随机抽样的 200 个应付账款账户中，有 7 个应付账款账户未能享受折扣。因此，问题是：鉴于这些审计证据，审计负责人是否应该考虑对应付账款现金支付协议进行扩展程序检查？具体而言，将计算考虑该审计信息的推断 P 值；基于该 P 值，即审计证据对决策过程的影响，将作出与由此产生的统计推断信息一致的决策。P 值测试的细节如下。

　　期望值：预期未支付的大于 5.00 美元的应付账款是 10 $[200 \times 5\%]$。

　　实际数据：根据员工完成的重新执行和重新计算的工作，样本中有 7 个应付账款没有支付。

　　在审计环境中，我们总是对双尾推理分析感兴趣。其原因是，在审计的推理背景下，低于预期的值和高于预期的值具有同等价值。对于这个例子，P值使用连续性校正为0.33675或33.7%。解释如下：如果预期十个应付账款不会被支付，而事实上七个应付账款没有被支付，那么预期十个和发现七个的结果可能发生的概率是33.7%。因此，考虑扩展程序的预期和实际保证之间没有推论上的重要差异；但是，可能会有一个暗示性的差异，这个差异将在以后与其他测试信息一起使用。

说明：假设我们使用相同的审计示例，使用支持客户端协议的应付账款的实际支付频率的信息。

236　期望值：预期支付 5.00 美元以上的应付账款为 190［200×95%［1–5%］］。

实际数据：根据员工完成的重新执行和重新计算的工作，样本中支付了应付账款的数量为 193［200–7］。

P值使用连续性校正为0.33675或33.7%。同样的结果，这只是意味着在二项分布的语境中，你总是需要协调单位，也就是说，在这个例子中，支付：｛200, 190, 193｝或未支付｛200, 10, 7｝。

另一个例子：假设工作人员发现17个账款没有得到支付。在这种情况下，审计审阅决策支持系统的P值的输入是：｛200, 10, 17｝或｛200, 190, 183｝，P值为0.02498或2.5%。这意味着如果10是一般期望值，那么在随机样本中可以找到17；然而，这种情况很少见。在这种情况下，如果10［5% ×200］的预期是真的，如果协议事实上得到了正确执行，那么审计师只有2.5%的时间有可能找到17。鉴于这是一个罕见的事件，更好的决定是审计负责人在逻辑上拒绝该预期可能是真的。在这种情况下，拒绝5%的预期为真的假阳性错误是指该预期为真和被错误拒绝的可能性或时间的百分比。因此，

P 值为 2.5%，由于这是一个罕见的事件（发生时预期和实际之间的差异相当大），因此预期值 10 和实际值 17 之间存在重要的推断性差异，这表明应付账款协议的执行可能需要扩展程序，因为有推断性证据表明客户端协议目前不太可能正确执行。

在本章介绍与特殊的审计审阅决策支持系统平台相关的特殊方面之前，有几个方面是所有审计审阅决策支持系统平台共享的。

（三）所有审计审阅决策支持系统平台的共通之处

所有 VBA Excel 对象和命令都用粗体表示。

1. 有一个**清除先前结果**的红色字体 VBA 启动按钮。

2. 所有要输入审计审阅决策支持系统的客户数据（通常为 Cols A 或 B）都需要通过**复制粘贴**完成。

3. 所有参数均通过 VBA **输入框**输入，该输入框在平台执行过程中需要的时间出现。输入请求的参数后，反馈**信息框**会指示刚刚输入的值。所有**输入框**都有一个**取消选项**，该选项将使审计负责人退出审计审阅决策支持系统执行循环。要重新启动特定的审查平台，审计负责人必须首先再次单击**清除先前结果**按钮。

4. 所有 P 值计算均由审计审阅决策支持系统进行，根据该值，将出现一条**信息**，其中包含以下五种信息状态，均为订单退出阶段。

（1）如果 P 值大于 0.35，则**信息**为"P 值表明审计关注的事件 237 的预期和实际数量之间不太可能存在重大差异。该结果不太可能需要扩展程序调查"。

（2）如果 P 值大于 0.25，则**信息**为"P 值表明审计关注的事件的预期和实际数量之间存在暗示性差异。应记录该结果，并与其他账户的进一步测试一起考虑扩展程序调查"。

（3）如果 P 值大于 0.05，则**信息**为"P 值表明审计关注的事件的预期和实际数量之间存在有趣的差异。该结果可能需要扩展程序调查。

（4）如果 P 值大于 0.01，则**信息**为"P 值表明审计关注的事件的预期和实际数量之间存在重要差异。该结果可能需要扩展程序调查"。

（5）如果 P 值小于 0.01，则**信息**为"P 值表明审计关注的事件的预期和实际数量之间存在严重差异。该结果通常需要进行扩展程序调查"。

5. 此外，这些**信息**使用**颜色编码**：红色分配给 P 值小于 0.01 的情况，绿色分配给 P 值大于 0.35 的情况。为其他三个 P 值分区分配逻辑色调。如果审计负责人想要使用其他 P 值边界或颜色，则必须在 **VBA 模块**中更改。

6. 在每个审计审阅决策支持系统平台的末尾，会出现以下**信息**："在审查分析的最后阶段，用屏幕截图捕捉这些信息，以获得审计的永久文件。"在审查小组需要评估审计执行情况的信息时，捕获并保存审计审阅决策支持系统的信息集至关重要。

7. 每当预期出现次数少于 5 次时，就会产生以下**信息**："存在技术推断问题。您必须测试一个设计，其中［样本量 * 预期成功率］和［样本量 *［1- 预期成功率］］均大于 5。请重新设计审核测试。"

8. 在生成 P 值时总是使用连续性校正。但例外的是，对于工作表来说，如果选中 **P 值的实际预期值**，可以选择使用连续性校正；如果未选中，则不使用连续性校正。在二项分布、伯努利分布的语境中，连续性校正会产生稍大的 P 值；因此，相对于拒绝假阳性错误，连续性校正实际上是保守的，即同等条件下假阳性错误拒绝发生的频率较低。

9. 当要计算 P 值时，**清除按钮**还将要求审计负责人输入预期的出现次数，这通常被称为先验参数化，因为 P 值是在审计审阅决策支持系统创建任何实际值之前产生的。在审计审阅决策支持系统产生任何实际信息之前记录先验预期，以避免通过知道实际值来"锚定"预期的估计。此外，对于某些审查功能，在计算出先验 P 值后，生成替代 P 值。在这种情况下，要求审计负责人输入替代或基准预 238 期。这将提供一个基准 P 值，审计负责人可以使用该 P 值来详细考虑启动扩展程序调查的必要性。

10. 对于大多数审查功能，产生了（1- 假阳性错误％）的置信区间。选择 5% 或 10% 的假阳性错误，这会产生 95% 或 90% 的置信区间。值得注意的是，95% 是大多数审计的标准。此外，根据审计审阅决策支持系统确定的实际值，实际值将重新定位到置信区间。如果不在置信区间内，审计审阅决策支持系统将会提示："警告：预期与实际结果不一致。扩展程序可能是有保证的。"如果是在置信区间内，则信息是："预期与实际结果没有差异。扩展程序可能没有保证。"这些信息使用颜色编码。红色代表不在置信区间内；否则，颜色编码为绿色。

四、审计审阅决策支持系统平台的功能

（一）工作表［1］：审计审阅决策支持系统概览

正如前文中所指出的，第一份工作表简要解释了所有八个审计审阅决策支持系统平台。建议在使用任何审查功能之前阅读此摘要信息。此外，我们还制作了幻灯片解说以详细介绍工作表的基本内容。这些可从通信作者处下载。此外，即使在反复使用审计审阅决策支持系统之后，我们仍建议审计负责人重新阅读这些工作表概述，并将幻灯片解说作为有益的提神练习进行审查。最后，加博和卢斯克[1]的研究报告提供了一些审计审阅决策支持系统审查平台的讨论和各种示例，其中许多平台也用于我们的审计与鉴证课程。

（二）工作表［2］：P值的期望与实际

由于审计审阅决策支持系统平台有若干技术方面需要介绍，而且章节的长度有限，所以我们将只介绍基本的技术方面，提供一个网址链接或搜索敏感的参考资料，提供一组信息丰富、可读且有意义的详细信息；或者，每个工作表上都有选定的信息文本框。当然，作者会很高兴收到有关审计审阅决策支持系统任何方面的问题。

1. 连续性校正

239　　在**工作表［2］：P值的实际预期值**中，审计负责人可以选择使用连续性校正或绕过此校正。当我们询问有关计数的问题，即有多少账户价值大于15,000美元，或有多少应付账款发票尚未处理时，我们就是在基数域中计算项目的数量。在这种情况下，只有通过使用阶乘公式的二项分布才能找到正确的推论。这不是一个切实可行的选择。通常，我们假设我们可以通过使用二项分布语境下的正态近似来近似地计算出感兴趣的概率。然后，可以使用所有与"连续"语境相关的简单概率测试。

然而，由于正态曲线是连续的，因此这在"技术上"是不正确的，因此增加或减少了整数概率块的概率，但是，近似是接近的，

1　Gaber, M., & Lusk, E. (2015). Account screening: Rationalizing the extended procedures decision in the audit context. *EXCEL International Journal of Multidisciplinary Management Studies*, 5, pp. 1-20.

并且在推理世界中被接受。为了解决使用连续近似从计数域中提取有意义信息的问题，可以使用连续性校正。实际上，这也不是 100% 的校正。而且，这是一个近似值，实际上，使用连续性校正可以更好地近似真实的二项式概率。在所有的工作表中，我们使用以下连续性校正：这里让我们考虑上面的例子，其中我们有 {200, 10, 7}；使用 0.5 的标准连续性校正和假阳性错误的双尾测试，P 值如下：

$$Z_{cal}^{Lhs}=[Abs[(7+0.5)-10]]/\left[\sqrt{200*\left(\frac{10}{200}\right)*\left(\frac{190}{200}\right)}\right]$$

$$Z_{cal}^{Rhs}=[Abs[(7-0.5)-10]]/\left[\sqrt{200*\left(\frac{10}{200}\right)*\left(\frac{190}{200}\right)}\right] \quad (11.1)$$

$$PValue_{cal}^{Lhs}=[T.\ DIST.\ 2T(Z_{cal}^{Lhs},10,000)/2]$$

$$PValue_{cal}^{Rhs}=[T.\ DIST.\ 2T(Z_{cal}^{Rhs},10,000)/2]$$

$$PValue_{AVDSS}=[PValue_{cal}^{Rhs}]+[PValue_{cal}^{Lhs}]$$

工作表 [2]：P 值的实际预期值中审计审阅决策支持系统报告的 P 值为 **0.33675**，这一 P 值表明预期与审计关注的事件的实际数量之间存在显著差异。该结果应记录下来，并与其他账户的进一步测试一起考虑：扩展程序调查。如果不使用连续性校正，P 值应该是 **0.33041**。

2. 审计审阅决策支持系统：P 值的功能

工作表 [2] 中，P 值的实际预期值需要输入以下数据：**样本量、预期项目数和实际项目数**。这些参数是使用**输入框/信息框**输入的。然后审计负责人选择在 P 值计算中使用或是不使用连续性校正。计算出的 P 值显示在输入参数的正下方。在 P 值旁边是本章上文提到的该 P 值在审计审阅决策支持系统的背景。最后，还有一个汇总表，用于报告样本：预期项目的百分比和确定的实际项目的百分比，并报告两者之间的差异。有关连续性校正的更多信息可以浏览网址：https://www.statology.org/continuity-correction，而有关 P 值的更多信息可以浏览网址：https://www.investopedia.com/terms/p/p-value.asp。

（三）工作表［3］：换位错误——特定的司法筛选

机器驱动的读码算法不会进行数字切换或产生所谓的换位错误。换位错误是个人的专属领域。因此，在审计环境中，审计师通常有兴趣检查重新执行和重新计算的数据集，以确定错误是否是由机器驱动的读码算法造成的，因为程序编码中可能存在故障。当然，这也是人为错误，或者说是一种特殊类型的错误——换位。如果自动识别系统流程在本质上完全被认为是机器驱动的读码算法，那么此算法输出中存在换位错误通常是一个强有力的法律证据，表明机器驱动的读码算法流程已被未经授权的人为干预破坏或入侵。理由在于：在审计师使用客户的凭证和自动识别系统协议并执行协议的所有自动识别系统步骤时，重新执行和重新计算可以创建高质量的审计证据。在重新执行以及重新计算阶段可以得出用于与客户的值相比较的重新执行和重新计算的值。这两个值的差异在审计范围内具有重要意义，目的是使调查机器驱动的读码算法受到损害的可能性合理化。

通常的审计步骤是收集一个客户端审计集，该审计集应该由机器驱动的读码算法流程专门生成。然后，收集一个随机样本，并指派一名员工使用自动识别系统和通用会计准则凭证对客户协议信息进行重新执行和重新计算。然后对该数据集进行筛选，以确定重新执行和重新计算的样本中是否存在错误和 / 或换位。为了清楚地说明这一点，请考虑三种类型的换位审计筛选，它们在审计环境中最常用于调查可能受损的机器驱动的读码算法的进程。随后，在**工作表[4]：重新执行和重新计算错误的筛选**中，将再次讨论重新执行和重新计算审计协议，并只关注任意类型的错误。

1. 一般换位（A 型）

假设数据集为：[#ab，----，yz#]，其中：ab，----，yz 是以其他数字为界的整数，标记为 #。一般换位是除 [#ab，----，yz] 以外的任何顺序。如果客户的值与重新执行和重新计算的值之间的差异可被 9 整除，即货币单位外没有余数，则可识别司法换位错误的筛选。例如，客户重新编码的值是 124,833.92 美元，而假定正确的重新执行和重新计算的值是 128,433.92 美元，差额为 –3600 美元（124,833.92 美元 –128,433.92 美元），可被 9 整除：–400 [–3600/9]。因此审计负责人了解到：错误为 **A 型**换位错误，以及错误为负——客户的值小于重新执行和重新计算后的正确值。信息点 [PoI]。假设客户端记录的值为 389,312.42 美元，这一差额 –260,878.50 也可被 9 整除：–28,986.50。这表明 [#ab，----，yz] 的任何排列都可以被 9 整除。

2. 特殊换位（B 型和 C 型）

此外，正如卢斯克和哈尔普林[1]所讨论的，有两个"特殊"案例是审计师感兴趣的换位主题的变体。A 型情况有时被称为：由于视力差、诵读困难或粗心大意导致的 **Oops 换位**，通常是两个相邻的数字被切换。该案例对于审查机器驱动的读码算法流程的完整性

---

1 Lusk, E., & Halperin, M. (2015). The selective investigation of transpositions in the audit context: Focusing re-performance and re-calculation activities: Practice extensions on Cowton's proof. *Financial Audit*, 8, pp. 83-91. http://revista.cafr.ro.

非常重要。然而，这些特殊情况往往是**意图**的一种表现，即有目的地换位。考虑到这些特殊情况，这一点就很清楚了。假设重新执行和重新计算的值为：［#aba#］，客户的值为：［#bab#］。这种错误只能被 91 整除，被称为 **B** 型换位错误，有时被称为三**明治**换位。例如，［58, 287］被报告为［52, 827］；差值为 –5460，因此可以被 91 整除：–60：［–5460/91］。注意差值不能被 9 整除，例如 606.667［5460/9］。感兴趣的最后一个变换是，如果数字是［#a#b#］，比较的数字是［#b#a#］；这个差值可以被 9 整除，也可以被 99 整除，因为并置的不是邻近的数字，而是一个保持正确位置的数字。这有时被称为**蛙跳**换位，对［#b#, ---, #a#］和［#a#, ---, #b#］也是如此。这被称为 **C** 型换位。例如，客户的值为 3176.83，重新执行和重新计算的值为 3671.83，差是 –495，可以被 9 和 99 整除，具体分别为 –55［–495/9］和 –5［–495/99］。然而，只有 **A** 型换位可以被 9 整除；但不能被 99 或 91 整除。例如，对于上面提到的 –3600，只能被 9 整除为：–400［–3600/9］，但不能被 99 或 91 整除，具体分别为 –36.3636［–3600/99］为 –39.5604［–3600/91］。因此，审计审阅决策支持系统利用这一事实来区分 **A** 型换位和 **C** 型换位。如果数字可以被 9 和 99 整除，审计审阅决策支持系统会将其标记为 **C** 型换位，因为这是最有可能的情况。

　　3. 审计审阅决策支持系统：换位功能

242　　审计审阅决策支持系统将错误识别为重新执行和重新计算的值和客户的值之间的任何差异，这些差异不能被 {9、91 或 99} 整除。此外，审计审阅决策支持系统将换位标记为：**类型** {**A、B 或 C**}（视情况而定），并将其收集在 Cols［O&P］中以便于检查。此外，使用初始预期的错误和转置数量，将生成一个（1– 假阳性错误%）置信区间，并将定位错误和转置的实际数量：在置信区间中或不在置信区间中，并生成相应的**信息**。最后，如果客户的值大于重新执行和重新计算的值，Cols［O&P］中的单元格将显示为红色；否则为绿色。

（四）工作表［4］：重新执行和重新计算功能

本章已经讨论了重新执行和重新计算作为工作表［3］换位平台的一部分。重新执行和重新计算工作表［4］只考虑了错误，因此是对错误的扩展阐述，无论是否换位。有一种颜色编码模式，其中若客户的值减去重新执行和重新计算的值的差大于0，则颜色是浅红色；如果小于0，则颜色为浅黄色。

1. 严重错误

此外，还有一种筛选显示"严重"错误。如果客户的值与重新执行和重新计算的值之间的差不等于零，且该百分比差异大于客户的值和重新执行和重新计算的值的平均值，则记录严重错误。计算结果如下：

$$Serious\ Error = \frac{[CV+RV]}{Ave[CV+RV]} \tag{11.2}$$

如果错误为：｛serious & > 0｝，则客户端［Col［A］］的数据点为浅蓝色；否则为浅绿色。

2. 审计审阅决策支持系统：重新计算错误功能

审计负责人收集了两个客户端数据集和工作人员准备的重新执行和重新计算的数据集。PoI 是指员工从未获得客户数据集，以确保审查的独立性。在清除之前的数据并记录先验预期后，这两个数据集将在 Cols［A&B］中发布。说明性数据实际数据集（n= 33）来自控制部门行政秘书实习生维持的杂项预付款基金。我们从一位同事 243

那里接收了它，她在审计与鉴证课程中使用；然而，计量化是我们做的。我们事先预计这个数据集会有五个错误。根据经验，小额备用金"零用"现金基金的管理非常差。因此，大约15%或五个错误似乎与这类基金相当一致。实际错误数为11。先验P值为0.46%。严重或可疑错误得分为1%。此外，还有一个汇总错误的表格：其中有八个错误的客户的值大于重新执行和重新计算的值，有三个错误相反。对于这十一个错误，五个是蓝色严重错误，三个是绿色严重错误。这就产生了一个信息："关于样本中的可疑数据点，有一些有趣的迹象"。这可能需要扩展程序调查。我们使用七个错误作为基准预期；这在警报中产生了缓和，因为P值为9.6%。在本例中的信息是："P值表示审计关注的事件的预期和实际数量之间存在有趣的差异"。该结果可能需要进行扩展程序调查。

（五）工作表［5和6］：著名的本福特定律

在搜索"需要调查的数据概要异常"时，关键的审计信息是：与预期的差异。这种"差异"本质上是审计所有阶段的调查性定位系统。其中一个标准的最佳实践技术已经在审计师的全套工作中获得了应有的地位，那就是**数字频率测试**。我们在这个审计审阅决策支持系统中处理数字频率测试，它有时被称为本福特定律——当然"定律"是严重的用词不当，它还远远称不上。

数字频率测试的历史背景充满趣味。它始于美国数学家和天文学家西蒙·纽卡姆（1835—1909），他注意到他所经常用的对数表的前几页要比其余的页面更为破损。对数表使用数字1到9的系统排列，其中"1"的出现频率最高，"9"的出现频率最小。他之后将这一"发现"发表。[1] 许多年后，通用电气工程师弗兰克·本福特[2]也注意到了同样的现象。本福特还在 1938 年出版的《好奇心》一书中将其详细阐述：据观察，一份常用对数表的页面展示了选择性使用自然数的证据。与较高的数字 8 和 9 相比，包含较低的数字 1 和 2 的对数的页面在使用时更容易被染色和磨损。

这就是纽卡姆-本福特筛查检测的诞生。具体来说，**数字频率测试**只是**观察到的**各种首位数字的出现频率：{1, ---, 9}，即与**预期**配置文件的基准相比，被审计检查账户货币价值的**实际值**。数字配 244置文件的实际数量只是频率，即{1, ---, 9}作为账户价值样本的货币价值的首位数字出现的次数。

1. 创造期望：就像"滚动对数"一样简单

对于预期的数字频率，纽卡姆和本福特分别使用了以下令人称奇的简单公式来计算"首位或前一位数字的预期百分比"；实际上，代入自然对数函数 Ln 也会产生相同的百分比值，但代入 Ln 求出来的数字需要按 Ln 总和进行缩放：

$$\text{LOG10 } (1+1/i), \{\text{Digits: } i=1,2,3,\text{---},9\} \quad (11.3)$$

由此可得，账户中首位数字为"1"的百分比为：

$$\text{Log}_{10}(1+\frac{1}{i}): i=1$$

$$\text{Log}_{10}(1+\frac{1}{1})=\text{Log}_{10}(2)=0.30103 \text{ or } 30.1\% \quad (11.4)$$

---

1 Newcomb, S. (1881). Note on the frequency of use of the different digits in natural numbers. *American Journal of Mathematics*, 4, pp. 39-40. https://doi.org/10.2307/2369148.

2 Benford, F. (1938). The law of anomalous numbers. *Proceedings of the American Philosophical Society*, 78, pp. 551-572.

根据 Log_{10} 公式可得，九位数字分别为首位数的百分比之和为 1.0。因此，如果数据集中的结果值数量的样本大小是 345，那么预期的第一位数是 103.9 或 104：$\lceil 345 \times 30.1\% \rceil$。如果实际数字**在前九位数字上显示出推断性差异**，那么审计审阅决策支持系统将发出信号，提示有推断性证据表明预期和实际之间存在差异，因此可能需要进行扩展程序调查。

2. 审计审阅决策支持系统：纽卡姆-本福特函数

检验占据两个工作表的纽卡姆-本福特定律（审计审阅决策支持系统中的基础软件层计算和本福特校准测试）的最佳方法是提供说明。在这种情况下，假设审计负责人有一个从客户端下载的数据。审计审阅决策支持系统允许使用两个这样的数据集。测试数据有 342 个取自客户端库存中特定仓位的值。审计负责人将数据粘贴到 Col ［A］中。审计审阅决策支持系统记录数量并计算百分比。这些记录在工作表中，为了便于阐述，要点总结在表 11.1 中。

表 11.1   客户端库存数值，n=342：本福特筛查信息

首位数字	数字/百分比	LHS：纽卡姆-本福特检测置信区间	RHS：纽卡姆-本福特检测置信区间	捕获：输入或输出
1	123/36.0%	0.275377	0.303001	输出
2	52/15.2%	0.179919	0.209324	输出
3	43/12.6%	0.111340	0.141960	输入
4	30/8.8%	0.074990	0.106235	输入
5	26/7.6%	0.059684	0.091189	输入
6	23/6.7%	0.048467	0.080161	输入
7	20/6.0%	0.038147	0.070014	输入
8	10/2.9%	0.038945	0.070798	输出
9	15/4.4%	0.034558	0.066485	输入

资料来源：作者计算

该表格信息由审计审阅决策支持系统生成，这个构思很简单，根据本福特的文章中发现的大量实际测试信息形成了一个"纽卡姆-本福特定律捕获"区间。因此，审计审阅决策支持系统测试实际频率［Col2］[1]是否在纽卡姆-本福特定律捕获区间之内或之外：Cols［3&4］。例如，数字1的频率为0.360［123/342］，因此不在首位数字纽卡姆-本福特定律区间［0.275377至0.303001］中。推断测试是由卢斯克和哈尔普林[2]完成的，他们在报告中提到，如果有三个以上的数字频率超出了纽卡姆-本福特定律捕获区间，则有经验性、推断性证据表明数据集可能不符合纽卡姆-本福特定律的猜想。如果只有三个数字频率超出了纽卡姆-本福特定律捕获间隔，则信息将是："很可能与纽卡姆-本福特定律的实用概况一致"。如果有三个以上的数字频率超出了纽卡姆-本福特定律捕获间隔，则信息将是："很可能与纽卡姆-本福特定律的实用概况不一致"。审计负责人可以对一些数据集进行纽卡姆-本福特定律筛选检验，并使用输入-输出配置文件来校准扩展程序。然而，出于最佳实践的考虑，建议形成一个总体预期，然后使用VBA[3]，测试大量数据集（100到250），收集纽卡姆-本福特定律检验表明不符合要求的百分比，并使用P值功能工作表计算P值。举例来说，假设审计负责人在评估了客户对财务报告内部控制的充分性后，预计在139个随机选择的

245

---

1 表示单元格所在列号。——译者

2 Lusk, E., & Halperin, M. (2014). Using the Benford datasets and the Reddy & Sebastin results to form an audit alert screening heuristic: An appraisal. *The IUP Journal of Accounting Research and Audit Practice*, 8, pp. 56-69.

3 *微软公司开发的一种通用的基于对象的程序设计语言，为结构化的、模块化的、面向对象的、包含协助开发环境的事件驱动为机制的可视化程序设计语言。*——译者

客户账户样本中，将有八个配置文件显示纽卡姆-本福特定律配置文件，这表明存在不符合项。这一预期**如果实现**，将强烈表明不太可能存在美国上市公司会计监督委员会的 404 测试的充分性问题，即除非在其他 404 测试中有相互冲突的证据，否则，这是一个干净的 COSO 意见。然后，在 VBA 链接处理后，实际结果是，有十一个账户显示不符合纽卡姆-本福特定律配置文件。使用 P 值功能工作表［2］，并输入｛139, 8, 11｝，审计负责人产生的 P 值为 28.3%，审计审阅决策支持系统产生以下信息："P 值表示审计关注的事件的预期和实际数量之间存在提示性差异"。该结果应记录下来，并与其他账户的进一步测试一起考虑：扩展程序调查。工作表［6］上还有另一个信息丰富的示例。

（六）工作表［7］：颜色编码前沿

246　　长期审计测试是确定大于预期"前沿"值的数据数量。虽然可能存在许多这样的"前沿"，而且它们可能因个人或时间指数的不同而不同，但有时个人会使用统计分析来"标准化"各种审计方面的比较。图基[1] 推广的箱须图是与前沿分析非常吻合的标准统计筛选之一。这通常是大多数探索性数据分析统计平台的一部分。

1. 利用探索性数据分析

我们推荐土耳其箱须图的版本作为实现前沿分析的一个划分：它很容易在标准 Excel 中编程，并且与检测审计数据集中的"异常值"相关。在**工作表［7］：颜色编码前沿**中编写了这个程序。高端前沿值（FV）的编码是：

1　Tukey, J. (1977). *Exploratory data analysis.* Addison-Wesley.

$$FV=P_{75\%}+1.5 \times [P_{75\%}-P_{25\%}] \qquad (11.5)$$

其中：$P_{x\%}$ 为第 x 位百分位数。对于 25%，其计算为：百分位数（A：A，0.25）；上述公式中的差异是四分位数间距（IQR）。

例如，我们的一位同事是"四大"会计师事务所之一的审计负责人，被分配给总部位于欧元区、在多个交易所交易的跨国公司审计客户。他要求**控制**部门负责人授权自动识别系统下载两个制造厂从 10 月 1 日至 12 月 31 日的例行维修和维护的数据。审计负责人拥有审计 LLP 统计软件；他观察到了日常维修和维护的计划，并对跨国公司日常维修和维护协议的巨大变化感到惊讶。经询问，审计负责人得知他们的自动识别系统编码有误，他收到的下载内容不正确。以此为背景和实际数据集，使用了前沿功能的各种特征。被审计的数据集有货币值 Col〔A〕和跨国公司追踪代码 Col〔B〕〔两者都不正确〕。假设审计负责人的作用，我们清除了**之前的数据**。**清除**模块的一部分要求对预期大于前沿值的值的数量进行预期。这在任何数据分析生效之前都是必需的，也就是说，这是先验阶段。在这种情况下，使用先验经验预期，我们使用土耳其箱须图筛选输入"有效"的日常维修和维护的数据集，其中的六个值将在土耳其箱须图前沿值之外。然后，按照审计审阅决策支持系统的指示，我们输入了数据集（n=266）。输入数据后，土耳其箱须图的值在工作表〔7〕的单元格〔K11〕中产生，该值为 582.63 欧元。因此，我们的预期是 6 个日常维修和维护的值大于 582.63 欧元。下一步是决定是否将土耳其箱须图的值用作前沿值。启动按钮为"**启动颜色编码：前沿值**"。这里有两个**信息框**选项："**是**"选项使用土耳其箱须图的值作为前沿值；而"**否**"选项要求用户输入要在工作表平台中使用的前沿值。输入此信息后，任何大于前沿值的值都会被编码为红色。如果数据是纵向的，这非常有用，因为审计负责人可以观察到标记的前沿值是否存在"时间模式"。接下来是**组织启动按钮**。该平台采用大于前沿值的值，并按照它们在下载中出现的顺序进行组装。这些值中的每一个都与所使用的客户端代码（如果有的话）相关联。这大大有助于跟踪前沿值。最后一个是**创建置信区间和 P 值信息**。这里计算了大于前沿值的账户价值的实际数量，并报告了第一个先验 P 值。此外，使用先验预期报告了一个置信区间。最后，查询用户以输入另一个**基准预期**。这随后也有报告。

2. 审计审阅决策支持系统：前沿功能

我们输入了以下参数：日常维修和维护的数据集，n=266；我们选择：┤土耳其箱须图的值：582.63 欧元，先验预期 =6，95% 的置信区间，基准预期 =21├ 审计审阅决策支持系统确定了 35 个账户价值大于 582.63 欧元。审计审阅决策支持系统的输出为：实际百分比为 13.16%［35/266］，95% 的置信区间为［0.47% 至 4.04%］。**信息：红色**［警报：负责人的预期与该置信区间的实际结果不一致。扩展程序可能是有保证的］。先验 P 值为 0.01%。**信息：红色**［预期值和实际值之间存在临界差异，大于前沿值。该结果可能需要扩展程序调查］。最后，基准 P 值为 0.16%，并产生相同的**信息**。

如果我们是审计负责人，这个审计审阅决策支持系统的**信息**将是一个明确的信号，表明该数据集远远超出了美国上市公司会计监督委员会的交易组织在合理性和经过测试的日常维修和维护的账户下形成的日常维修和维护的数据集的标准或预期。因此，考虑到这种与预期的极端差异，我们的第一个行动将是验证下载的准确性。这正是审计负责人采取的行动，这是正确的。**事实上，下载是不正确的。**

（七）工作表［8］：隔板试验

任何自动识别系统中的一个基本控制特征是，所有处理文件或表格都受自动识别系统控制。具体而言，所有处理表格必须：（1）预先编号；（2）仅由自动识别系统密码保护模块发布；（3）由自动识别系统 100% 跟踪；（4）作为财务报告内部控制管理系统的一部分。如果情况并非如此，则客户风险级别设置为非常高。这是隔板试验审阅的基础。在测试表单控制的充分性后，标准测试是检查特定表单的标号隔板。 248

1. 跟踪配置时间框架

通过对欧元区一家跨国公司的审计，我们可以了解到，该公司在其网络链接上以寄售、批发和零售的方式销售各种产品。假设审计负责人对信用审批和销售条款的完整性，以及［首次跨网］新电子客户的合同／批准的销售条款感兴趣。自动识别系统会为申请超过 150 欧元信贷的每个新客户创建相应的表格。假设为了说明，表单被标记为：NC#［€］，其中 # 是预编号索引。新客户的信贷批准协议非常详细，如果执行得当，似乎足以让自动识别系统对这一流程进行控制。作为对线上购买的新客户进行的零售信贷评估的测试，审计负责人首先选择一个时间范围，然后需要考虑到这一年中的这一时间段，在前两个审计周期中担任该客户的审计负责人预计应处理／解决多少 NC#［€］表格。作出决定后，NC#［€］表格就会通过电子方式发送到客户处理的电子档案中。因此，审计负责人将在所选时间段开始时获取 NC#［€］的编号，并在时间段结束时获取该表格的编号。差额 +1 是在这个时间段发布的表格数量。然后，审计负责人将形成一个预期，即如果协议执行得当，还有多少表格尚未处理。然后，还未处理的 NC#［€］表格的实际数量可以通过从已处理的电子档案中计算数字序列内的空白数量来确定。如果处理的数量太少——还有太多隔板——这可能表明评估时间太长，需要更多的人力或者更好的培训，以便有效及高效地评估新客户，同时不会失去电子信贷销售合同。或者，如果处理的数量太多、隔板太少，可能是因为评估太粗略或者做得太差，并向不值得赊销的新客户提供赊销。

2. 审计审阅决策支持系统：隔板函数

使用具有代表性的说明性数据集，截至 12 月 15 日，已处理的电子档案中有 145 份 NC#［€］表格。审计负责人选择了从 3 月 3 日到 3 月 27 日的时间段。在这一点上，审计负责人将形成／记录一个**预期**，即有多少 NC#［€］应该但尚未被处理。记录在案的先验预期是，5 份 NC#［€］表格不应该被处理。3 月 3 日，自动识别系统发布的第一个表格编号为 NC450［€］，3 月 27 日，自动识别系统发布的最后一个表格编号为 NC600［€］。将已处理的电子档案中的 145 个表格编号输入隔板平台，不用按数字顺序。第一个测试是确定档案数据集中是否存在任何重复项。如果是这样，将生成一条信息："警报：此数据集中存在重复项"。这通常表明存在重大的自动识别系统控制问题。建议在进行任何隔板分析之前解决这些重复问题。如果没有重复项，则信息为："警报：此数据集中没有重复项"。这通常表明自动识别系统表格控制充分。然后审计负责人选择要使用的置信区间。我们选择了 95% 的置信区间。审计审阅决策支持系统确定了隔板的数量。在这种情况下，隔板的顺序是：{466, 467, 551, 555, 561, 597}。使用期望值 5 的 95% 的置信区间为：0.5% 至 6.2%。实际年龄百分比为 4.0%［6/［600−450+1］］。在 95% 的置信区间中，信息是："在这种情况下，差距的百分比在置信区间内。这表明可能不需要延长程序"。先验 P 值为 65.8%，**信息是："P 值表明审计关注的事件的预期和实际数量之间不太可能存在重大差异。该结果不太可能需要扩展程序调查"**。审计负责人还被要求提供一些隔板的基准。我们输入十，产生的 P 值为 19.6%，由于预期和实际不尽相同，**信息是："P 值表明审计关注的事件的预期和实际数量之间存在有趣的差异。该结果可能需要进行扩展程序调查"**。

五、结论、总结和展望

（一）摘要

支撑本章的理由如下：如果没有对客户数据集的合理审查协议，审计证据的质量就会受到质疑，这就是**有效性**维度。一个相关的考虑因素是审计执行的**效率**。在这种情况下，审计负责人必须利用集成电子平台集成的处理能力，从客户数据集中形成信息，以创建相关和可靠的审计证据，从而证明审计、有限责任合伙所需的审计与鉴证意见是合理的。最后，在最佳实践审计领域，审计负责人决策的背景需要推理驱动；我们建议选择 **P 值**作为方案。

以上所有内容都是为在审计范围内执行黄金法则而提供的。

（二）小结

审计黄金法则：如果现实与**我们的预期**有本质上的不同，我们 250 就要使用**扩展审计程序**来弄清原因。这可能会导致**重新校准审计风险**。

（三）展望

我们为指导审计与鉴证课程的人提供审计审阅决策支持系统作为**强化学术水平的工具**。学生对此的反馈非常积极。正如一个学生所说，**这让审计变得有点像电子游戏**。此外，作为**审计与鉴证的增强工具**，审计审阅决策支持系统可以为审计业务的有效性和效率作出贡献。在这两个领域，我们提供审计审阅决策支持系统的下载，并且不收取任何费用、不附加知识产权条件，无论是用于个人、学术或商业。作为交换条件，如果您使用审计审阅决策支持系统，请保持联系让我们知道您的反馈。当然，我们也会非常感谢您在审计方面创建或使用的任何数据集。

第十二章

2013—2017年伊斯坦布尔证券交易所的上市银行的自愿性披露水平评估

伊萨姆·米拉德[*]

摘要：由于以下几个原因，公司自愿提供的信息超出了监管规 253 定的范围。自愿性信息披露是指公司为减少管理层与股东之间的信息不对称而提供的带有强制性信息的补充信息。为了表明公司的绩效，减少信息不对称，阐明股东和管理层之间的利益差异，并使公司内部人员承担责任，需要进行自愿性披露。本章旨在实现两个主要目标：测量和评估2013—2017年间伊斯坦布尔证券交易所的上市银行年报中的自愿性披露水平，以及尝试检查年报中的自愿性披露水平在研究期间是否显著提高。本章采用自建的非加权信息披露指数，运用64个项目来衡量伊斯坦布尔证券交易所13家上市银行的65份年报在5年间的自愿性信息披露水平。本章运用内容分析、描述性分析和相关性分析对研究数据进行分析。结果显示，伊斯坦布尔证券交易所的上市银行的自愿性披露程度较高，总体平均为77%。此外，在研究期间，自愿性披露水平也有显著提高。

关键词：自愿性批露；代理理论；企业控制权竞争假说；自愿性披露衡量；强制性披露；皮尔逊相关性分析

---

* 伊萨姆·米拉德，班加西大学金融与银行系，利比亚班加西。

一、简介

254 　　由于公司丑闻和金融危机，监管者、学者、投资者和其他利益相关者要求提高公司透明度。更高的透明度通过新闻稿、公司网站、潜在客户用途和年度报告等多种媒体披露更好的信息，从而减少管理层和利益相关者之间的信息不对称。[1] 因此，企业意识到了提供有关其广泛业务（包括财务和非财务绩效）的信息的价值，如履行社会责任的情况。[2]

　　财政和非财政信息都有助于决策者。为了作出正确的决策，投资者和其他用户寻求投资于信息披露程度和透明度更高的市场。投资者青睐那些要求上市公司提供完整信息以确保所有用户同时获得信息的市场。[3]

　　透明度和披露被认为是影响公司对投资者的吸引力的重要因素，也是公司治理的最重要支柱。透明度的水平取决于管理者修正与市场参与者之间的任何信息矛盾的意愿和能力。[4]

　　近年来，信息披露被视为保护投资者和资本市场运作的重要相

1　Uyar, A., Kilic, M., & Bayyurt, N. (2013). Association between firm characteristics and corporate voluntary disclosure: Evidence from Turkish listed companies. *Intangible Capital*, 9(4), pp. 1080-1112.

2　Gal, G., & Akisik, O. (2014). Sustainability in businesses, corporate social responsibility, and accounting standards. *Department of Accounting and Information Systems*, 35(2008), pp. 441-458.

3　Alotaibi, B. M. N. A. A. (2014). *Corporate governance and voluntary disclosure in Kuwait.* University of Bedfordshire.

4　Madhani, P. (2007). Role of voluntary disclosure and transparency in financial reporting. *The Accounting World*, 7(6), pp. 63-66. http://ssrn.com/abstract=1507648.

关工具。[1] 年度报告中发布的信息的价值已成为健全公司治理的必要方面之一。[2] 巴塞尔银行监管委员会表示，信息披露非常重要，因为信息披露是公司治理的核心。此外，巴塞尔银行监管委员会还宣称自愿性信息披露是必要的，以表明公司的绩效、减少信息不对称、界定股东和管理者之间的利益冲突，并让公司内部人士承担责任。[3] 年报中更多的自愿性信息将增加透明度，减少机会主义行为和信息不对称。此外，管理层不能为了自己的利益而持有重要信息。

二、研究问题及目标

本章旨在回答以下问题：

（1）2013—2017 年间，伊斯坦布尔证券交易所的上市银行年报中的自愿性披露程度如何？

（2）在研究期间，自愿性披露水平是否显著提高？

根据上文的问题，本章设定了以下目标：　　　　　　　255

（1）评估 2013—2017 年间伊斯坦布尔证券交易所的上市银行年报中的自愿性披露水平；

（2）调查自愿性披露水平在研究期间是否显著上升。

1　Allegrini, M., & Greco, G. (2013). Corporate boards, audit committees and voluntary disclosure: Evidence from Italian listed companies. *Journal of Management & Governance*, 17(1), pp. 187-216.

2　Htay, S. N. N. (2012). The impact of corporate governance on the voluntary accounting information disclosure in Malaysian listed banks. *Global Review of Accounting and Finance*, 3(2), pp. 128-142.

3　BCBS. (2015). Corporate governance principles for banks. *Bank for International Settlements*, (July). https://www.bis.org/bcbs/publ/d328.pdf.

三、公司披露类别

在相关文献中，公司信息披露可以分为两大类：强制性披露和自愿性披露。

（一）强制性披露

在强制性披露中，法规和标准规定了企业必须披露的必要信息、披露形式、披露对象和披露时间。[1]换言之，强制性披露主要侧重于提交法规和法律要求的基本财务报表（例如损益表、其他综合收益表、权益变动表、财务状况表和现金流量表）及其完整脚注。

有时，强制性披露可能无法充分满足投资者、债权人、客户和社会等一些受益人以及任何关心公司成功的人的要求。[2]

（二）自愿性披露

自愿性披露是指公司为减少内部用户和外部用户之间的信息不对称而提供的带有强制性信息的补充信息。[3]公司管理层可以自由选

1　Ağca, A., & Önder, Ş. (2007). Voluntary disclosure in Turkey: A study on firms listed in Istanbul Stock Exchange (ISE). *Problems and Perspectives in Management*, 5(3), pp. 241-251.

2　Alhazaimeh, A., Palaniappan, R., & Almsafir, M. (2014). The impact of corporate governance and ownership structure on voluntary disclosure in annual reports among listed Jordanian companies. *Procedia — Social and Behavioral Sciences*, 129(Winter), pp. 341-348.

3　Hasan, T., & Hosain, Z. (2015). Corporate mandatory and voluntary disclosure practices in Bangladesh: Evidence from listed companies of Dhaka Stock Exchange. *Research Journal of Finance and Accounting*, 6(12), pp. 14-32.

择提供与年度报告用户决策要求相关的财务和非财务信息。[1]

因此，自愿性披露可以定义为"从管理层对公司的内部了解中向外部发布的信息，这些信息不需要在监管报告中发布"。披露更多信息的公司有机会获得一些利益，比如降低资本成本、增加投资者信心、提高其股票的市场价值。[2]

同样，自愿性披露可以包含权威代码或机构建议的信息，如英 256 国的运营和财务审查。[3] 由于一些可能影响这种差异的因素，自愿性披露水平因公司而异。[4]

四、解释自愿性披露实践的理论

由于多种原因，公司提供的自愿性信息超出了法规规定的范围。在相关文献中，一些理论解释了自愿性披露实践，包括代理理论、信号理论、资本需求理论、合法性理论和利益相关者理论。[5]

1　Meek, G. K., Roberts, C. B., & Gray, S. J. (1995). Factors influencing voluntary annual report disclosures by U.S., U.K. and continental European multinational corporations. *Journal of International Business Studies*, 26(3), pp. 555-572.

2　Meek, G. K., Roberts, C. B., & Gray, S. J. (1995). Factors influencing voluntary annual report disclosures by U.S., U.K. and continental European multinational corporations. *Journal of International Business Studies*, 26(3), pp. 555-572.

3　Hassan, O., & Marston, C. (2010). Omaima Hassan and Claire Marston disclosure measurement in the empirical accounting literature: A review article. *Economics and Finance Working Paper Series*, (10).

4　Abeywardana, N. L. E., & Panditharathna, K. M. (2016). The extent and determinants of voluntary disclosures in annual reports: Evidence from banking and finance companies in Sri Lanka. *Accounting and Finance Research*, 5(4), pp. 147-162.

5　Shehata, N. F. (2014). Theories and determinants of voluntary disclosure. *Accounting and Finance Research*, 3(1), pp. 18-26.

（一）代理理论

代理关系被定义为"一个或多个人员（委托人）雇佣另一个人（代理人）代表他们履行某些服务的合同，包括将某些决策权委托给代理人"。[1] 当代理人不需要以委托人的最佳利益为基础作出决策时，就会产生代理问题，[2] 这会导致代理成本的增加。

詹森和梅克林[3] 将代理成本定义为监管成本、保证成本和剩余损失的总和。委托人用于减少代理人异常活动的费用是监管成本。由代理人支付，以确保委托人的决定和行动不会损害委托人利益的费用是保证成本。而代理人的决定与使委托人的福利最大化的决定相冲突时产生的就是剩余损失。代理成本有多种形式，如高管薪酬、生产率下降、自由现金流效率低下、公司价值损失等。该理论预测，由于公司的规模、杠杆率和上市地位等特征的差异，代理成本在不同公司之间存在差异。[4]

代理理论假设委托人和代理人的利益是相互冲突的，因为委托人往往不像代理人那样对公司的职能和活动有更好的信息，[5] 这就导致了信息不对称问题。

自愿性披露可以缓解信息不对称问题。自愿性披露为管理者提

1　Jensen, M. C., & Meckling, W. H. (1976). Theory of the firm: Managerial behavior, agency costs and ownership structure. *Journal of Financial Economics*, 3(4), pp. 305-360.

2　Solomon, J., & Solomon, A. (2004). *Corporate governance and accountability*. West Sussex: Wiley.

3　Jensen, M. C., & Meckling, W. H. (1976). Theory of the firm: Managerial behavior, agency costs and ownership structure. *Journal of Financial Economics*, 3(4), pp. 305-360.

4　Watson, A., Shrives, P., & Marston, C. (2002). Voluntary disclosure of accounting ratios in the UK. *The British Accounting Review*, 34(4), pp. 289-313.

5　Kivisto, J. (2008). An assessment of agency theory as a framework for the government-university relationship. *Journal of Higher Education Policy and Management*, 30(4), pp. 339-350.

供了一个极好的机会，他们可以更好地获取公司的特殊信息。根据巴拉科等人 [1] 的说法，披露更多自愿性信息可以降低代理成本。管理者还自愿性披露更多信息，以说服外部用户管理者正在以完美的方式运作，以及公司披露更多信息是在试图减少用户的不确定性，从而降低资本成本。此外，自愿性披露可以为金融市场提供可信和可靠的沟通渠道，以优化公司的价值。董事和股东之间的利益冲突的存在解释了缺乏充分披露的原因。[2]

257

（二）信号理论

根据斯彭斯 [3] 的研究，信号理论解决了双方之间的信息不对称问题。信号理论为企业提供了一种策略，可以缓解管理者和外部利益相关者之间的信息不对称。[4] 由于这种信息不对称问题，公司向利益相关者发送特定信息，以证明他们比市场上的其他方更好，从而吸引投资并提高积极声誉。该理论预测，当拥有更多信息的一方向其他方发出信号时，可以减少信息不对称问题。

根据这一理论，公司披露的主要目标是让内部和外部用户了解公司的质量和价值。[5] 如果这些公司在财务报告方面广为人知，并披

1　Barako, D. G., Hancock, P., & Izan, H. Y. (2006). Factors influencing voluntary corporate disclosure by Kenyan companies. *Corporate Governance,* 14(2), pp. 107-125.

2　Lev, B., & Penman, S. (1990). Voluntary forecast disclosure, nondisclosure, and stock prices. *Journal of Accounting Research,* 28(1), pp. 49-76.

3　Spence, M. (1973). Job market signaling. *The Quarterly Journal of Economics,* 87(3), pp. 355-274.

4　Freedman, M., & Jaggi, B. (2010). *Sustainability, environmental performance and disclosures* (1st ed.). Bingley: Emerald Group.

5　Hamrouni, A., Rochelle, L., Miloudi, A., & Benkraiem, R. (2015). Signaling firm performance through corporate voluntary disclosure. *The Journal of Applied Business Research,* 31(2), pp. 609-621. http://www.scopus.com/inward/record.url?eid=2-s2.0-84924211068&partnerID=40&md5=c62df62cb50a2428dbd40185c208ca0e.

露更多有关其活动的信息，它们将更有能力吸引投资者的信任。[1]该理论解释了信号如何影响公司价值。

众所周知，公司信息披露的主要目的是让用户了解公司的质量和价值。信号理论解释了公司为什么采用自愿性披露。公司利用自愿性披露来减少信息不对称，以满足外部用户的需求。该理论假设，自愿性披露引导了公司绩效相关信息的传递。好公司希望通过自愿性披露与坏公司区分开来。

（三）资本需求理论

在资本市场上，拥有各种增长机会的公司寻求外部融资，以支持其通过债务或股权筹集资本的活动。[2]在这种情况下，强制性披露被认为不足以以尽可能低的成本获得资本。[3]资本需求理论可以解释为什么企业管理层使用自愿性信息披露。资本需求理论表明，管理者有发布额外信息的动机，可以让他们以尽可能最好的条件和更低的成本增加资本。[4]

由于全球化和日益激烈的资本竞争，长期投资者预计会将注意

1　Birjandi, H., & Hakemi, B. (2015). The study effect agency theory and signaling theory on the level of voluntary disclosure of listed companies in Tehran Stock Exchange. *Research Journal of Finance and Accounting*, 6(1), pp. 174-184.

2　Von Alberti-Alhtaybat, L., Hutaibat, K., & Al-Htaybat, K. (2012). Mapping corporate disclosure theories. *Journal of Financial Reporting and Accounting*, 10(1), pp. 73-94.

3　Core, J. E. (2001). A review of the empirical disclosure literature: Discussion. *Journal of Accounting and Economics*, 31, pp. 441-456.

4　Meek, G. K., Roberts, C. B., & Gray, S. J. (1995). Factors influencing voluntary annual report disclosures by U.S., U.K. and continental European multinational corporations. *Journal of International Business Studies*, 26(3), pp. 555-572.

力集中在高披露水平的公司，以降低其风险和交易成本。[1]波沙克瓦勒和考特斯[2]指出，较高的披露水平与股本成本的降低有关。披露额外信息的公司对其证券有更高的需求，从而导致更低的资本成本。[3]在资本市场上，公司在发行股份的类型、条款和承诺的预期利润上相互竞争。[4]

阿尔泰巴特[5]讨论了采用资本需求理论解释自愿性披露的三个目的。第一，使企业愿意以更低的成本增加资本。第二，企业披露的信息的增加使得企业可以以最佳方式增加新资本，从而降低了企业的代理成本。第三，自愿性披露的增加降低了投资者的回报率，从而降低了投资者的不确定性。

（四）合法性理论

根据合法性理论，现有企业与社会之间存在着一种显性或隐性的社会契约。[6]合法性理论是指"一种普遍的认知或假设，即一个实

1 Schuster, P., & O'connell, V. (2006). The trend toward voluntary corporate disclosures. *Management Accounting Quarterly*, 7(2), pp. 1-9.

2 Poshakwale, S., & Courtis, J. K. (2005). Disclosure level and cost of equity capital: Evidence from the banking industry. *Managerial and Decision Economics*, 26(7), pp. 431-444.

3 Dye, R. A. (1985). Disclosure of nonproprietary information. *Journal of Accounting Research*, 23(1), pp. 123-145.

Verrecchia, R. E. (1983). Discretionary disclosure. *Journal of Accounting and Economics*, 5, pp. 179-194.

4 Meek, G. K., Roberts, C. B., & Gray, S. J. (1995). Factors influencing voluntary annual report disclosures by U.S., U.K. and continental European multinational corporations. *Journal of International Business Studies*, 26(3), pp. 555-572.

5 Al-Htaybat, K. (2005). *Financial disclosure practices: Theoretical foundation, and an empirical investigation on Jordanian printed and Internet formats*. University of Southampton, UK.

6 Campbell, D. J. (2000). Legitimacy theory or managerial reality construction? Corporate social disclosure in Marks and Spencer Pic corporate reports, 1969-1997. *Accounting Forum*, 24(1), pp. 80-100.

体的行为在某种社会建构的规范、价值观、信仰和定义体系中是可取的、正确的或适当的"。[1]

企业的生存和增长取决于其实现社会的理想目标的能力，以及将经济、社会或政治利益分配给赋予其权力的群体的能力。[2] 众所周知，会计的主要目标是为用户提供有助于他们决策以及满足社会利益的信息。这一理论已被整合到会计文献中，作为解释公司管理层与外部用户相关的具体事项的必要手段，包括什么、为什么、何时以及如何处理这些事项。[3]

根据这一理论，管理者有义务披露会改变外部用户对其公司看法的信息。[4] 该理论讨论了管理层利用信息披露来塑造利益相关者对公司的角色和责任的看法，以及公司履行这些责任的程度。合法性理论被认为是自愿性披露的另一种理论解释。因此，该理论将表明，自愿性披露可以用来缩小企业希望被如何看待和他们实际被如何看待之间的合法性差距。因此，公司利用自愿性披露向社会提供更多关于他们的信息，使他们在社会内的持续经营合法化。

由于合法化的最重要来源是年度报告，[5] 合法化通过强制性和自

1　Suchman, M. C. (1995). Managing legitimacy: Strategic and institutional approaches. *Academy of Management Review*, 20(3), pp. 571-610.

2　Shocker, A. D., & Sethi, S. P. (1973). An approach to incorporating societal preferences in developing corporate action strategies. *California Management Review*, 15(4), pp. 97-105.

3　Magness, V. (2006). Strategic posture, financial performance and environmental disclosure. *Accounting, Auditing & Accountability Journal*, 19(4), pp. 540-563.

4　Cormier, D., & Gordon, I. M. (2001). An examination of social and environmental reporting strategies. *Accounting, Auditing & Accountability Journal*, 14(5), p. 587.

5　Dyball, M. C. (1998). Corporate annual reports as promotional tools: The Case of Australian National Industries Limited. In *Asian Review of Accounting* (Vol. 6). https://doi.org/10.1108/eb060696. O'Donovan, G. (2002). Environmental disclosures in the annual report. *Accounting, Auditing & Accountability Journal*, 15(3), pp. 344-371.

愿性披露进行。由于法规和标准的原因，强制性披露在财务报表中列示。而自愿性披露则出现在公司年度报告的其他部分。

（五）利益相关者理论

在相关文献中，对利益相关者的概念有几种定义。菲利普[1]认为"几乎所有利益相关者的定义都有一个共同的概念，即利益相关者是任何个人或群体，是管理者或组织关注的合法对象"。企业会影响利益相关者，反过来，他们也会以某种方式影响企业。他们持有企业的"股份"，而不仅仅是"分享"。利益相关者包括管理者、股东、员工、供应商、客户、债权人、与公司业务密切相关的社会团体和公众。

这一理论的基本假设是，企业规模如此之大，对社会的影响如此广泛，以至于它们不仅应该对股东负责，还应该对社会中更多的部门负责。利益相关者理论表明，管理者必须让利益相关者承担支持公司运营的义务。[2]

根据该理论，信息披露是企业与其利益相关者之间的讨论的一部分，提供了有关企业运营的信息，这些信息使企业的行为、教导和通告合法化，并改变人们的看法和期望。[3]

利益相关者理论可以用来解释为什么公司倾向于自愿性披露信息。公司管理层应联系利益相关者以获得他们的支持。[4]因此，利益

1　Phillips, R. (2003). Stakeholder legitimacy. *Business Ethics Quarterly*, 13(1), p. 25.

2　Elliott, B., & Elliott, J. (2017). *Financial accounting and reporting* (18th ed.). Harlow: Pearson Education.

3　Gray, R., Kouhy, R., & Lavers, S. (1995). Corporate social and environmental reporting. *Accounting, Auditing & Accountability Journal*, 8(2), pp. 47-77.

4　Van der Laan Smith, J., Adhikari, A., & Tondkar, R. H. (2005). Exploring differences in social disclosures internationally: A stakeholder perspective. *Journal of Accounting and Public Policy*, 24(2), pp. 123-151.

相关者要求的额外信息促使公司自愿性披露此类信息。利益相关者理论预测，自愿性披露水平的增加会强化问责制、提升透明度。[1]

五、自愿性披露的动机

尽管有几种理论支持自愿性披露，但研究人员试图识别和解释可能影响管理者披露决策的因素。希利和帕莱普[2]列举了6种影响董事因资本市场原因作出披露决定的动机，包括资本市场交易假说、企业控制权竞争假说、股票报酬假说、诉讼成本假说、管理人才信号假说和专有成本假说。

（一）资本市场交易假说

投资者的看法对于希望进行资本市场交易的公司经理来说非常重要，例如发行股票或债务或收购另一家公司。[3]当管理层在公司前景方面比局外人有更好的信息时，就会出现信息不对称问题。[4]如果公司无法解决这种信息不对称问题，现有股东的公共股本或债务成

1　Coy, D., & Dixon, K. (2004). The public accountability index: Crafting a parametric disclosure index for annual reports. *British Accounting Review*, 36(1), pp. 79-106.

2　Healy, P. M., & Palepu, K. G. (2001). Information asymmetry, corporate disclosure, and the capital markets: A review of the empirical disclosure literature. *Journal of Accounting and Economics*, 31(1-3), pp. 405-440.

3　Healy, P. M., & Palepu, K. G. (1995). The challenges of investor communication the case of CUC International, Inc. *Journal of Financial Economics*, 38(2), pp. 111-140.

4　Healy, P. M., & Palepu, K. G. (2001). Information asymmetry, corporate disclosure, and the capital markets: A review of the empirical disclosure literature. *Journal of Accounting and Economics*, 31(1-3), pp. 405-440.

本将更高。[1]

这一假说表明，管理者有动机自愿性披露更多信息，以减少信息不对称问题，从而降低公司的债务或公共股本成本。[2]巴里和布朗[3]与默顿[4]发现当董事和投资者之间存在信息不对称问题时，通过形成投资者要求的溢价来支持信息风险，得出了相同的结果。企业管理层可以通过自愿性披露来降低信息风险，从而降低资本成本。

自愿性披露可以通过增加向外部投资者披露的信息来帮助减少信息不对称问题。[5]朗和伦德霍尔姆[6]指出，披露更多信息的公司会有大量分析师追随，分析师预测的分散性较小，预测修订的波动性较小。此外，分析师披露级别上升的公司后续公开发行债券的频率将异常高。[7]

1　Myers, S. C., & Majluf, N. S. (1984). Corporate financing and investment decisions when firms have information that investors do not have. *Journal of Financial Economics*, 13(2), pp. 187-221.

2　Ali, M., & Velashani, B. (2008). The economic benefits of voluntary disclosure with particular reference to environmental disclosure. *Monash Business Review*, 4(2), pp. 1-8.

3　Barry, C. B., & Brown, S. J. (1985). Differential information and security market equilibrium. *The Journal of Financial and Quantitative Analysis*, 20(4), pp. 407-422.

Barry, C. B., & Brown, S. J. (1986). Limited information as a source of risk. *The Journal of Portfolio Management*, 12(2), pp. 66-72.

4　Merton, R. C. (1987). A simple model of capital market equilibrium with incomplete information. *The Journal of Finance*, 42(3), pp. 483-510.

5　Healy, P. M., & Palepu, K. G. (2001). Information asymmetry, corporate disclosure, and the capital markets: A review of the empirical disclosure literature. *Journal of Accounting and Economics*, 31(1-3), pp. 405-440.

6　Lang, M., & Lundholm, R. (1993). Cross-sectional determinants of analyst ratings of corporate disclosures. *Journal of Accounting Research*, 31(2), pp. 246-271.

7　Healy, P. M., Hutton, A. P., & Palepu, K. G. (1999). Stock performance and intermediation changes surrounding sustained increases in disclosure. *Contemporary Accounting Research*, 16(3), pp. 485-520.

（二）企业控制权竞争假说

公司的股票绩效（股票价格）是董事会和投资者用来控制管理层的主要工具之一。保护投资者免受无能管理的第一道防线是董事会。[1] 根据来自股东的权力，董事会负责雇用、解雇、评估和补偿CEO。[2]

这一假设的动机是有证据表明，管理者对董事会和投资者当前的股票表现负有责任。[3] 有证据表明，糟糕的股票表现与 CEO 的流动率有关。[4] 因为股价表现疲软与恶意收购的可能性有关，这会导致CEO 的高流动率。[5] 德安吉洛[6]发现，持不同意见的股东认为，这种糟糕的盈利表现是建议进行管理改革的理由。这些股东为争取董事

261

1　Weisbach, M. S. (1988). Outside directors and CEO turnover. *Journal of Financial Economics*, 20(C), pp. 431-460.

2　Jensen, M. C. (1993). The modern industrial revolution, exit, and the failure of internal control systems. *The Journal of Finance*, 48(3), pp. 831-880.

3　Healy, P. M., & Palepu, K. G. (2001). Information asymmetry, corporate disclosure, and the capital markets: A review of the empirical disclosure literature. *Journal of Accounting and Economics*, 31(1-3), pp. 405-440.

4　Warner, J., Watts, J., & Wruck, K. (1988). Stock prices and top management changes. *Journal of Financial Economics*, 20, pp. 461-492.

Weisbach, M. S. (1988). Outside directors and CEO turnover. *Journal of Financial Economics*, 20(C), pp. 431-460.

5　Morck, R., Shleifer, A., & Vishny, R. W. (1990). Do managerial objectives drive bad acquisitions? *The Journal of Finance*, 45(1), pp. 31-48..

Palepu, K. G. (1986). Predicting takeover targets. A methodological and empirical analysis. *Journal of Accounting and Economics*, 8(1), pp. 3-35.

6　DeAngelo, L. E. (1988). Managerial competition, information costs, and corporate governance. The use of accounting performance measures in proxy contests. *Journal of Accounting and Economics*, 10(1), pp. 3-36.

会的代表权而展开了代理权之争。

由于股票和盈利表现不佳会带来失业风险,企业控制权竞争假说预测,管理层使用自愿性披露来降低低估的可能性,并澄清糟糕的盈利表现。[1]特鲁曼[2]暗示,管理者可以通过增加自愿的前瞻性披露来表明他们的能力,试图说服股东他们控制着运营,他们可以预测和应对未来经济环境的变化。

(三)股票报酬假说

有各种基于股票的薪酬计划(例如股票期权授予和股票增值权)用于奖励管理层。[3]股票报酬假说表明,这些报酬为管理者自愿性披露信息提供了动机。[4]希利和帕莱普[5]指出,有两个理由可以证明这种动机。

首先,管理人员有兴趣提供私人信息,以满足内幕交易规定的限制并增加公司股票的流动性,以便交易自己持有的股票。[6]此

1　Baginski, S. P., Clinton, S. B., & Mcguire, S. T. (2014). Forward-looking voluntary disclosure in proxy contests. *Contemporary Accounting Research*, 31(4), pp. 1008-1046.

2　Trueman, B. (1986). Why do managers voluntarily release earnings forecasts? *Journal of Accounting and Economics*, 8(1), pp. 53-71.

3　Ali, M., & Velashani, B. (2008). The economic benefits of voluntary disclosure with particular reference to environmental disclosure. *Monash Business Review*, 4(2), pp. 1-8.

4　Healy, P. M., & Palepu, K. G. (2001). Information asymmetry, corporate disclosure, and the capital markets: A review of the empirical disclosure literature. *Journal of Accounting and Economics*, 31(1-3), pp. 405-440.

5　Healy, P. M., & Palepu, K. G. (2001). Information asymmetry, corporate disclosure, and the capital markets: A review of the empirical disclosure literature. *Journal of Accounting and Economics*, 31(1-3), pp. 405-440.

6　Ali, M., & Velashani, B. (2008). The economic benefits of voluntary disclosure with particular reference to environmental disclosure. *Monash Business Review*, 4(2), pp. 1-8.

外，对内幕交易的限制使管理层有动机在股票期权奖励到期之前，使用自愿性披露来纠正任何感知的低估（相对于他们自己的信息组合）。[1]

管理层可能会考虑现有股东的利益并自愿性披露更多信息，以减少与新员工股票薪酬相关的合同成本。[2] 如果股票价格是对公司价值的精确评估，那么股票报酬很可能是对管理层和所有者的一种有效奖励方式。否则，管理层将要求额外补偿，以补偿他们承担与错误估值相关的任何风险。[3] 广泛使用股票薪酬的公司可能会提供额外的披露，以降低错误估值的风险。[4]

有证据表明，管理层的披露决定与其基于股票的报酬之间存在关系。[5] 阿博迪和卡兹尼克[6]发现，获得定期奖励的公司的 CEO 会使用机会主义的自愿性披露来最大化他们的股票期权报酬。

1　Healy, P. M., & Palepu, K. G. (2001). Information asymmetry, corporate disclosure, and the capital markets: A review of the empirical disclosure literature. *Journal of Accounting and Economics*, 31(1-3), pp. 405-440.

2　Ali, M., & Velashani, B. (2008). The economic benefits of voluntary disclosure with particular reference to environmental disclosure. *Monash Business Review*, 4(2), pp. 1-8.

3　Healy, P. M., & Palepu, K. G. (2001). Information asymmetry, corporate disclosure, and the capital markets: A review of the empirical disclosure literature. *Journal of Accounting and Economics*, 31(1-3), pp. 405-440.

4　Healy, P. M., & Palepu, K. G. (2001). Information asymmetry, corporate disclosure, and the capital markets: A review of the empirical disclosure literature. *Journal of Accounting and Economics*, 31(1-3), pp. 405-440.

5　Ali, M., & Velashani, B. (2008). The economic benefits of voluntary disclosure with particular reference to environmental disclosure. Monash Business Review, 4(2), pp. 1-8.

6　Aboody, D., & Kasznik, R. (2000). CEO stock option awards and the timing of corporate voluntary disclosures. *Journal of Accounting and Economics*, 29(1), pp. 73-100.

（四）诉讼成本假说

李等人[1]将诉讼成本定义为"公司在首次公开募股后的市值下降　262
导致的可诉讼的投资者损失，或首次公开募股的公司可被起诉的最
大可索赔损失"。如果管理者对重大事实作出虚假陈述或遗漏此类事
实，则股东可以对其提起诉讼。[2]管理层将谨慎披露更多信息，尤其
是负面信息，以限制这种诉讼威胁。[3]

诉讼可以被视为改善披露或限制披露的动机。管理者的披露决
定可能受到股东诉讼威胁的两种影响。[4]首先，管理者可能有增加自
愿性披露的动机，因为披露不充分或不及时可能使他们面临法律程
序。[5]第二，由于诉讼，管理者可能会减少前瞻性信息的自愿性披露，
尤其是当管理者面临因其预测而受到惩罚的风险时。[6]

1　Li, X., Pukthuanthong, K., Glenn Walker, M., & Walker, T. J. (2016). The determinants of IPO-related shareholder litigation: The role of CEO equity incentives and corporate governance. *Journal of Financial Markets*, 31, p. 92.

2　Wynn, J. P. (2008). Legal liability coverage and voluntary disclosure. *Accounting Review*, 83(6), pp. 1639-1669.

3　Skinner, D. J. (1994). Why firms voluntarily disclose bad news. *Journal of Accounting Research*, 32(1), p. 38.

4　Ali, M., & Velashani, B. (2008). The economic benefits of voluntary disclosure with particular reference to environmental disclosure. *Monash Business Review*, 4(2), pp. 1-8.

5　Healy, P. M., & Palepu, K. G. (2001). Information asymmetry, corporate disclosure, and the capital markets: A review of the empirical disclosure literature. *Journal of Accounting and Economics*, 31(1-3), pp. 405-440.

6　Graham, J. R., Harvey, C. R., & Rajgopal, S. (2005). The economic implications of corporate financial reporting. *Journal of Accounting and Economics*, 40(1-3), pp. 3-73.
Healy, P. M., & Palepu, K. G. (2001). Information asymmetry, corporate disclosure, and the capital markets: A review of the empirical disclosure literature. *Journal of Accounting and Economics*, 31(1-3), pp. 405-440.

由于法律制度无法有效地区分偶然发生的意外预测错误和故意造成的管理偏差，管理人员可能会因为诚实地作出预测而受到惩罚。[1]

（五）管理人才信号假说

特鲁曼[2]指出，人才管理者有一个动机，即自愿进行收益预测，以披露他们的类型。公司的市场价值取决于投资者对其管理者预测和应对公司经济环境未来变化的能力的判断。[3]

特鲁曼的论点基于这样一个假设，即管理者的披露不是由于对公司某一时期收益的修正预期的性质，而是因为管理者希望通知投资者，他们已经收到有关该时期收益的新信息。希利和帕莱普[4]评论说，没有证据证实或否认这一假设。

（六）专有成本假说

在相关文献中，研究人员指出，公司向投资者披露信息的决定受到以下担忧的影响：这些披露可能会损害其在产品市场上的竞争

1　Healy, P. M., & Palepu, K. G. (2001). Information asymmetry, corporate disclosure, and the capital markets: A review of the empirical disclosure literature. *Journal of Accounting and Economics*, 31(1-3), pp. 405-440.

2　Trueman, B. (1986). Why do managers voluntarily release earnings forecasts? *Journal of Accounting and Economics*, 8(1), pp. 53-71.

3　Healy, P. M., & Palepu, K. G. (2001). Information asymmetry, corporate disclosure, and the capital markets: A review of the empirical disclosure literature. *Journal of Accounting and Economics*, 31(1-3), pp. 405-440.

4　Healy, P. M., & Palepu, K. G. (2001). Information asymmetry, corporate disclosure, and the capital markets: A review of the empirical disclosure literature. *Journal of Accounting and Economics*, 31(1-3), pp. 405-440.

地位。[1] 这些研究的主要结论是，公司倾向于不披露会降低其在市场 263
中竞争地位的信息，即使这会增加额外股本的成本。

　　当利益与公司利益不一致的第三方使用披露的信息对公司不利
时，就会产生专有成本。专有成本假说假设企业可以减少披露，以
避免其他竞争对手对其进行战略利用。[2] 因此，当这些成本出现时，
公司必须权衡披露的积极影响和消极影响。[3]

　　专有成本假说与前五种自愿性披露假说的主要区别在于，其假
设管理层和股东之间不存在利益冲突。自愿性披露始终是合理的，
因此披露的成本和收益以及限制充分披露的经济权力是该假设下关
注的焦点。[4] 然而，向竞争对手披露信息并不总是会减少公司披露的
未来收益；在某些情况下，最好建议公司共享信息，以便协调活动

1　Darrough, M. N., & Stoughton, N. M. (1990). Financial disclosure policy in an entry game. *Journal of Accounting and Economics*, 12(1-3), pp. 219-243.

Feltham, G. A., & Xie, J. Z. (1992). Voluntary financial disclosure in an entry game with continua of types. *Contemporary Accounting Research*, 9(1), pp. 46-80.

Wagenhofer, A. (1990). Voluntary disclosure with a strategic opponent. *Journal of Accounting and Economics*, 12(4), pp. 341-363.

2　Anthony, O., & Godwin, A. O. (2015). Voluntary risk disclosure in corporate annual reports: An empirical review. *Journal of Finance and Accounting*, 6(17), pp. 1-9.

3　Darrough, M. N. (1993). Disclosure policy and competition: Cournot vs. Bertrand. *The Accounting Review*, 68(3), pp. 534-561.

Oliveira, L., Rodrigues, L. L., & Craig, R. (2005). *Applying voluntary disclosure theories to intangibles reporting: Evidence from the portuguese stock market.* Available at SSRN. http://Sci-Hub.Io/Https://Ssrn.Com/Abstract=825764 or http://Sci-Hub.Io/Http://Dx.Doi.Org/10.2139/Ssrn.825764, 1-24. https://doi.org/10.2139/ssrn.825764.

4　Healy, P. M., & Palepu, K. G. (2001). Information asymmetry, corporate disclosure, and the capital markets: A review of the empirical disclosure literature. *Journal of Accounting and Economics*, 31(1-3), pp. 405-440.

以实现共同利益。

披露结果受其他原因影响，如市场竞争的性质、私人信息的种类以及新公司进入市场的风险。然而，这一假设几乎没有直接的证据。[1]

六、自愿性披露衡量

总体而言，为了衡量公司年度报告中的自愿性披露水平，之前所有关于自愿性披露的研究都采用了披露指数作为合适的研究方法。大多数之前的研究都采用加权和非加权方法来确定自愿性披露水平，而实证披露研究大多采用非加权方法。加权法和非加权法的区别在于，在非加权法中，自愿性披露的所有项目和类别对自愿性披露总指数的影响是相同的，而在加权法中，有些项目和类别被赋予不同的值。因此，它们对总指数的影响是不平等的。也就是说，在计算项目和类别的值时，未加权指数不会优先考虑这些项目和类别，这意味着所有项目和类别都同等重要。而加权法确实如此。未加权披露指数用于避免偏见和自由裁量权。

七、自愿性披露类别

264　　　在以往的信息披露研究中，选择构建信息披露指数的信息项目

1　Healy, P. M., & Palepu, K. G. (2001). Information asymmetry, corporate disclosure, and the capital markets: A review of the empirical disclosure literature. *Journal of Accounting and Economics*, 31(1-3), pp. 405-440.

数量和自愿性披露类别有所不同。例如，阿吉耶-门萨[1]采用了27个自愿性披露信息项，包括两类：财务和非财务；而米克等人[2]构建了自愿性披露指数，其中85个项分为三类（战略、非财务和财务）。

一些研究人员构建了包含三个以上类别的自愿性披露指数。哈瓦什[3]创建了一个清单，包括63个项目，分为四类：基本信息、企业社会责任信息、财务比率和其他统计信息、会计政策和公司治理信息。袁等人[4]的研究使用了一份包含34项自愿性披露内容的清单，该清单分为六类（董事会结构和职能、员工、董事薪酬、审计委员会、关联方交易、利益相关者相互关系）。浩森和雷亚兹[5]构建了一个包含65项自愿性信息的披露指数，该指数分为八类：银行/公司基本信息背景、公司战略、公司治理、财务绩效、风险管理、会计政策审查、关键非财务统计、公司社会披露和其他信息。马蒙和卡玛丁[6]选择的65个项目被分为九组不同的信息，即一般企业信息、企业战

1 Agyei-Mensah, B. K. (2012). Association between firm-specific characteristics and levels of disclosure of financial information of rural banks in the Ashanti region of Ghana. *Journal of Applied Finance & Banking*, 2(1), pp. 69-92.

2 Meek, G. K., Roberts, C. B., & Gray, S. J. (1995). Factors influencing voluntary annual report disclosures by U.S., U.K. and continental European multinational corporations. *Journal of International Business Studies*, 26(3), pp. 555-572.

3 Hawashe, A. A.-M. M. (2014). *An evaluation of voluntary disclosure in the annual reports of commercial banks: Empirical evidence from Libya*. University of Salford, UK.

4 Yuen, D. C. Y., Liu, M., Zhang, X., & Lu, C. (2009). A case study of voluntary disclosure by Chinese enterprises. *Asian Journal of Finance & Accounting*, 1(2), pp. 118-145.

5 Hossain, M., & Taylor, P. J. (2007). The empirical evidence of the voluntary information disclosure in the annual reports of banking companies: The case of Bangladesh. *Corporate Ownership and Control*, 4(3), pp. 111-125.

6 Al Mamun, S. A., & Kamardin, H. (2014). Corporate voluntary disclosure practices of banks in Bangladesh. *Procedia — Social and Behavioral Sciences*, 164(8), pp. 258-263.

略、企业治理、财务绩效、风险管理、会计政策、非财务统计、企业社会责任和其他项目。哈尼法和库克[1]采用了一个指数来衡量自愿性披露水平，其中包括 65 个项目，该指数分为 10 类（公司基本信息、董事信息、公司战略、资本市场数据、研发、未来前景、社会报告和增值信息、财务审查信息、收购和处置以及分部报告）。格雷等人[2]构建了大量的披露指数，包括 128 项自愿性信息，分为 12 类：公司基本特征、公司战略、收购和处置、研发、未来前景信息、董事信息、员工信息、社会责任和增值披露、分部信息、财务审查信息、外币信息和股价信息。

大多数试图衡量自愿性披露水平的研究人员，根据对先前披露研究的回顾以及他们自己的经验和知识，构建了一份清单，其中包括许多自愿性信息类别。

八、自愿性披露的决定因素

265 　　以往的研究试图衡量自愿性信息披露水平，也试图通过调查自愿性信息披露与公司规模、年龄、盈利能力、公司治理、行业类型、所有权结构等公司特征的关系来确定自愿性信息披露水平的决定因素。为了测试企业属性对自愿性信息披露水平的影响而进行研究的企业属性的数量和种类在不同的研究中有所不同。从文献回顾中可

1　Haniffa, R. M., & Cooke, T. E. (2002). Culture, corporate governance and disclosure in Malaysian corporations. *Abacus*, 38(3), pp. 317-349.

2　Gray, S. J., Meek, G. K., & Roberts, C. B. (1995). International capital market pressures and voluntary annual report disclosures by U.S. and U.K. multinationals. *International Financial Management*, 6(1), pp. 43-68.

以看出，之前的大多数研究发现，此类公司特征与自愿性披露水平之间存在正相关或负相关。

特别是，有一些应用研究考察了自愿性披露水平与银行特征的关系。此外，大多数研究结果表明，被测试的一些银行特征与自愿性披露水平存在显著关系，而其他研究的结果表明，与自愿性披露水平没有关系。例如，阿吉耶-门萨[1]与阿贝瓦达纳和潘迪塔拉纳[2]分别发现加纳和斯里兰卡银行的盈利能力和自愿性披露行为之间存在显著正相关，而浩森和泰勒[3]指出，在孟加拉国银行中，盈利能力和自愿性披露水平没有显著关联。

九、研究方法和数据分析

本节采用演绎法和定量研究设计。由于数据来源是年度报告，因此本节采用了档案和文献研究策略。这项研究的对象是伊斯坦布尔证券交易所的上市银行。之所以选择这些银行，是因为预计它们将比未上市银行披露更多的信息。根据伊斯坦布尔公开披露平台的网页，有13家银行在伊斯坦布尔公开披露平台[4]上市。由于

1　Agyei-Mensah, B. K. (2012). Association between firm-specific characteristics and levels of disclosure of financial information of rural banks in the Ashanti region of Ghana. *Journal of Applied Finance & Banking*, 2(1), pp. 69-92.

2　Abeywardana, N. L. E., & Panditharathna, K. M. (2016). The extent and determinants of voluntary disclosures in annual reports: Evidence from banking and finance companies in Sri Lanka. *Accounting and Finance Research*, 5(4), pp. 147-162.

3　Hossain, M., & Reaz, M. (2007). The determinants and characteristics of voluntary disclosure by Indian banking companies. *Corporate Social Responsibility and Environmental Management*, 14(5), pp. 274-288.

4　KAP. (2018). *Public disclosure platform*. https://www.kap.org.tr/en/Sektorler.

对象较少，所有这些银行都被选为本章的研究对象。表 12.1 列出
了这些银行的名单。这些数据来自这些银行的年报和网站。由于
这些数据是次要数据，因此采用了一种被认为适用于研究问题的
定量方法。这些数据是在 5 年内收集的。因此，采用了纵向研究
方法。

（一）衡量自愿性披露水平

本部分旨在描述因变量（2013—2017 年间的自愿性披露水
平）是如何测量的。在研究期间，采用了两步流程来衡量所有
银行的自愿性披露水平：（1）构建指数；（2）对指数项目进行
评分。

表 12.1　当前研究涵盖的银行列表

顺序	代码	银行名称
1	AKBNK	AKBANK T.A.Ş.
2	ALBRK	ALBARAKA TURK KATILIM BANKASI A.Ş.
3	DENIZ	DENIZBANK A.Ş.
4	QNBFB	QNB FINANSBANK A.Ş.
5	ICBCT	ICBC TURKEY BANK A.Ş.
6	SKBNK	ŞEKERBANK T.A.Ş.
7	GARAN	TURKIYE GARANTI BANKASI A.Ş.
8	HALKB	TURKIYE HALK BANKASI A.Ş.
9	ISATR, ISBTR, ISCTR, SKUR	TURKIYE BANKASI A.Ş.
10	KLNMA	TURKIYE KALKINMA BANKASI A.Ş.
11	TSKB	TURKIYE SINAI KALKINMA BANKASI A.Ş.
12	VAKBN	TURKIYE VAK1FLAR BANKASI T.A.O.
13	YKBNK	YAPI VE KREDI BANKASI A.Ş.

1. 构建自愿性信息披露指数

本章类似于使用自建自愿性披露指数的其他披露研究。[1] 构建自愿性披露指数的主要步骤是选择银行可能发布的、与土耳其环境相关的自愿性信息项目。

华莱斯[2]指出，没有公认的规则或原则来指导研究人员关于应包含在披露索引中的信息项列表。为了选择包含在索引中的项目，本章基于以下两点：一是《国际财务报告准则》和巴塞尔委员会建议的银行业自愿性披露项目。任何土耳其法规都不应强制披露这些项目。二是相关实证自愿性披露研究中包含的自愿性披露项目。[3]

1　Alves, H., Rodrigues, A., & Canadas, N. (2012). Factors influencing the different categories of voluntary disclosure in annual reports: An analysis for Iberian Peninsula listed companies. *Tékhne-Review of Applied Management Studies*, 10(1), pp. 15-26.

Cheung, Y. L., Jiang, P., & Tan, W. (2010). A transparency disclosure index measuring disclosures: Chinese listed companies. *Journal of Accounting and Public Policy*, 29(3), pp. 259-280.

Webb, K. A., Cahan, S. F., & Sun, J. (2008). The effect of globalization and legal environment onvoluntary disclosure. *International Journal of Accounting*, 43(3), pp. 219-245.

2　Wallace, R. S. O. (1988). Corporate financial reporting in Nigeria. *Accounting and Business Research*, 18(72), pp. 352-362.

3　Achoki, I. N., Kule, J. W., & Shukla, J. (2016). Effect of voluntary disclosure on the financial performance of commercial banks in Rwanda. A study on selected banks in Rwanda. *European Journal of Business and Social Sciences*, 5(6), pp. 167-184.

Al-Shammari, B., & Al-Sultan, W. (2010). Corporate governance and voluntary disclosure in Kuwait. *International Journal of Disclosure and Governance*, 7(3), pp. 262-280.

El-Diftar, D. (2016). *Institutional investors and voluntary disclosure and transparency in Egypt*. Cardiff Metropolitan University.

Hossain, M., & Reaz, M. (2007). The determinants and characteristics of voluntary disclosure by Indian banking companies. *Corporate Social Responsibility and Environmental Management*, 14(5), pp. 274-288.

Ramadhan, S. (2014). Board composition, audit committees, ownership structure and voluntarydisclosure: Evidence from Bahrain. *Research Journal of Finance and Accounting*, 5(7), pp. 124-139.

Uyar, A., & Kiliç, M. (2012). Value relevance of voluntary disclosure: Evidence from Turkish firms. *Journal of Intellectual Capital*, 13(3), pp. 363-376.

最后确定了 64 个自愿性信息项以衡量和评估自愿性披露水平，根据其性质分为六大类。表 12.2 显示了这些项目及其在每个类别下的百分比。

表 12.2　自愿性披露项目的类别

类别	项目数量	百分比（%）
基本信息及战略信息	17	26.6
董事及经理信息	15	23.4
企业社会责任	6	9.4
财务绩效信息	15	23.4
会计政策	7	10.9
其他信息	4	6.3
总计	64	100

2. 自愿性披露项目评分

以往的实证研究采用多种方法构建了一个衡量自愿性信息披露水平 i 的评分方案，包括加权方法、未加权方法或同时采用加权和未加权方法。当前研究中采用的是未加权的评分方法，假设所有自愿性披露的项目对所有年度报告的使用者都同等重要。自愿性披露项目的评分如下：如果银行在年度报告中披露该项目，该项目的得分为 1。如果银行没有在年度报告中披露该项目，该项目的得分为 0。

在对自愿性披露项目进行评分之后，下一步是计算所有 65 家银行年度报告的自愿性披露总指数（TVDI）的得分。[1]自愿性披露水平

1　Binh, T. Q. (2012). Voluntary disclosure information in the annual reports of non financial listed companies: The case of Vietnam. *Journal of Applied Economics and Business Research,* 2(2), pp. 69-90.

Derouiche, I., Jaafar, K., & Zemzem, A. (2016). Firm geographic location and voluntary disclosure. *Journal of Multinational Financial Management,* 37-38, pp. 29-47.

的测量是由以下公式决定的，其中 AVD 表示实际自愿性披露得分，MVD 表示适用自愿性披露得分的最大值，n 表示披露数量。

$$TVDI = \frac{\sum_{i=1}^{n} AVD}{MVD.}\tag{12.1}$$

（二）自愿性披露指数的可信度

与之前的研究类似，本章依赖于研究者的主观判断来制定和应用披露指数。通常，任何观察和测量都可能包含误差。为了减少研究的答案中出现错误的可能性，有必要确保研究设计的两个基本特征的研究结果可信度：指标的信度和效度。 268

1. 自愿性披露指数可靠性

根据泽卡兰和布吉[1]的研究，"测量的可靠性表明其无偏差（无误差）的程度，从而确保跨时间和仪器中各个项目的一致测量"。在披露文献中，克朗巴哈系数测试被广泛用于衡量披露指数的可靠

（接上页）Gisbert, A., & Navallas, B. (2013). The association between voluntary disclosure and corporate governance in the presence of severe agency conflicts. *Advances in Accounting*, 29(2), pp. 286-298.

Haddad, A. E., AlShattarat, W. K., AbuGhazaleh, N. M., & Nobanee, H. (2015). The impact of ownership structure and family board domination on voluntary disclosure for Jordanian listed companies. *Eurasian Business Review*, 5.

Hieu, P. D., & Lan, D. T. H. (2015). Factors influencing voluntary disclosure of vietnamese listed companies. *Journal of Modern Accounting and Auditing*, 11(12), pp. 656-676.

Hossain, M., & Hammami, H. (2009). Voluntary disclosure in the annual reports of an emerging country: The case of Qatar. *Advances in Accounting*, 25(2), pp. 255-265.

Liao, G. M., & Lu, C. (2009). Ownership structure and corporate voluntary disclosure-evidence from Taiwan. *Corporate Ownership & Control*, 6(4), pp. 128-134.

1　Sekaran, U., & Bougie, R. (2016). *Research methods for business: A skill-building approach* (7th ed., p. 223).

性。[1]克朗巴哈系数用于测量披露指数各类别的内部一致性，以估计随机误差导致的测量之间的相关性的衰减程度。[2]使用该测试背后的理由是，如果披露指数项目之间的相互关系很高，这些项目将测量相同的基础结构。[3]

克朗巴哈系数 α 的值介于 0 和 1 之间，若接近 1 则表明内部一致性和可靠性较高。[4]克朗巴哈系数 α 小于 0.60 被认为是差的，大于 0.60 到 0.70 是可以接受的，大于 0.80 被认为是好的。[5]

采用 STATA 软件包 15.1 计算克朗巴哈系数 α。表 12.3 给出了伊斯坦布尔证券交易所的上市银行的自愿性披露项目各变量的克朗巴哈系数。研究结果表明，克朗巴哈系数 α 为 0.7660，这意味着自愿性披露总指数具有可接受的内部一致性和可靠性。

1 Albassam, W. M. (2014). *Corporate governance, voluntary disclosure and financial performance: An empirical analysis of Saudi listed firms using a mixed-methods research design.* University of Glasgow.

Consoni, S., & Colauto, R. D. (2016). Voluntary disclosure in the context of convergence with International Accounting Standards in Brazil. *Review of Business Management,* 18(62), pp. 658-677.

Mansour, O. M. B. (2013). *Transparency and disclosure, company characteristics and financial performance: A study of the emerging Libyan stock market.* The University of Huddersfield.

2 Lapointe-Antunes, P., Cormier, D., Magnan, M., & Gay-Angers, S. (2006). On the relationship between voluntary disclosure, earnings smoothing and the value-relevance of earnings: The case of Switzerland. *European Accounting Review,* 15(4), pp. 465-505.

3 Chobpichien, J., Nasir, D., Haron, I. H., Ibrahim, N. D., Haron, H., Nasir, D., & Haron, I. H. (2017). Corporate governance, executive directors and level of voluntary disclosure: The case of publiclisted companies in Thailand. *Malaysian Management Journal,* 12(March), pp. 17-68.

4 Sekaran, U., & Bougie, R. (2016). *Research methods for business: A skill-building approach* (7th ed.).

5 Hair, J. F., Black, W. C., Babin, B. J., & Anderson, R. E. (2009). *Multivariate data analysis* (7th ed.).

Sureshchandar, G. S., Rajendran, C., & Anantharaman, R. N. (2002). Determinants of customerperceived service quality: A confirmatory factor analysis approach. *Journal of Services Marketing,* 16(1), pp. 9-34.

表 12.3　自愿性信息披露指标类别的可靠性试验

类别	项目数量	符号	项目测试相关性	项目剩余相关性	克朗巴哈系数（α）
基本信息及战略信息	17	+	0.7625	0.6973	0.7223
董事及经理信息	15	+	0.8248	0.7438	0.6852
企业社会责任	6	+	0.8488	0.6650	0.7044
财务绩效信息	15	+	0.5902	0.4154	0.7539
会计政策	7	−	0.2180	0.1456	0.7926
其他信息	4	+	0.8191	0.6496	0.6935
总规模					0.7660

资料来源：研究人员编制

如表 12.3 所示，本章使用的自愿性披露清单类别是可靠的，系数介于 0.6852—0.7926 之间，超过了 0.60 这一最低可接受水平。

2. 自愿性披露指数的有效性

由于不准确性可能出现在研究的任何阶段，有效性的概念可以应用于整个研究过程的任何步骤：研究设计、抽样策略、得出的结论、应用的统计程序或使用的测量程序。[1] 任何测量装置或仪器如果测量了预期的测量值，则说明其有效。[2] 根据泽卡兰和布吉[3] 的说法，"有效性指的是观察结果准确记录你感兴趣的行为的程度"。

关于披露指数，有关披露的分数效度表明研究工具是否衡量了信息披露的准确水平。[4] 根据泽卡兰[5] 的研究，相关系数可以作为检验

1　Kumar, R. (2011). *Research Methodology: A step by step guide for beginners* (3rd ed.).

2　Pandey, P., & Pandey, M. M. (2015). *Research methodology: Tools and techniques* (1st ed.).

3　Sekaran, U., & Bougie, R. (2016). *Research methods for business: A skill-building approach* (7th ed., p. 137).

4　Kosaiyakanont, A. (2011). *The influence of corporate disclosure on investor confidence in Thai listed companies*. University of Southampton.

5　Sekaran, U. (2003). *Research methods for business: A skill-building approach* (4th ed.).

结构效度的一种技术。在披露文献中应用相关系数来估计披露评分的效度。[1]

皮尔逊相关系数和斯皮尔曼相关系数分别显示在表 12.4 和表 12.5 中。结果表明，除会计政策外，所有类别都与自愿性披露总指数在 5% 的显著性水平上相关。一般来说，可以说自愿性披露指数的有效性是可以接受的。

表 12.4　皮尔逊相关性分析：自愿性披露总指数得分及类别

	自愿性披露总指数	基本信息及战略信息	董事及经理信息	企业社会责任	财务绩效信息	会计政策	其他信息
自愿性披露总指数	1						
基本信息及战略信息	0.7802*	1					
	0.000						
董事及经理信息	0.8158*	0.5192*	1				
	0.000	0.000					
企业社会责任	0.8023*	0.5148*	0.6883*	1			
	0.000	0.000	0.000				
财务绩效信息	0.6601*	0.3936*	0.2937*	0.3431*	1		
	0.000	0.0012	0.0176	0.0051			

1　Ahmed, K., & Courtis, J. K. (1999). Associations between corporate characteristics and disclosure levels in annual reports: A meta-analysis. *The British Accounting Review*, 31(1), pp. 35-61.

Botosan, C. A., & Botosan, C. A. (2018). Disclosure level and the cost of equity capital. *The Accounting Review*, 72(3), pp. 323-349.

Cheng, E. C. M., & Courtenay, S. M. (2006). Board composition, regulatory regime and voluntary disclosure. *International Journal of Accounting*, 41(3), pp. 262-289.

	自愿性披露总指数	基本信息及战略信息	董事及经理信息	企业社会责任	财务绩效信息	会计政策	其他信息
会计政策	−0.1999	−0.2325	−0.3529*	−0.0831	−0.0671	1	
	0.1104	0.0623	0.0039	0.5104	0.5952		
其他信息	0.7128*	0.5729*	0.5746*	0.4863*	0.3410*	0.0081	1
	0.000	0.000	0.000	0.000	0.0054	0.9487	

注：* 表示相关性的显著性水平为 0.05。

资料来源：研究人员编制

表 12.5 斯皮尔曼相关性分析：自愿性披露总指数得分及类别

	自愿性披露总指数	基本信息及战略信息	董事及经理信息	企业社会责任	财务绩效信息	会计政策	其他信息
自愿性披露总指数	1						
基本信息及战略信息	0.7631*	1					
	0.000						
董事及经理信息	0.3749*	0.1616	1				
	0.0021	0.1985					
企业社会责任	0.6519*	0.4590*	0.3740*	1			
	0.000	0.0001	0.0021				
财务绩效信息	0.7083*	0.3751*	−0.0281	0.2649*	1		
	0.000	0.0021	0.8242	0.033			
会计政策	0.0628	−0.0334	−0.0958	0.081	−0.1663	1	

续表

	自愿性披露总指数	基本信息及战略信息	董事及经理信息	企业社会责任	财务绩效信息	会计政策	其他信息
	0.619	0.792	0.4476	0.5212	0.1854		
其他信息	0.6525*	0.5458*	0.3373*	0.2744*	0.3163*	0.0986	1
	0.000	0.000	0.006	0.027	0.0103	0.4345	

注：* 表示相关性的显著性水平为 0.05。

资料来源：研究人员编制

（三）银行间完全自愿性披露的程度

表 12.6 显示了各银行每年（2013—2017 年）的自愿性披露分数占自愿性披露总指数的百分比。根据自愿性披露的平均值，银行按降序排列，因此自愿性披露水平最高的银行排在第一位，以此类推。

表 12.6 显示，在这五年间，自愿性披露总指数的最高百分比为 85%，由 ISATR 完成，其次是 AKBNK，平均指数得分第二高，为 84%。该表还显示，ICBCT 银行报告的五年内自愿性披露总指数的最低平均值为 52%。而 SKBNK 银行和 KLNMA 银行的自愿性披露总指数平均值为第二低，平均值为 71%（图 12.1）。

其他银行的自愿性披露总指数在 72% 到 83% 之间。从表 12.6 中可以看出，大多数银行在五年内保持了几乎相同的自愿性披露总指数平均值；除 ICBCT 银行外，其自愿性披露总指数平均值明显从 2015 年的 40% 增加到 58%。在此期间，所有银行的自愿性披露总指数的合并比例较高，平均为 77%。

表 12.6　各银行五年间自愿性披露总指数 271

银行	年度						披露水平
	2013	2014	2015	2016	2017	汇总	
ISATR	86%	86%	84%	84%	84%	85%	极高
AKBNK	83%	83%	84%	84%	84%	84%	极高
GARAN	83%	83%	83%	83%	83%	83%	极高
VAKBN	81%	81%	84%	84%	84%	83%	极高
YKBNK	84%	81%	83%	83%	83%	83%	极高
DENIZ	80%	75%	81%	81%	81%	80%	高
HALKB	80%	80%	80%	80%	80%	80%	高
TSKB	75%	77%	78%	78%	78%	77%	高
ALBRK	77%	77%	77%	77%	77%	77%	高
QNBFB	72%	72%	72%	72%	73%	72%	高
SKBNK	70%	72%	69%	70%	72%	71%	高
KLNMA	70%	69%	72%	72%	72%	71%	高
ICBCT	40%	40%	58%	62%	60%	52%	中等
汇总	75%	75%	77%	78%	78%	77%	高
披露水平	高	高	高	高	高	高	

注：1%—20% 表示极低披露水平，21%—40% 表示低披露水平，41%—60% 表示中等披露水平，61%—80% 表示高披露水平，81%—100% 表示极高披露水平。

资料来源：研究人员编制

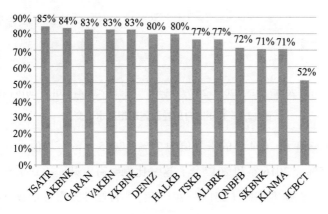

图 12.1　各银行自愿性披露总指数范围

（四）五年间全面自愿性披露的发展

关于年份，表 12.7 显示了这五年中每年的自愿性披露总指数的描述性统计数据。2016 年和 2017 年的最高分数为 78%，2013 年和 2014 年的最低分数为 75%。

272

表 12.7　描述性数据：各年度自愿性披露总指数

变量	数值	平均值	标准偏差	最小值	最大值	偏度	峰度
TVDI 2013	13	75%	0.11907	40%	86%	−2.15559	7.22807
TVDI 2014	13	75%	0.11665	40%	86%	−2.21811	7.51105
TVDI 2015	13	77%	0.07739	58%	84%	−1.25957	3.86699
TVDI 2016	13	78%	0.06848	62%	84%	−0.969049	2.98511
TVDI 2017	13	78%	0.07026	60%	84%	−1.262307	4.02349
汇总	65	77%	0.08946	40%	86%	−1.691383	5.51463

资料来源：研究人员编制

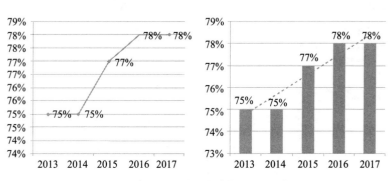

图 12.2　五年间自愿性披露总指数水平变化

2013 年和 2014 年的平均值为 75%，2015 年的平均值大幅增长到约 77%。2016 年和 2017 年，这一比例略有上升，达到 78%。总的来说，在研究期间（2013—2017 年），自愿性披露总指数有所改善（图 12.2）。2013 年和 2014 年的自愿性披露总指数的最低值为

0.40；2015 年的最低值大幅上升至 0.58；2016 年和 2017 年的最低值分别为 0.62 和 0.60；这些年的最高值在 0.84 和 0.86 之间。

总之，分析自愿性披露分数意味着，在研究期间（2013—2017年），伊斯坦布尔证券交易所的上市银行的自愿性披露水平显著提高，这一增长始于 2015 年（图 12.2）。

为了进一步了解伊斯坦布尔证券交易所的上市银行年度报告中的自愿性披露水平，表 12.8 给出了研究期间所有银行自愿性披露总指数的频率分布。从表 12.8 可以看出，2013 年，13 家银行中有 10 家（77%）的自愿性披露总指数超过 70%，有两家银行（15.4%）超过 50%，有一家银行（7.6%）低于 50%。2014 年，11 家银行（84.6%）的自愿性披露总指数超过 70%，其余两家银行（15.4%）在 50% 到 70% 之间。2015 年，自愿性披露总指数超过 70% 的银行增至 11 家（84.6%），低于 71% 的银行有两家。2016 年和 2017 年，自愿性披露总指数超过 70% 的银行增至 12 家（92.3%），2016 年有一家银行低于 71%，2017 年有一家银行低于 61%。

表 12.8 银行自愿性披露总指数的频率分布

自愿性披露总指数	银行数值及百分比									
	2013		2014		2015		2016		2017	
	No	%	No	%	No	%	No	%	No	%
大于 0.80	5	38.5	5	38.5	6	46.2	6	46.2	6	46.2
0.71—0.80	5	38.5	6	46.2	5	38.5	6	46.2	6	46.2
0.61—0.70	2	15.4	1	7.7	1	7.7	1	7.6	0	0
0.50—0.60	0	0	0	0	1	7.6	0	0	1	7.6
小于 0.50	1	7.6	1	7.6	0	0	0	0	0	0
总计	13	100	13	100	13	100	13	100	13	100

资料来源：研究人员编制

表 12.9　一般数据的夏皮罗−威尔克检验

变量	Obs	W	V	z	Prob > z
TVDI 2013	13	0.72254	4.887	3.108	0.00094
TVDI 2014	13	0.73963	4.586	2.984	0.00142
TVDI 2015	13	0.80712	3.397	2.396	0.00829
TVDI 2016	13	0.85675	2.523	1.813	0.03492
TVDI 2017	13	0.79951	3.531	2.472	0.00673

资料来源：研究人员编制

（五）测试 2013—2017 年间自愿性披露总指数增长的重要性

上述结果和讨论表明，2013—2017 年间自愿性披露总指数逐渐上升。此外，近年来披露更多自愿性信息的银行的数量略有增加。

在测试 5 年间自愿性披露总指数变化的显著性之前，有必要检查数据的正态性，以确定是否应用参数或非参数测试。夏皮罗−威尔克检验是一种众所周知的正态分布检验。该试验对于数量较少（n<20）的样本更为方便。[1] 表 12.9 显示了夏皮罗−威尔克检验的结果，该检验用于检查研究期间自愿性披露总指数分布的正态性，无效假设是研究期间自愿性披露总指数具有正态分布。结果表明，在 0.05 水平上，5 年内自愿性披露总指数的分布不显著（所有 P 值均小于 0.05），这意味着无效假设被拒绝，因此研究期间自愿性披露总指数的分布是非正态的。

1　Shapiro, S. S., & Wilk, M. B. (1965). An analysis of variance test for normality (complete samples). *Biometrika*, 52(3/4), pp. 591-611.

表 12.10　自愿性披露总指数的弗里德曼检验

274

排名	
变量	平均排名
TVDI 2013	2.31
TVDI 2014	2.54
TVDI 2015	3.12
TVDI 2016	3.38
TVDI 2017	3.65
检验统计量	
数值	13
卡方	11.103
自由度	4
P 值	0.025

资料来源：研究人员编制

　　由于一般数据不符合正态性，故此处应采用非参数检验。这里使用弗里德曼检验来测试研究期间自愿性披露总指数得分之间是否存在显著差异。

　　在研究期间的自愿性披露总指数得分中，弗里德曼检验的主要用途之一是对不同时期的测量。[1] 无效假设是，在研究期间，自愿性披露总指数之间没有显著差异。表 12.10 显示，P 值 =0.025，小于 0.05，因此无效假设不成立，这意味着在这 5 年间，自愿性披露总指数得分在 0.05 水平上存在显著差异。

　　综上所述，在 2013—2017 年间，自愿性披露的水平有所提高。

1　Boslaugh, S., & Watters, P. A. (2008). *Statistics in a nutshell* (1st ed.). Sebastopol: O'Reilly Media.

（六）自愿性披露类别的程度

为了更详细地分析自愿性披露的程度，本部分展示并分析了研究期间六个自愿性披露类别水平的描述性统计数据。此外，还分析了这些类别在这一时期内的发展，并讨论了这六类银行之间的差异。

表 12.11 显示了 2013—2017 年间六个自愿性披露类别的描述性统计结果。根据表 12.11，类别水平的平均值介于 45%（其他信息）和 87%（董事及经理信息和会计政策）之间。该表还显示，最高水平在 75%（其他信息）到 94%（会计政策）之间，而最低水平在 0%（其他信息和企业社会责任）到 57%（会计政策）之间。

275

表 12.11　六类自愿性披露的描述性统计量

变量	平均值	均方偏差	最小值	最大值	偏度	峰度
GSI	75%	0.09771	41%	88%	−1.3041	5.8367
DMI	87%	0.13196	27%	93%	−3.2696	14.1531
CSR	65%	0.24118	0%	83%	−0.9580	4.1526
FPI	74%	0.14229	47%	93%	−0.2537	1.8165
AP	87%	0.05999	57%	94%	−0.8312	12.8692
OTH	45%	0.20823	0%	75%	−0.4317	2.7554

注：GSI 指基本信息及战略信息，DMI 指董事及经理信息，CSR 指企业社会责任，FPI 指财务绩效信息，AP 指会计政策，OTH 指其他信息。
资料来源：研究人员编制

表 12.12　银行自愿性披露类别的水平

银行	GSI	DMI	CSR	FPI	AP	OTH
ISATR	88%	89%	83%	87%	86%	50%
AKBNK	82%	93%	83%	71%	94%	75%
GARAN	76%	93%	67%	87%	86%	75%

银行	GSI	DMI	CSR	FPI	AP	OTH
VAKBN	82%	93%	60%	88%	86%	60%
YKBNK	82%	80%	83%	93%	86%	50%
DENIZ	88%	93%	83%	56%	80%	50%
HALKB	76%	87%	67%	87%	86%	50%
TSKB	74%	93%	64%	80%	86%	25%
ALBRK	67%	93%	83%	67%	86%	25%
QNBFB	71%	93%	53%	53%	86%	50%
SKBNK	72%	85%	50%	61%	86%	50%
KLNMA	63%	88%	60%	73%	86%	25%
ICBCT	62%	47%	7%	55%	94%	0%

注：GSI 指基本信息及战略信息，DMI 指董事及经理信息，CSR 指企业社会责任，FPI 指财务绩效信息，AP 指会计政策，OTH 指其他信息。

资料来源：研究人员编制

（七）银行间自愿性信息披露类别的水平

从表 12.12 和图 12.3 可以看出，DENIZ 和 ISATR 报告的基本信息及战略信息的较高水平为 88%，而 AKBNK、VAKBN 和 YKBNK 报告的第二高水平平均为 82%。此外，可以看出，ICBCT 报告的基本信息及战略信息最低水平平均为 62%，其次是 KLNMA，平均为 63%。其他银行的 GSI 平均水平在 67% 到 76% 之间。

大多数银行的董事及经理信息水平较高，平均为 80% 及以上，不包括 ICBCT，其平均为 47%。关于企业社会责任，表 12.12 和图 12.3 显示，13 家银行中有 5 家（38%）的企业社会责任水平较高，平均超过 82%，而其他银行的平均水平介于 7%（ICBCT）和 67%（GARAN 和 HALKB）之间。从表 12.12 和图 12.3 可以看出，有 6 家银行（46%）276

报告了高水平的财务绩效信息，平均为80%及以上；其他银行报告的财务绩效信息为中等水平，从53%（QNBFB）到73%（KLNMA）。

所有银行都披露了高水平的会计政策，从80%（DENIZ）到94%（AKBNK 和 ICBCT）。结果表明，在所有银行中，其他信息的自愿性披露类别最低，平均水平在0%（ICBCT）和75%（AKBNK 和 GARAN）之间。

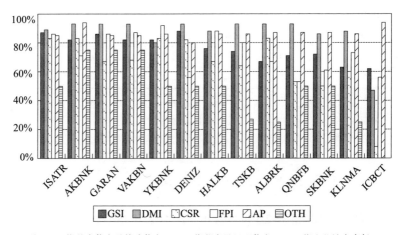

注：GSI 指基本信息及战略信息，DMI 指董事及经理信息，CSR 指企业社会责任，
FPI 指财务绩效信息，AP 指会计政策，OTH 指其他信息。

图 12.3　银行间自愿性披露的类别

资料来源：研究人员编制

（八）五年间自愿性披露类别的趋势

表 12.13 显示了研究期间自愿性披露类别的平均值。自愿性披露类别根据其平均值按降序排列，其中平均值最高的类别位于第一位，以此类推。根据表 12.13，董事及经理信息和会计政策的披露水平最高，为87%，而其他信息的披露水平最低，为45%。其他类别的平

均水平在 65% 到 76% 之间（图 12.4）。

这意味着董事及经理信息和会计政策是大多数银行接受的自愿性披露的主要类别，而其他信息是银行披露水平最低的类别。

表 12.13 研究期间自愿性披露类别的平均值

披露类别	2013	2014	2015	2016	2017	汇总	披露水平
董事及经理信息	85%	86%	87%	88%	88%	87%	极高
会计政策	86%	87%	87%	88%	88%	87%	极高
基本信息及战略信息	73%	73%	77%	77%	77%	75%	高
财务绩效信息	72%	72%	74%	75%	75%	74%	高
企业社会责任	63%	63%	65%	67%	68%	65%	高
其他信息	44%	44%	44%	46%	46%	45%	中等

注：1%—20% 表示极低水平，21%—40% 表示低水平，41%—60% 表示中等水平，61%—80% 表示高水平，81%—100% 表示极高水平。

资料来源：研究人员编制

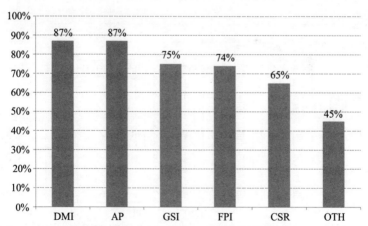

注：GSI 指基本信息及战略信息，DMI 指董事及经理信息，CSR 指企业社会责任，FPI 指财务绩效信息，AP 指会计政策，OTH 指其他信息。

图 12.4 自愿性披露类别

资料来源：研究人员编制

此外，从表 12.13 可以看出，在此期间，所有类别的自愿性披露水平的平均值都有所提高。由表 12.3 和图 12.5 可见，从 2015 年开始的 5 年中，基本信息及战略信息批量水平大幅上升；2013 年至 2017 年这五年间，披露分数的平均值分别为 73%、73%、77%、77% 和 77%。此外，董事及经理信息的水平在这五年中每年都有所提高。此外，企业社会责任水平在过去五年中有所提高；2013 年披露分数的平均值为 63%，2017 年为 68%。据观察，其他类别（财务绩效信息、会计政策和其他信息）的水平在研究期间有所增加；2013 年的平均值分别为 72%、86% 和 44%，2017 年的平均值分别为 75%、88% 和 46%。表 12.13 和图 12.5 表明，与研究期间所有年份的其他类别相比，其他信息是最低披露类别。图 12.5 显示了 2013 年至 2017 年这五年间六个类别的自愿性披露水平。

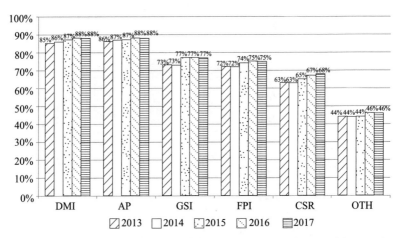

注：GSI 指基本信息及战略信息，DMI 指董事及经理信息，CSR 指企业社会责任，FPI 指财务绩效信息，AP 指会计政策，OTH 指其他信息。

图 12.5　研究期间六种类别的自愿性披露水平

总之，之前关于自愿性披露类别水平的讨论表明，在研究的 5 年中，伊斯坦布尔证券交易所的上市银行在年度报告中披露的自愿性披露类别的数量逐步提高。

十、结论

由于多种原因，公司提供的自愿性信息超出了监管规定的范围。278 自愿性信息披露是指公司在强制性信息之外提供的补充信息，以减少内部与外部用户之间的信息不对称。有一些理论试图解释自愿性披露实践，包括代理理论、信号理论、资本需求理论、合法性理论和利益相关者理论。学术研究人员试图对可能影响管理者披露决策的因素进行分类和解释。基于资本市场的原因，可能影响董事披露决策的动机有六种，包括资本市场交易假说、企业控制权竞争假说、股票报酬假说、诉讼成本假说、管理人才信号假说和专有成本假说。

为了衡量 5 年间（2013—2017 年）的自愿性披露水平，本章开发了一个自行构建的非加权自愿性披露指数。该指数包含 64 个项目，分为 6 类：（1）基本信息及战略信息（17 项）；（2）董事及经理信息（15 项）；（3）社会责任信息（6 项）；（4）财务绩效（15 项）；（5）会计政策（7 项）；（6）其他信息（4 项）。

分析结果表明，在研究期间，自愿性信息披露总分的平均值较高，总体平均值为（77%），ICBCT 报告的自愿性信息披露总分为52%，ISATR 报告的自愿性信息披露总分为85%。研究结果还表明，在研究期间，大多数银行自愿性披露的总体平均分数存在可允许的差异。此外，结果表明，在这段时间内，伊斯坦布尔证券交易所的上市银行自愿性披露的总水平有所增加。2013 年，自愿性披露的平均水平为 75%。2017 年，这一比例上升至 78%。此外，本章还调查了 2013—2017 年的总体自愿性披露水平是否有显著增加。弗里德曼检验的结果表明，在研究期间，总体自愿性披露水平显著增加。

　　为了更详细地分析自愿性披露，本章按类别对这一水平进行了检验。结果表明，在此期间，自愿性披露水平的平均值在不同类别之间存在差异。董事、管理层信息和会计政策是自愿性披露类别的最高手段，平均为 87%，其次是基本信息及战略信息 75%、财务绩效 74%，而社会责任信息和其他信息是自愿性披露类别的最低手段，平均分别为 65% 和 45%。

第十三章

品牌对组织的重要性：新兴市场品牌审计服务溢价支付意愿的决策机制

马尔万·加勒布　　布钦·卡普兰[*]

摘要：审计事务所认为品牌是一种附加值，也是收取溢价的一 287
个因素。本章以审计事务所的品牌信誉（BCr）与品牌独特性感知
（PU）为中介，探讨品牌声誉（BR）、品牌可预测性（BP）和品牌
竞争力（BC）对消费者的溢价支付意愿（WTP）的影响。本章比较
了两个组织对审计收费的态度，一个是作为稳定的新兴市场的例子
的土耳其，另一个是作为不稳定市场的例子的也门。数据收集自在
这两个国家开展业务，并在过去两年中接受过审计的共 400 个组织
（200 个来自也门、200 个来自土耳其），并应用因子分析和结构方程
模型进行分析。分析结果得出以下结论：在两国，品牌声誉和品牌
可预测性对消费者是否愿意支付溢价的决策没有影响，但品牌竞争
力仅在土耳其对消费者决定是否支付审计服务溢价有影响。在也门，
品牌信誉在品牌可预测性和消费者是否愿意为审计服务支付溢价的
决策之间起着中介作用，而独特性感知在品牌竞争力和消费者是否

---

* 马尔万·加勒布，伊斯坦布尔大学工商管理系，土耳其伊斯坦布尔。E-mail:m.ghaleb@ogr.ir.edu.tr.
布钦·卡普兰，伊斯坦布尔艾登大学工商管理系，土耳其伊斯坦布尔。E-mail:burcinkaplan@aydin.
edu.tr

愿意为审计服务支付溢价的决策之间起着中介作用。在土耳其，唯一的中介作用是品牌可预测性和品牌竞争力作为独立变量的独特性，以及消费者是否愿意为审计服务支付溢价的决策作为一个因变量。288 本章有助于了解定价策略以及审计事务所的管理领域，为审计事务所在新兴市场的管理实践提出了见解。

关键词：品牌审计服务；品牌信誉；独特性感知；溢价；审计费用；新兴市场

一、简介

各个组织的财务交易将日常工作转化为数字语言。这些交易必须根据公司的会计和文件程序记录在会计系统中。会计是"一套专门用于识别、度量、记录和传达财务信息给多个用户的程序，比如公司管理层、股东、债权人、财务分析师和政府机构。会计提供财务信息，帮助他们作出决策"。[1]

财务报表中的财务信息包括：

（1）资产负债表，显示组织在报告日拥有什么以及欠他人什么；

（2）损益表和其他综合收益表，显示该组织的收入和支出以及报告所涉期间的利润（通常为一年）；

（3）权益变动表，显示资本的流动，留存收益，合伙人或业主的往来账户；

（4）现金流量表，显示流动现金的流动情况以及现金在经营、投资和融资活动之间的使用情况。

这些报告是任何财务信息使用者的任何决策过程的主要输入，

---

1 Porter, G. A., & Norton, C. L. (2011). *Using financial accounting information* (7th ed.). Mason, OH: South-Western Cengage Learning.

但它们对决策是否可靠？

接下来是审计事务所的工作。财务报表必须由独立的第三方审计和审查，以获得信誉与可靠性。

审计是"一个系统的程序，以客观的方式获得和评估与财务行动和事件有关的主张的证据，以确定这些主张与确立和计划的审计标准之间的相符程度，然后将结果告知有关各方"。[1]

审计的主要目标是"根据对所审计财政年度的相关会计事项的抽样选择，对财务报表的表述是否公允、是否存在舞弊和错误的迹象发表意见"。[2]

"审计工作必须由有足够经验和独立能力的人进行。"[3]审计师的经验越丰富、信誉越好、实力越强或国际知名度越高，在使用财务 289 报表时越会更多地考虑到可靠性和可信度。

品牌审计事务所以其"诚信、质量、客观性、能力和专业行为"而闻名。[4]这些特性塑造了审计事务所的品牌形象和相关的品牌意识。

品牌是"一个名称、一个术语、一个标志、一个符号、一种设计或它们的组合，创造品牌是为了识别一个或一组卖家的商品和服务，并将其与其他竞争对手的商品或服务区分开来"。[5]每家审计事务所都有自己的品牌要素组合，这些要素创造了自己的品牌个性，并使自己有别于其他审计事务所，创造了自己的知名度，塑造了自己在市场上的形象。

1　Soltani, B. (2007). *Auditing: An international approach* (1st ed.). Harlow: Pearson Education Limited.

2　Ajao, O. S., Olamide, J. O., & Temitope, A. A. (2016). Evolution and development of auditing. *Unique Journal of Business Management Research*, 3(1), pp. 32-40.

3　Arens, A. A., Elder, R. J., & Beasley, M. S. (2012). *Auditing and assurance services: An integrated approach* (14th ed.). London: Pearson Education Ltd..

4　Deloitte. (2016). *Code of ethics and professional conduct the power of shared values.* London: Deloitte Development LLC.

5　Keller, K. L. (2013). *Strategic brand management* (4th Global ed.). London: Pearson Education Limited.

品牌意识"代表记忆中的品牌节点的强度或痕迹，可以用消费者在不同条件下识别品牌的能力来衡量"；它反映了当一个组织需要审计服务时，一个品牌审计名称浮现在脑海中的可能性以及这种情况发生的速度。

与品牌意识并行的是品牌形象，即"消费者记忆中的品牌联想所反映的品牌感知"。[1] 消费者记忆中的品牌联想是"与记忆中为消费者创造意义的品牌相连的任何事物"。[2]

具有强大和良好的品牌联想（如诚信、质量、客观性、能力和专业行为）的品牌审计事务所将为客户增值，并为任何使用知名审计品牌提供的审计服务的组织带来好处。这将促使它们与本组织分享审计事务所的价值观，并使相关财务报表和财务信息在用户面前具有可信性和可靠性。从市场营销和品牌的角度来看，这是利用二级品牌的杠杆作用。

利用二级品牌的杠杆作用是指"将组织（当前品牌）与其他实体（二级品牌）联系起来，从而建立一套从实体到组织的新的联系，这将影响现有组织当前的品牌联想"。[3] "二级品牌是与消费者记忆中其他信息的连接，表达了一种意义。"[4] 这将有助于公司利用消费者心目中已有的品牌审计事务所联想，将其与客户联系起来，并在消费者心目中为这些客户找到一个位置。

图 13.1 代表一家审计事务所的品牌联想[5]，总结了审计事务所品

1 Keller, K. L. (1993). Conceptualizing, measuring, and managing customer-based brand equity. *Journal of Marketing,* 57(1), pp. 1-22.

2 Till, B. D., Baack, D., & Waterman, B. (2011). Strategic brand association maps: Developing brand insight. *Journal of Product & Brand Management,* 20(2), pp. 92-100.

3 Keller, K. L. (2013). *Strategic brand management* (4th Global ed.). London: Pearson Education Limited.

4 Kotler, P., & Keller, K. L. (2016). *Marketing management* (15th Global ed.). London: Pearson Education Limited.

5 Deloitte. (2016). *Code of ethics and professional conduct the power of shared values.* London: Deloitte Development LLC.

牌联想、品牌知名度、品牌形象与杠杆效应之间的关系。

　　"当一个品牌在世界各地销售时，就展现出了卓越、质量和可信赖的标志；这也是义务和责任的标志。"[1]与一个国际品牌打交道将为该组织增加价值，并赋予其衍生作用，其中一种做法是由一家全球性的国际品牌审计事务所进行审计。

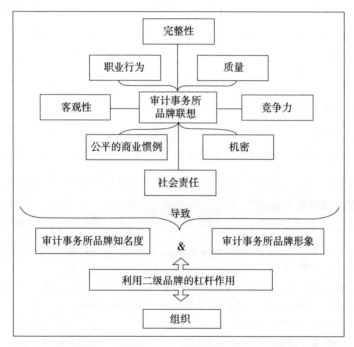

图 13.1　品牌联想、品牌知名度、品牌形象以及杠杆效应之间的关系

资料来源：该图由作者根据凯勒（2013）[2]中的"图 13.2-2：可能的苹果电脑协会"和德勤（2016）[3]"道德和职业行为准则，共享价值观的力量"制作

1　Holt, D. B., Quelch, J. A., & Taylor, E. L. (2004, September). *How global brands compete.*

2　Keller, K. L. (2013). *Strategic brand management* (4th Global ed.). London: Pearson Education Limited.

3　Deloitte. (2016). *Code of ethics and professional conduct the power of shared values.* London: Deloitte Development LLC.

    "四大会计师事务所：德勤、毕马威、普华永道和安永，都是审计行业强大的国际品牌范例。"[1] 由于品牌名称和相关责任的影响，接受这些品牌审计事务所的审计将产生高额审计费用。审计事务所越强大，组织就能获得越多的利益（杠杆效应和其他利益），也就需要支付越多的费用。

    品牌审计事务所与审计费用之间存在关联。例如，"马来西亚五大品牌审计事务所的审计费比非其他审计事务所高出约9.4%"。[2] "在澳大利亚，八大品牌审计事务所的费用包括与一般品牌名称和行业专业化相关的溢价。"[3] 这将导致这样一种想法，即"任何希望接受国际品牌审计事务所审计的组织都必须支付高昂的审计费用，或者必须支付溢价"。[4]

291

    "溢价是任何类似的高质量产品或服务的较高价格和最低平均价格之间的差别"，[5] 溢价支付意愿是"消费者愿意为购买产品或服务支付或花费的最大数额"。[6]

1　Francis, J. R., & Yu, M. D. (2009). Big 4 office size and audit quality. *The Accounting Review*, 84(5), pp. 1521-1552.

2　Rahmat, M. M., & Iskandar, T. M. (2004). Audit fee premiums from brand name, industry specialization, and industry leadership: A study of the post Big 6 merger in Malaysia. *Asian Review of Accounting*, 12(2), pp. 1-24.

3　Craswell, A. T., Francis, J. R., & Taylor, S. L. (1995). Auditor brand name reputations and industry Specializations. *Journal of Accounting and Economics*, 20, pp. 297-322.

4　Ghaleb, M., & Kaplan, B. (2019). Brand characteristics' effects on Yemeni companies' willingness to pay (WTP) a price premium for audit services. *International E-Journal of Advances in Social Sciences*, 5(14), pp. 878-889.

5　Rao, A. R., & Monroe, K. B. (1996). Causes and consequences of price premiums. *The Journal of Business*, 69(4), pp. 511-535.

6　Dwivedi, A., Nayeem, T., & Murshed, F. (2018). Brand experience and consumers' willingness to pay (WTP) a price premium: Mediating role of brand credibility and perceived uniqueness. *Journal of Retailing and Consumer Services*, 44, pp. 100-107.

根据德维迪等人[1]的研究，愿意支付如此高的价格是一个强大的品牌名称和一些其他因素影响消费者的决定的结果，如品牌的信誉和独特性感知。

还有其他品牌变量，如"品牌声誉、品牌可预测性和品牌竞争力，这些变量在塑造消费者心目中的品牌联想方面发挥主要作用，并在决定消费者是否会观察品牌方面发挥作用"。[2]

各组织寻求审计服务的目的不同，如董事会年度财务报表审批，纳税申报，把公司股票用于公开投资、向银行贷款或获得资金。接受一家国际品牌审计事务所的审计，会增加他们财务报表的价值，但他们愿意支付溢价来获得这种价值吗？在新兴市场经营时，这个问题尤其重要。

本章将讨论品牌对于服务性组织的重要性，品牌声誉、品牌可预测性、品牌竞争力、品牌信誉和独特性感知的重要性，以及它们在审计事务所和审计事务所的品牌管理系统中是如何呈现的。此外，还将讨论决策和支付溢价的意愿。

本章还将讨论审计事务所的品牌声誉、品牌可预测性和品牌竞争力对组织决策的直接影响，以及为审计服务支付溢价的意愿，以及品牌信誉和独特性感知在这种影响中的中介作用。

本章集中介绍在新兴市场开展业务的组织，比较也门和土耳其

1　Dwivedi, A., Nayeem, T., & Murshed, F. (2018). Brand experience and consumers' willingness to pay (WTP) a price premium: Mediating role of brand credibility and perceived uniqueness. *Journal of Retailing and Consumer Services*, 44, pp. 100-107.

2　Ghaleb, M. M. (2019). *Effects of brand characteristics on consumers' willingness to pay (WTP) a price premium: An analysis in audit and accounting services. Diss* (1st ed.). Istanbul: Istanbul Aysin University Institute of Social Sciences.

的组织对品牌审计事务所收费的态度。根据世界银行 2018 年报告，也门被选为处于不稳定状态的市场。[1] 根据世界银行 2019 年的报告，土耳其被选为新兴市场的另一个范例。[2]

新兴市场是"经济快速发展的市场，政府政策支持经济自由化，采用自由市场体系"。[3] 它们具有发达市场的一些特点，并有潜力在未来成为一个发达市场。

二、服务性组织成为品牌的重要性

292　　"品牌不仅仅是一个名字或一个象征。它创造了一个组织和其他竞争者之间的差异。"[4] "品牌产品或服务具有某些特征、规模和要素，这些特征、规模和要素在某种程度上有别于为满足同样需求而生产的其他产品或服务。"[5]

"知名品牌是一个强有力的因素，直接影响消费者的感知，并对他们的消费意愿产生影响"，[6] "品牌有助于提高消费者对体验、信誉

1　The World Bank. (2018, October 3). *Yemen's economic outlook — October 2018.* http://pubdocs. worldbank.org/en/547461538076992798/mpo-am18-yemenyem-9-14-kc-new.pdf.

2　The World Bank. (2019, January 10). *Turkey economic monitor: Steadying the ship.* https:// www.worldbank.org/en/country/turkey/publication/turkey-economic-monitor-steadying-the-ship.

3　Arnold, D. J., & Quelch, J. A. (1998). New strategies in emerging markets. *MIT Sloan Management Review,* 40(1), pp. 7-20.

4　Park, M., & Lennon, S. J. (2009). Brand name and promotion in online shopping contexts. *Journal of Fashion Marketing and Management,* 13(2), pp. 149-160.

5　Keller, K. L. (2013). *Strategic brand management* (4th Global ed.). London: Pearson Education Limited.

6　Park, M., & Lennon, S. J. (2009). Brand name and promotion in online shopping contexts. *Journal of Fashion Marketing and Management,* 13(2), pp. 149-160.

属性和性能评价的感知"。[1]

根据凯勒[2]的研究，品牌对于消费者来说很重要，原因如下。

（1）品牌是产品来源的标志，也是产品制造商或服务提供商责任的标识。

（2）品牌指导消费者的决策并帮助其选择产品，特别是在其有相关的经历和营销项目的时候。

（3）品牌确定了对产品或服务的期望和不期望的界限。

（4）品牌是产品或服务质量的指标。

从组织的角度来看，品牌是"消费者信任和忠诚的源泉，这将导致长期的关系，并提供市场竞争优势"。[3]"这反映了本组织的信誉和高绩效评价。"[4]它支持具有"法律保护和版权的组织，由于其产品或服务的独特性，并帮助增加销售"。[5]

根据科勒和裴福尔茨[6]以及凯勒[7]的研究，品牌在服务性组织中起着至关重要的作用，因为服务更加无形，并且根据其提供者的不同

1　Srinivasan, S. S., & Till, B. D. (2002). Evaluation of search, experience, and credence attributes: Role of brand name and product trial. *Journal of Product & Brand Management*, 11(7), pp. 417-431.

2　Keller, K. L. (2013). *Strategic brand management* (4th Global ed.). London: Pearson Education Limited.

3　Kapferer, J.-N. (2008). *The new strategic brand management* (4th ed.). London and Philadelphia: Kogan Page Limited.

4　Srinivasan, S. S., & Till, B. D. (2002). Evaluation of search, experience, and credence attributes: Role of brand name and product trial. *Journal of Product & Brand Management*, 11(7), pp. 417-431.

5　Keller, K. L. (2013). *Strategic brand management* (4th Global ed.). London: Pearson Education Limited.

6　Kotler, P., & Pfoertsch, W. (2006). *B2B brand management* (1st ed.). Heidelberg: Springer.

7　Keller, K. L. (2013). *Strategic brand management* (4th Global ed.). London: Pearson Education Limited.

而有所不同。品牌可以解决这些差异，形成与消费者期望相关的服务质量水平，并提供给消费者。

服务很难标准化。它们取决于消费者的确切需要和服务提供者的能力，因为"服务提供者不能与其服务分离"。[1] 为了满足消费者的需要，服务业必须进行调整和改造。"品牌是服务提供商向消费者提供所需满意度的能力的标志。"[2]

一个服务品牌需要"发展与品牌相关的引人注目的和差异化的价值观，向受众传达这些价值观，并提供资源以确保客户对品牌体验的一致性和好感度"。[3] 这可以通过"发展与客户、服务领导层和服务员工相联系的高度的服务导向和质量维度"[4] 来实现。

服务提供者应该"相信自己品牌的价值观，并据此采取行动，以实现更大的承诺可能性、内部忠诚度、更清晰的品牌理解和服务质量的一致性"。[5] 根据切纳托尼和科塔姆尼·德鲁里[6]的研究，以下内部因素是服务品牌成功的关键：

（1）全面、一致和综合的品牌态度；

1　Moorthi, Y. L. (2002). An approach to branding services. *Journal of Services Marketing*, 16(3), pp. 259-274.

2　Keller, K. L. (2013). *Strategic brand management* (4th Global ed.). London: Pearson Education Limited.

3　Marquardt, A. J., Davis, D. F., & Golicic, S. L. (2011). B2B services branding in the logistics services industry. *Journal of Services Marketing*, 25(1), pp. 47-57.

4　Skaalsvik, H., & Olsen, B. (2014). Service branding: Suggesting an interactive model of service brand development. *Kybernetes*, 43(8), pp. 1209-1223.

5　Chernatony, L. d., & Segal-Horn, S. (2003). The criteria for successful services brands. *European Journal of Marketing*, 37(7/8), pp. 1095-1118.

6　Chernatony, L. d., & Cottam (née Drury), S. (2006). Internal brand factors driving successful financial services brands. *European Journal of Marketing*, 40(5/6), pp. 611-633.

（2）专注于卓越和个性化的客户服务；

（3）一种挑战常规的精神；

（4）对变化的反应；

（5）高度的品牌知识；

（6）品牌与组织文化之间的互动。

审计事务所提供的服务符合《国际审计准则》，并受到《国际审计准则》的控制，因此审计事务所基本上在任何地方都提供同样的服务。品牌审计服务采用审计的共同服务，并"致力于改进，使其更有价值和意义，并创造其个性，以吃准客户的心理"。[1]

一家品牌审计事务所一般具有以下特点。[2]

（1）在专业意见和业务关系方面坦率和诚实。

（2）致力于通过整合广泛、深入的资源、经验和见解来提供优质服务，帮助客户解决问题。

（3）遵守适用的专业标准、法律和法规，避免可能损害自身或专业名誉的行为。

（4）客观地形成专业意见和建议。

（5）尊重竞争对手，致力公平营商。

品牌审计事务所的行事方式"体现了它们对彼此及其会员公司客户的期望。它们尊重个人，尊重人们的本来面目，尊重人们的知识、技能和经验。它们寻求事实、提供见解、挑战假设、追求事实，并增强它们作为可信赖的和客观的商业顾问的声誉。它们行事正直，

1　Kotler, P., & Pfoertsch, W. (2006). *B2B brand management* (1st ed.). Heidelberg: Springer.

2　Deloitte. (2016). *Code of ethics and professional conduct the power of shared values*. London: Deloitte Development LLC.

不断努力维护最高的专业标准，提供合理的建议，并严格保持自己的独立性。"[1]

品牌审计事务所"投资于关系、分享和合作经验，提升价值"。[2]它们"以专业诚信的态度行事，保持客观性和独立性，尊重智力资本"。[3]

品牌审计事务所的这些特征和行为能够建立品牌声誉，提高品牌可预测性，建立品牌竞争力，提升品牌的信誉和独特性感知。

（一）品牌声誉与审计事务所

品牌声誉表现为消费者、利益相关者和市场对品牌的普遍看法，根据他们在购买或使用品牌时的想法、感受和经验。"卖家或服务提供者认为品牌是需求的来源、高质量的形象和永久的吸引力。它还被视为一种附加值，可以证明溢价是合理的。"[4]

品牌声誉"影响消费者对产品或服务的反应，增加对质量的认知，并使组织能够收取一定的费用"。[5]这是任何组织的一项敏感资产，因为"多年来投入数百万英镑创造的品牌声誉可能很容易在一夜之间受到损害，甚至毁于一旦"。[6]这将增加组织处理消费者反馈的责任，以避免任何获得负面声誉的机会，并加强积极声誉。

1　KPMG. (2005). *KPMG global code of conduct — Performance with integrity*. International: KPMG International.

2　PwC. (2011). *Doing the right thing — the PwC way Code of conduct*. International: PwC.

3　EY. (2017). *Global code of conduct*. International: EYGM Limited.

4　Keller, K. L. (2013). *Strategic brand management* (4th Global ed.). London: Pearson Education Limited.

5　Corkindale, D., & Belder, M. (2009). Corporate brand reputation and the adoption of innovations. *Journal of Product & Brand Management*, 18(4), pp. 242-250.

6　Sengupta, A. S., Balaji, M. S., & Krishnan, B. C. (2015). How customers cope with service failure? A study of brand reputation and customer satisfaction. *Journal of Business Research*, 68, pp. 665-674.

品牌审计事务所认为，"它们永远不应该把客户的信任和资本市场的信任视为理所当然，德勤人员的诚信和向各组织和公司提供的服务质量是其声誉基础的主要部分"。[1] "它们避免采取任何可能导致败坏审计事务所或其客户信誉的行动，从而维护了自己作为值得信赖和客观的商业顾问的品牌和声誉。"[2] "它们的专业能力和诚信品质支撑着它们的声誉，是客户信任的基础。"[3] "它们诚实和正直的声誉比任何其他关系都重要。"[4]

（二）品牌可预测性与审计事务所

品牌的可预测性表现为"用户以合理的信心预测每个使用实例中的品牌的未来表现的能力"。[5] 它来自与品牌的反复互动，这创造了一种使用该品牌的信心，而不会有意外的事情发生。品牌的可预测性被定义为"消费者能够预期产品质量或服务的一致程度的准确度"。[6]

"良好和持续高质量的品牌表现将赢得客户的信任，客户在解决问题时可能更多地参考品牌，并更多地了解品牌提供的新产品和服

1　Deloitte. (2016). *Code of ethics and professional conduct the power of shared values.* London: Deloitte Development LLC.

2　KPMG. (2005). *KPMG global code of conduct — Performance with integrity.* International: KPMG International.

3　PwC. (2011). *Doing the right thing — the PwC way Code of conduct.* International: PwC.

4　EY. (2017). *Global code of conduct.* International: EYGM Limited.

5　Lau, G. T., & Lee, S. H. (1999). Consumers' Trust in a brand and the link to brand loyalty. *Journal of Market-Focused Management*, 4, pp. 341-370.

6　Kim, S., & Jones, C. (2009). Online shopping and moderating role of offline brand trust. *Direct Marketing: An International Journal*, 3(4), pp. 282-300.

295 务。"[1] "分享和传播品牌不同元素的信息将减少不确定性，增加品牌的可预测性。"[2]

为了满足客户的期望，审计事务所"提供符合资质、专业承诺和聘用条款的优质服务，保持独立性和客观性，避免利益冲突或不必要的影响，并维护客户和业务的保密性和隐私"。[3] "它们致力于实现自己的承诺，增加超出预期的价值，并通过创新和不断学习实现卓越。"[4] 它们"致力于提供高质量的服务，这些服务反映了它们的专业能力，并且适合于客户的具体问题和需求"。[5]

"它们试图开发出对客户有重要影响的成果。它们保护和采取措施保障它们所持有的机密和个人信息，根据适用的法律、专业义务、数据管理政策和实践来收集和处理信息。"[6]

（三）品牌竞争力与审计事务所

"一个有竞争力的品牌能够解决消费者的问题，满足他们的要求和需求。可以通过直接使用或口口相传来发现。消费者对品牌有更

1　Stevenson, H. H., & Moldoveanu, M. C. (1995, July 1). *The power of predictability — Harvard business review*. https://hbr.org/1995/07/the-power-of-predictability.

2　Mosavi, S. A., & Kenarehfard, M. (2013). The impact of value creation practices on brand trust and loyalty in a Samsung galaxy online brand community in Iran. *Mobile Marketing Association*, 8(2), pp. 75-84.

3　KPMG. (2005). *KPMG global code of conduct — Performance with integrity*. International: KPMG International.

4　PwC. (2011). *Doing the right thing — the PwC way Code of conduct*. International: PwC.

5　EY. (2017). *Global code of conduct*. International: EYGM Limited.

6　Deloitte. (2016). *Code of ethics and professional conduct the power of shared values*. London: Deloitte Development LLC.

多的体验，就会发现品牌有能力解决他们的问题，他们可能愿意依赖品牌。"[1] "品牌竞争力是消费者心目中品牌认知的一种反映，是可以对品牌信任产生重大和有意义的影响"的研究结果，[2] "这将增加品牌忠诚度。"[3]

审计事务所"致力于将客户需求与具备执行任务所需能力的从业人员相匹配，并支持创新和提高向客户提供的服务的价值和绩效的新想法"。[4] "它们认为自己的专业能力和诚信是客户信任和质量的来源，可以提升自己的声誉。"[5]

"审计事务所致力于支持员工的专业发展，肯定员工的成就，并注重持续学习，以提升员工的能力来源，从而对品牌产生积极影响。"[6] "它们的员工须对与其工作职能有关的法律、专业和道德标准负责，这些标准将促使这些员工诚信行事，并能反映审计事务所的能力水平。"[7]

1　Lau, G. T., & Lee, S. H. (1999). Consumers' Trust in a brand and the link to brand loyalty. *Journal of Market-Focused Management,* 4, pp. 341-370.

2　Thaichon, P., & Quach, T. N. (2015). From marketing communications to brand management: Factors influencing relationship quality and customer retention. *Journal of Relationship Marketing,* 14(3), pp. 197-219.

3　Sung, Y., Kim, J., & Jung, J.-H. (2009). The predictive roles of brand personality on brand trust and brand affect: A study of Korean consumers. *Journal of International Consumer Marketing,* 22 (1), pp. 5-17.

4　Deloitte. (2016). *Code of ethics and professional conduct the power of shared values.* London: Deloitte Development LLC.

5　PwC. (2011). *Doing the right thing — the PwC way Code of conduct.* International: PwC.

6　EY. (2017). *Global code of conduct.* International: EYGM Limited.

7　KPMG. (2005). *KPMG global code of conduct — Performance with integrity.* International: KPMG International.

（四）品牌信誉与审计事务所

296　　品牌信誉是"品牌能力和保持真实的意愿，以及对提高绩效的承诺"。[1] "消费者根据品牌的专业性感知、信誉和受欢迎度来评估品牌的信誉。"[2]

　　"品牌信誉致力于提高消费者的信心，将风险降至最低，因为当他们相信一个品牌具有信誉时，他们可以对该品牌作出承诺，并反复购买。"[3] "信誉衡量的是，消费者是否认为该品牌背后的公司或组织擅长于它所做的事情，是否关心它的消费者，是否讨人喜欢。"[4]

　　"品牌信誉对品牌可信度、品牌感知质量和客户忠诚度有影响"，[5] "它发挥了一种防御作用，通过显著改善口碑和减少客户之间的品牌转换行为来保护品牌本身"。[6]

　　品牌信誉增加了品牌被考虑和被选为首选的可能性，[7]并影响购

1　Erdem, T., & Swait, J. (2004). Brand credibility, brand consideration, and choice. *Journal of Consumer Research*, 31(1), pp. 191-198.

2　Keller, K. L. (2013). *Strategic brand management* (4th Global ed.). London: Pearson Education Limited.

3　Kemp, E., & Bui, M. (2011). Healthy brands: Establishing brand credibility, commitment and connection among consumers. *Journal of Consumer Marketing*, 28(6), pp. 429-437.

4　Sweeney, J., & Swait, J. (2008). The effects of brand credibility on customer loyalty. *Journal of Retailing and Consumer Services*, 15, pp. 179-193.

5　Alam, A., Arshad, M. U., & Shabbir, S. A. (2012). Brand credibility, customer loyalty and the role of religious orientation. *Asia Pacific Journal of Marketing and Logistics*, 24(4), pp. 583-598.

6　Sweeney, J., & Swait, J. (2008). The effects of brand credibility on customer loyalty. *Journal of Retailing and Consumer Services*, 15, pp. 179-193.

7　Erdem, T., & Swait, J. (2004). Brand credibility, brand consideration, and choice. *Journal of Consumer Research*, 31(1), pp. 191-198.

买意向。[1] "它在消费者的价格认知中发挥作用，因为它可以降低消费者的价格敏感度，增加消费者对价格变化的接受度，并提高消费者支付更高价格的意愿。"[2]

审计事务所"按照适用的专业标准，努力提高其服务质量，以此来显示其信誉。它们确保向客户提供的专业建议和结论是独立和客观的"。[3] "它们致力于巩固自己作为可信赖和客观的商业顾问的声誉，并开诚布公地进行沟通。"[4]

"它们提供的见解和优质服务有助于在全球资本市场建立信任和信心"，[5] "它们在提供服务和咨询时采用卓越、团队合作和领导力的核心价值观，以建立公众信任并为客户提高价值"。[6]

（五）独特性感知与审计事务所

独特性感知是"品牌的特殊元素，使其不同于其他品牌"。[7] 与

1 Xuehua, W., & Yang, Z. (2010). The effect of brand credibility on consumers' brand purchase intention in emerging economies: The moderating role of brand awareness and brand image. *Journal of Global Marketing*, 23(3), pp. 177-188.

2 Erdem, T., Swait, J., & Louviere, J. (2002). The impact of brand credibility on consumer price sensitivity. *International Journal of Research in Marketing*, 19, pp. 1-19.

3 Deloitte. (2016). *Code of ethics and professional conduct the power of shared values*. London: Deloitte Development LLC.

4 KPMG. (2005). *KPMG global code of conduct — Performance with integrity*. International: KPMG International.

5 EY. (2017). *Global code of conduct*. International: EYGM Limited.

6 PwC. (2011). *Doing the right thing — the PwC way Code of conduct*. International: PwC.

7 Dwivedi, A., Nayeem, T., & Murshed, F. (2018). Brand experience and consumers' willingness to pay (WTP) a price premium: Mediating role of brand credibility and perceived uniqueness. *Journal of Retailing and Consumer Services*, 44, pp. 100-107.

其他品牌相比，独特性是"一个强有力的差异点，表明品牌是如何被注意、认可和想起的"。[1]

"在创造独特性时，品牌有机会与消费者建立情感联系。"[2] "这将影响他们对品牌的态度[3]和他们对品牌价值的感知，从而提高购买意愿。"[4]

"独特性感知为消费者提供了一种附加值，使品牌脱离竞争，并积极影响消费者支付溢价的意愿。"[5] "它被认为是溢价的最强有力的决定因素。"[6]

审计服务是根据标准审计程序提供的，任何审计事务所提供的审计服务的性质没有区别。审计事务所通过强调其提供的高质量服务及其对客户的专业态度来实现其独特性感知。

"它们致力于提供高质量的服务，这些服务展现了它们对于客户的具体问题和需求的专业能力和切合度。"[7] 它们还"致力于发展适当

1　Netemeyer, R. G., Krishnan, B., Pullig, C., Wang, G., Yagci, M., Dean, D., et al. (2004). Developing and validating measures of facets of customer-based brand equity. *Journal of Business Research*, 57, pp. 209-224.

2　Kotler, P., & Pfoertsch, W. (2006). *B2B brand management* (1st ed.). Heidelberg: Springer.

3　Ruvio, A., Shoham, A., & Brenčič, M. M. (2008). Consumers' need for uniqueness: Short-form scale development and cross-cultural validation. *International Marketing Review*, 25(1), pp. 33-53.

4　Chen, H.-J., & Sun, T.-H. (2014). Clarifying the impact of product scarcity and perceived uniqueness in buyers' purchase behavior of games of limited-amount version. *Asia Pacific Journal of Marketing and Logistics*, 26(2), pp. 232-249.

5　Dwivedi, A., Nayeem, T., & Murshed, F. (2018). Brand experience and consumers' willingness to pay (WTP) a price premium: Mediating role of brand credibility and perceived uniqueness. *Journal of Retailing and Consumer Services*, 44, pp. 100-107.

6　Anselmsson, J., Bondesson, N. V., & Johansson, U. (2014). Brand image and customers' willingness to pay a price premium for food brands. *Journal of Product & Brand Management*, 23(2), pp. 90-102.

7　EY. (2017). *Global code of conduct*. International: EYGM Limited.

的专业怀疑主义和个人问责的文化，以支持客户并提高他们所提供服务的质量"。[1]

"它们致力于提高自己的经验、技能和观点，以便为社会提供更好的服务。"[2] "它们的目标是成为审计行业具有勇气、远见和诚信的领导者。"[3]

品牌审计事务所也有它们自己的视觉形象，这在它们的标识、网站和书面交流中是显而易见的，这代表了它们的身份。

三、审计事务所的品牌管理系统

"品牌管理不仅仅是一个营销问题，它直接影响到一个组织的盈利能力"。[4]要有适当的品牌管理，审计事务所要有一套品牌管理体系。

品牌管理系统是"一系列组织流程，旨在提高对公司品牌资产概念的理解和使用"。[5]它代表了企业应该如何努力发展其品牌的内部管理，以在消费者的头脑中创建和保持强大的品牌联想。它有助于结合和协调公司的文化和品牌建设活动。

"这是为了帮助管理者更清楚地了解内部和外部品牌管理的最佳

1 Deloitte. (2016). *Code of ethics and professional conduct the power of shared values*. London: Deloitte Development LLC.

2 KPMG. (2005). *KPMG global code of conduct — Performance with integrity*. International: KPMG International.

3 PwC. (2011). *Doing the right thing — the PwC way Code of conduct*. International: PwC.

4 Rajagopal. (2008). Measuring brand performance through metrics application. *Measuring Business Excellence*, 12(1), pp. 29-38.

5 Keller, K. L. (2013). *Strategic brand management* (4th Global ed.). London: Pearson Education Limited.

方式，从而提高公司的价值和长期竞争力。"[1] "拥有一个强有力的品牌管理系统会影响感知到的品牌绩效"，[2] 并且 "为公司提供了相对于竞争对手的竞争优势并刺激竞争"。[3]

品牌是审计事务所的一项关键资产。这是鼓励客户要求它们的服务。审计事务所有一个处理公司品牌的所有事项的品牌管理系统，包括视觉识别、品牌特征和所有相关活动，加强客户心目中的品牌联想。该系统包括品牌责任、品牌章程和年度报告。

298　　这取决于审计机构的规模（由主要的审计事务所管辖）。它是否有一个独立的品牌部门或只有一个负责的品牌经理？无论如何，这样一个部门的主要任务是照顾内部和外部品牌。

所有的审计师都是审计事务所的品牌大使。他们必须在与客户打交道的同时恰当地代表公司的品牌，并参与反映品牌价值的外部品牌活动。

审计事务所在其品牌章程中记录了他们的品牌政策。品牌章程包括品牌定位、核心信息、视觉识别和对品牌的责任。它 "旨在让人们对该公司在世界各地的品牌标准有一个基本的了解"。[4] "它向

1　Santos-Vijande, M. L., Río-Lanza, A. d., Suárez-Álvarez, L., & Díaz-Martín, A. (2013). The brand management system and service firm competitiveness. *Journal of Business Research*, 66, pp. 148-157.

2　Dunes, M., & Pras, B. (2017). The impact of the brand management system on performance across service and product-oriented activities. *Journal of Product & Brand Management*, 26(3), pp. 294-311.

3　Likoum, S. W., Shamout, M. D., Harazneh, I., & Abubakar, A. M. (2018). Market-sensing capability, innovativeness, brand management systems, Market Dynamism, Competitive Intensity, and Performance: An Integrative Review. *Journal of the Knowledge Economy*, 1(4), pp. 1-21.

4　KPMG. (2005). *KPMG global code of conduct — Performance with integrity*. International: KPMG International.

我们展示了在各种环境和情况下，它们应该如何表现和开展品牌业务。"[1] "这反映了对所有审计事务所员工的期望，以及他们作为品牌代表对品牌的责任，以维持公众的信任"，[2]因为"他们通过个人领导力和商业实践，在日常商业活动中推广和支持其全球品牌规范"。[3]

审计事务所有一份关于绩效、道德和风险的年度报告。这些报告包括对办公室财务结果所代表的办公室绩效及其与适当的品牌介绍的关系的评价。这项评估将有助于规划下一个工作季，并为下一个目标设立办公室。[4]

四、决策和支付溢价的意愿

"决策是收集信息、评估备选方案并选择有助于实现目标的适当备选方案的过程。在决策过程中，在选择最适当的备选方案之前，会评估和筛选若干备选方案。"[5]

"为了作出决定，必须查明问题和确定需要，必须收集有关资

1　PwC. (2011). *Doing the right thing — the PwC way Code of conduct.* International: PwC.

2　Deloitte. (2016). *Code of ethics and professional conduct the power of shared values.* London: Deloitte Development LLC.

3　EY. (2017). *Global code of conduct.* International: EYGM Limited.

4　Deloitte. (2018). *2018 Global impact report.* https://www2.deloitte.com/content/campaigns/global/global-report/global-report.html.
KPMG. (2014). *The KPMG survey of business reporting.* https://home.kpmg.com/xx/en/home/insights/2014/06/kpmg-survey-business-reporting.html.
PWC. (2018). *Building trust, making an impact.* https://www.pwc.com/gx/en/about/global-annual-review-2018.html.

5　Beach, L. R. (1993). Broadening the definition of decision making: The role of prechoice screening of options. *Psychological Science*, 4(4), pp. 215-220.

料，必须评价各种替代办法。应该选择和执行最合适的替代方案，然后评估结果。"[1]

对于接受审计的任何组织，审计目标都需要由第三方确认该组织的财务报表是否公允。这一确认将增加组织的可靠性和信誉。审计事务所是该组织可用的备选方案，每个审计事务所在市场上都有自己的形象和价值，并且有一个代表其形象和价值的相关审计费用表。

各组织应通过获取审计服务建议书来评估审计事务所的概况和价值以及审计费用。审计服务建议书包括对审计事务所的背景、概况和价值观的解释，对其将提供的服务的详细解释，以及审计费用。审计收费根据审计事务所的价值、声誉、经验和国际品牌而有所不同。

一个组织应该决定是否愿意支付溢价来聘请一个品牌审计事务所。

溢价支付意愿是"消费者在观察某一产品或服务的附加值时"，[2] "准备并希望为某一特定产品或服务支付更多费用，而不是选择类似的替代品"。[3]

"愿意为品牌产品或品牌服务支付溢价，是为了消除风险、提供确定性和保证。"[4] "品牌创造的意义重大的差异有助于消费者证明支

---

1 Phillips, S. D. (1997). Toward an expanded definition of adaptive decision making. *The Career Development Quarterly*, 45, pp. 275-287.

2 Keller, K. L. (2013). *Strategic brand management* (4th Global ed.). London: Pearson Education Limited.

3 Casidy, R., & Wymer, W. (2016). A risk worth taking: Perceived risk as moderator of satisfaction, loyalty, and willingness-to-pay premium price. *Journal of Retailing and Consumer Services*, 32, pp. 189-197.

4 Kapferer, J.-N. (2008). *The new strategic brand management* (4th ed.). London and Philadelphia: Kogan Page Limited.

付更多的费用是合理的。"[1]

"质量是溢价的一个重要决定因素，它与其他品牌元素一起提供溢价的理解和可预测性。"[2]"消费者应该愿意支付更高的溢价以确保质量。"[3]

审计事务所应当适当识别客户的需求，并充分了解竞争情况以及品牌的显著差异和影响。它们的服务应该有一个标准的质量水平，因为"消费者愿意为更好、更专业的改进服务支付更多的费用"。[4]

在新兴市场的经营过程中，组织对于品牌审计费用所做出的行为可能有所不同。为了理解这种行为，本章制定了一个概念框架，并在也门和土耳其进行了假设测试，也门作为不稳定市场的例子，土耳其作为新兴市场的例子。

五、概念框架和假设

选取的自变量是品牌声誉、品牌可预测性和品牌竞争力。刘和

1　Hollis, N. (2014). *How smart brands command a premium price.* https://www.millwardbrown. com/docs/default-source/insight-documents/points-of-view/millward_brown_how-smart-brands-command-a-premium-price.pdf.

2　Anselmsson, J., Bondesson, N. V., & Johansson, U. (2014). Brand image and customers' willingness to pay a price premium for food brands. *Journal of Product & Brand Management*, 23(2), pp. 90-102.

3　Rao, A. R., & Monroe, K. B. (1996). Causes and consequences of price premiums. *The Journal of Business*, 69(4), pp. 511-535.

4　Garrow, L. A., Jones, S. P., & Parker, R. A. (2007). How much airline customers are willing to pay: An analysis of price sensitivity in online distribution channels. *Journal of Revenue and Pricing Management*, 5(4), pp. 271-290.

Kuo, C.-W., & Jou, R.-C. (2017). Willingness to pay for airlines' premium economy class: The perspective of passengers. *Journal of Air Transport Management*, 59, pp. 134-142.

李[1]在研究中使用这些变量来测试它们对品牌忠诚度的影响。这里选择它们是为了测试它们对消费者溢价支付意愿的直接影响。

品牌信誉和独特性感知被选择来检验其在品牌声誉、品牌可预测性和品牌竞争力之间的中介作用，以及与作为因变量的消费者溢价支付意愿之间的中介作用。德维迪等人[2]的研究中测试了它们在品牌体验与消费者是否愿意支付溢价的决策之间的中介作用。将这些变量组合在一起，就会得到图 13.2 所示的假设路径。

300

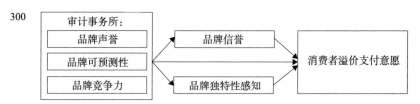

图 13.2　研究概念框架和假设路径

基于概念框架，提出了以下假设：

H1：审计事务所的品牌声誉、品牌可预测性和品牌竞争力影响消费者的决策和为审计服务支付溢价的意愿。

H2：审计事务所的品牌信誉调节了审计事务所的品牌声誉、品牌可预测性和品牌竞争力对消费者是否愿意为审计服务支付溢价的决策的影响，即：（1）审计事务所的品牌声誉、品牌可预测性和品牌竞争力影响品牌信誉；（2）审计事务所的品牌信誉影响消费者的决策以及为审计服务支付溢价的意愿。

1　Lau, G. T., & Lee, S. H. (1999). Consumers' Trust in a brand and the link to brand loyalty. *Journal of Market-Focused Management*, 4, pp. 341-370.

2　Dwivedi, A., Nayeem, T., & Murshed, F. (2018). Brand experience and consumers' willingness to pay (WTP) a price premium: Mediating role of brand credibility and perceived uniqueness. *Journal of Retailing and Consumer Services*, 44, pp. 100-107.

H3：审计事务所的独特性感知调节了审计事务所的品牌声誉、品牌可预测性和品牌竞争力对消费者是否愿意为审计服务支付溢价的决策的影响，即：(1)审计事务所的品牌声誉、品牌可预测性和品牌竞争力影响品牌独特性感知；(2)审计事务所的独特性感知影响消费者的决策以及为审计服务支付溢价的意愿。

六、研究方法和分析

（一）人口及抽样方法

本研究的目标是了解组织对品牌审计事务所及其收费情况的态度。也门作为不稳定市场的例子，土耳其作为新兴市场的例子。

本研究采用方便抽样法，在两个国家各自随机抽取了 250 个组织。方便抽样法是非概率抽样方法之一，"针对符合某些实践标准的受访者，并被视为便利的研究数据来源"。[1]

表 13.1　受访者的人口学特征 301

描述	次级描述	也门		土耳其	
		频率（n= 200）	百分比	频率（n=200）	百分比
职位	工作人员级别	30	15%	72	36%
	监管水平	86	43%	49	24.5%
	管理级或以上	84	42%	79	39.5%

1　Etikan, I., Musa, S. A., & Alkassim, R. S. (2016). Comparison of convenience sampling and purposive sampling. *American Journal of Theoretical and Applied Statistics*, 5(1), pp. 1-4.

		也门		土耳其	
经验年限	5 年或以下	31	15.5%	70	35%
	5 年至 10 年	75	37.5%	68	34%
	10 年以上	94	47%	62	31%
审核程序频率	每年	174	87%	124	62%
	每 6 个月	13	6.5%	27	13.5%
	每季度	13	6.5%	49	24.5%
上次审计时间	2 年前	24	12%	11	5.5%
	去年	52	26%	52	26%
	今年	124	62%	137	68.5%

资料来源：研究人员计算

　　我们向各组织的财务部门发送了一个在线调查链接。在也门收到了 241 份答复，在土耳其收到了 222 份答复。每个国家只接受 200 份答复用于研究，因为"200 次观测将导致 7% 的预测准确度误差"。[1]

　　从也门收到的 200 份答复来自接受品牌审计事务所审计的 84 个组织和接受非品牌审计事务所审计的 116 个组织。另一方面，从土耳其收到的 200 份答复来自 73 个由品牌审计事务所审计的组织和 127 个由非品牌审计事务所审计的组织。

　　接受答复的主要条件是该组织是最近一次接受审计；为了找到答案，调查中增加了一个人口统计学问题。这个问题使人们了解了该组织如何定期与审计事务所打交道，以及被调查者记忆中的相关

1　Varoquaux, G. (2018). Cross-validation failure: Small sample sizes lead to large error bars. *NeuroImage*, 180, pp. 68-77.

信息有多新鲜。各组织表示，它们在两年多以前就接受过审计，因此不再参与研究。

另外两个人口统计学问题与被调查者的地位及其多年经验有关。这些问题提供了一个关于他 / 她在外部审计选择的决策中的参与程度，以及他 / 她在财务工作和审计过程中有多少经验。受访者的人口学特征见表 13.1。

（二）数据收集仪器和分析技术

这项研究所用的量表是英文的。按照布里斯林 [1] 的建议，将第三 302 方研究人员翻译成英文的问题再翻译成阿拉伯文和土耳其文，并与原始问题进行比较。

这些量表在以前的研究中使用过。品牌声誉量表包括 6 个项目。品牌可预测性量表包括 6 个项目，品牌竞争力量表包括 5 个项目。它们是在刘和李 [2] 的研究中被开发和使用。

品牌信誉量表包括 6 个项目。它是由埃德姆和斯瓦特 [3] 开发的，并被德维迪等人 [4] 采用。独特性感知量表包括 4 个项目，消费者溢价

1　Brislin, R. W. (1970). Back-translation for cross-cultural research. *Journal of Cross-Cultural Psychology*, 1(3), pp. 185-216.

2　Lau, G. T., & Lee, S. H. (1999). Consumers' Trust in a brand and the link to brand loyalty. *Journal of Market-Focused Management*, 4, pp. 341-370.

3　Erdem, T., & Swait, J. (1998). Brand equity as a signaling phenomenon. *Journal of Consumer Psychology*, 7(2), pp. 131-157.

4　Dwivedi, A., Nayeem, T., & Murshed, F. (2018). Brand experience and consumers' willingness to pay (WTP) a price premium: Mediating role of brand credibility and perceived uniqueness. *Journal of Retailing and Consumer Services*, 44, pp. 100-107.

支付意愿的量表也包括 4 个项目。德维迪等人 [1] 使用了这两种方法，但内特耶等人 [2] 开发了这两种方法。

本章的 6 个变量均采用李克特量表（1= 非常不同意，2= 不同意，3= 中立，4= 同意，5= 非常同意）。

采用因子分析和结构方程模型对所收集的数据进行分析。因子分析被认为是结构方程模型分析的第一步，因为它探讨和确定了量表及其衡量变量的适当性，特别是在将调查问题翻译成另一种语言时。它还证实了所收集数据的可靠性和措施的有效性，证实了"观察到的变量在多大程度上与其原始因素相联系"。[3]

结构方程模型测试"各种假设变量集如何定义结构以及这些结构如何以定量的方式相互关联的理论模型"。[4]

本章使用的分析软件是 IBM 公司的 SPSS version 23 和 AMOS version 22。

（三）因子分析与信效度检验

通过初步分析，确定所收集的数据是合适的，适合于因子分析

1 Dwivedi, A., Nayeem, T., & Murshed, F. (2018). Brand experience and consumers' willingness to pay (WTP) a price premium: Mediating role of brand credibility and perceived uniqueness. *Journal of Retailing and Consumer Services*, 44, pp. 100-107.

2 Netemeyer, R. G., Krishnan, B., Pullig, C., Wang, G., Yagci, M., Dean, D., et al. (2004). Developing and validating measures of facets of customer-based brand equity. *Journal of Business Research*, 57, pp. 209-224.

3 Byrne, B. M. (2016). *Structural equation modeling with Amos: Basic concepts, applications, and programming* (3rd ed.). New York: Routledge.

4 Schumacker, R. E., & Lomax, R. G. (2010). A beginner's guide to structural equation modeling (3rd ed.). New York: Taylor and Francis Group, LLC.

和结构方程假设分析。这些分析表明，数据是正态分布的，没有偏斜或峭度。

探索性因子分析的目的是"确定观察到的变量如何以及在多大程度上与其潜在的因素相关联，并帮助确定导致观察到的变量之间的协变的因素的最小数量"，[1]特别是在将调查问题从英语翻译成阿拉伯语和土耳其语之后。

将两国收集的数据输入探索性因子分析，去除了多重负荷的问题。然后共得出了六个因素，每个变量一个，自变量的 KMO 值为 0.75，介质和因变量的 KMO 值为 0.86，并且变量之间没有多重共线性关系。303

这表明研究对象具有良好的探索性因子载荷，所使用的量表正确地测量了目标研究变量。调查问题的因子载荷载列于表 13.2。

表 13.2　因子载入

范围	因子载荷
品牌声誉 [2]	
Q2（＊）:【品牌】有不可信赖的名声	0.909
Q3（＊）: 其他人告诉我【品牌】不好	0.621
Q4: 其他人告诉我【品牌】是可信赖的	0.847
品牌可预测性 [3]	
Q9（＊）:【品牌】质量不一致	0.955
Q10:【品牌】的表现始终如一	0.914
Q12: 我知道【品牌】的表现,【品牌】总是可以提供我所期待的表现	0.555

1　Byrne, B. M. (2010). *Structural equation modeling with AMOS basic concepts, applications, and programming* (2nd ed.). New York: Taylor and Francis Group, LLC.

2　Lau, G. T., & Lee, S. H. (1999). Consumers' Trust in a brand and the link to brand loyalty. *Journal of Market-Focused Management*, 4, pp. 341-370.

3　Lau, G. T., & Lee, S. H. (1999). Consumers' Trust in a brand and the link to brand loyalty. *Journal of Market-Focused Management*, 4, pp. 341-370.

续表

范围	因子载荷
品牌竞争力 [1]	
Q15：【品牌】表现优于其他品牌	0.846
Q16：【品牌】比其他品牌更有效	0.851
Q17：【品牌】比其他品牌更能满足我的需求	0.822
品牌信誉 [2]	
Q19：【品牌】的服务声明是可信的	0.811
Q20：【品牌】兑现承诺	0.906
Q21：【品牌】有能力兑现它的承诺	0.877
Q23：【品牌】让我想起有能力并且知道自己在做什么的人	0.773
品牌独特性感知 [3]	
Q24：我觉得【品牌】在众多审计服务品牌中脱颖而出	0.706
Q25：我认为【品牌】与其他审计服务品牌是不同的	0.787
Q26：【品牌】是独一无二的审计服务品牌	0.859
Q27：【品牌】提供与其他审计服务品牌非常不同的产品	0.917
消费者关于溢价支付意愿的决策 [4]	
Q28：我愿意为【有品牌的】审计服务支付比其他服务更高的价格	0.866
Q29：我愿意为【品牌】支付比其他审计服务品牌高得多的价格	0.882
Q31：比起其他品牌的审计服务，我愿意为【品牌】支付更多	0.846

注：* 表示项目按反比例缩放。

资料来源：研究人员计算

---

1 Lau, G. T., & Lee, S. H. (1999). Consumers' Trust in a brand and the link to brand loyalty. *Journal of Market-Focused Management*, 4, pp. 341-370.

2 Erdem, T., & Swait, J. (1998). Brand equity as a signaling phenomenon. *Journal of Consumer Psychology*, 7(2), pp. 131-157.

3 Netemeyer, R. G., Krishnan, B., Pullig, C., Wang, G., Yagci, M., Dean, D., et al. (2004). Developing and validating measures of facets of customer-based brand equity. *Journal of Business Research*, 57, pp. 209-224.

4 Netemeyer, R. G., Krishnan, B., Pullig, C., Wang, G., Yagci, M., Dean, D., et al. (2004). Developing and validating measures of facets of customer-based brand equity. *Journal of Business Research*, 57, pp. 209-224.

表 13.3 信度和效度评估

	CR	AVE	MSV	MaxR（H）	PU	BR	BP	BC	BCr	WTP
				也门						
PU	0.825	0.543	0.491	0.836	0.737					
BR	0.700	0.500	0.216	0.765	0.408	0.661				
BP	0.733	0.501	0.227	0.868	0.260	0.192	0.708			
BC	0.773	0.541	0.491	0.858	0.701	0.465	0.376	0.735		
BCr	0.773	0.510	0.257	0.807	0.507	0.357	0.476	0.490	0.684	
WTP	0.803	0.581	0.220	0.839	0.469	0.138	0.145	0.358	0.359	0.762
				土耳其						
PU	0.915	0.728	0.588	0.916	0.853					
BR	0.811	0.651	0.305	0.993	0.451	0.807				
BP	0.877	0.708	0.375	0.916	0.577	0.422	0.841			
BC	0.877	0.707	0.407	0.933	0.638	0.416	0.530	0.841		
BCr	0.902	0.697	0.588	0.904	0.767	0.552	0.612	0.622	0.835	
WTP	0.882	0.721	0.233	0.968	0.483	0.206	0.264	0.190	0.414	0.849

注：BR 表示品牌声誉，BP 表示品牌可预测性，BC 表示品牌竞争力，BCr 表示品牌信誉，PU 表示品牌独特性感知，WTP 表示溢价支付意愿。

资料来源：研究人员计算

因子分析的第二部分是验证性因子分析。"它致力于确定观察因素与其潜在的因素之间的关系。它测试了一个假设的因素模型的重要性，无论样本数据是否证实了该模型。"[1]

验证性因子分析的第一步是对模型进行拟合，其结果表现为 304 $3 \geqslant \text{CMIN/DF} \geqslant 1$，$\text{CFI} \geqslant 0.90$，$0.06 \geqslant \text{RMSEA}$，$\text{PCLOSE} \geqslant 0.05$。

本章假设因子模型拟合良好（CMIN/DF=2.013，CFI=0.933，RMSEA=0.050，PCLOSE=0.442），数据和结构方程模型分析结果较为合理。

---

1 Schumacker, R. E., & Lomax, R. G. (2010). A beginner's guide to structural equation modeling (3rd ed.). New York: Taylor and Francis Group, LLC.

拟合模型允许检验所收集数据的可靠性和有效性。综合可靠性表明测试分数的水平没有测量误差。这些数据必须超过 0.70 才能说明它们是可靠的。有效性"用于确认潜变量是否被准确测量"，[1] 当平均方差提取大于或等于 0.50 且最大共享方差小于平均方差提取时，可以达到可接受的有效性。

信度和效度评估如表 13.3 所示，使本章得出结论，在这两个国家收集的数据是可靠和有效的。它们适用于假设检验和产生结论。

（四）结构方程建模假设检验

检验假设需要一个合适的模型和可靠有效的数据。结构方程模型用于评估假设的结构关系。"当涉及平行介质时，它在测试间接效应方面优于回归分析。"[2]

图 13.3 和图 13.4 所示的假设模型显示了潜在变量之间的关系。结果表明，品牌声誉、品牌可预测性和品牌竞争力对消费者溢价支付意愿具有直接影响。同时还显示了品牌信誉和品牌独特性感知在该影响中的中介作用。

假设模型具有良好的模型拟合结果（CMIN/DF=2.150，CFI=0.923，RMSEA=0.054，PCLOSE=0.133），适合生成结果。

除了假设的模型拟合，还观测到了决定系数（R^2）的结果。"R^2 表示问题的变量预测所反映的方差百分比。数据通常在 0% 到 100% 之间，数值越高，表示数据与模型的匹配越好"，[3] 而且应该

305

306

1　Muijs, D. (2004). *Doing quantitative research in education with SPSS* (1st ed.). London: Sage.

2　Preacher, K. J., & Hayes, A. F. (2008). Asymptotic and resampling strategies for assessing and comparing indirect effects in multiple mediator models. *Behavior Research Methods*, 40(3), pp. 879-891.

3　Byrne, B. M. (2016). *Structural equation modeling with Amos: Basic concepts, applications, and programming* (3rd ed.). New York: Routledge.

大于 0.20。[1]

实现模型拟合并得到一个可接受的 R^2 将允许通过计算 P 值来检验假设。P 值或概率值是用于接受或拒绝假设的指标。[2] "这是一个随机变量，它来自用于检验数据集的检验统计量的分布。"[3] "它的值在 0 到 1 之间，接受或拒绝零假设的截止点为 0.05。只要 P 值小于 0.05，这个假设就会被接受。"[4]

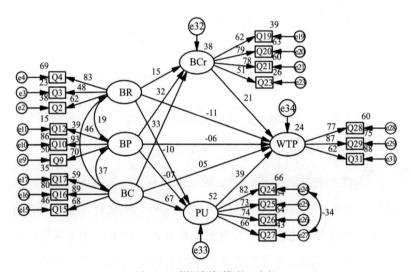

图 13.3 假设框架模型：也门

资料来源：研究人员编制

1 Hooper, D., Coughlan, J., & Mullen, M. R. (2008). Structural equation modeling: Guidelines for determining model fit. *Electronic Journal of Business Research Methods*, 6(1), pp. 53-60.

2 Carvalho, J., & Chima, F. O. (2014). Applications of structural equation modeling in social sciences research. *American International Journal of Contemporary Research*, 4(1), pp. 6-11.

3 Hung, H. J., O'Neill, R. T., Bauer, P., & Kohne, K. (1997). The behavior of the P-value when the alternative hypothesis is true. *Biometrics*, 53(1), pp. 11-22.

4 Hair, J. F., Jr., Black, W. C., Babin, B. J., & Anderson, R. E. (2014). *Multivariate data analysis* (7th ed.). Harlow: Pearson Education Limited.

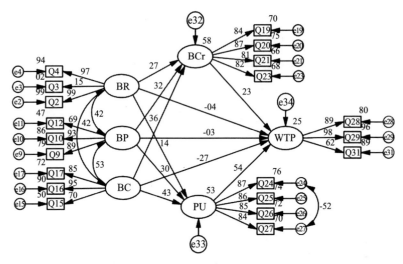

图 13.4 假设框架模型：土耳其

资料来源：研究人员编制

表 13.4 中提供的假设模型的结构方程模型检验的结果表明，审计事务所的品牌声誉、品牌可预测性和品牌竞争力并不影响消费者是否愿意为也门的审计服务支付溢价的决策。在土耳其，只有审计事务所的品牌竞争力影响消费者的决策和为审计服务支付溢价的意愿。

在也门，品牌信誉在品牌的可预测性和消费者是否愿意溢价支付的决策之间发挥着中介作用。

在也门，独特性感知在品牌竞争力和消费者是否愿意溢价支付的决策之间起着中介作用。在土耳其，独特性感知在品牌可预测性与消费者是否愿意溢价支付的决策之间，以及在品牌竞争力与消费者是否愿意溢价支付的决策之间发挥着中介作用。

表 13.4　假设检验结果

		也门		土耳其	
	假设路径	P 值	结果	P 值	结果
H1a	BR → WTP	0.256	不支持	0.645	不支持
H1b	BP → WTP	0.542	不支持	0.796	不支持
H1c	BC → WTP	0.707	不支持	0.012	支持
H2a	BR → BCr → WTP	0.102	不支持	0.130	不支持
H2b	BP → BCr → WTP	0.028	支持	0.129	不支持
H2c	BC → BCr → WTP	0.061	不支持	0.277	不支持
H3a	BR → PU → WTP	0.202	不支持	0.068	不支持
H3b	BP → PU → WTP	0.904	不支持	0.022	支持
H3c	BC → PU → WTP	0.005	支持	0.011	支持

资料来源：研究人员计算

七、讨论和结论

　　研究结果表明，适用于其他服务的方法可能不适用于审计服务，因为研究结果显示审计事务所的品牌声誉不受审计费用影响。在也门和土耳其，品牌的可预测性并不影响消费者是否愿意溢价支付的决策，只有品牌竞争力在土耳其具有这种影响。瓦尔德等人[1]证实了这一发现的一部分，因为他们发现"该研究没有记录审计事务所的声誉对审计费用的影响"。

　　"各组织的特点是决定审计费用的主要因素，包括其规模和相关风险。在这种收费结构中，六大品牌审计事务所与非六大品牌审计

1　Ward, D. D., Elder, R. J., & Kattelus, S. C. (1994). Further evidence on the determinants of municipal Audit fees. *The Accounting Review*, 69(2), pp. 399-411.

事务所没有区别。"[1] 各组织对此类审计费用的反应是根据其增加收入和减少费用的需要、战略和目标。这将导致一个结论，即各组织对品牌和相关价格的态度不同于个人的态度。

第二个研究结果表明，品牌信誉在审计事务所的品牌声誉和品牌可预测性之间没有主要的中介作用，品牌声誉和品牌可预测性作为自变量，而消费者是否愿意为审计服务支付溢价的决策作为一个因变量。

任何品牌的信誉都是至关重要的，并且在审计实践中受到法律的监督。审计事务所不能根据其信誉提高收费，这是理所当然的，因为如果失去信誉，审计事务所将面临消极后果。

支持这一结论的主要例子是安达信审计事务所，这是一家世界性的跨国审计事务所，曾经是五大审计事务所之一。2001 年，由于安然能源公司丑闻，以美国司法部为代表的美国政府决定将安达信作为公司起诉。[2]

"安达信审计事务所报告说，安然能源公司的财务状况维持不变，但在安然公司破产之后，调查报告指出，这是一起有创造性的、有计划的会计舞弊行为，而安达信审计事务所在审计时忽视了这一事实，因为它们在发现一些外部事件证据和持续经营的问题之后没有修改其报告"。[3] 这导致安达信审计事务所失去了从事审计业务的执照。

---

1 Cullinan, C. P. (1997). Audit pricing in the pension plan audit market. *Accounting and Business Research*, 27(2), pp. 91-98.

2 Asthana, S., Balsam, S., & Kim, S. (2009). The effect of Enron, Andersen, and Sarbanes-Oxley on the US market for audit services. *Accounting Research Journal*, 22(1), pp. 4-26.

3 Nogler, G. E. (2007). Going concern modifications, CPA firm size, and the Enron effect. *Managerial Auditing Journal*, 23(1), pp. 51-67.

诚信是审计事务所面临的一个主要问题，如果被任何一家审计事务所忽视，都会导致法律后果，这种价值在审计收费谈判中没有很大的影响力。

研究的最终结果表明，独特性感知在审计事务所的品牌可预测 308 性和品牌竞争力作为自变量与消费者是否愿意为审计服务支付溢价的决策作为因变量之间具有中介作用。

审计事务所致力于在他们的专业知识、专业精神和对待客户的态度上做到独一无二。"一家审计事务所被认为具有独特性的部分原因与其行业专长有关，因为一家具有行业特色的品牌审计事务所将产生审计费用"，[1]因为"行业专长是品牌审计事务所的需求的一个维度"。[2]根据坎[3]的研究，品牌对审计质量有直接影响，这是土耳其审计事务所独特性的一个方面。

从 2018 年的世界银行报告中可以发现也门面临着经济危机和不稳定局势，在这种局势下运作的当地组织的目标是运作成本最小化。即使它们希望通过接受品牌审计事务所的审计来提升自身价值，也很难有意愿为此类服务支付溢价。索努等人[4]支持这一观点，因为他们发现"审计费用在金融危机期间大幅下降，因为各组织面临削

1　Rahmat, M. M., & Iskandar, T. M. (2004). Audit fee premiums from brand name, industry specialization, and industry leadership: A study of the post Big 6 merger in Malaysia. *Asian Review of Accounting*, 12(2), pp. 1-24.

2　Scott, W. D., & Gist, W. E. (2013). Forced auditor change, industry specialization, and audit fees. *Managerial Auditing Journal*, 28(8), pp. 708-734.

3　Can, G. (2017). *The impact of auditor qualifications on earnings management of companies listed in Borsa İstanbul Industrial Index* (1st ed.). İstanbul: Marmara Üniversitesi.

4　Sonu, C. H., Ahn, H., & Choi, A. (2017). Audit fee pressure and audit risk: Evidence from the financial crisis of 2008. *Asia-Pacific Journal of Accounting & Economics*, 24(1-2), pp. 127-144.

减开支的巨大压力"。格罗夫等人[1]也支持这一观点，因为他们发现"金融危机对斯洛文尼亚的审计费用和客户支付溢价的能力产生了不利影响"。

研究得出的结论是，在新兴市场经营不会为品牌审计事务所带来溢价，因为各组织不愿意为品牌审计事务所或其审计服务支付溢价，除非这些公司是独特的和行业专业化的。

西迪克等人[2]对这个问题提出了质疑，"四大会计师事务所的子公司在新兴市场是否赚取审计费用溢价？"以孟加拉国作为一个新兴市场的例子，他们发现"四大会计师事务所在孟加拉国一般不收取溢价，但它们向客户收取更高的审计费用"，他们建议四大会计师事务所尽可能降低审计费用，以吸引更多客户。

八、研究启示和建议

这一章的研究讨论了在不同企业进行商业交易时企业之间的品牌效应。它显示了个体消费者和组织对品牌服务的行为差异。其他品牌研究已经讨论了品牌对个人消费行业的影响，如食品、汽车或酒店和招待等消费产业。

审计研究从审计事务所的角度探讨了品牌对审计收费的影响，本章从消费者的角度探讨了审计事务所的品牌效应及消费者接受审

---

1 Groff, M. Z., Trobec, D., & Igličar, A. (2017). Audit fees and the salience of financial crisis: Evidence from Slovenia. *Economic Research-Ekonomska Istraživanja*, 30(1), pp. 922-938.

2 Siddiqui, J., Zaman, M., & Khan, A. (2013). Do Big-Four affiliates earn audit fee premiums in emerging markets? *Advances in Accounting, Incorporating Advances in International Accounting*, 29, pp. 332-342.

计收费的意愿。

它为审计事务所提供了关于各组织对其审计费用的态度和在新兴市场的定价策略的见解。

正如西迪克等人[1]所建议的那样，本研究还建议审计事务所审查 309 其审计收费标准，以使其更具竞争力，尤其是当它们在新兴市场开展业务时。本研究还建议审计事务所注重行业专业化，以获得竞争优势。它们应该致力于发展审计之外的其他服务，如咨询、纳税申报审查和其他会计服务。

九、局限性以及进一步研究的建议

这项研究仅限于 2018 年和 2019 年在也门和土耳其开展业务的组织。它仅限于五个品牌变量，即品牌声誉、品牌可预测性、品牌竞争力、品牌信誉和独特性感知。

这项研究仅限于为分析收集和接受的数据量，因为收集更多的数据将需要更多的时间和更多组织的合作。

为进一步研究，建议测试其他品牌变量对其他国家、不同环境和审计以外的不同专业服务的消费者决策和溢价支付意愿的影响。

---

1 Siddiqui, J., Zaman, M., & Khan, A. (2013). Do Big-Four affiliates earn audit fee premiums in emerging markets? *Advances in Accounting, Incorporating Advances in International Accounting*, 29, pp. 332-342.

第十四章

审计质量显微镜下常见的审计缺陷

塔梅尔·阿克索伊　阿里·阿尔图格·比塞尔[*]

315　　**摘要：**当审计师使用《国际审计准则》来检查既定标准和呈现的信息之间的对应程度时，审计质量就会显现出来。根据审计师的专业判断，在不同情况下，适用《国际审计准则》的方式可能有所不同。在这种情况下，需要依据《国际质量控制标准第 1 号》，由几个指标来评估审计质量以及如何实现高质量审计。审计质量指标是定性与定量相结合的指标，没有单一的审计质量指标。通过商业方法和内部控制将信息技术用于审计与鉴证服务，这就增加了其重要性。随着世界数字化进程的推进，审计与鉴证服务开辟了新的领域。关于信息技术是否会取代会计职业，信息技术系统是否会取代审计师，一直存在争议。毫无疑问，在审计过程中使用信息技术系统可以提高审计质量，且不会增加审计数据所花费的时间。然而，这引入了新的技术和商业风险，审计师需要对其进行评估。因此，人们对审计质量的期望提高了，但监管机构的结果如何呢？加强讨论反过来可能会提高审计质量。本章解释了创造审计质量环境的关键要

＊　塔梅尔·阿克索伊，伊本·哈尔顿大学商学院工商管理系，土耳其伊斯坦布尔。E-mail:tamer.aksoy@ihu.edu.tr。阿里·阿尔图格·比塞尔，伊斯坦布尔商业大学商学院工商管理系，土耳其伊斯坦布尔。E-mail:abicer@ticaret.edu.tr

素，重点是国际审计监管机构的检查报告所涉及的审计缺陷。借助审计质量来建立及强化的信任不能用算法或特定标准或义务来形式化。审计质量评价的含义取决于审计师所面临的条件。衡量专业的 316 怀疑态度、应有的谨慎或专业的判断是影响审计质量的关键因素。为此，本章对土耳其监管局和独立审计监管机构国际论坛的检测报告进行了比较。

关键词：审计缺陷；审计质量；审计师批准；审计质量指标；独立监管机构国际论坛；审计与鉴证服务；《国际审计准则》

一、引言

质量审计将确保财务报表以透明的方式反映公司的基本经济现实。根据国际审计与鉴证标准委员会公布的国际标准（《国际质量控制标准第 1 号》，对开展财务报表审计和审查以及其他保证和相关服务业务的公司的质量控制），审计质量包括六个基本要素。《国际质量控制标准第 1 号》或国家规章至少严格要求，要处理审计事务所的责任，以建立和维护一个系统来提供合理的保证。

事务所应建立和维持一个质量控制系统，其中包括处理以下要素的政策和程序：[1]

（1）公司内部质量的领导责任；

（2）相关的道德要求；

（3）接受和维持客户关系和具体业务；

（4）人力资源；

1　IAASB. (2018). *Handbook of international quality control, auditing, review, other assurance, and related services pronouncements* (p. 47). New York: IFAC.

（5）敬业度表现；

（6）监管。

本章将从理论上研究审计监管机构质量控制检查报告中存在的常见审计缺陷及其对实施高质量国际审计保证标准的影响。本章的结果将指出参与质量控制检查的关键点。

二、《国际审计准则》的实施

审计的试金石是将《国际审计准则》的执行作为一个专业判断的问题。在这种情况下，针对小企业的考虑因素尤为突出。在这方面，中小型企业咨询小组支持国际会计师联合会促进国际标准制定过程的活动。

《国际质量控制标准第 1 号》不要求遵守无关的要求。考虑到中小型实体的审计，在缺少人员的情况下，将人员分配给审计业务团队、审查责任和对审计业务伙伴的监控是不相关的。考虑到中小型实体的审计分配的人员参与审计小组，审查的责任，并监测参与部分，在没有人员的相关性。此外，针对小型企业的政策和程序的文件和交流可能不那么正式和广泛。[1] 因此，促进基于质量的文化是审计业务合作伙伴的责任。在某些情况下，事务所的审计业务可能都不符合使其接受此类审查的标准，例如审计非上市公司。

《国际质量控制标准第 1 号》适用于所有规模的公司。当然，控制的实施水平将取决于公司的大小。职业标准是以原则为基础的，根据《国际审计准则》适用的相关审计程序与审计师的职业判断有关。

1　IAASB. (2018). *Handbook of international quality control, auditing, review, other assurance, and related services pronouncements* (p. 57). New York: IFAC.

在这种情况下，采用《国际审计准则》的主要问题是采用一种有记录的审计方法，以便保证财务报表符合既定标准。事务所质量控制体系中的缺陷并不一定表明某项审计业务没有按照国际标准和适用条例进行，也不表明审计师的意见不适当。[1]

然而，审计方法和审计小组的有效性和审计成本将受到影响。审计小组每个成员工作量的减少可能降低审计质量，增加审计缺陷。在这种情况下，在编制财务报告和执行审计时可能会偏离公认会计原则。此外，对于审计客户来说，更多地了解他们的审计师也变得更加重要。监督和监测遵守审计和质量控制标准以及公司的质量控制／程序的情况，对于顺利完成审计任务和审计业务的质量控制／保证水平至关重要。

三、常见的审计缺陷

中小型企业在实施专业标准时面临的挑战和不足是由于其规模和资源有限。[2]因此最近的研究表明，[3]中小型企业没有足够的专业人员，低人力资本杠杆和服务太多的发行机构客户对审计质量产生了

1　IAASB. (2018). *Handbook of international quality control, auditing, review, other assurance, and related services pronouncements* (p. 150). New York: IFAC.

2　Pan, J., & Arnold, C. (2014, July 21). *Implementing the International Standard on Quality Control 1 (ISQC 1): Challenges, solutions, and benefits.* https://www.ifac.org/knowledge-gateway/supporting-international-standards/discussion/implementing-internationalstandard-quality-control-1-isqc-1-challenges-solutions-and-benefits.

3　Kang, F., Farag, M., Robert, H., & Wyrick, C. (2014). The association between PCAOB identified audit deficiencies and small audit firms' characteristics evidence from PCAOB inspection reports. *Managerial Auditing Journal, 29*(8), p. 731.

负面影响。世界范围内的审计报告有如此高的不足率（33%），[1]这可能会对审计期望的差距产生影响。另一项研究发现，事务所的规模不如它所进行的审计次数重要。[2]

318

表 14.1 历史调查结果

2014	2015	2016	2017	2018	2019	2020
47%	43%	42%	40%	37%	33%	34%

资料来源：独立审计监管机构国际论坛（2021）[3]，2020 年检查结果调查

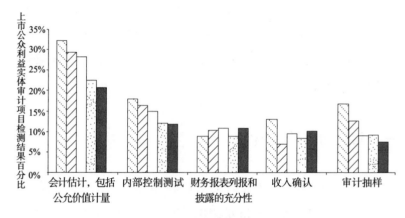

图 14.1 上市公众利益实体审计项目审查结果

资料来源：独立审计监管机构国际论坛（2021）[4]，2020 年检查结果调查

---

1 IFIAR. (2021, March 15). *International forum of independent audit regulators*. https://www.ifiar. org/?wpdmdl=12436.

2 Ashenfarb, D. (2018, April). Identifying deficiencies in single audits preparing for the audit study. *CPA Journal*, 88(4), pp. 34-38.

3 IFIAR. (2021, March 15). *International forum of independent audit regulators*. https://www.ifiar. org/?wpdmdl=12436.

4 IFIAR. (2021, March 15). *International forum of independent audit regulators*. https://www.ifiar. org/?wpdmdl=12436.

从对公共利益实体进行的调查结果来看，审计不足率的总体下降趋势从 2014 年持续到 2019 年。财务信息使用者可能认为独立审计监管机构国际论坛成员监管机构的审计质量提高了（表 14.1）。

但是，正如他们在调查中提到的那样，它并没有提供一个衡量事务所审计质量水平的完整指标，它的目的也不在此。但是，由于检视而查明的缺陷不应成为报告用户的唯一决定点。在评估审计质量时，应考虑其他定量和定性指标。相反，一项研究的结果表明，股东似乎没有将检查报告作为衡量审计师质量的一个潜在指标纳入其关于审计师批准的决定。[1]

根据独立审计监管机构国际论坛的全球审计质量工作组的研究结果，图 14.1 中列出了最常见的审计缺陷。根据土耳其公共监督、会计和审计准则管理局 2019 年年度检查报告[2]，最常见的缺陷按出现频率列出如下：

（1）有形资产和无形资产的调查结果；

（2）有关清单的调查结果；

（3）有关财务报表形成意见的调查结果；

（4）与财务报表列报是否充分有关的调查结果；

（5）有关关联方的调查结果；

（6）有关收入的调查结果；

（7）有关持续经营的调查结果；

（8）与应收账款和应付账款有关的调查结果；

319

1　Son, M., Song, H., & Park, Y. (2017). PCAOB inspection reports and shareholder ratification of the auditor. *Accounting and the Public Interest*, 17(1), pp. 107-129.

2　T. C. Kamu Gözetimi Muhasebe ve Denetim Standartları Kurumu. (2020). https://kgk.gov.tr/Portalv2Uploads/.

（9）与查明和评估重大错报风险有关的调查结果；

（10）发现与审计师的责任有关的舞弊。

文件检查中发现的缺陷不能一概而论，因为要分析的文件选择是基于风险分析的，审计事务所和独立审计师必须在最短时间内进行审查。在分析审计档案中的审计结果频率时，可以看到，与 2016年和 2017 年相比，2018 年每个审计档案的共同缺陷频率有所下降。考虑到审计档案中审计结果的出现频率，与其他两年相比，2018 年每个审计档案确定的审计结果出现了显著下降。

此外，审计事务所最大限度地利用其人力资源导致的经济压力可能会给业务团队带来无法完成的工作量。[1] 张等人认为，对于一个中小型审计事务所来说，将审计工作分散到几个月的时间里，几乎不可能达到与一个更大的审计事务所相同的总体水平。由于他们的研究结果，有审计缺陷的事务所的团队成员通常有很高的工作量。该研究的另一项成果是，一般来说，审计师没有对公共监督委员会关于其审计的反馈作出反应，甚至没有在下一次检查时补救观察到的缺陷。[2]

尽管有关于大型审计事务所的研究，[3] 但本章认为这些研究需要关注新兴市场。因此，本章试图总结和比较土耳其通常面临的不足之处。

土耳其监管局检测到的缺陷与独立审计监管机构国际论坛的结果不一致。其中的原因可能是另一项研究的主题。税收和审计意识、

---

1 Chang, C., Luo, Y., & Zhou, L. (2017). Audit deficiency and auditor workload: Evidence from PCAOB triennially inspected firms. *Review of Accounting and Finance*, 16(4), pp. 478-496.

2 Calderon, T., Song, H., & Wang, L. (2016, February). Audit deficiencies related to internal control an analysis of PCAOB inspection reports. *CPA Journal*, 86(2), pp. 21-40.

3 Church, B., & Shefchik, L. (2012). PCAOB inspections and large accounting firms. *Accounting Horizons*, 26(1), pp. 32-63.

文化、工作量、公司规模、审计方法、财务信息使用者的期望、《国际审计准则》的应用等因素都可能对审计结果产生影响。但总的来说，一个全面的框架将是一个进行基准化分析的机会，以提出这两个结果之间的差异的原因。根据图 14.1，比较土耳其监管局和独立审计监管机构国际论坛的检查结果具有引人注目的结果。根据《国际审计准则》，审计行业在土耳其广泛扩展，这对于 2011 年建成的土耳其国家审计局来说也是一个相对较新的问题。如图 14.1 所示，国际农业研究所报告的共同缺陷在 3 年期间几乎相同，但如果以土耳其为例列出前 5 个缺陷，同一时期的差异和变化就显而易见。

如果对这 3 年期间进行检查，可以看出审计师与舞弊有关的责任在土耳其监管局的报告中被报告为缺陷，但在独立审计监管机构国际论坛的前 5 个缺陷中却看不到。毫无疑问，预防和发现舞弊的主要责任在于管理层。然而，审计师的责任是获得合理的保证，即整个财务报表没有重大错报。当然，将这些基于原则的标准适用于一个正在进行的、面向税收的体系，可能是改变不足之处的原因之一。

表 14.2　五大常见审计缺陷　　　　320

	2016	
	土耳其监管局	独立审计监管机构国际论坛
1	理解内部控制	会计估计，包括公允价值计量
2	审计师舞弊相关责任	内部控制测试
3	质量控制系统	审计抽样
4	审计师对评估风险的反应	收入确认
5	归档	实质性分析程序
	2017	
	土耳其监管局	独立审计监管机构国际论坛
1	审计师舞弊相关责任	会计估计，包括公允价值计量

续表

	2017	
	土耳其监管局	独立审计监管机构国际论坛
2	识别和评估重大错报风险	内部控制测试
3	审计师对评估风险的反应	审计抽样
4	关联方	合并会计报表审计
5	持续经营	收入确认
	2018	
	土耳其监管局	独立审计监管机构国际论坛
1	存货	会计估计，包括公允价值计量
2	有形资产	内部控制测试
3	审计师舞弊相关责任	财务报表列报和披露的充分性
4	收入确认	收入确认
5	持续经营	审计抽样
	2019	
	土耳其监管局	独立审计监管机构国际论坛
1	有形及无形资产	会计估计，包括公允价值计量
2	存货	内部控制测试
3	对财务报表形成意见	收入确认
4	财务报表列报的充分性	财务报表列报和披露的充分性
5	关联方	合并会计报表审计

资料来源：土耳其监管局和独立审计监管机构国际论坛的检查结果的比较（作者编制）

四、结论

财务报告的目的是提供相关、及时和可靠的财务报告，包括涵盖所有相关财务信息用户需求的披露。另一方面，独立审计往往需要给用户以信心。了解常见的审计缺陷可以帮助相关专业人员使用审计报告作出决策。否则，在当今复杂的商业环境下，《国际审计准则》的实施将使用户更加困惑，并可能对审计期望的差距产生负面影响，尤其是在新兴市场的中小型企业。

　　本章关注的是独立审计监管机构国际论坛的检查结果，本章发现，根据人口统计学和文化差异来对审计质量进行实证或统计学上的衡量是困难的。可能影响审计质量的量化因素造成的缺陷可以归纳为需要进一步研究讨论的确定领域。因为这是一个复杂的主题，不能被普遍分析和识别，在这个领域需要更多的研究。[1]

1　Sakin, T. (2019). KGK İnceleme Raporları Çerçevesinde Türkiye'de Denetim Kalitesi. *Muhasebe Enstitüsü Dergisi*, 61, p. 25.

第四部分

审计和会计的转型变革

第十五章

加密货币与腐败：区块链审计

阿赫梅特·卡普兰[*]

摘要：在全球范围内，技术发展在各行业都发挥了重要作用。325
这些发展影响了从体育、医疗到运输等各个领域。技术的发展使舞
弊的程度降低，并显著增加了各级的责任。利用技术进行金融追踪
有助于减少公共部门的腐败，相关金额约为 2 万亿美元，占全球生
产总值的 2% 左右。金融监管体系越完善，经济发展机会就越大。区
别于使用纸币、硬币的传统支付方法，加密货币使用的加密技术是
通过货币用户识别来确保每笔交易的安全。虽然大多数加密货币都
是匿名的，且无法识别用户，但利用相关技术添加一个不会使加密
货币匿名的识别号是可行的。政府利用区块链技术不仅可以促进支
付，还可以保持支付是有授权的和安全的。比起其他现有的支付方
式，加密货币是一种更有效的方法，它已变得更加可靠、更加高效。
本章认为，加密技术不仅可以使支付变得更容易，而且还被证明是
减少全球舞弊和腐败的一种有用方法。这种方式可以降低执行成本，
并且根据交易的现有信息衡量支出的有效性和效率。

关键词：区块链；腐败；审计；舞弊调查

---

* 阿赫梅特·卡普兰，伊本·哈尔顿大学管理系，土耳其伊斯坦布尔。E-mail:ahmet.kaplan@ihu.
edu.tr

一、简介

326 　　技术进步以各种方式帮助了从医疗保健到交通运输的世界各个领域。技术降低了腐败程度，并且显著地增加了各个层面的责任，尤其是对公共部门。例如，当政府启动一个道路或桥梁基础设施项目时，它可以很容易地追踪每一分钱的使用情况，确定使用资金的各方，并且能确保只有经过授权的人才能使用资金，并支付事先商定的费用。技术的发展大大减少了调查舞弊所需的时间和金钱。金融追踪可以帮助减少公共部门的贿赂，总计大约 2 万亿美元，约占全球生产总值的 2%。金融监控系统越完善，经济发展的机会就越大。

　　数据显示，我们使用的服务和资产越来越数字化。近年来，区块链被宣扬为一种能够管理数字资产的安全、透明和不可改变的交易的工具。在腐败官员用伪造文件来困扰公共记录的地方，区块链可以提供透明和不可改变的记录。拥有安全的身份证明是普惠金融的基础。区块链被认为是一种确保安全身份的技术，且正在发展中国家进行试点。公共登记册的数字化和数字公共服务的提供有助于提高透明度。利用区块链技术保护这些记录可以阻止腐败行为和对记录的操纵。[1]

　　区别于传统纸币、硬币的支付方法，加密货币使用的加密技

1　Aarvik, P. (2020). *Blockchain as an anti-corruption tool*. U4 Anti-Corruption Resource Centre. https://www.u4.no/publications/are-blockchain-technologies-efficient-in-combattingcorruption.

术是在每笔交易中通过货币用户识别来确保交易安全。虽然大多数加密货币是匿名的，用户不能被识别，但是几乎没有示例可以表明在技术上可以添加一个不会使加密货币匿名的识别号。加密货币的使用还可以实现即时交易和无限制的所有权转移（"带翅膀的货币"），通过消除对金融中介机构的需求，减少交易时间和成本。

二、了解区块链机制的作用

传统上，两家公司之间的交易依赖于可信赖的第三方（银行、经纪人、中间人等）的存在。区块链技术使实体之间的交易可直接进行，不再需要第三方。区块链确保交易过程中涉及的每个实体都有一份实体间交易的副本。麦肯锡公司在其网站上以商业术语对区块链进行了广泛的定义："区块链是通过公共或私人计算机网络共享的分布式账本或数据库。网络上的每个计算节点都维护一份总账副本，这样就不会出现单点故障。"[1]这些信息可以被加密，然后存储在新的块中。各种算法可以用来维持参与者之间的共识。图 15.1 显示了区块链的工作机制。给定网络中的所有参与方都有一份以前所有不涉及第三方的交易的副本。网络实体之间的交易越多，交换的信息就越多，链条上添加的块也就越多。

1　Carson, B., Romanelli, G., Walsh, P., & Zhumaev, A. (2018, July 19). *Blockchain beyond the hype: What is the strategic business value?* https://www.mckinsey.com/business-functions/mckinseydigital/our-insights/blockchain-beyond-the-hype-what-is-the-strategic-business-value.

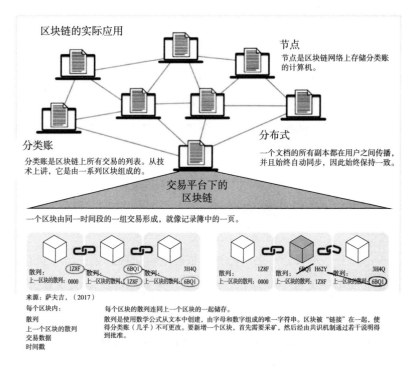

图 15.1 区块链技术

资料来源：经济合作与发展组织（2018）[1]

区块链的引入使得跟踪加密货币的使用成为可能。区块链是一个不断增长的交易（区块）列表，这些交易（区块）使用加密货币执行，并按时间顺序记录。区块链由一个对等（矿工）网络管理，该网络共同遵守一个协议来验证新的区块。一旦事务数据被保存到一个块，它不能被回溯修改，因为所有后续的块都要被修改。由于数据存储在许多计算机上，数据丢失的风险很小。因为它们是加密的，所以数据的机密性得到了保护。由于区块链是所有加密货币交易的公共记

328

---

1 OECD. (2018). *OECD blockchain primer.* https://www.oecd.org/finance/OECD-BlockchainPrimer.pdf.

录，它可以被浏览和用来跟踪所有交易。

（一）智能合约

作为区块链的发展之一，智能合约似乎是一个重要的发明。智能合约的概念出现在 20 世纪 90 年代中期，当时由尼克·萨博首次提出。在智能合约中，各方同意的合约条款是用各种编程语言编码的。使用编程语言，合约可以根据特定的商业案例进行限制和定制。Solidity、Serpent 和 Javascript 是最常用的编写智能合约的语言。智能合约与传统合同类似，在传统合同中，两方或多方参与合同关系或互动。这种关系或互动不限于财务方面，还可以扩展到社会单位之间的任何类型的社会互动。

作为区块链的一部分，智能合约定义了控制这些互动的逻辑。智能合约是自动执行的、不可改变的，并且分布到网络中的所有单元。智能合约的上述特性确保了这些合约不需要可信任的第三方，并且在合约执行后不会被篡改或更改。智能合约的概念已经取得了巨大的进步，因为它适用于不同的行业，并且可以适用于特定的情况。Clause.io 是一家为企业提供智能合约服务的公司，旨在改变其交易方式。Accord 项目是将传统合同处理方法数字化和自动化的最新平台。

三、区块链在政府的应用

区块链技术应用于身份管理、土地权利、原产地定位和物流领域的实验和试点项目，在各个领域都有很好的应用前景。区块链对难民营中难民的身份管理和现金支持降低了交易成本，改善了资金

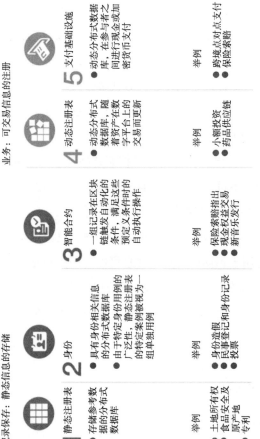

图 15.2　区块链用例的分类

资料来源：卡尔森等人（2018）[1]

1　Carson, B., Romanelli, G., Walsh, P., & Zhumaev, A. (2018, July 19). *Blockchain beyond the hype: What is the strategic business value?* https://www.mckinsey.com/business-functions/mckinseydigital/our-insights/blockchain-beyond-the-hype-what-is-the-strategic-business-value.

的可追溯性。航运业使用区块链跟踪集装箱和清关，以增加透明度并加快全球货物的流动。

然而，在土地登记和基本权利方面的需求产生了好坏参半的结果，特别是在数字化程度低和冲突未得到解决的情况下。私有区块链限制了可以加入网络的用户的数量，并且私有区块链的例子在市场上随处可见。

除了 IBM 公司和其他公司目前生产的产品，其他几家大公司也在尝试利用区块链技术来改善供应链中的绩效、信息和报告，包括联邦快递、马士基、沃尔玛、优比速和英国航空。从会计行业的角度来看，另一个好处是，私有区块链允许不同的用户对不同的用户进行不同层级的访问和编辑（图 15.2）[1]。

根据组织者希望实施的功能、通过区块链储存和传播的信息类型以及不同利益相关者所需的访问级别，私人区块链似乎是最合乎逻辑的选择，也是对企业最方便的选择。图 15.3 显示了一些优势。最大的潜在好处之一是验证和审查信息所需的时间。请记住，在向区块链添加和批准区块时，网络中的每个人都可以看到每个批准的信息区块。如果区块链上的信息已经被网络成员批准、验证，是否需要进一步的确认？在这种情况下，尤其是随着区块链网络的大规模实施，当确认工作大大减少或可能完全自动化时，有可能确定未来的状态。

---

1 ICYMI | Blockchain Basics and Hands-on Guidance. (2019, June 27). *The CPA Journal*. https://www.cpajournal.com/2019/06/27/icymi-blockchain-basics-and-hands-on-guidance/.

属性	注册会计师福利	客户利益
实时信息发布	能够对数据进行实时分析和检查	由于信息实时可用，因此数据准确性更高
网络成员对数据的验证	确认和验证的需求减少，但未消除	减少用于支付或解决未结项目的时间
差异化访问水平	能够加入私有区块链网络，近实时审计和检查信息	能够添加不同的用户，而无需向各方公开所有信息

图 15.3　区块链对注册会计师行业的好处

资料来源：《ICYMI | 区块链基础和实践指导》[1]

（一）使用区块链的金融应用

区块链的第一个应用是比特币，这表明了区块链进入金融和货币系统所带来的金融利益。基于比特币、莱特币和瑞波币等加密货币的发明，为这种不需要第三方控制交易的网络中的去中心化货币的广泛使用打开了大门。

后来，Linux 基金会启动了超级账本项目，以实现区块链与智能合约在各种商业案例中的使用。像 IBM 公司和微软这样的大公司作为市场领导者已经开始投资区块链技术。区块链技术也可以在企业的组织变革中发挥作用，因为这可以带来更高的工作流程效率。克里斯蒂安·雅格和克里斯蒂安·巴赫都表示"储蓄账户或转账等

---

[1]　ICYMI | Blockchain Basics and Hands-on Guidance. (2019, June 27). *The CPA Journal.* https://www.cpajournal.com/2019/06/27/icymi-blockchain-basics-and-hands-on-guidance/.

金融服务可以相对容易地在国际上推广，从而有助于促进普惠金融"。[1]他们进一步解释说，邮政运营商可以生产自己的加密货币"邮政币"，这为客户提供更好的保护，以抵御货币波动的影响。

区块链技术也在金融科技行业得到应用，尤其是在风险管理领域。2016 年，卢森堡创建了一个新的现代风险管理结构，用于风险分析场景。[2]该研究首先关注卢森堡金融部门的结构，并描述了金融体系的架构。其次，作者对电子货币提供商进行了 SWOT 分析，最后比较了区块链应用前后的拓扑结构。

卡塔尔最近推出了自己的区块链交易平台。它被称为"I Dinar"。[331]除了区块链技术的支持和实现，每个电子 Dinar 的价值相当于 1 克黄金。[3]这样一来，这种货币只会作为一种加密货币受到关注，但是黄金的创造也会鼓励投资者向这种新货币注入资本。

四、规范犯罪活动和腐败的尝试

2012 年联邦调查局的一份报告发现，比特币本身就是一种分散的、基于网络的、点对点的虚拟货币，它为个人提供了一个在某种程度上匿名生成、转移、洗白和盗窃非法资金的场所。匿名程度可以导致网络犯罪分子转移或偷窃资金或向非法组织捐款。

1　Jaag, C., & Bach, C. (2017). *Blockchain technology and cryptocurrencies: Opportunities for postal financial services* (pp. 205-221).

2　Pilkington, M. (2015). *Blockchain technology: Principles and applications* (SSRN Scholarly Paper ID: 2662660). Social Science Research Network.

3　Alagos, P. (2019, March 19). *Qatar hosts global launch of world's 1st Islamic digital e-token 'iDinar'*. Gulf-Times. https://gulf-times.com/story/626327.

2013 年，联邦调查局查获了用于毒品交易的价值 8000 万美元的 60 万比特币。[1]

在大西洋彼岸也可以看到类似的情形。欧洲刑警组织负责人警告说，在欧洲，"30 亿到 40 亿英镑的犯罪资金"是通过加密货币进行洗白的，这些加密货币约占欧洲大陆非法收益的 3% 到 4%。[2]

作为加密货币基础的区块链的安全、加密、透明和分布式副本为财务交易提供了一种全新的模式。尽管国际金融界对全球货币市场可能出现的混乱同时表现出了兴趣和厌恶，但分布式账本技术也引发了国家安全方面的担忧。金融机构等各种中介机构的存在，使政府能够利用传统金融系统账簿追踪恶意活动。有了加密货币，信誉良好的银行不再验证一个人的凭证，也不再在每笔交易中记录他们的信息。

相反，加密货币的匿名性保护了数字化钱包和加密密钥之间记录的点对点交易。传统的财务交易管理程序的这种变化破坏了金融机构打击洗钱的监管努力，这些努力旨在挫败企图规避制裁和资助恐怖主义集团的行为者。虽然不经意的观察者可能不会立即看出这一点，但非国家行为者的使用和国家行为者对加密货币的加剧迫害正在扩大竞争空间，将国际金融包括在内，这暴露出加密货币是一个可能影响国防部和情报界的国家安全问题。[3]

1　Bohannon, J. (2016, March 8). *Why criminals can't hide behind Bitcoin*. Science｜AAAS. https://www.sciencemag.org/news/2016/03/why-criminals-cant-hide-behind-bitcoin.

2　Silva, S. (2018, February 12). *Criminals hide "billions" in crypto-cash—Europol*. BBC News. https://www.bbc.com/news/technology-43025787.

3　Dudley, S., Pond, T., Roseberry, R., & Carden, S. (2019, March 4). Evasive maneuvers: How malign actors leverage cryptocurrency — analysis. *Eurasia Review*. https://www.eurasiareview.com/04032019-evasive-maneuvers-how-malign-actors-leverage-cryptocurrency-analysis/.

（一）加密货币加剧腐败

监管不力的金融和技术市场的快速增长造成了一些薄弱环节，使保护国际金融体系不受恶意行为者影响变得更加复杂。因此，犯罪、腐败和恐怖主义之间的联系在这些新兴的金融体系中得到了庇护。加密货币的优势包括为恶意行为者提供一种有吸引力的方式来隐藏非法资金和企业，并从挖矿中赚钱，除此之外，仅技术属性本身就很有吸引力。虽然分布式区块链账本仍然能够抵御网络犯罪，但数字硬币的存储（即使用私钥进行加密）仍然是系统的一个弱点。

加密货币交易提供了比传统交易更高级别的匿名性，所有权以加密密钥而不是个人身份信息的形式获取。因此，它们可能被滥用于洗钱、网络犯罪和逃税等犯罪活动。[1]

加密货币被确定为洗钱的一种手段，原因包括：

（1）提供的匿名级别；

（2）在多个账户和交易中灵活分配比特币，使非法活动难以发现；

（3）交易几乎是即时的，因此很难识别非法交易行为以防止此类交易。

加密货币已经成为非法交易的首选货币，例如：

（1）在线黑市（例如现在已经不存在的丝绸之路、暗网）；

（2）勒索软件。

中央权威的缺乏意味着比特币可以用来逃税。由于加密货币允许匿名，而且难以追踪个人的交易，税务当局不太可能确定与加密货币有关的收入，使他们能够对其征税。

333

---

1 Houben, P. D. R., Snyers, A., & Parlaiment, E. (2018). *Cryptocurrencies and blockchain—Legal context and implications for financial crime, money laundering and tax evasion*. PE619.024—European Parliament July 2018. European Parliament/University Reprints 2019.

（二）区块链在防止贪污方面的作用

然而，区块链的影响范围比加密货币要广得多。它可以应用于不同的行业（例如工商业、卫生、政府等），并有许多潜在的应用前景，例如抵押品质押、股票、债券及其他资产的注册、土地登记册的运作等。因此，如果将区块链与诸如洗钱、恐怖分子融资或逃税等腐败机制联系起来，那就太残酷了。它只是一种技术，在整个合法经济中有许多用途，但不是为了洗钱、资助恐怖主义或逃税。仅仅因为使用区块链技术的应用程序之一——加密货币被某些人非法使用，就要求区块链和金融技术对其用例进行调查，从而阻止今后在这方面的创新，是不明智的。虽然加密货币是第一个将区块链技术置于聚光灯下的已知应用，但区块链现在已经超越了加密货币的范畴。

五、区块链审计

审计财务是对公司的财务数据，包括账簿、账目、法律记录、文件和证明文件进行系统、独立的审计，以确定其是否正确，是否符合法律法规的要求。对交易对象的审查也是审查的一部分。会计师事务所管理着大量的机械交易审查，对于需要谨慎和专业知识的更高要求的任务，资源有限。由于审查成本高，审查者通常随机抽取样本。因此，传统的审计必然是局部性的，并且具有很大的误报可能性，破坏了投资者对公开市场的信心。[1]

1　Cao, S., Cong, L. W., & Yang, B. (2019). *Financial reporting and blockchains: Audit pricing, misstatements, and regulation* (SSRN Scholarly Paper ID: 3248002). Social Science Research Network. https://doi.org/10.2139/ssrn.3248002.

　　与大多数类型的技术一样，会计和审计中的区块链大大降低了在匹配来自多个来源的复杂多样信息时出错的可能性。此外，一旦他们进入区块链，即使是会计系统的所有者也无法更改会计记录。由于每笔交易都经过记录和核实，因此财务记录的完整性得到了保证。虽然这项技术令人印象深刻，但它可以显著减少甚至消除对审查资源的需求，并可能扰乱整个会计行业。[1]

　　由于区块链技术的使用（特别是在金融市场）已扩展到更广的范围，并成为从生产到交付链、从仓库管理到交付链的所有商业职能的重要技术解决方案，会计和审计功能中基础设施的用途就显现出来。对于分销，区块链技术被定义为一种不能删除或改变记录的数字账本，具有可以取代传统会计系统的显著优势。使用区块链，一方面可以保护数据，另一方面，两个商业伙伴之间的会计文档可以很容易地进行比对。

　　因此，会计单位必须与供应商或商店客户进行的余额匹配的过程可以被取消。使用区块链技术保存会计记录，尤其是增加一个区块，具有重要的优势，例如简化与会计交易有关的业务，最大限度地减少舞弊和腐败的风险，因为未经所有相关方同意，不能单方面更改这些记录。将受影响的交易开放给组织内外所有受影响的授权方监督，可以提高有效性和效率，并简化审计的操作。

　　政府应该小心，因为区块链技术，特别是未经授权的公共系统，可能被用于非法目的。这主要是因为它们能够在不受第三方监督或

---

[1]　Baron, J. (2017, March 27). *Blockchain, accounting and audit: What accountants need to know.* Accounting Today. https://www.accountingtoday.com/opinion/blockchain-accounting-andaudit-what-accountants-need-to-know.

干预的情况下，促进匿名（在某些情况下完全匿名）跨越国际边界的加密货币交易。由于缺乏传统的法定支付系统的严格管理结构（如最高审计机关），未经许可的区块链无法向用户施加任何核实用户身份或交叉核对观察名单或禁运国家的义务。

作为一种货币和支付基础设施，未经许可的公共区块链已受到世界各地中央银行当局的特别关注。因此，未经公众批准的区块链系统的发展需要政府和中央银行的长期监督。此外，应该记住，国家审计师应该使用现代区块链和数字技术来改进审计程序。加强调查权力，鼓励使用更专业的名称，支持国际层面互相透明。此外，目前区块链和数字技术的使用是防止任何类型舞弊的理想方式。[1]

商业变得越来越复杂，审计师比以往任何时候都更需要有效和可靠的工具来提供他们需要和期望的安全性。此外，会计师也被视为商业顾问，因此需要接受所有相关技术的约束。因此，即使区块链对审计的影响很小，审计师也需要了解这种客户技术如何影响商业。[2]

335　　FutureAB 是首批能够在不损害数据保护的情况下支持区块链上的协作和持续审计的平台之一，也是对审计行业基于区块链的创新需求的可能回应。尽管四大会计师事务所理解区块链的重要性，并通过建立研究实验室或提供区块链服务为其发展投入了大量资源，但尚不清楚这一新兴技术将如何影响会计行业，就连会计师本身甚至也会受到影响。虽然会计师事务所最近的工作重点是构建内部区块链功能和服务，但这项工作表明，在保持数据保护的同时，将孤

1　Antipova, T. (2018). Using blockchain technology for government auditing. *2018 13th Iberian Conference on Information Systems and Technologies (CISTI)* (pp. 1-6).

2　Bonyuet, D. (2020). Overview and Impact of Blockchain on auditing. *The International Journal of Digital Accounting Research*, 20, pp. 31-43.

立的审计流程与区块链技术相结合是可能的。[1]

此外，区块链可以从根本上改变审计流程。有了区块链上存储的完整交易记录，审计师不再需要请求数据和文档，然后等待商业合作伙伴提供。此外，区块链将绕过传统的抽样审计过程，允许在一段时间内对所有"链上"交易进行持续审计。区块链的引入将释放以前用于收集和审查证据的资源。[2]

尽管采用区块链提高了上述效率，但应当注意的是，储存在区块链中的交易记录并不一定能保证组织财务报告的可靠性。[3]例如，与不可观察的"链外"安排或舞弊交易有关的关联方之间可能会继续执行"链上"交易。因此，环绕区块链的内部控制的有效性至关重要。当评审人员遇到特定的区块链时，他们应该调查客户激励以及区块链代码的质量、协议变更和性能在同行之间的绩效分布。

六、区块链将如何改变行业

了解区块链，如何建立各种区块链网络和平台是一项高超的技能，但注册会计师能够提供的真正价值是基于区块链知识为企业提

---

1 Cao, S., Cong, L. W., Han, M., Hou, Q., & Yang, B. (2020). Blockchain architecture for auditing automation and trust building in public markets. *Computer*, 53(7), pp. 20-28.

2 Liu, M., Wu, K., & Xu, J. J. (2019). How will blockchain technology impact auditing and accounting: Permissionless versus permissioned blockchain. *Current Issues in Auditing*, 13(2), pp. 19-29.

3 AICPA and CPA Canada. (2017). *Blockchain technology and its potential impact on the audit and assurance profession*. American Institute of CPAs and Chartered Professional Accountants of Canada. https://www.aicpa.org/content/dam/aicpa/interestareas/frc/assuranceadvisoryservices/downloadabledocuments/blockchain-technology-and-its-potential-impact-on-the-audit-andassurance-profession.pdf.

供会计、审计和咨询服务。然而，为了提供这些服务，注册会计师需要理解其含义，并提供区块链将如何改变这个行业的例子。

对于行业注册会计师来说，核对账目和金额可能需要占用大量员工甚至管理人员的时间。传统的对账涉及将一个组织的会计信息余额与外部信息进行比较，如银行对账单、经纪人提供的文件或合资企业伙伴和附属公司生成的信息。在获得和补充这些不同的信息来源（这可能需要时间）后，有必要确定和解释不可避免的差异。此外，该过程容易出错，通过常规对账产生的最终附加值通常最小。

对该行业最大的批评之一是，向客户提供的服务的一个重要组成部分——测试和认证——受到两个因素的严重限制。首先，尽管在持续的基础上进行了一些工作，但审计过程更像是一个周期性事件，而不是一个连续的循环。其次，审计的最终意见是基于分录、金额和其他信息的样本。这就造成了这样一种情况：审计不仅不能反映当前活动的速度和流动性，而且审计意见还会受到审计错误和效率低下的影响。基于区块链的审查提高了证据收集过程的效率、有效性和可靠性。通过连续的数据流，所有的网络参与者都可以实时地验证和接收交易。并且这可能不需要验证批处理过程。区块链可以提供付款、应收账款、应付账款和存货的自动确认，并且确认可以在审查过程之外自动进行。此外，审计师可以在共识过程中验证 100% 的交易，提供更高水平的安全性。

七、结论、讨论和经验启示

越来越多的银行、企业和政府似乎正在探索如何以有用的方式使用区块链技术。人类的聪明才智总能找到办法，但总的来说，它会让危险分子在完成任务之前想得更多。

区块链有助于防止腐败，但只有在某些条件下才有用，例如连通性、数位素养和可信任的机构，这些条件对区块链技术的成功至关重要。区块链有可能改变反腐工作。它是否成功在很大程度上取决于背景因素——基础设施、法律制度、社会或政治框架——而不是技术本身。应该考虑以下几点。

（1）区块链技术在治理中的应用影响到社会的基本方面，例如对机构的信任、身份、透明度、数据保护和隐私。区块链被设计用于在信任数据 / 代码比信任个人或机构更多的环境中工作。

（2）输入区块链的记录是透明和不可改变的。由于这些特点，可能会与《欧盟一般数据保护条例》（GDPR）所述的个人权利（如隐私权或被遗忘权）发生冲突。

（3）当区块链保存物理对象的记录时，可信托管理人需要确保物理现实和数字信息匹配。在引入区块链注册之前，数字基础设施、适用法规和数字素养必须到位，尤其是在发展中国家。

（4）决策者必须了解这项技术，然后才能决定它是否合适。　337

因此，加密货币和区块链应用程序也可以被证明是减少世界各地舞弊和腐败的有用方法。这可以降低执行成本，并且基于现有的交易信息，可以衡量支出的有效性和效率。

第十六章

信息技术发展对内部审计的反思：区块链技术和持续审计

坦塞尔·切蒂诺格鲁*

摘要：近年来，与信息和通信技术相关的几项革命性发展已经展开。随着各个领域数字基础设施的快速发展，互联网已经成为人们生活中不可或缺的一部分。这些发展不仅改变了人类的生活，也改变了商业和其他流程的执行方式。如今，这些类型的活动可以很容易地在网络环境中执行。计算机和互联网的出现已经极大地改变了商业活动的方式和金融信息的传输方式。使用互联网进行活动和发布财务报告的企业数量正在实时快速增长。在这种实时报告中，为了确保所提供信息的准确性和可靠性，持续审计已经成为一种必要。信息技术带来的转变提供了信息获取的透明度和便利性。因此，持续审计对于防范此类系统运行中可能出现的风险和危险变得越来越重要。除了互联网的积极方面，它也导致了诸如舞弊、安全和数据盗窃等风险的出现。这些风险的增加和实现率的快速提高促使人们开始关注这些问题的解决方案。为此，具有高可信度的区块链技

---

* 坦塞尔·切蒂诺格鲁，库塔希亚·杜姆鲁皮尔大学库塔希亚应用科学学院会计与账务管理系，土耳其库塔希亚。E-mail:tansel.cetinoglu@dpu.edu.tr

术被开发出来。本章旨在解释持续审计和区块链技术的概念，指出这些概念的重要性和优越性，并解释它们与内部审计的联系以及它们之间的联系。本章研究的其他目的包括正确介绍区块链技术和持续审计的概念，消除国家文献中与这些概念有关的不足之处，以及展示更广阔的视角。

关键词：区块链技术；持续审计；内部审计

一、简介

如今，信息和通信技术的发展不仅改变了人类的生活，也改变 340 了商业和其他流程的运作方式。最近，许多活动在互联网上变得很容易获得。这个技术时代极大地改变了企业的运作方式和财务信息的传递方式。使用互联网发布财务报告并实时创建报告的企业数量迅速增加。在这种实时报告中，持续审计已经成为确保所提供信息的准确性和可靠性的必要手段。信息技术带来的转变提供了信息获取的透明度和便利性。因此，针对这些系统运行中可能出现的风险和危险，持续审计变得越来越重要。

然而，尽管有这些优势，舞弊、安全和数据盗窃等风险还是出现了。这些风险的增加和实现率的迅速提高，促使人们关注这些问题的解决方案。为了达到这个目的，能够提供更高水平信任度的区块链技术被开发出来。这项技术最重要的优势包括：创造了透明度、无法删除或更改交易记录、能够在没有可靠的第三方批准或控制的情况下进行交易，以及适合于持续审计的基础设施。区块链技术也有一些缺点，例如治理系统的复杂性、理解技术的困难、减少对控制的依赖的可能性、将系统纳入现有系统的问题以及人力资源不足。

（自其首次出现以来一直在不断扩展的应用领域）所带来的变革自然也会影响内部审计的基本职能——审计和咨询活动。

因此，为了在内部审计活动和内部审计师素质方面以最高水平利用这一技术提供的机会，并尽可能地管理风险，内部审计师必须对区块链技术有足够的了解。同样重要的是，内部审计师在转型过程中发挥积极作用，并在初始阶段帮助设计必要的控制措施。[1]

尽管有许多研究涉及技术基础设施、使用领域、区块链技术的优缺点、对现有流程和行业的潜在影响，但关于技术对审计行业影响的研究数量有限。以往的研究大多集中在会计审计方面，很少有研究集中在内部审计层面。可以说，关于持续审计和区块链技术的联系或内部审计与这些概念的联系的研究很少。

因此，本章的目的是解释持续审计和区块链技术这些在今天变得越来越重要的概念，以表明这些概念的重要性和优越性，并解释它们与内部审计以及它们之间的联系。此外，本章旨在正确引入区块链技术和持续审计概念，以消除国内文献中的不足，并提供更广阔的视角。

二、信息技术和内部审计

随着信息技术在许多领域的引入，从公司的日常运营到财务报表的编制，信息的电子处理不可避免，对这些电子环境的审计也不可避免。事实证明，以传统手工方法进行的审计不足以对企业内部

1　Karahan, Ç., & Tüfekçi, A. (2019). Blokzincir Teknolojisinin İç Denetim Faaliyetlerine Etkileri: Fırsatlar ve Tehditler. *Denetişim*, 19(9), pp. 55-72.

的技术型会计系统进行审计，也无法提高审计过程的效率。[1]

　　将信息技术工具引入审计过程迫使审计师更加谨慎，并要求审计师对审计过程中使用的数据的含义、复杂性和有效性具备工作知识。信息技术的发展极大地影响了内部审计行业。内部审计依赖管理层，以确保以提高效率和竞争力的方式指导商业活动、合理管理商业资产、促进投资和管理，并防止商业中的错误和舞弊。独立审计师通常执行这些类型的活动。[2]

　　内部审计应支持管理和审计委员会评价与本组织财务投入和产出信息技术有关的内部控制系统，并在企业职能范围内提供质量保证。[3]

　　除了控制财务账户以及建立和监测内部控制系统，由于信息技术的先进应用，内部审计还侧重于风险管理，并将信息转交给最高管理层，以指导战略管理决策。在内部审计部门的组织过程中，需要建立一个会计信息系统，该系统能够快速生成并提供定期更新的信息。在这种情况下，在相关企业中，应该有适当的科目表、有效的预算、标准的控制系统，以及组织良好的会计核算文件和表格。[4]

　　会计信息系统提供的信息被管理者用于企业战略决策和未来预测。通过满足与经济活动有关的某些标准而收集的信息和证据，要经过一个系统的评估过程。内部审计就会计信息系统使用的资源的

1　Ertaş, F. Ç., & Güven, P. (2008). Bilgi teknolojilerinin denetim sürecine etkisi. *Muhasebe ve Finansman Dergisi*, 37, pp. 50-59.

2　Kurnaz, N., & Çetinoğlu, T. (2010). *İç Denetim Güncel Yaklaşımlar*. Kocaeli: Umuttepe Yayınları.

3　Önce, S., & İşgüden, B. (2012). İç Denetim Faaliyetinin Gelişen ve Değişen Bilgi Teknolojileri Ortamı Açısından Değerlendirilmesi: İMKB-100 Örneği. *Yönetim ve Ekonomi Araştırmaları Dergisi*, 17, pp. 38-70.

4　Uyar, S. (2009). *İç kontrol ve iç denetim: 5018 sayılı kanun açısından değerlendirme*. Ankara: Gazi Kitabevi.

有效性和效率提供意见。在这里，重要的责任落在内部审计部门身上。内部审计师在报告中向高级管理层提交对这一问题的评估。内部审计师应使用内部审计职能和适当的信息技术，以确保其有效性和效率。因此，内部审计师需要了解信息技术风险、控制、计算机辅助审计工具和技术，以及信息技术一般情况下如何在商业中使用。

342

否则，信息技术的发展将使缺乏这方面知识的内部审计师很难从事这一行业。

信息技术所创造的电子信息环境改变了内部审计的范围，包括审计过程中使用的技术和理解。因此，内部审计师开发了适应这种情况的新方法，并将信息技术作为审计中不可或缺的要素。[1] 信息技术的发展使内部审计成为一种保证和咨询行为，并增加了新的审计类型，如信息技术审计和系统审计。[2]

此外，不仅在内部审计类型方面，而且在内部审计过程的方法方面也发生了变化。利用信息技术来应对信息技术领域的发展和不断变化的预期，极大地改变了公司的风险特征、内部控制系统的评估、财务报表的编制和报告。由于这些变化，出现了持续审计、基于风险的内部审计和控制自我评估等方法。信息技术的易用性和审计软件的速度为进行有效的内部审计提供了机会。信息技术被用来监测内部审计单位的风险，发现不必要的交易，分析数据以揭示偏

1　Selvi, Y., Türel, A., & Şenyiğit, B. (2006). Elektronik bilgi ortamlarında muhasebe denetimi. *Uluslararası Muhasebe Denetimi Sempozyumu ve 7. Türkiye Muhasebe Denetimi*, İSMMMO 58, pp. 301-315.

2　Uyar, S. (2009). *İç kontrol ve iç denetim: 5018 sayılı kanun açısından değerlendirme*. Ankara: Gazi Kitabevi.

差，并提高内部审计单位的效率。[1] 虽然信息技术的变化和因特网应用的扩散改变了可以利用和实施的特殊控制活动，但控制的基本要求仍然很重要。

互联网的使用使得有必要对审计过程中使用的技术进行创新。这方面的主要课题，如控制自我评估方法、自动化工作表、综合审计和持续审计，已成为今天的区块链技术。控制自我评估方法用于审查内部审计，以解决商业目标、实现这些目标所面临的风险，以及这些风险的记录。这种方法被用来识别内部审计师审计的单位、活动和系统中存在的风险和控制。在这个过程中，内部审计师像培训师一样行事，但不干预这个过程。换言之，风险和内部控制是由受监督地区的管理层和员工通过各种团队合作方法确定的。[2]

无论创始人或领导人是谁，控制自我评估可以确保利益相关者更加了解商业目标和内部控制在实现商业目标中的作用，从而改善企业的控制环境。它甚至会鼓励员工设计、实施并持续改进控制流程。如果内部控制系统遵循一个覆盖所有活动方面的大型企业资源计划系统，控制自我评估将更加有效。自动化工作文件尤其用于鉴别异常或错误的过程中，审计师必须亲自跟踪，因此需要有效的电子通信系统。综合审计是基于风险的。在内部审计职能方面，商业中的风险得到了解决。确定企业内部和周围的风险，针对已确定的风险建立内部审计机制。在这个阶段，信息技术应该定义在诸如互联网技术的结构、管理和控制等领域。

343

---

1 Demirbaş, M. (2005). İç kontrol ve iç denetim faaliyetlerinin kapsamında meydana gelen değişimler. *İstanbul Ticaret Üniversitesi Sosyal Bilimler Dergisi*, 4(7), pp. 167-188.

2 Alptürk, E. (2008). *Finans, muhasebe ve vergi boyutlarında iç denetim rehberi*. Ankara: Maliye ve Hukuk Yayınları.

（一）区块链技术的定义、重要性和优势

区块链技术是一种分布式数据结构，其中每个交易信息都由网络参与者记录和共享（http://citeseerx.ist.psu. edu）。区块链技术是一种分布式的、透明的、不可改变的且安全的数据结构，其中交易的可靠性由网络中的利益相关者验证。[1]

此外，区块链技术被定义为用户共享的数据库，其中有价值的资产的记录是公开的、匿名的，无需中介机构或中央机构。[2]区块链技术与传统数据库的主要区别在于，区块链技术是一种改进的数据库，它基于 P2P 网络上的共识规则提供解决方案，用于添加新记录、验证和分发信息。

与现有的数据库逻辑不同，区块链技术将中央权限的权限分配给链中的每个节点，共享权限和责任。区块链技术的概念不仅仅与数字货币有关。它还包括妥协协议、安全结构和智能合约等技术，以及分布式结构、数据安全和透明等特性。因此，由于区块链技术，不再需要第三方来确保产品或服务转让操作中的安全性和可验证性。

在当今的资本市场中，双方之间的价值转移通常需要银行或信用卡网络等中央事务处理器。这些处理器作为中介，不仅降低了双方的交易对手风险，而且集中了信用风险本身。每个中央处理器都有各自的笔记本电脑，交易方依靠这些处理器正确、安全地执行交易。交易处理方为提供这项服务收取费用。反之，区块链技术允许

1　Reyna, A., Martín, C., Chen, J., Soler, E., & Díaz, M. (2018). On blockchain and its integration with IoT challenges and opportunities. *Future Generation Computer Systems*, 88, pp. 173-190.

2　Glaser, F. (2017). Pervasive decentralisation of digital infrastructures: A framework for blockchain enabled system and use case analysis. HICSS, (*Proceedings of the 50th Hawaii International Conference on System Sciences*). https://pdfs.semanticscholar.org/859d/0535e16095f274 df4d69df54954b21258a13.pdf.

各方通过一个分布式账本直接进行交易，从而消除了中央事务处理器的要求之一。[1]

除了高效，区块链技术还有其他独特的特性，使其成为一项突破性的创新。区块链被认为是可靠的，因为区块链笔记本的完整副本受到所有活动节点的保护。因此，即使一个节点处于脱机状态，网络中的所有其他参与者仍然可以使用笔记本。区块链中不存在单点故障，因为链中的每个区块对应于先前的区块，这些区块在添加到区块链后会阻止删除或反向操作。区块链网络中的节点可以来来往往，但只要运用了网络的完整性和可靠性，它们就会保持稳定。没有用户需要控制块链，因为没有用户可以改变或关闭它。随着这种技术的不断发展，出现了两种类型的区块链，分别是无许可和有许可区块链。[2]

无许可区块链是一个确保记录最好由比特币挖掘者更新、由所有相关方监控，并由所有网络用户共享且不由某一特定方拥有或控制的区块链。[3]

比特币是无许可区块链的一个例子。在这种类型的无许可区块链中，任何资产（个人或组织）都可以使用他们的计算机或移动设备加入网络。无许可区块链具有分配责任的优势，并得到许多常见应用程序的成功支持，包括像比特币等加密货币。还应注意的是，无许可区块链存在一些缺点。在区块链技术中，处理大量交易存在速度限制，因此与 Visa 和万事达卡等现有支付系统相比，其大规模

1 Nakamoto, S. (2020). *Bitcoin: A peer-to-peer electronic cash system.* http://citeseerx.ist.psu.edu/viewdoc/summary?doi=10.1.1.221.9986,26.06.2020.

2 Zheng, Z., Xie, S., Dai, H., Chen, X., & Wang, H. (2018). Blockchain challenges and opportunities: A survey. *International Journal of Web and Grid Services*, 14(4), pp. 352-375.

3 Swan, M. (2015). *Blockchain: Blueprint for a new economy.* Beijing: O'Reilly.

实施受到限制。更重要的是，考虑到隐私保护，企业主担心分布式账本数据库可能泄露商业秘密。相比之下，有许可区块链对成员资格和控制程序有限制。在这类区块链中，参与者的角色被明确定义，每个成员拥有不同的访问控制。例如，只有某些成员可以访问内部配置、写入有关区块链的信息并且批准新成员的加入。有许可区块链被视为部分责任分配，比无许可区块链具有更大的潜力，可以通过适当放置访问控制层来满足隐私和商业管理方面的要求。[1]

另一方面，经过许可的区块链有一个具有覆盖特权的中央机构，这可能会破坏区块链的可靠性。[2] 可以分三个阶段描述区块链的当前发展。[3]

区块链 1.0，也被称为数字货币阶段，指具有货币转账和数字支付等应用的加密货币；区块链 2.0，也被称为数字经济，涵盖范围广泛的经济和金融应用，不限于简单的支付和货币转移，如贷款、抵押贷款、债券、期货和合同；区块链 3.0，也被称为数字经济，除金融实践外，还涵盖科学、艺术、健康、教育、通信、管理和控制等领域。

由于可以在物联网范围内的机器通信领域使用区块链技术，[4] 该

1　American Institute of CPAs and Chartered Professional Accountants of Canada (AICPA and CPA Canada). (2017). *Blockchain technology and its potential impact on the audit and assurance profession*. https://www.aicpa.org/content/dam/aicpa/interestareas/frc/assuranceadvisoryservices/downloadabledocuments/blockchain-technology-and-its-potential-impact-on-the-audit-and-assurance-profession.pdf.

2　Liu, M., Wu, K., & Xu, J. J. (2019). How will blockchain technology impact auditing and accounting: Permissionless versus permissioned blockchain. *Current Issues in Auditing*, 13(2), pp. 19-29.

3　Zhao, J. L., Fan, S., & Yan, J. (2016). Overview of business innovations and research opportunities in blockchain and introduction to the special issue. *Finance Innovation*, 2(1), p. 28.

4　Sikorski, J. J., Haughton, J., & Kraft, M. (2017). Blockchain technology in the chemical industry: Machine-to-machine electricity market. *Applied Energy*, 195, pp. 234-246.

技术最有希望的应用之一是在智能城市，包括智能管理、智能交通、345智能生活、自然资源的智能使用和智能经济等概念。

区块链技术的优缺点，列示如下：

- 优点

（1）所有利益相关者都会保存一份数据副本，他们都可以访问这些数据并查看所采取的行动。以这种方式保留数据可以防止数据丢失和数据被破坏。

（2）由于数字签名和验证，利益相关者相互信任，不需要中间人。

（3）所有各方都可以看到自己交易的状态和区块链中所有交易的细节，从而实现交易透明化。

（4）区块链上的数据无法更改或删除。

（5）区块链可以在没有中央机构的情况下运行，由于这种分布式结构，它无法被控制、取消或关闭。

（6）由于智能合约，某些活动可以自动化。

- 缺点

（1）在区块链中，工作证明被用作折衷协议，消耗了大量能源，运行着非常昂贵的计算机系统。

（2）区块链中的所有数据分别存储在每个节点中，并且在每次交易后要确保这些节点中的数据的一致性。例如，在比特币链中添加一个数据块需要 10—60 分钟，在以太网链中需要 15 秒，因此与传统数据库相比，在性能方面是不够的。

（3）网络上每个节点存储所有数据副本并访问其内容的能力可能会损害用户的隐私。

智能合约一旦创建，就无法更改，并在区块链中公开。这会使智能合约容易受到恶意攻击。

（二）持续审计的定义、重要性和优势

持续审计是一种方法，使独立审计师能够在由业务经理确定的审计主体基础的事件发生时或发生后不久，使用审计报告提供书面保证。换句话说，持续审计是一个过程，包括在事件发生后不久对审计涉及的问题进行审计，并同时进行实时报告。尽管这一定义揭346 示了持续审计的普遍意义，但将这一过程称为即时审计比持续审计更准确。

这样做的原因是，持续审计只有在作为完全自动化的过程和能够即时访问有效事件及其结果的过程实施时才能发挥作用。满足这些要求的唯一已知方法是在在线计算机系统上实现持续审计。[1] 在加拿大特许会计师协会制定的定义中，被确定为独立审计的表述自然是完全通用的，因此包括内部审计实践。[2]

换句话说，独立审计在定义中的表达包括内部和外部审计。虽然持续审计在内部审计和外部审计中同样适用，但它的发展主要发生在内部审计领域。与外部审计的周期性相比，内部审计、持续监测和持续审计的概念是导致这种发展的主要原因之一。另一个原因是，内部审计师协会率先为内部审计师提供了信息基础，以便在近年来发表的大多数作品和技术文章中使用持续审计。加拿大特许会计师协会研究报告中对持续审计的定义是恰当的，因为它为审计师提交报告的第三方提供了保证义务。持续审计包括审计师持续执行

1　Kogan, A., Sudit, E. F., & Vasarhelyi, M. A. (1999). Continuous online auditing: A program of research. *Journal of Information Systems*, 13(2), pp. 87-103.

2　Abdolmohammadi, M. J., & Sharbatouglie, A. (2005). Continuous auditing: An operational model for internal auditors. *The Institute of Internal Auditors Research Foundation*.

审计所使用的任何方法，不需要审计结果报告。此外，持续审计可以被定义为一个过程，根据审计师规定的标准连续测试操作，并为审计师定义例外情况，以便执行额外的程序。持续审计是一个综合性的电子审计过程，允许审计师对持续信息提供一系列保证，无论是否披露信息。类似于鉴证、认证和审计服务可以在这三个专业组中联合应用的广泛定义，持续审计的定义也适用于独立审计师提供的服务。持续审计被视为一种管理功能，按照 COSO 的定义，持续审计被视为一项管理职能。因此，审计师也可以执行内部审计环境的持续监控职能，这种内部审计环境有一个现成的过程来持续测试管理层对内部审计的监控过程。

应用持续审计方法的最普遍的好处是它可以降低审计成本。与传统的基于计算机的审计测试相比，持续审计使审计师能够更快、更有效地为客户测试更详细的商业交易和数据。它还减少了审计师传统上审查商业交易和资产负债表的时间和成本，从而使审计师能够了解其客户的商业领域和部门以及内部审计结构，从而提高了财务审计的质量。持续审计可以专注于评估随着时间推移的绩效质量，并有助于及早解决已发现的问题。这种方法还可以通过保证授权和 347 管理的重点放在其他方面而不是中心，从而降低成本，提高组织的经济效益。它可以根据审计提出的意见和建议，监测管理层开展的活动的有效性，并支持对组织内部审计环境的年度评估。年度审计计划的制定也可能受到持续审计方法的积极影响。年度审计计划通常以周期性要素作为标准，例如每三年审计一个区域。

虽然其中一些定期检查是依法进行的，但定期检查最令人关切的问题是，如果每三年进行一次检查的地区一经检查就发生重大变化，风险水平就会增加，因此需要进行新的检查。通常，审计师需要等待一次新的审计，即使他们知道这些变化。持续审计也符合以风险为导向的年度审计计划，因为它评估财务控制以及各单位其他控制的健全性，并确定应纳入年度审计计划的风险领域。由于控制测试而合并的审计结果，除减少交易细节测试和资产负债表细节测试之外，还为降低分析程序的费用提供了基础。通过持续审计，审计师可以同时进行控制测试、分析程序测试和细节测试，从而获得可靠证据，证明客户的电子系统生成可靠、准确的财务信息。通过应用直接测试，审计师可以检查不正确或不规则的交易是否在财务报表中产生了不正确的数据。持续审计工具和技术允许全年持续进行与运营相关的测试，从而减少年终交易量。尽管有这些好处，但其也存在明显的技术挑战。为了提供利益，企业必须具备许多条件，包括技术基础设施以及管理者和员工的意愿。由于持续审计的基础是利用技术机会确保在短时间内同时提供财务信息，因此设想对实体的控制和风险因素进行持续控制。这使得控制机制中的缺陷得以识别和纠正，同时所收到的信息质量也得以改善和报告。最后，它可以评估为弥补缺陷而开展的活动是否及时有效地实施，并验证检查建议的实施情况。持续审计创造的最重要的附加值是在异常发生后立即报告。

三、区块链技术、内部审计和持续审计

348　　内部审计师必须能够跟上企业的变化和发展（如电子商务）。他们不再只扮演审计师的角色，还扮演顾问的角色，为组织识别可能的风险。"内部审计师必须接受这种变化，否则就有可能陷入困境。"内部审计师需要重新发现自己，就像企业资源计划系统刚刚推出时，公司需要重新发现自己一样。为了最大限度地体现组织的价值，内部审计师必须把重点放在实时风险和控制咨询上，并审查传统的审计方法。这种新方法应该有助于审计师向高级管理层保证风险正在得到有效的管理（即持续风险评估）。美国电话电报公司（AT&T）主动为内部审计师开发的持续审计应用程序和持续过程审计系统是持续审计过程中应解决的要素之一。在这里，重点是使用一个连续的过程为内部审计师提供先进的数据，以解决审计领域的问题。该控制方法被称为持续过程审计方法，以异常报告为基础。异常报告的管理需要检查大量数据。该流程要求审计师在记录交易过程中不断收到且重视异常警告。

根据库尔纳茨与契迪诺格鲁[1]的研究，持续过程审计系统通过测试控制环境来获得：

（1）数据的适用性，以及数据的完整性和准确性；

（2）数据输入和系统使用的时间；

（3）对数据库中包含的信息的保护；

（4）软件的准确性。

由于美国电话电报公司会处理大量数据，所以注册会计师将重点放在大型系统上，为内部审计师提供更好的审计覆盖范围，只有控制异常的情况才会引起审计师的注意。

与开发人员和用户社区合作的内部审计师在识别控制和评估系统文档方面发挥着重要作用。开发过程中的早期参与为开发人员提供了将与系统结合的有关审计测试类型的信息。

内部审计师越来越多地使用审计软件和创新的审计策略来监控

1　Kurnaz, N., & Çetinoğlu, T. (2010). *İç Denetim Güncel Yaklaşımlar*. Kocaeli: Umuttepe Yayınları.

复杂的商业环境。最好的例子是卡罗琳电力和照明公司的内部审计师对选定的风险和趋势进行选择性监控和评估（也称为智能审计）。这一过程是一种基于风险的方法，使用了审计数据仓库和数据仓库的概念，有助于审计师处理复杂信息系统中的审计问题。关键绩效指标识别运营和财务数据的偏差、趋势分析，以及审计师可以调查的差异。智能审计需要使用持续审计工具和技术，使审计师能够持续监控业务部门之间的数据关系。另一方面，埃克森美孚开发了一个持续的审计流程，以解决先进信息系统中的审计问题。埃克森美孚的内部审计部门已经接受了审计师理解客户信息系统的必要性。在与客户建立界面连接的应用程序组中，审计师被分配做以下工作：

（1）识别数据源；

（2）访问和上传数据；

（3）通过开发存储库检查调查过程。

这些审计师通过与信息技术和财务信息用户群体的互动来关注问题的控制和审计。

将审计导向更多新系统和商业风险是适当的。因此，必须说服管理层，变革后的内部控制环境是适当的。检查将越来越多地面向未来，而不是过去。

我们向内部审计师发放了一份关于他们使用持续审计的情况的调查问卷，结果如下：

（1）内部审计师不可避免地会看到未来对复杂的公司（控股公司）的持续审计；

（2）"一年一次"的审计已不再适用；

（3）向持续审计模式的过渡是缓慢的。

　　持续审计的障碍之一是难以计算开发和实施持续审计流程所需的投资，以及对应用程序的投资回报或证明成本。内部审计师在消除持续审计的假设／理论阶段方面起着补充作用。何以消除持续审计的假设／理论阶段，是因为在当今的审计环境中，他们能够更好地获得融资需求。一些财务报告的重新公布、投资者信任的下降、机构和审计环境的最新发展，包括《萨班斯-奥克斯利法案》、证券交易委员会对该法的补充规定以及法院，都对利益攸关方施加压力，要求其采用更有效的财务报告和审计程序。持续审计可以保证报告的财务信息的安全性和完整性，并修复投资者对金融市场的信任，似乎是满足大公司报告需求的最佳选择。

　　在持续审计过程中，应使用查询工具、统计和数据分析、数据库管理系统、数据库、人工智能、附加的控制模块、将各种信息整合在一起的网络技术以及可扩展商业报告语言来控制连接到互联网的流程。如今，企业通常通过互联网接入页面发布财务报表和报告，可扩展商业报告语言在这一过程中不可或缺。可扩展商业报告语言是一种标准化的电子语言，用于报告商业交易，方便财务信息的准 350 备、发布和审计。[1]

　　可扩展商业报告语言可以使用公认会计准则，在包括互联网在内的各种技术之间同时提供财务信息交换。可扩展商业报告语言格式下使用的实时会计系统鼓励内部审计师根据行业规范和分类确定电子财务报告最适当的运用。审计师受益于这种报告语言的优势，如更快地统一获取信息和自动化分析。此外，审计师可以通过将电

1　Aktaş, R., & Başcı, E. S. (2007). Elektronik ortamda finansal raporlamada genişleyebilir finansal raporlama dilinin (XBRL) kullanılması. *Muhasebe Bilim Dünyası Dergisi*, 9(1), pp. 39-60.

子格式的信息转换为另一种格式来重复使用这些信息。可扩展商业报告语言还通过确保数据传输同时进行，实现了同步报告和持续审计。可扩展商业报告语言为分析和使用公司财务信息创造了一个高效、快速的环境，提供了透明度，降低了交易成本，提高了交易效率。通过这种方式，可以在企业内外开展持续审查、持续审计和财务分析活动。

区块链技术为内部和外部审计师提供了新的机会，例如审查具体的交易、核实数字资产的存在，以及证明区块链中的信息与现实世界之间的一致性。这些新机会可能很困难，尤其是在区块链中没有中央权威的情况下。审计师需要利用他们在信息技术系统审计方面的专业知识，发明新的所有权验证方法。这可以从根本上改变区块链审计流程。由于交易的完整记录存储在区块链中，审计师不再需要请求和等待交易方提供数据和文件。此外，区块链超越了传统的审计抽样过程，允许在给定时间内对任何"链式"交易进行持续审计。采用区块链可以释放之前用于证据收集和验证的资源。[1]

技术中嵌入的规则和过程的透明度、可追溯性、不可改变性和集成性极大地丰富了流程和信息生产，极大地改变了审计和控制程序，在某些情况下使其变得多余。这些特点也为审计师重新设计最佳实践、更新规则和程序以及定义新标准创造了机会。[2]

内部审计师应确保在应用程序的设计阶段将治理、风险管理和控制整合到系统中，包括在达到一定能力后将可能的区块链应用程

1　Liu, M., Wu, K., & Xu, J. J. (2019). How will blockchain technology impact auditing and accounting: Permissionless versus permissioned blockchain. *Current Issues in Auditing*, 13(2), pp. 19-29.

2　Brender, N., Gauthier, M., Morin, J.-H., & Salihi, A. (2018). *The potential impact of blockchain technology on audit practice*. Geneva: University of Applied Sciences and Arts Western Switzerland.

序规划到其工作的机构中。除对技术将提供巨大优势的期望之外，在决定使用技术时，必须尽最大的专业谨慎，评估区块链是否是机构中某些流程的最合适选择。过度谨慎和错失机会，或行动过于匆忙和造成不必要成本之间的平衡应该得到很好的确立。

建立这种平衡最关键的一点是拥有必要的设备，通过获取足够的技术信息来支持决策。内部审计师应该对这项新技术持开放态度并表示欢迎，应该清楚地了解其可能带来的机遇和潜在问题，为未来的破坏性变化作好准备，因为使用区块链开发的应用程序的数量的增加将影响内部审计以及所有需要记录的事项。内部审计师应作好准备，对区块链的技术架构进行详细分析，制定策略以实现足够的透明度，并验证区块链应用程序是否按预期运行。

从内部审计的角度来看，基于区块链的应用程序的革命性之处在于，它们提供了一种全新的方法来了解信息和交易的真相。在区块链出现之前，事实的证据是一个基于保留特定日志或数据库以及管理该系统的可靠的第三方的系统。由于区块链技术，这种结构发生了根本性的变化。考虑到内部审计专业支持高级管理层的职能，拥有足够的资源来监控和评估区块链风险非常重要。这些资源可能是额外的人员、来自外部的专家、与信息技术或网络安全部门建立更密切关系，或审计师接受必要培训的额外预算。[1]

得益于区块链中保存的实时记录，可以立即注意到可能意味着可疑资产转移和利益冲突的交易。通过保存实时会计记录，审计事务所的作用将减少，而基于这种技术的智能合约的使用将降低财务

1　Kelly, M. (2019). Boards look to harness blockchain disruption. *Tone at the Top*. The Institute of Internal Auditors. https://dl.theiia.org/AECPublic/Tone-at-the-Top-February-2019.pdf.

问题的预期成本。

基于区块链的持续审计概念引发了关于审计专业在这种自治和自我调节范式中的作用的讨论。尽管审计师在确保交易准确性方面的作用有所减少，但他们的判断和意见将变得更加必要。审计的重点将从监测和核实记录转向更复杂的分析，如系统评估、风险评估、预防性审计和腐败检测。

区块链技术大大缩短了验证时间，这对检查很重要。这种情况的改善可以通过评估审计师在区块链使用方面的治理角色，以及执行"智能"审计和"实时"审计来实现。它还可以被分配到附加值更高的领域，如区块链技术、其他复杂的内部审计机制以及风险管理战略建议。这将加强内部审计师作为组织中的可靠顾问的职能。董事会应迅速了解区块链和加密货币之间的差异，以及区块链设计类型之间的差异。

352
表 16.1 内部和外部审计师的优缺点

	优点	缺点
无许可区块链	检查区块链中的交易记录	错误交易没有被取消
	在区块链交易中开发新的审计程序	没有中央管理者来验证存在性、所有权和计量
	验证区块链和现实中项目之间的一致性	由于客户的特殊解决方案丢失，检索数据困难
有许可区块链	开发区块链应用指南	没有中央管理者报告网络攻击
	利用行业知识和经验为区块链共识协议的最佳实践提供建议	需要成为不同区块链技术的专家
	根据市场需求，利用商业网络创建允许的区块链	作为组织代表，很难在所有参与者之间达成共识
	作为区块链潜在参与者的规划者和协调员	与子公司相关的审计过程是脱节的

续表

	优点	缺点
	利用信息技术审计专家监督区块链内部审计，包括数据完整性和安全性	有必要处理中央政府有权覆盖区块链中信息的情况
	为特定区块链提供独立评级服务	有必要应对区块链中准备的一致报告的变化
	充当区块链管理者	

资料来源：刘等人（2019）[1]

此外，董事会应包括有能力建立技术风险委员会或新兴技术和区块链的新管理人员。这是审计行业和服务提供商准备向高级管理层提供培训和咨询的一个重要机会，让他们了解新出现的风险和技术细节，并充分了解这些概念。

此外，内部审计师必须具备履行其个人职责所需的知识、技能和其他资格。在区块链技术被广泛接受之前，内部审计单位应确保内部审计师接受这项新技术的培训。区块链技术为许多公共服务提供了安全、透明、快速和低成本的解决方案，对于那些致力于为组织作出最大贡献的内部审计师来说，它既有优点，也有缺点。为了克服这些挑战并利用机遇，内部审计部门应确保审计师在区块链技术和区块链项目方面都受过良好的培训。[2]

表 16.1 列出了区块链对内部和外部审计程序可能产生的积极和消极影响。

1　Liu, M., Wu, K., & Xu, J. J. (2019). How will blockchain technology impact auditing and accounting: Permissionless versus permissioned blockchain. *Current Issues in Auditing,* 13(2), pp. 19-29.

2　Rooney, H., Aiken, B., & Rooney, M. (2017). Q&A. Is internal audit ready for blockchain? *Technology Innovation Management Review,* 7(10), pp. 41-44.

353   区块链技术为审计行业带来了实实在在的创新，并强调了在这一领域进行战略转型的必要性。[1]对审计事务所商业活动和治理的全面了解是对这些新技术持开放态度的组织的重要指南。[2]

为了应对这项重要技术带来的变化，从事审计行业的人需要适应并提升自己的战略合作伙伴的角色。

刘等人[3]确定了审计师在适应新环境时必须遵循的步骤。

（1）必须成为区块链管理和技术方面的专家：审计师应能够评估采用区块链技术的成本和效益，并就区块链的实施向其客户提供咨询意见。审计事务所可以通过调整招聘和培训策略来实现这一目标。

（2）他们可以通过强调风险控制积极参与区块链开发：审计事务所应该改变它们的观点，评估风险管理的有效性，并就内部审计解决方案和保证提供建议。这种快速发展的技术为审计师提供了非常重要的机会。

表 16.2   区块链技术对内部审计和外部审计的可能影响

审计程序	区块链的作用	内部审计	外部审计
收集证据	取代传统抽样方法的全人群研究	X	X
	直接访问交易历史记录	X	X
交易调查与认证	矿工实时事务验证	X	X
	报告所有用户的调查和确认实践	X	X
一致性评估	遵守最新的标准、法律法规	X	

---

1 Lin, I. C., & Liao, T. C. (2017). A survey of blockchain security issues and challenges. *International Journal of Network Security*, 19, pp. 653-659.

2 Liu, M., Wu, K., & Xu, J. J. (2019). How will blockchain technology impact auditing and accounting: Permissionless versus permissioned blockchain. *Current Issues in Auditing*, 13(2), p. 26.

3 Liu, M., Wu, K., & Xu, J. J. (2019). How will blockchain technology impact auditing and accounting: Permissionless versus permissioned blockchain. *Current Issues in Auditing*, 13(2), pp. 19-29.

审计程序	区块链的作用	内部审计	外部审计
	立即向实习者介绍基本安排	X	
	立即发现违规行为	X	
交易对账	自动对账（如果双方在同一时间发生交易）	X	X
	即时分析	X	X
	减少用于和解的时间，提高效率	X	X
财务报告	接近实时的财务报告	X	X
	正确	X	X
	不太容易出现舞弊	X	X
规划和咨询	为审计师提供完整、准确的文件，以快速发现问题、确定计划优先级并找到长期目标	X	
决策支持	提供存储在区块链上的可靠、及时的信息以执行分析	X	
	评估行动的结果	X	
	借助嵌入式分析模型促进智能合约，以识别趋势	X	

资料来源：刘等人（2019）[1]

此外，审计师必须考虑以下长期期望，以促进服务质量提高。[2]

（1）应通过持续审计：区块链技术允许实时访问交易记录，从而实现持续审计。[3]

（2）咨询功能需要改进：审计事务所应考虑在区块链中实施适当的数据分析，而不是传统上收集和测试证据，并扩大咨询服务，

1　Liu, M., Wu, K., & Xu, J. J. (2019). How will blockchain technology impact auditing and accounting: Permissionless versus permissioned blockchain. *Current Issues in Auditing*, 13(2), p. 27.

2　Liu, M., Wu, K., & Xu, J. J. (2019). How will blockchain technology impact auditing and accounting: Permissionless versus permissioned blockchain. *Current Issues in Auditing*, 13(2), pp. 19-29.

3　Smith, S. S. (2017). *Blockchain, AI, and accounting.* https://www.ifac.org/global-knowledgegegateway/practice-management/discussion/blockchain-ai-and-accounting.

如控制设计、变更管理和区块链治理。

表 16.2 显示了区块链技术对内部审计和外部审计的可能影响。

四、结论

技术的进步表明人们需要快速准确的信息。除速度和准确性之外，信息能否可靠存储也至关重要。通过同时提供这些元素，数据质量基本上得到了提高。这种动态变化极大地影响了静态的传统审计方法和流程。为了进行有效和高效的审计，审计必须持续进行。实时审计正是出于这种需要而产生的。这样，从审计计划开始，收集证据的过程发生了变化，使用过去的抽样进行的审计测试被更快354 的分析方法取代。我们不可能忽视会计和审计领域以及生活的各个领域随着技术发展而发生的变化。信息技术应用，其中互联网和内联网的使用最为广泛，几乎在这些企业的每一个过程中都会遇到，为实现交易提供了便利。

除此之外，电子数据交换、企业资源规划和电子数据处理是当今越来越常见的信息技术应用。电子商务是一种更为谨慎的应用，因此需要部分实施。这些信息技术应用程序几乎在商业世界的每一个流程中都使用，这一事实要求内部审计部门使用这些技术并遵循355 交易流程。内部审计部门认为，电子商务应用不会对内部控制的有效性产生负面影响。然而，由于信息技术应用程序是一个容易受到风险影响的过程，因此需要谨慎处理。尽管有这种谨慎的态度，但他们尚未为这些过程制定特殊的审计程序。

就同步数据信息交换和资源节约而言，今天的企业更喜欢在其网页上发布财务报表。虽然它们受益于互联网提供的便利，但它们担心互联网在内部审计机制和相关技术控制中的使用。因此，在财务报告和持续审计过程中使用基于互联网的技术仍存在困难。与互联网使用或可扩展商业报告语言等报告语言相关的网络信托保证服务尚未在会计领域使用，这一事实证实了人们对应建立互联网使用的内部控制机制的怀疑。一个显著支持内部审计活动的信息技术应用是电子数据交换。完全在电子环境中进行内部和外部操作需要内部审计单位使用电子证据在电子环境中执行审计活动。由于创建电子数据交换应用程序时考虑了内部控制的有效性和可靠性，因此在整个审计过程中，它为内部审计单位提供了便利。

企业资源规划是一个以内部控制系统为重点的应用程序。因此，企业资源规划需要建立各种安全体系，以确保内部控制体系的可靠性，降低风险，达到有效和高效运行的目的。然而，企业不使用网络信托和系统信托等服务，从而在企业资源规划应用方面获得保证，这一事实可能会对其安全性和风险承担措施产生负面影响。

由于使用电子数据处理系统需要使用实时系统，因此也需要更新这方面的检查技术。在电子数据处理等实时系统需要实时控制，而在会计领域对这些控制不足，可能会引起人们对信息安全的担忧。

各种商业流程中使用的信息技术应用程序可能会导致内部审计部门对以下流程作出更敏感的反应：内部控制系统的有效性和效率、确定内部控制系统中产生的风险、确保信息安全、将商业关系和流程转移到电子环境以及财务报告。在有效编制和公布财务报表、控制内部控制系统、通过同步数据交换节省资源和时间以及提高监控活动效率等问题上，信息技术的好处不容忽视。如今，越来越多的组织喜欢将财务报告实时保存在计算机上。在实时会计时代，由于

不频繁审计而发生的许多错误或舞弊可能会给企业带来困难。预防
这种情况的最佳方法之一是持续审计。持续审计是一种使独立审计
356 师能够在构成特定审计主体基础的事件发生后不久，使用审计报告
提供书面保证的方法。此外，今天，人们理解，在透明和负责任的
技术出现和发展后，消除了区块链技术等中心主义结构，商业世界
应该跟上这一变化，各国应该相应地重组自身、政府和法律。这些
技术的分布式结构可以消除区块链、透明度和中央权威，可以被视
为开创了信息技术的新时代。据了解，区块链技术可以通过消除国
际企业的边界和创造共同语言来改变商业世界的面貌。独立审计的
财务报表是企业的基石之一，在债务和资本融资、参与资本市场、
并购、监管合规以及资本市场的有效运作方面发挥着关键作用。财
务报表反映了管理层的要求，包括估算，其中许多无法在区块链中
轻松总结或计算。

此外，财务报表的独立审计程序增强了信任，这对资本市场体
系的有效运作非常重要。失去这种信任可能会损害企业的声誉、股
价和股东价值，并导致罚款、处罚或资产损失。财务报表的使用者
希望审计师以专业的怀疑态度对他们的财务报表进行独立的审计。
审计师必须决定一个实体的财务报表是否被合理地保证不会因舞弊
或错误而出现重大错报。区块链技术不会改变这些决策是通过财务
报表审计师作出的事实。然而，审计师必须关注区块链技术的发展，
因为它将影响其客户的信息技术系统。审计师需要熟悉区块链技术
的基础知识，并与该领域的专家合作，以监控与区块链相关的复杂
技术风险。

审计师还应了解客户利用区块链技术的机会，以确保在审计期
间收集更好的数据（证据）。他们应该考虑区块链技术是否允许他们

创建自动审计程序。审计师必须决定是否合理保证实体的财务报表不存在因舞弊或错误导致的重大错报。如今，应鼓励审计师关注区块链技术的发展，因为他们有机会开发、学习并利用其已经过验证的技能来适应快速变化的商业世界的需求。审计过程首先从检查导致财务信息产生的交易记录的准确性和有效性开始。这是一项相对漫长而艰巨的任务。使用区块链技术的交易也处于时代前沿，无法改变。因此，审计师可以从可识别的跟踪和交易的自动验证中获益。区块链技术可以让审计师自动验证大量交易，从而创建财务报表。例如，如果所有与股票走势相关的数据都记录在区块链上，审计师可以远程实时确定股票余额。因此，审计将逐渐允许审计师在其他交易上花费更多时间。区块链为基于互联网的交易提供了前所未有 357 的准确性和信心，因为它可以在无第三方的情况下对交易进行验证和审计。因此，审计过程的一部分实际上是自动化的。此外，基于区块链的交易可以让财务报表用户更快、更高效、更详细地访问自动审计系统。同样，区块链可以为财务信息的分发带来秩序。例如，公司管理层和审计师需要完全访问会计系统中的数据，而投资者只能访问高级财务摘要信息和基本财务指标，如收入增长、盈利能力和每股收益。区块链通过使用多个姐妹数据库而不是单个中央数据库，创建了更强大的审计追踪。即使数据库中的某个块已被删除，其他数据库也会自动同步，从而撤消损坏的数据库并将其删除。区块链是一种大大提高数据安全性的技术。区块链系统的运营和维护涉及很多方。这可以防止系统的控制权被一个或多个人接管，或非法更改或删除官方会计记录。最后，在没有太多人为干预的情况下，对已经放置在系统中的规则进行自动处理，这增加了系统的安全性。在这种情况下，将区块链等新技术纳入教育课程，并培训具有相关能力的人，将有助于开发和更好地理解这些技术的应用领域。在这一领域接受培训的人将有机会通过在全球经济中变得更具竞争力而作出更多贡献。

以往的研究大多集中在会计审计方面，对内部审计的研究很少。几乎没有发现与持续审计、区块链技术和内部审计相关的研究。本章对持续审计和区块链技术的概念进行了清晰的解释，这些概念在今天越来越重要，其重要性和优越性已经得到证明，其与内部审计之间的联系也已被阐明。这样做的目的是通过消除文献中目前的不足，并提出更广阔的视角，为该领域的研究人员提供更批判性地评估这些概念的能力。

第十七章

计算机辅助审计工具和技术中的人工智能以及审计师的应用建议

塔梅尔·阿克索伊　布尔库·居罗尔 *

摘要：数字化转型是生活中各个领域的技术发展新机遇带来的 361 变革。这些新技术也被用于审计活动，在审计领域被称为计算机辅助审计工具和技术。这些技术的出现有助于审计师发现数据档案中的违规行为，并在更短的时间内完成更多的分析工作，同时以较低的风险水平提供更多的证据。通过使用计算机辅助审计工具和技术，审计师能够过滤、定义和创建方程式、识别差距、进行统计分析、识别同行记录、分类、排序、汇总、合并和匹配。审计师通过分析在审计活动中选择的样本得出的结果可能会导致有关各方对这些结果持怀疑态度。除了通过选择和分析样本，审计师也可以使用计算机辅助审计工具和技术分析所有的数据。随着新技术的发展，计算机辅助审计工具和技术应用的范围也在不断扩大。人工智能作为一个可以生成算法的自动化系统，在这些发展中占据了重要位置。据观察，人工智能强调了四个概念，包括像人类一样行动、像人类一

---

* 塔梅尔·阿克索伊，伊本·哈尔顿大学工商管理系，土耳其伊斯坦布尔。E-mail:tamer.aksoy@ihu.edu.tr. 布尔库·居罗尔，巴斯肯特大学国际金融与银行系，土耳其安卡拉。E-mail:bgurol@baskent.edu.tr

样思考、理性思考和理性行为，这些因素促进了将人工智能纳入审计活动。人工智能的出现将在审计过程中纳入近似人类的活动。一般来说，人们认为应用于审计的技术可以使审计活动得到更有效的执行。而实际上，在审计活动中使用人工智能存在矛盾。一些研究人员支持在审计过程中使用这种新技术，而其他人则持怀疑态度。

362　那些对人工智能的使用持怀疑态度的人声称使用人工智能可能会忽略审计师的职业判断。为此，本章讨论了如何限制人工智能在审计活动中的使用。首先，这项研究解释了计算机辅助审计工具和技术的应用和人工智能的概念，以及人工智能如何被纳入会计和审计活动。其次，评估了在审计过程中使用人工智能的优缺点。最后，结合建议的审计批次，详细讨论了人工智能和计算机辅助审计工具和技术在审计过程中的应用以及针对不同审计领域的具体应用建议。

关键词：审计；计算机辅助审计工具和技术；人工智能

一、简介

数字化转型是生活中各个领域的技术发展新机遇带来的变革。这些技术主要用于工业领域的商业活动，也被用于企业的会计职能，取代了传统的会计实践。在进行会计活动的同时，新技术也被用于审计业务。这些用于审计活动的新技术被称为计算机辅助审计工具和技术。

这些工具和技术的出现有助于审计师发现数据文件中的违规行为，并使他们能够在更短的时间内、更低的风险水平上，用更多的证据进行更多的分析。[1]通过使用这些工具和技术，审计师能够过滤、定义和创建方程式、识别差距、进行统计分析、识别同行记录、分类、排序、汇总、合并和匹配。[2]

审计师通过分析审计活动中选择的样本得出的结果可能会导致各相关方对这些结果持怀疑态度。[3]除了通过选择和分析样本，审计师也可以使用计算机辅助审计工具和技术分析所有的数据。因此，审计师意见的可靠性会随着相关方的增加而增加。

随着技术的新发展，计算机辅助审计工具和技术的应用范围也在不断扩大。其中，预期对计算机辅助审计工具和技术贡献最大的技术之一是人工智能。人工智能作为一种可以生成算法的自动化系统，在这些发展中占有重要地位。人工智能不是一项单一的技术，而是一套适用于子领域的无数情况的方法和工具。[4]

人工智能的定义强调了四个概念，包括：像人一样行动、像人一样思考、理性思考和理性行为。这些因素促进了人工智能在审计活动中的应用，人工智能的出现将在审计过程中纳入近似人类的活动。

一般认为，应用于审计的技术可以使审计活动得到更有效的执行。而实际上，在审计活动中使用人工智能存在矛盾。一些研究人员支持在审计过程中使用这种新技术，而其他人则持怀疑态度。那

363

1　Pedrosa, I., & Costa, C. J. (2012). Computer assisted audit tools and techniques in real world: CAATTI's applications and approaches in context. In *International journal of computer information systems and industrial management applications* (Vol. 4, pp. 161-168).

2　Boydaş Hazar, H. (2019). Bilgisayar Destekli Denetim Araç ve Tekniklerinin Uygulanması. *Mali Çözüm Dergisi*, 29, pp. 117-139.

3　Brazina, P. R., & Leauby, B. A. (2004). To CAATTch a thief: Use technology to fight fraud. *Pennsylvania CPA Journal*, 75(1), pp. 24-27.

4　EY. (2019). *EY*. https://www.ey.com/en_gl/assurance/how-artificial-intelligence-will-transform-the-audit.

些对人工智能的使用持怀疑态度的人声称人工智能的使用可能会忽略审计师的职业判断。为此，本章讨论了如何限制人工智能在审计活动中的使用。

该研究首先解释了计算机辅助审计工具和技术的应用和人工智能的概念，以及人工智能如何被纳入会计和审计活动。其次，评估了在审计过程中使用人工智能的优缺点。最后，研究结合建议的审计批次，详细讨论了人工智能和计算机辅助审计工具和技术在审计过程中的应用以及针对不同审计领域的具体应用建议。

二、审计数字化

数字化转型指的是随着技术的发展而影响生活的变革。这种转变所带来的优势已经在工业领域显而易见，其中最重要的优势是提高效率和降低成本。

这种迅速的变化表现为与工业革命后进程的发展有关的四个时期。

如图 17.1 所示，每个时期都有一个改变了工业的新概念。例如，第一次工业革命中使用了蒸汽机，第二次工业革命中使用了电力，而计算机则在第三次工业革命中为工业作出了贡献。"智能"之所以引人注目，是因为它代表了工业领域内一次关键的技术转变。

图 17.2 所示的技术不仅对工业很重要，而且对其他商业活动也很重要。营销和分销、人力资源、会计和财务就是这些活动的例子。在会计方面，可以看到数字化开始于 20 世纪 90 年代的计算机化会计应用，随着技术的发展而迅速演变。传统的审计技术已被取代。根据审计领域的发展，审计活动也被划分为不同时期。

364

图 17.1　工业革命

资料来源：作者编制

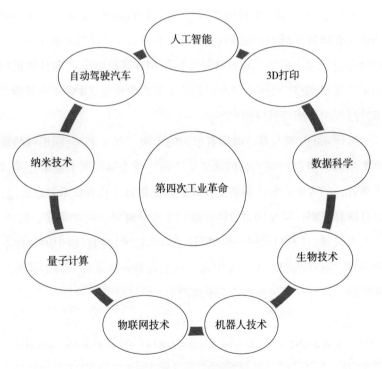

图 17.2　第四次工业革命的技术

资料来源：作者编制

图 17.3 审计革命

资料来源：达伊和瓦萨里伊（2016）[1]

如图 17.3 所示，审计的发展有四个重要阶段。审计数字化的第
一步是在审计活动中使用 Excel 程序。在审计 1.0 时期，审计师人工
审计会计记录。随后，审计活动开始使用计算机。Excel 和计算机辅
助审计工具和技术是审计 2.0 时期的工具，而审计 3.0 时期则开始在
审计过程中引用分析应用程序。

审计 4.0 时期与其他时期有很大的不同。审计 4.0 时期形成的重
要影响因素可以归结于第四次工业革命。作为第四次工业革命的组
成部分，集成审计软件和新的计算机辅助审计工具和技术得以实施，
并且提高了审计结果的可靠性，缩短了审计时间，同时降低了成本。
在当今世界，随着计算机辅助审计工具和技术应用程序中的新技术
的发展，审计流程正在发生变化。新工具和新技术可以为审计师提
供帮助，并为审计过程创造无限的潜力。[2]

---

1 Dai, J., & Vasarhelyi, M. A. (2016). Imagineering Audit 4.0. *Journal of Emerging Technologies in Accounting*, 13, pp. 1-15.

2 Issa, H., Sun, T., & Vasarhelyi, M. A. (2016). Research ideas for artificial intelligence in auditing: The formalization of audit and workforce supplementation. *Journal of Emerging Technologies in Accounting*, 13, pp. 1-20.

三、审计软件

下述三种审计软件在审计活动中经常使用，分别是企业目前使用的程序和支持程序、通用审计软件、专用审计软件。

（一）企业目前使用的程序和支持程序

公司使用的软件中包含的一般应用程序（不用于审计）或计算机控制功能（例如查询可能性、分类、审查和打印）有助于进行常用的数据处理。然而，如上所述，这些程序并不是专门为审计活动而设计的，它们在审计实践中的使用非常有限。这一类程序通常可以在较短的时间内完成原本需要较长时间才能手动完成的操作。

（二）通用审计软件

这类软件由计算机软件包程序组成，旨在使各种计算活动能够围绕审计目的进行。这些活动包括阅读档案、选择并获取所需的信息和 / 或进行抽样、进行各种计算、对账户项目进行比较以及获得所需的报告。

（三）专用审计软件

专用审计软件是专门设计用于在与单位的某些资产相关的特定情况下进行审计的程序。这类程序可以由组织外部的审计师或程序员准备。大型审计事务所都有自己的审计软件，但是这些程序通常需要根据客户的操作系统进行修改。虽然专用审计软件对某些行业的公司有用，但同时也存在一些缺点。例如，此类软件的成本很高，

366

并且在某些情况下其需要的专业知识超过审计师的技术知识水平。在开发特殊的审计软件时，审计师应该参与与该软件相关的所有设计和测试阶段，并确保程序的设计能够满足他们的需要和要求。在广泛使用计算机的企业中，审计软件对于审计师有效、高效地维护各项活动来说是非常重要的。

被审计企业的管理部门或信息管理部门可能会反对使用此类软件，因为它可能会扰乱正常的计算活动。然而，由于成本、时间和劳动力的限制，在计算机密集型的业务中，采用人工控制活动通常是不可能的。从外部审计的角度来看，如果被审计企业阻止使用审计软件，那么审计师可能会认为这是对审计范围的限制，甚至可能在报告中给出附有条件的审计意见。根据另一种分类方法，计算机辅助审计工具和技术中广泛使用了三种类型的软件：[1]

（1）常用办公软件（Word、Excel、互联网、电子邮件）；

（2）为查询、分析、审计和安全目的准备的，可以用作审计工具的技术软件；

（3）为审计师准备的专用审计软件（如 ACL，inCup 等）。

四、人工智能

作为第四次工业革命的组成部分之一，人工智能是具有人类行为、数字逻辑、语言和声音感知等多种能力的软件系统。根据沃思[2]

1　Coderre, D. (2009). *Fraud analysis techniques using ACL*. New York: Wiley.

2　Wirth, N. (2018). Hello marketing, what can artificial intelligence help you with? *International Journal of Market Research*, 60, pp. 435-438.

的说法，人工智能是最后一个重要的游戏规则改变者。弗雷德金对人工智能的解释甚至更有说服力。在麻省理工学院出版社的名著《机械身体计算思维：从自动机到半机器人的人工智能》中，用弗雷德金的话[1]来解释了人工智能的重要性："历史上有三个重大事件，一是宇宙的诞生，二是生命的出现，第三个且我认为同样重要的是人工智能的出现。"

作为一项革命性的技术，人工智能使计算机的行为与人类相似。例如，人工智能通过从所提问题的答案中选择最合适的一项来作出回答。苹果 Siri、Google Now 等著名的人工智能示例，可以像真正的助手一样为用户提供帮助。在当今世界，人工智能不仅仅是一种行为像人类的软件，还是生活的一部分。当工作复杂并且需要分析大量数据时，人工智能可以比人类表现得更好。经济合作与发展组织表示，人工智能可用于解决气候变化、疾病和饥荒等问题，[2]并可能成为提高社会福利的关键。人工智能可以应用在以下方面：[3]

（1）自然语言处理；

（2）图像处理；

（3）从数据库中智能检索；

（4）专家咨询系统；

（5）定理证明；

（6）机器人技术；

（7）自动编程；

367

1　Franchi, S., & Güzeldere, G. (2005). *Mechanical bodies, computational minds*. Cambridge: MIT.

2　OECD. (2019). *Artificial intelligence*. OECD.

3　Nilsson, N. J. (1993). *Principles of Artificial Intelligence*. New York: Springer.

（8）组合和调度问题；

（9）感知问题。

人工智能可以分为三个方面进行研究：单项的人工智能是指为执行某项特定任务而准备的软件。它们不能离开自己的领域，只是一个领域内人类行为的模拟。当多个单项的人工智能结合在一起时，就会出现混合型人工智能。[1] 因此，它们比单项人工智能具有更强大的功能。混合型人工智能具有人类智能的灵活性，它们拥有自己的思想，可以独立作出决定。

（一）人工智能史

人工智能的历史可以追溯到 17 世纪。法国数学家布莱兹·帕斯卡尔在 1642 年制造了一台计算器。1837 年，查尔斯·巴贝奇和阿达·洛芙莱斯制造了第一台可编程的计算机。1943 年，沃伦·麦卡洛克和沃尔特·皮茨首次进行了将机器与大脑联系起来的研究。1950 年，艾伦·图灵提出了人工智能史上最重要的问题：机器能学习吗？尽管这个问题听起来很奇怪，但后来还是得到了其他研究人员的注意。约翰·麦卡锡在 1956 年首次使用了"人工智能"这个术语。从 20 世纪 50 年代到 20 世纪 80 年代中期，出现了第一台智能机器。这一时期最著名的事件之一是 1965 年创建的自然语言程序 Eliza。爱德华·费根鲍姆在 20 世纪 80 年代创建了用于决策过程中的专家系统。[2]

1　Greenwald, T. (2011, October). How Smart Machines like Iphone are quietly changing your industry? *Forbes*.

2　qbi. (2019, January 30). *qbi*. https://qbi.uq.edu.au/brain/intelligent-machines/history-artificial-intelligence.

1997 年，在一场国际象棋比赛中，计算机击败了卡斯帕罗夫。从 IBM 公司开发的第一个人工智能应用程序中可以看到，所有可能与跳棋棋局有关的动作都被编入了算法程序中。这种简单的人工智能能够根据情况选择最合适的下棋方式。[1]

从 20 世纪 80 年代中期到 2010 年后，人工智能技术从程序化的应用过渡到能够通过使用数据和技术来进行学习的机器。自动吸尘器 Roomba（2002）和谷歌的第一辆自动驾驶汽车（2009）就是这个时期的重要例子。

2011 年，IBM Watson 击败了一项风险游戏的冠军。同样，AlphaGo 在 2016 年击败了李世石。

（二）人工智能、机器学习与深度学习之间的关系

当今时代，人工智能、机器学习和深度学习三个概念往往被一起使用。然而，这些概念彼此存在不同（图 17.4）。

机器学习是对数学和统计运算的估计，并基于计算机建模的数据系统进行推断。第一台具有学习能力的机器在 20 世纪 80 年代被发明。

深度学习应用程序作为机器学习和人工智能的一个子集，出现在 2010 年。与人工智能和机器学习不同，深度学习基于深度神经网络。自动驾驶、听力和语音翻译是深度学习的著名例子。

虽然人工智能是以这种方式发展起来的，但数据科学也被包括

1　Bini, S. A. (2018). Artificial intelligence, machine learning, deep learning, and cognitive computing: What do these terms mean and how will they impact health care? *The Journal of Arthroplasty*, 33, pp. 2358-2361.

在人工智能的应用中。数据科学可以通过提供广泛的视角来帮助决策过程。数据科学与数据挖掘和大数据相关。

财务信息在会计信息系统中被记录、分类、报告和分析。因此，会计系统会产生大量数据，而数据科学可以用来分析会计过程中产生的数据。当人工智能和数据科学结合在一起时，对这些信息的分析以及对分析结果的解释可以通过新软件来完成。不仅来自会计信息系统的数据，而且其他业务部门的数据也可以作为可供审计师使用的信息。

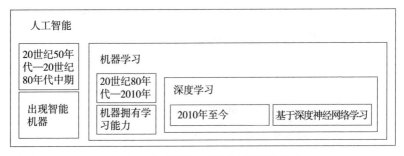

图17.4 人工智能、机器学习和深度学习

资料来源：珀斯帕内等人（2018）[1]

（三）人工智能的利弊

人工智能的应用既有积极的作用，也存在消极的影响。虽然人工智能应用有望取得成功，但也有人认为这些应用可能会导致有害的结果。

---

1 Pesapane, F., Codari, M., & Sardanelli, F. (2018). Artifificial intelligence in medical imaging: Threat or opportunity? Radiologists again at the forefront of innovation in medicine. *Eur Radiol Exp*, 2, p. 35.

人工智能的主要优势是：[1]

（1）人工智能减少了执行任务所需的时间。它支持同时执行多个任务，使现有资源得到了更有效的利用；

（2）人工智能确保迄今为止已经完成的复杂任务不会产生巨大的成本；

（3）人工智能没有工作时间限制，它可以24小时不间断地工作，没有停机时间；

（4）人工智能使流程更快、更完善，使决策更容易。

人工智能的主要缺点是：

（1）人工智能应用需要非常高的成本；

（2）人工智能需要时间才能像人类一样对程序作出贡献；

（3）人工智能不可能通过经验来实现人的意识和灵活性；

（4）人工智能的能力受设计者的能力限制；

（5）人工智能实践的增加会导致失业。

（四）人工智能的控制

人们对人工智能的期望值很高，新的人工智能应用也日益使这种期望增加。尽管人工智能的目标是在更短的时间内取得更好的结果，但人工智能有可能超越其目的。因此，对人工智能的控制和审计是一个重要的问题。根据保罗·巴尔巴的观点，要通过人工智能取得成功，人工智能应该被设计成具有透明度和负责任的。他还提出了四个建议。[2]

1　Hcltech. (2020). *What are the advantages of Artificial Intelligence?* https://www.hcltech.com/technology-qa/what-are-the-advantages-of-artificial-intelligence.

2　Barba, P. (2018, December 14). *Thinking inside the box: How to audit an AI project*. https://www.dataversity.net/thinking-inside-box-audit-ai/.

构建透明系统：人工智能应用程序如何工作以及它如何作出决定应该以透明的方式呈现。

370　使用最佳实践：在构建系统并监视系统时，从最佳实践中受益。

降低风险：尽量降低由人工智能引起的潜在问题的风险水平。

做实验：尝试找出人工智能系统的漏洞。

（五）经济合作与发展组织的人工智能原则

鉴于人工智能的潜力，经济合作与发展组织于 2019 年 5 月制定了相关准则。经济合作与发展组织制定的人工智能原则是第一套在国际上被承认的标准。由于人工智能可以按照人权和民主价值观使用，也可以故意用于恶意目的，因此经济合作与发展组织建立该原则的目的是确保人工智能的可靠使用。阿根廷、巴西、哥斯达黎加、马耳他、秘鲁、罗马尼亚和乌克兰虽然不是经济合作与发展组织成员，但也已经采纳了经济合作与发展组织的人工智能原则。

经济合作与发展组织确定了人工智能的 5 项原则。

原则 1：人工智能应通过推动包容性增长、可持续发展和社会福祉，造福人类和地球。

原则 2：人工智能制度的设计应该尊重法治、人权、民主价值观和多样性，并且应包括适当的保障措施，例如必要时允许人为干预，以确保一个公平和公正的社会。

原则 3：人工智能系统应该有具有透明度并且进行负责任的披露，以确保人们理解基于人工智能的成果，并能够挑战它们。

原则 4：人工智能系统在其整个生命周期中必须以一种强健的、可靠的和安全的方式运行，并且应该不断地评估和管理潜在的风险。

原则 5：组织和个人开发、部署或操作人工智能系统应该按照上述原则对其正常运行负责。

除这 5 项原则之外，经济合作与发展组织还向各国政府提出了建议。

（1）促进公共和私营部门在研发方面的投资，以激励可信赖的人工智能的创新。

（2）利用数字基础设施、技术和机制，促进可访问的人工智能生态系统，以共享数据和知识。

（3）确保建立一个政策环境，为部署可信赖的人工智能系统开辟道路。

（4）赋予人们人工智能技能，使工人得以公平过渡。

（5）跨越国界和部门合作，以对可信赖的人工智能进行负责任的管理。

五、审计新技术

数字化转型已经改变了审计活动的各个方面。人工审计实践被淘汰，而新技术同样适用于审计活动。在审计中引用新技术最重要的原因是这些技术在会计实践中的应用。在一个使用新技术开展会计实践的环境中，不可能仅靠人力进行审计活动。

根据柯蒂斯和佩恩的说法，审计师的能力落后于使用新技术的企业。[1]刘和瓦萨赫利将此归因于审计师的保守态度。[2]审计师继续使

---

[1]　Curtis, M. B., & Payne, E. A. (2008). An examination of contextual factors and individual characteristics affecting technology implementation decisions in auditing. *International Journal of Accounting Information Systems*, 9, pp. 104-121.

[2]　Liu, Q., & Vasarhelyi, M. A. (2014). Big questions in AIS research: Measurement, information processing, data analysis, and reporting. *Journal of Information Systems*, 28, pp. 1-27.

用传统的审计方法，忽视他们提供咨询或审计服务的企业所使用的技术可能性，将导致对审计结果的可靠性造成影响。在世界经济论坛上，与会者分享了关于职业发展影响技术发展的研究结果，并指出，从事会计工作的人是受这些技术发展影响最大的群体。[1]

新技术的有效实施可以为审计活动做出重要贡献。奥特索列出了人工智能对审计过程的贡献：[2]

（1）效率和效力[3]

使用人工智能可以在更短的时间内审计更多的数据。过去人工完成的审核工作现在使用文字处理器来完成速度更快，执行数据分析显著缩短了每次审计的时间。现有的系统输出和报告不能揭示的问题可以通过数据分析来确定，这也是打击不规范行为和舞弊的重要工具。虽然舞弊者倾向于采用他们认为在现有系统和报告中不会被发现的手段，但通过采用不同的数据分析方法可以检测出不合规定之处。在许多情况下，数据分析支持进行全面分析，而不仅仅是抽样分析。

（2）一致性、先进的决策过程[4]

利用计算机辅助审计工具和技术软件可以在很短的时间内，分

1　Schwab, K., & Samans, R. (2016). *World economic forum: The future of jobs report*. World Economic Forum.

2　Omoteso, K. (2012). The application of artificial intelligence in auditing: Looking back to future. *Expert Systems with Applications*, 39, pp. 8490-8495.

3　Abdolmohammadi, M., & Usoff, C. (2001). A longitudinal study of applicable decision aids for detailed tasks in a financial audit. *International Journal of Intelligent Systems in Accounting, Finance and Management*, 10, pp. 139-154.

4　Brown, C. E., & Murphy, D. S. (1990). The use of auditing expert systems inpublic accounting. *Journal of Information Systems*, pp. 63-72.

析通过其他方法需要很长时间才能完成的大量数据，不需要抽样就可以检查分析所有的数据。它可以很容易地重复检测而不损害原始数据，允许永久监控，同时可以使用不同的参数。它允许使用一些辅助审计工具，如各种统计信息和控制所有在正常审计中不会被视为有效的数据和计算。计算机辅助审计工具和技术软件提供了额外的工具，允许测试数据的准确性，揭示统计数据、趋势、异常、例外情况（现有的除外）。除了提供正常的计算报告，它还可以生成分析、分类、统计和简要报告，从而有效地检测舞弊。

（3）节省时间

372

新技术使审计师免于重复、无聊的工作。它有助于识别潜在的风险点，通过附加信息、统计数据等易于访问的工具为审计提供支持。使用数据分析方法可以进行连续观察。[1]它提供了一种现代控制的机会，通过持续监控来防止错误和舞弊，审计成本也因此降低。

（4）创造附加价值和生产信息

产生的新信息可以通过分析而不仅仅是外部观察和关键控制结构来运用，并将其转化为一种创造附加价值的活动。例如，它揭示了收入损失和资源浪费，产生了有助于管理层作出决策的结果，具有预防性的、容易滋生腐败的结构。

（5）创建新的审计领域

许多没有纸质记录的电子商务记录比如日志文件、网络入口和

1　Eining, M. M., & Dorr, P. B. (1991). The impact of expert system usage on experiential learning in an auditing setting. *Journal of Information Systems*, 5, pp. 1-16.

出口、互联网、邮件、文件传输、人员输入和输出、电话记录、生产—储存—运输的结果和时间，这些领域提供了实地检查。例如，只有在黑客"完成他们的任务"之后，企业才会意识到他们窃取了自己的信息或者破坏了自己的网站。但是，黑客攻击是一个漫长的过程，黑客在采取破坏行动之前做了许多准备工作。企业重要的是要及时察觉到黑客正在准备对自身做出行动，并采取预防措施，而这只能通过定期分析日志记录来实现。

（6）提高审计单位的声誉

通过运用上述优势，审计单位的声誉和公信力都会提高。从长远来看，诸如缩短每次审计分配的时间、提高效率和降低成本以及预防性审计实践等会对审计单位的形象产生积极影响。

会计师事务所用它来支持审计计划、合规性测试、关键测试、风险评估和决策制定，尤其是四大会计师事务所。四大会计师事务所可以满足人工智能所需的高成本。因此，它们引领了创新。

2018 年，毕马威宣布正在使用 IBM 公司编写的人工智能应用程序。[1] 安永一直在使用一款模拟人类行为的软件。普华永道一直在使用"DeNova"，这是一个用于审计业务的人工智能样本。而德勤正致力于将机器学习添加到其与谷歌的活动中。[2]

1　KPMG. (2018, March 21). *KPMG*. https://home.kpmg/xx/en/home/media/press-releases/2018/03/kpmg-applying-ibm-ai-to-help-businesses-meet-IFRS-16.html.

2　Deloitte. (2019). *Deloitte*. https://www2.deloitte.com/uk/en/pages/consulting/solutions/artificial-intelligence-and-machine-learning.html.

在国际会计师联合会出版的《国际培训程序手册》中，提供了以下关于对候选审计师进行培训的信息。[1]

（1）基于计算机商务系统范围内的某些要素应纳入财务会计课程中。

（2）计算机环境中内部控制要素的范围应纳入审计课程中。

（3）候选审计师应该能够解释、定义或讨论系统的物理和硬件要素。

在这些新技术中，人工智能和数据科学是审计行业最为关注的技术。虽然这两种应用程序都被期望对审计活动作出积极贡献，但对于在审计活动中使用人工智能也存在争议。

六、计算机辅助审计工具和技术的用法

计算机辅助审计工具和技术广泛用于审计过程中，其目的有两个：即测试和集成数据测试技术，如下所示。

（一）测试

这项技术是专门为测试组织的计算机程序中创建的内部控制系统的可靠性而开发的，即一致性技术。使用这种技术，信息被输入到数据处理系统进行测试，这些信息被处理并与预期的结果进行比较。为实现测试目的而输入系统的数据应尽可能多，包括系统执行的各种过程以及相应可能产生的各种错误。

1　IFAC. (2010). *Handbook of international education pronouncements*. New York: International Accounting Education Standards Board.

这些过程和错误旨在确定编程过程是否有效工作（例如，检查是否接受指定参数以外的交易日期和数量，以及是否为适当的情况创建异常报告）。测试技术通常易于使用，审计师不需要具备计算机流程的高级知识。然而，被审计企业的正常信息流可以在完全没有中断或很少中断的情况下完成。

审计师可以在审计过程中测试被审计企业的内部控制系统；但是，审计师不能确定在审计过程之外，这些控制是否得到有效应用。

（二）集成数据测试技术

由于测试技术仅限于审计过程，审计师不能在审计业务以外的过程中应用这种技术，因此研究通过"集成测试数据"技术扩展了数据测试技术的范围以克服这个问题。在这项技术的应用中，反映公司结构、员工的虚拟单位和其他与审计控制相关的单位被创造出来。后来，与这些单位相关的虚构数据在组织的正常运作中被定位，并被纳入监控范围。然后，将这些虚构交易的结果与预先确定的结果进行比较。如果使用集成数据测试技术，审计师不必测试被审计企业的整个计算机系统。但是，有一个事实不能被忽略：使用这种技术可能会损坏企业的真实文件。因此，审计师应该在审计结束后小心地从系统中撤回所有伪造数据，而不要损害其他记录。

七、可用特殊计算机辅助审计工具和技术软件（如ACL）执行的基本功能

在使用电脑上的计算机辅助审计工具和技术前，你所要做的就

是决定"做什么，想要实现什么目的，以及你想要达到什么结果"。在作出决定之后，审计师的分析提供的机会如下。

（1）计数

使用审计软件可以完成的操作之一是计数。当数以百万计的库存、数字和注释被列出来时，很明显计算这些数据量并不容易。然而，在 Excel 和 ACL 等程序中，这些数据可以在几秒钟内完成计算。

（2）收集

除通常的合计外，例如，要计算 5 号仓库货物的价值，还可以计算"仓库编号"一栏中"5"的总和。在处理大量数据时，这些看似简单的操作可以节省大量时间。

（3）重新计算

例如，可以通过重新计算利息、折旧、重新估值等来报告差异。

（4）准备统计数据

作为这些功能的示例之一，审计软件可以从你所掌握的数据中根据审计目标确定异常的项目，确定负-正或零余额百分比、平均数、最高或最低的 10 个项目、分层等要素。因此，这些软件可以识别出具有风险的趋势、异常和潜在审计领域。在为审计目的而创建的软件中，比如 ACL，只需要通过单击即可获得统计数据。

（5）分类

审计软件的另一个功能是对每个仓库或某些商品类别下的期末资产信息进行分类。

375

（6）账龄——日期分析

所有种类的日期范围计算、延迟交易、根据特定的间隔天数进行分类，都是账龄过程的例子。

（7）过滤

它是审计师最常用的功能之一。例如，在期末盘存清单中仅列出某些地点或类型的货物、列出在盘存中出现负余额的货物，以及追踪无效或缺失的数据。

（8）序列指令

发票、凭证、收据等编号是否按顺序排列。例如，间隔重复搜索函数就是该功能的例子之一。

（9）排序分类

例如，按大小、日期或字母排序，按毛利率对销售额进行排序。

（10）总结

它能有效地汇总包含许多行和列的大型表格。例如，可以对每个字段进行数值汇总，然后使用这个函数创建一个特殊的表格。

（11）审核

可以通过比较不同数据来验证结果，特别是通过比较不同文件或字段中的数据可以提高工作效率。例如，可以比较采购数据和会计数据。

（12）识别重复的信息条目

通过这个特殊的软件，审计师可以分析发现海量数据中任何类型的重复记录，包括付款、名称、账户、地址等信息。

上面总结的功能是 ACL 专用软件中的现成控制功能，就像计算器上的平方根按钮等示例，它给出了选择数字和按下该键的结果。

八、计算机辅助审计工具和技术中的人工智能

随着计算机技术与审计活动的结合，计算机辅助审计工具和技术日益完善。计算机辅助审计工具和技术的出现，可以帮助审计师寻找数据文件中的违规行为，从而能够在更短的时间内完成更多的分析。[1]使用这些工具和技术，审计师可以过滤、定义和创建方程式、376识别差距、进行统计分析、识别同行记录、分类、排序、总结、分层、合并、匹配。

计算机辅助审计工具和技术可用于内部和外部审计活动。内部审计师可以在人工智能的支持下利用计算机辅助审计工具和技术分析从企业会计记录到摄像机记录等各种数据，以发现错误和舞弊行为。虽然外部审计师没有像内部审计师那样庞大的数据库，但其可以通过计算机辅助审计工具和技术获取前几年的所有财务数据来进行全面分析。

审计师的目的是对被审计企业编制的财务报表是否符合预定准

1　Mohamed, I. S., Muhayyidin, N. M., & Rozzani, N. (2019). Auditing and data analytics via Computer Assisted Audit Techniques (CAATTs): Determinants of adoption intention among auditors in Malaysia. In *3rd International conference on big data and internet of things* (pp. 35-40).

则发表意见。审计师需要收集足够的证据来确定这个意见。借助由人工智能驱动的计算机辅助审计工具和技术，审计师可以更容易地收集证据。有了人工智能，审计师可以分析整个数据库，找到证据不再是偶然的，所有异常值和例外情况都可以轻松获取。如果要扩大审计师可用数据的范围，则可以在审计过程中使用电子邮件和社交媒体共享数据。这样就可以以超越人类的能力来审查合同。

为了确保审计活动的标准化和审计质量的提高，国际会计师联合会制定的国际审计标准文件中明确了关于使用计算机辅助审计工具和技术的规定。

《国际审计准则》第 240 条：对某些资产的实物观察或检查可能变得更加重要，审计师可以选择使用计算机辅助审计工具和技术来收集关于重要账户或电子交易档案包含的数据的更多证据。[1]

《国际审计准则》第 315 条：使用计算机辅助审计工具和技术可以对电子交易和账户档案进行更广泛的测试，这在审计师决定修改测试范围时可能很有用。例如，在应对舞弊造成的重大错报风险时，这些技术可用于从关键电子文件中选择交易样本，对具有特定特征的交易进行分类，或用于测试整体数据而不是样本。[2]

《国际审计准则》第 330 条：使用计算机辅助审计工具和技术可以对电子交易和账户档案进行更广泛的测试，这在审计师决定修改测试范围时可能很有用，例如，在应对舞弊造成的重大错报风险时，这些技术可用于从关键电子文件中选择交易样本，对具有特定特征

1　ISA240. (2010). *IFAC*. https://www.ifac.org/system/files/downloads/a012-2010-iaasb-handbook-ISA-240.pdf.

2　ISA315. (2019). *IFAC*. https://www.ifac.org/system/files/publications/files/ISA-315-Full-Standard-and-Conforming-Amendments-2019-.pdf.

的交易进行分类，或用于测试整体数据而不是样本。[1]

《国际审计准则》第 550 条：使用计算机辅助审计工具和技术有助于对与新确定的关联方进行交易的会计记录的分析。[2]

（一）审计风险和人工智能

风险在审计中和在其他许多问题中一样重要。对于审计师来说，风险就是审计风险。审计风险是指审计师在审计过程结束时得到了不正确的结果。风险总是存在的，而审计师希望将这种风险降到最低。

审计师识别重要领域以最大限度地降低风险，并在审计过程中更加关注这些领域。在确定重要领域时，审计师会受到限制，例如审计团队开展业务的能力和审计的持续时间。人工智能和机器学习可用于确定重要领域。[3] 由于人工智能和机器学习提供了在短时间内分析所有数据的机会，审计师可以摆脱这些限制。

随着计算机辅助审计工具和技术应用程序中人工智能和机器学习应用程序的丰富，将更容易抵御可能的风险，并根据审计过程的发展更新已确定的重要领域。

（二）关于在审计中使用人工智能的担忧

人工智能应用的能力既令人兴奋又令人怀疑。除防止恶意使用

1　ISA330. (2010). *IFAC*. https://www.ifac.org/system/files/downloads/a019-2010-iaasb-handbook-ISA-330.pdf.

2　ISA550. (2010). *IFAC*. https://www.ifac.org/system/files/downloads/a029-2010-iaasb-handbook-ISA-550.pdf.

3　Raphael, J. (2015, June 15). *How artificial intelligence can boost audit quality*. CFO.

人工智能之外，它在多大程度上被用于活动也是一个重要的问题。人们普遍认为，由于人工智能提供的机会，将整个过程完全交给人工智能可能会产生负面影响。这种怀疑也与人工智能在审计过程中的应用有关。

审计师得出的结论涉及许多人。如果被审计的公司是一家全球性公司，那么数百万的利益相关者都会关注这个结果，不正确的审计结果可能导致重大丑闻。因此，在利用人工智能提供的机会进行审计活动的同时，也应该防止人工智能可能造成的错误。

通过在审计活动中使用人工智能应用程序，可以开发新的算法来获取审计证据。可以说，这些应用程序将对活动产生积极的影响，因为它们提供了在更短的时间内进行更全面的检查的机会。另一方面，这些应用程序可以在没有审计师干预的情况下在审计过程中加入新的算法。在这种情况下，审计师可能在评估证据和分析时没有根据自己的意愿选择，而违反审计标准或道德标准。[1] 阿佩尔巴姆等人[2]指出，人工智能实践应该在各种限制下参与审计活动。

（三）远程定制应用方案示例：包括各种审计事项的软件

378　　　为应用涵盖各种审计问题的远程审计软件开发的审计批次提案如下。此外，可以根据审核的类型、目的和范围，对这些审核批次进行多样化和开发。

1　FRC. (2020). *Discussion: Technological resources: Using technologies to enhance audit quality.* Financial Reporting Council. Retrieved from Discussion: Technological Resources: Using Technologies to Enhance Audit Quality.

2　Appelbaum, D., Kogan, A., & Vasarhelyi, M. A. (2016). Moving towards continuous audit and big data with audit analytics: Implications for research and practice. *Rutgers Business School Working Paper.* Rutgers Business School.

（1）重复现金记录

（2）日终余额进度

（3）每月余额查看

（4）期末余额进度

（5）估值

（6）信贷平衡控制

（7）随机文件控制

（8）日终余额

（9）每月余额

（10）定期余额

（11）银行信用记录控制

（12）货币估值

（13）定期利息拨备

（14）定期外汇存款账户利息准备金

（15）每日支票及付款单

（16）银行证券交易分销

（17）利息补贴控制

（18）利益控制

（19）利息收入总额

（20）基于银行的利率比较

（21）经销商客户账户控制

（22）销售成熟度控制

（23）开户余额账龄

（24）客户总体风险保证控制

（25）外币应收账款的评估

（26）支票再贴现

（27）票据再贴现

（28）逾期支票清单

（29）逾期票据清单

（30）支票按客户分发

（31）票据按客户分发

（32）支票按到期日分发

（33）债券按到期日分发

（34）拒付余额账龄

（35）拒付账户账龄

（36）余额账龄

（37）个人应收账款和其他应收账款的账龄分析

379　（38）定期预付费用的确定

（39）采购期限控制

（40）开户余额账龄

（41）反向平衡控制

（42）债务余额账龄

（43）外币债务估值

（44）复制发票金额控制

（45）同日重复发票金额控制

（46）基于客户的营业额

（47）销售系统外的发票跟踪

（48）基于客户的发票总额

（49）从客户处获得的发票

（50）客户账户和发票总额的核对

（51）从销售系统中购买的产品的营业额分布

（52）在销售系统外购买的产品的营业额分布

（53）在销售系统内外购买的产品的总营业额分布

（54）销售系统运单发票核对

（55）非销售系统运单发票核对

（56）销售系统内外部运单发票核对

（57）销售系统运单发票日期比较

（58）非销售系统运单发票日期比较

（59）销售系统外部与内部运单发票日期的比较

（60）销售系统内发票和调度的间隔-序列-重复控制

（61）销售系统外发票和调度的间隔-序列-重复控制

（62）基于产品周期性的价格控制

（63）费用账户的总额和分布

（64）随机费用清单

（65）重复金额控制

（66）相同日期重复金额控制

（67）订购金额清单

（68）公务员月薪账户

（69）工人月薪账户

（70）支付遣散费账户

（71）员工遣散费负担账户

（72）供应商余额、支票金额、发票金额，采购订单金额、批准限额，支票日期和异常情况下的控制

（73）供应商名单和调查虚假销售商的可能性

（74）根据可能未经授权的交易对企业员工和卖家进行比较和审计

（75）销售商在一定时期内销售的商品和服务的价格变化的计算和控制

380 　　（76）制定和控制订单、采购订单和支票序号、缺陷和重复交易的发票

　　（77）从同一个卖家收到和未收到的折扣的比较和控制

　　（78）付款金额、工作时间、小时费率、付款日期和异常情况下的控制

　　（79）期间工资成本的比较和控制

　　（80）收费信息抽样合规检查

　　（81）异常情况下工资单和员工数据库的信息比较

　　（82）在缺陷筛查方面对人事和工资数据档案中的信息进行分类和控制

　　（83）识别和监督同姓名、同地址、同电话号码的员工

　　（84）整理和检查销售发票、订单和装载文件中的缺陷

　　（85）识别和控制客户的应收账款余额

　　（86）库存转化率低的项目的识别与控制

　　（87）从不同角度对单位成本和销售价格进行比较和分析

　　（88）标准成本与实际成本的比较及偏差控制

　　（89）计算和控制同一时期和同一库存项目的价格变化

　　（90）根据内部收益率计算截止日期应收款项的价值，计算并报告按照《国际会计准则第 39 号》采用两种不同方法计算的差额

　　因此，以总共 90 个审核批次的准备和提议为例，公司审计师将在他们所做的许多工作中节省大量时间。此外，在 ACL 中准备的这些批次，在他们对审计和控制中的各种账户进行检查时，可以提供更常规、更现代和记录在案的工作环境。借助类似 ACL 的审计软件和审计应用程序，摆脱日常工作的审计师将能够更多地关注和分析他们认为重要的事件，并识别可能的风险、生产力和盈利能力下降、绩效、运营弱点、舞弊、腐败和人际关系。他们将能够轻松地执行

活动审计以及合规审计。首先，审计师现在将摒弃根据一定的假设纳入主体某一部分的抽样方法，并有机会通过扫描审计期间的所有数据进行检查。通过这种方式，按抽样逻辑进行检查时可能出现的干扰、错误或缺陷就可以减少到最低限度；在这种监督中广泛使用信息技术和计算机辅助审计工具和技术，将实现高效率、高效益、高水平监督。

（四）关于计算机辅助审计工具和技术审计领域的可能事项

以下是可以由计算机辅助审计工具和技术针对不同审计领域进行测试和确定的样本点。然而，这些项目出于指导目的，自然会根据"不同的审计目标"而有所不同。示例审计主题是针对一个典型的商品贸易企业，而金融、服务、制造等行业会采用不同的审计目的和数据查询技术。

可对商品库存记录进行分析和查询的示例，为分析和查询商品库存记录而准备和提出的一些示例如下：

（1）记录库存；

（2）负余额的商品数量；

（3）异常高的数量产品余额；

（4）在库存中等待时间长的存货；

（5）废品或低价值商品；

（6）数量变化、百分比变化或负面价格等显著因素；

（7）成本高于销售价格的商品；

（8）零价或极低价格的商品；

（9）比较库存和实物运转的信息，比如日期、价格、数量；

（10）实际库存清单与库存记录中的存货比较；

（11）重复列出的库存编号、产品名称或定义；

（12）明显偏离某些商品或组别平均价格的商品；

（13）利用成本-销售价格比较将盈利百分比从大到小进行排序；

（14）库存产出与运输、交货单、付款等信息的比较；

（15）按月份划分库存变动情况。

（五）与采购、销售、应收账款和应付账款有关的分析和查询实例

与采购、销售、应收账款和应付账款有关的分析和查询实例如下：

（1）平均收付款期限和显著偏离平均数期限；

（2）基于债权人-债务人的收付款期限分类；

（3）购买-销售发票记录中反复出现或被绕过的编号；

（4）交货和运输信息与发票信息的比较；

（5）基于客户和供应商的发票信息列表，在同名的组中比较价格；

（6）根据销售地点、地区、销售商、产品列出销售清单；

（7）将客户和供应商的姓氏与合作伙伴和员工的姓氏进行比较，并根据合作伙伴、亲属关系等将采购和销售分开；

（8）根据异常地址区分客户和供应商地址；

（9）扫描客户和卖家地址以查找合作伙伴、亲属关系和相似性等关联公司；

（10）缺少地址和电话信息的客户和卖方地址清单；

（11）增值税账户更新和比较；

（12）将折扣百分比按大小顺序排列。

九、结论

技术的进步带来了许多变化。例如，人工智能已经改变了许多领域的工作流程和方法，使用人工智能应用程序可以在更短的时间内达到更高的目标。吴恩达将人工智能定义为"新电力"，该观点强调了人工智能在提供结果方面的重要性和效率，这就是企业越来越多地使用人工智能的原因。

将人工智能纳入企业的会计活动，使得人工智能应用程序必须纳入审计活动使用的计算机辅助审计工具和技术应用程序中。通过这些应用程序，审计师可以更全面地分析复杂的数据，并得到更可靠的结果。人工智能也提供了一个机会，可以在以前没有从更广泛的角度分析过的变量中获得有意义的结果。

审计中可能发生的错误可能会导致严重的后果。此外，人工智能可能被用于舞弊目的，并且被引导进行不道德的行为。各种权威机构都强调，人工智能应该与审计师一起使用，并受到一定的限制以防止可能出现的错误。

所有这些发展都强调审计师的技术能力应该得到提高，以便了解他们审计的公司所使用的软件，并更容易适应新的审计方法。尽管这些新技术是为了使那些没有技术技能的人可以轻松使用而准备的，但是审计师应该具备理解这些流程的能力。

此外，在审计过程中，人工智能和计算机辅助审计工具和技术的应用日益广泛，并且这些工具和技术的使用已经进入了一个更高级的阶段。正如文中所建议的那样，针对不同审计领域和审计应用程序开发的综合审计软件和详细的特定审计批次已经越来越多地被审计师使用。这产生了一些积极的影响，例如审计和舞弊风险降低、审计成本降低、审计时间缩短以及审计效率和附加值提高。

第十八章

新冠疫情中的成本控制系统"准时制":在数字时代下是优势还是劣势?概念框架

奥斯曼·艾登　纳兰·阿克多根 [*]

385　　**摘要:** 大约一个世纪前,人类遭遇了一场疫情,从此世界成为一个竞争激烈的全球市场。这种竞争为新的生产管理系统创造了条件,以便在市场中占据优势。准时制(JIT)是一种为企业创造巨大利益的系统,旨在不断减少浪费和可避免的成本。通过这种方式,公司获得了诸如提高利润、减少库存、通过降低成本获得投资回报以及高质量发展等优势。当一切正常时,公司可以在准时制系统方面取得重大进展。如今,人类正在与一种新的疫情作斗争,这种疫情被命名为新冠疫情。各国正在采取预防措施,在医疗保健系统的范围内尽量降低疫情的传播速度。大型疫情对国家和公司的经济影响是巨大的。在概念框架下,本章将确定像准时制系统这样的有效系统如何受到非同寻常的危机的影响,并成为公司的劣势。本章旨在从成本会计的角度,结合物联网和大数据分析等技术进步,探讨即时系统在疫情中的实用性,揭示该系统可能存在的优缺点。

────────────

* 奥斯曼·艾登,伊兹密尔民主大学金融、银行与保险系,土耳其伊兹密尔。E-mail:osman.aydin@idu.edu.tr.纳兰·阿克多根,巴斯肯特大学会计与财务管理系,土耳其安卡拉。E-mail:nakdogan@baskent.edu.tr

关键词：疫情；准时制；大数据；物联网；金融危机

一、简介

世界卫生组织（WHO）将导致新冠疫情的病毒命名为"Sars- 386
Cov-2"。目前，除南极洲之外，世界上几乎每个国家都受到了这种疫情的影响。考虑到可能出现的医疗系统瘫痪，在境内诊断出新冠病毒病例的国家正在采取严格的预防措施，努力防止这种疾病的传播。目前，至少还没有针对该病毒的已知治疗方法。总的来说，普遍的预防措施是让市民呆在家里。因此，目前社会和工作生活已经发生了变化，疫情的爆发对经济因素和人们的生活产生了重大影响。对这种情况的新评估是，一切都将与以前不同。

从财政角度来看，由于新冠疫情的爆发，生产速度比以前更慢。然而，世界是一个全球中心，各国比以往任何时候都更加需要彼此。企业正试图继续生产对人类至关重要的产品，同时，医护人员比以往任何时候都更加努力工作。因此，对于那些在疫情爆发期间继续工作的人来说，保持供应链的效率至关重要。另一方面，大量的公司被认为难以维持它们的业务。

最糟糕的是，目前还不能确定这次疫情将持续的时间，以及公民和企业将继续努力应对这种情况多久。在这次疫情爆发之后，公司将分析它们的政策以便为另一个类似的问题作好准备，它们可以在运营过程中作出深刻的改变。在这种情况下，本章旨在从成本核算的角度审查这一疫情的后果，并考虑公司采用"准时制"系统以及该制度对这些公司可能产生的影响。

在过去的十年中，基于技术系统的新兴发展，如"物联网""大数据"等，使得准时制系统对于公司来说更有效率。当考虑公司是如何迅速适应这些技术进步的时候，我们可以假设新冠疫情的严重影响可能会减少。另一方面，除非公司不需要劳动力，否则这些进步会产生积极的影响。在整个分析过程中，本章将考虑物联网和大数据等技术进步对准时制系统的影响，以便作出准确的解释。

在企业中，人工独立生产和自动化生产可能会因此上升。另一方面，在过去的十年里，一些公司已经在工业4.0的发展和理念下，在智能设施上进行生产。人工智能、物联网、云计算和大数据是这些公司不断增长的价值。在这场疫情中，越来越多的公司评估它们计划中的这些技术进步是否能够付诸行动。也许工业4.0最乌托邦式的概念是一个黑暗的工厂。这个概念意味着独立于设施位置、独立于人类进行自动化生产。新冠疫情爆发之后，更多的公司会考虑到这一问题。

387

二、文献综述

（一）理论背景

1. 成本会计

成本会计为管理者提供详细的信息，以控制当前运营并为未来的流程作出决策、制定计划。[1] 从现代成本会计的角度来看，成本会计的目的是确保由单个组织的活动组成的整条价值链尽可能高效。[2]

1　Vanderbeck, E. J. (2010). *Principles of cost accounting*. Ohio: South-Western Cengage Learning.

2　Lanen, W. N., Anderson, S., & Maher, M. (2011). *Fundamentals of cost accounting*. New York: McGraw-Hill/Irwin.

成本会计被定义为"一种确定项目、过程或事物成本的技术或方法。这种成本是通过直接测量、任意分配或系统合理分配来确定的"。[1]

作为信息的主要来源，会计系统对于管理人员来说是必不可少的。如果会计系统能够为管理者提供最优化的信息，那么作出决策显然和提供信息一样重要。

成本会计在作出决策中扮演着重要的角色，比如设计和实施战略。通过成本会计核算，管理者可以在忽略和考虑收入和成本之间作出决策。公司的目标是识别和消除非增值活动。利用价值链和其他有关运营成本的信息，公司可以在市场中定位战略优势。由于成本会计核算，管理者可以理解他们的系统是如何有效运作的以及他们的决策是否准确。成本信息在筹备战略、在战略框架内与整个组织进行沟通、制定战略计划以及监督战略的实施和成功方面具有重要意义。[2]

制定战略决策可以提高公司的竞争力。减少浪费和可避免的成本是公司的基本目标，在这种背景下，公司正寻求制定一个积极的"战略成本管理"。尚克[3]认为战略成本管理是一种可以克服传统管理会计中危机状况的创造性方法。[4] 在新的组织结构中，成本管理对于使用成本最小化的交易至关重要。[5] 实际上，在战略成本管理下，公

1　Institute of Management Accountants. (1983). *Statements on management accounting number 2: Management accounting terminology.* New Jersey.

2　Shank, J. K. (1989). Strategic cost management: New wine, or just new bottles? *Journal of Management Accounting Research,* 1, pp. 47-65.

3　Shank, J. K. (1989). Strategic cost management: New wine, or just new bottles? *Journal of Management Accounting Research,* 1, pp. 47-65.

4　Cinquini, L., & Tenucci, A. (2010). Strategic management accounting and business strategy: A loose coupling? *Journal of Accounting & Organizational Change,* 6(2), pp. 228-259.

5　Anderson, S. W. (2007). Managing costs and cost structure throughout the value chain: Research on strategic cost management. *Handbooks of Management Accounting Research,* 2, pp. 481-506.

司努力将成本最大限度地降低和／或"通过利用价值链中的联系和优化成本驱动因素来提高公司产品的差异化"。[1] 因此，成本管理是增强公司竞争力的重要工具。

2. 成本会计技术

388　　　成本会计制度可以分为两大类，第一类是传统的成本会计技术，包括标准成本法、吸收成本法和边际成本法。然而，传统方法因为与如今的商业环境不相关而受到贬低。第二类是目标成本法、改善成本法、生产量核算／成本法、准时制系统、生命周期成本法等现代技术。成本核算技术如图 18.1 所示。

传统的成本核算技术和现代的成本核算技术可能会相互分离。虽然传统的成本核算技术的实施成本低得多，而且管理人员的信息不足以描述对间接资源、副产品或服务的需求，[2] 但现代技术提供了更多的信息，在一个组织中实施这些信息是艰巨的。本章将集中讨论准时化制度。

3. 准时制系统

由于资金有限，丰田改进了福特的大规模生产系统以提高效率和灵活性，这为丰田生产系统创造了条件。丰田生产系统基于两个概念：第一个是"自动化"，第二个是"准时制"。[3] 自动化这个术语的意思是，在第一次出现问题时会立即停止工作，并通过消除错误

1　Lord, B. R. (1996). Strategic management accounting: The emperor's new clothes? *Management Accounting Research*, 7, pp. 347-366.

2　Mishra, B., & Vaysman, I. (2001). Cost-system choice and incentives—Traditional vs. activity-based costing. *Journal of Accounting Research*, 39(3), pp. 619-641.

3　Ohno, T. (1988). *Toyota production system: Beyond large-scale production*. New York: Productivity Press.

的根本原因来改进过程。丰田生产系统如图 18.2 所示。

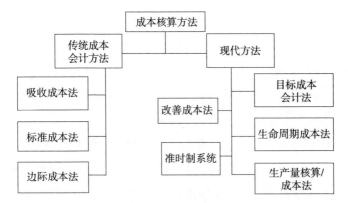

图 18.1 成本核算方法

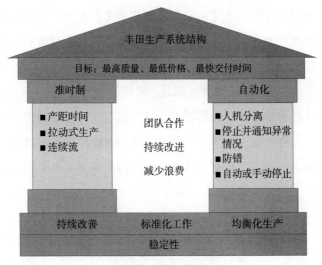

图 18.2 准时制理念

资料来源：罗新等人（2015）[1]

---

1 von Rosing, M., Scheer, A.-W., & Scheel, H. (2015). *The complete business process handbook: Body of knowledge from process modeling to BPM.* Waltham: Morgan Kaufmann.

由于日本的汽车和造船业的发展，准时制得到了广泛的应用。准时制提到了一些做法和手段，这些做法和手段旨在通过在需要时按照所需数量和质量生产所需商品来迎合市场。[1]然而，准时制系统最初看起来像是一个理想化的库存管理概念，因为它能够以100%的供应保证准时制系统任何时间、任何地点的需求，而不需要保持任何库存。[2]

准时制系统的主要目的是最大限度减少浪费和可避免的成本。准时制的实施可以通过降低成本、减少库存和提高质量来提高利润和投资回报，从而为公司提供许多优势。[3]此外，在一些评估中，企业库存被认为是制造商应对可能的生产变化的常见风险缓解策略。同时，专门用于仓库的工业空间远远大于生产空间。此外，仓储业务占总面积的比例很大，利用率较低。准时制旨在通过消除浪费将库存降低到最低水平。[4]近年来，一些公司在准时制系统方面取得了进展，并为零仓储争论不休。因此，公司从积极使用仓库中获益。

一个经典的基于"物料需求计划"的系统为一系列的工作中心预先安排工作，每个工作中心将其完成的工作推送到后续的工作中心。这种方法推动了部分完成的工作，而忽略下一个工作中心的工

1 Singh, S., & Garg, D. (2011). JIT system: Concepts, benefits and motivation in Indian industries. *International Journal of Management and Business Studies*, 1, p. 26.

2 Vrat, P. (2014). Just-in-time, MRP and lean supply chains. In *Materials management. Springer texts in business and economics* (pp. 151-173). New Delhi: Springer.

3 Folinas, D. K., Fotiadis, T., & Coudounaris, D. (2017). Just-in-time theory: The panacea to the business success? *Internatioanl Journal of Value Chain Management*, 8, pp. 171-190.

4 Lyu, Z., Lin, P., Guo, D., & Huang, G. (2020). Towards zero-warehousing smart manufacturing from zero-inventory just-in-time production. *Robotics and Computer Integrated Manufacturing*.

作负载，因此在工作进度中，库存水平增加、长时间的延误经常发生。[1] 这个传统的系统被认为是一个推送系统。相比之下，准时制使用的是一种拉式方法，即工作中心完成其操作，然后从前一个工作中心请求下一个工作。推送系统中的存货需求供应可能导致高容量的使用。另一方面，在拉动系统中，需求通过生产来满足。这些系统可以灵活应付需求的变化，但这可能会导致较长的交货周期。[2]

图 18.3　准时制系统的流程

如图 18.3 所示，准时制流程从客户订单开始。紧随其后的是存货订单，然后供应商交付货物，之后开始生产，最后在产品交付给客户之后结束流程。当分析准时制流程时，公司已经改进了有效系统的策略。本章把它们归集在三个主题下，即"准时制采购"、"准时制生产"和"准时制销售"。这些是一个有效的准时制系统的主要目标。

准时制采购改变了频繁比例和交货的采购流程。换句话说，准时制采购意味着在生产需要的时候提供供应。准时制采购是对准时制生产的补充。通过准时制采购，供应商成为准时制制造商的延伸

1　Özbayrak, M., Akgün, M., & Türker, A. (2004). Activity-based cost estimation in a push/pull advanced manufacturing system. *International Journal of Production Economics*, 87, pp. 49-65.

2　Olhager, J., & Östlund, B. (1990). An integrated push-pull manufacturing strategy. *European Journal of Operational Research*, 45, pp. 135-142.

过程。[1] 对于一个运行良好的准时制流程，公司需要有计划、组织良好和密集的采购功能，因为流程是从采购开始的。[2] 从某种意义上说，准时制采购是供应商和买家的结合。[3] 由于小规模的频繁交付，供应链协调变得至关重要。[4] 在这个方向上，公司与一些附近的供应商合作，并与相同的供应商签订长期合同。准时制系统从客户订单开始。在这种情况下，客户和公司从流程的起点就具有相互依赖性，这表明系统从准时制销售开始。[5]

　　一般来说，准时制指的是整个供应渠道与生产需求和客户需求相协调的理念。准时制制造由日本看板生产技术组成，如减少制造批量、缩短制造周期和增强质量保证计划，这些都是实施灵活制造过程所必需的要求。准时制生产系统由三大主要方面组成：管理、员工和流程。将准时制视为一种理念，确保有效的准时制生产意味着一个公司的所有组织层次和生产基础设施必须按照准时制进行重组。为了在公司内部完全实施准时制制度，准时制需要由两个维度组成。第一个维度是内部维度，即利益相关者（员工和管理层）。第二个维度是外部维度，即供应商和客户。准时制维度存在固有的

1　Gunasekaran, A. (1999). Just-in-time purchasing: An investigation for research and applications. *International Journal of Production Economics*, 59, pp. 77-84.

2　Hahn, C. K., Pinto, P., & Bragg, D. (1983). "Just-in-time" production and purchasing. *Journal of Purchasing and Materials Management*, 19(3), pp. 2-10.

3　Gilbert, F. W., Young, J. A., & Charles, R. O. (1994). Buyer-seller relationships in just-in-time purchasing environments. *Journal of Business Research*, 29(2), pp. 111-120.

4　Dong, Y., Carter, C., & Dresner, M. (2001). JIT purchasing and performance: An exploratory analysis of buyer and supplier perspectives. *Journal of Operations Management*, 19, pp. 471-483.

5　Green, K. W., Inman, R., & Birou, L. (2011). Impact of JIT-selling strategy on organizational structure. *Industrial Management & Data Systems*, 111(1), pp. 63-83.

复杂性。[1]

随着工业 4.0 的发展，相关的现代技术已经开始被工厂使用，旨在使工厂智能化。准时制制度要求企业在最短的时间内完成任务。借助物联网技术，工厂可以监控原材料并识别生产阶段，从而具有支持生产调度的优势。[2] 来自物联网系统的大量信息被大数据程序处理，以使这些信息变得有意义和有用。[3] 通过大数据分析，公司可以找到最有效的物流战略，衡量其运营生产力和产品质量，追踪资源，并将流程跨职能联系起来。[4]

4. 物联网和大数据分析

物联网是指物体之间的网络互联，通常具备无处不在的智能。物联网将通过嵌入式系统集成每一个交互对象，从而提高互联网的普遍性，这将导致一个高度分布的设备网络与人类以及其他设备进行通信。[5] 物联网一个普遍接受的定义是：一个动态的全球网络基础设施，具有基于标准和可互操作通信协议的自我配置能力，其中物理和虚拟的"事物"具有身份、物理属性和虚拟个性，并使用智能

1　Jadhav, J. R., Mantha, S., & Rane, S. (2015). Analysis of interactions among the barriers to JIT production: Interpretive structural modelling approach. *Journal of Industrial Engineering International*, 11, pp. 331-352.

2　Sheladiya, M. V., Acharya, S., & Acharya, G. (2017). Internet of Things (IoT)—A step toward Foundry 4.0. *Journal of Web Engineering & Technology*, 4, pp. 30-34.

3　Luo, Y., Shi, J., & Zhou, S. (2017). JeCache: Just-enough data caching for just-in-time prefetching in big data applications. In *2017 IEEE 37th international conference on distributed computing systems* (pp. 2406-2410). Atlanta: IEEE Computer Society.

4　Sanders, N. R. (2016). How to use big data to drive your supply chain. *California Management Review*, 58, pp. 26-48.

5　Xia, F., Yang, L., Wang, L., & Vinel, A. (2012). Internet of Things. *International Journal of Communication Systems*, 25, pp. 1101-1102.

接口，无缝集成到信息网络中。[1]

物理设备随着物联网的集成而变得智能化，并具有相互联网的能力。这种能力为企业提供了前所未有的机会，例如智能机器、生产设施等之间的连接，使它们能够独立地收集信息、触发操作和控制设施。[2] 随着基于移动网络、互联网、物联网、通信网络、卫星网络等全方位网络的智能云制造技术的应用，智能云制造技术得以集成各种新兴制造技术。[3] 由于智能手机、传感器网络技术、无线通信技术的发展以及越来越多的智能对象参与到物联网中，物联网在制造业、物流业等各个行业都受到了关注。因此，物联网相关技术对企业系统技术产生了巨大的影响。[4]

通过实时监控制造过程的能力，公司可以挖掘可获得的数据，392 并利用获得的信息改进生产过程的效率和性能。[5] 很显然，物联网为企业提供了大量的信息。在全球化的世界里，信息在竞争中发挥着重要的作用。如果一家公司想要利用物联网提供的大量信息在竞争

1　Kranenburg, R. v. (2008). *The internet of things. A critique of ambient technology and the all-seeing network of RFID.* Institute of Network.

2　Yang, C., Weiming, S., & Xianbin, W. (2016). Applications of Internet of Things in Manufacturing. In *Proceedings of the 2016 IEEE 20th international conference on computer supported cooperative work in design* (pp. 670-675). Nanchang: Piscataway.

3　Qu, T., Lei, S. P., Wang, Z. Z., Nie, D. X., Chen, X., & Huang, G. Q. (2016). IoT-based real-time production logistics synchronization system under smart cloud manufacturing. *International Journal of Advanced Manufacturing Technology*, 84(1), pp. 147-164.

4　Xu, L. D., Wu, H., & Shancang, L. (2014). Internet of things in industries: A survey. *IEEE Transactions on Industrial Informatics*, 10(4), pp. 2233-2243.

5　Zhang, Y., Wang, W., Wu, N., & Qian, C. (2016). IoT-enabled real-time production performance analysis and exception diagnosis model. *IEEE Transactions on Automation Science and Engineering*, 13(3), pp. 1318-1332.

中获得优势，它就必须理解这些信息。在需要理解信息时，由于技术的进步，公司已经拥有了大数据分析这个强大的工具。由于与物联网的融合，大数据分析是发展最快的领域之一。[1]

大数据分析是以先进的分析技术对大数据进行操作的方式。规模固然重要，但大数据还有其他基本属性，即数据多样性和数据速度。大数据的三个 V（体积、多样性和速度）构成了一个全面的定义，它们打破了大数据只与数据规模有关的理论。而且，这三个 V 对于分析都有自己的影响。基于大量数据样本的分析揭示并利用了业务变更。

大数据分析是应用程序、统计和数学工具以及大量数据的结合。如今随着计算能力等技术的进步，它创造了提取出有意义的理解的能力，并使知识智能化。事实上，这种智能指的是公司以前无法评估的战略决策。新的数据驱动战略将通过收集和分析整个产品生命周期的数据来支持企业优化其绩效。[2] 根据麦肯锡全球公司编写的报告，公司可以通过使用大数据分析来降低组装和产品开发的成本，[3] 这表明大数据分析对公司来说是一种很有价值的工具。

5. 新冠病毒和世界经济

世界卫生组织将疫情定义为"一种新疾病的全球传播"。历史

1　Dubey, R., Gunasekaran, A., Childe, S., Wamba, S., & Papadopoulos, T. (2015). The impact of big data on world-class sustainable manufacturing. *The International Journal of Advanced Manufacturing Technology*, 84, pp. 631-645.

2　Mourtzis, D., Vlachou, E., & Milas, N. (2016). Industrial Big Data as a result of IoT adoption in manufacturing. In *5th CIRP global web conference research and innovation for future pro-duction* (pp. 290-295). Web Conference: Elsevier.

3　McKinsey Global Institute. (2011). *Big data: The next frontier for innovation, competition, and productivity*. McKinsey Global Institute.

上最著名的疫情和传染病是鼠疫、西班牙流感、亚洲流感、艾滋病、埃博拉病毒、H1N1 病毒、寨卡病毒，以及最新的新冠病毒。由于其经济影响，新冠病毒与其他疫情区别开来。

国际货币基金组织的高级官员宣称，"新冠疫情造成了一场'独一无二'的经济危机，比 2008 年的全球金融危机'严重得多'"。几乎每个国家和企业都受到了这种疫情的严重影响。2020 年世界经济增长率为负值，经济衰退似乎是一个合理的结果。

为了保持医疗系统的有效性并防止可能的瘫痪，大多数国家都实施了宵禁。同样，员工以远程工作的形式继续工作，工厂试图以尽可能少的员工继续进行交易，人们面临旅行限制，人们被限制进入餐馆和购物中心等公共场所，旅游业几乎停止运营，物流服务行业经历了最繁忙的时期……这种情况不胜枚举。除电子商务、游戏行业和在线流媒体公司外，所有行业都受到了新冠疫情的不利影响。新冠疫情除了是一场因死亡而造成的人道主义灾难，还成为一场经济悲剧。

图 18.4 联合国贸易和发展会议 2020 年 3 月 9 日冠状病毒
冲击报告中的 2020 年预期全球收入

　　根据对联合国贸易和发展会议下设机构的调查，大型疫情可能会袭击发展中国家，这将导致全球收入出现 2 万亿美元的缺口，如图 18.4 所示。[1]

　　由疫情引起的危机与经济危机之间的主要区别在于，由于采取的预防措施，公司无法继续生产和进行商业交易。例如，2008 年的危机导致公司因为破产而停止运营。然而，由于疫情肆虐，尽管危机仍然存在，公司仍然屹立不倒，国家试图通过紧急援助来维持公司的运转。

　　如果认为世界是一个全球中心，那么每个公司和国家都需要彼此才能生产。过去的疫情对世界经济的影响并不像新冠疫情这么严重，因为航运、贸易、交易并不像现在这样广泛和容易进行。

三、新冠疫情中准时制的优缺点

（一）准时制的利弊

　　由于准时制系统的优势，准时制在制造企业和服务行业都有广泛的应用。首先，企业的目标是从准时制系统中获得经济效益，除此之外，准时制系统还对整个企业产生了巨大的影响，例如积极的员工效应、改善生产流程、提高质量、减少库存等。综上所述，本章将主要从三个方面讨论准时制的优势：管理、员工和流程。

　　准时制系统是一种最大限度减少浪费和不必要成本的过程。在

1　United Nations Trade and Development Agency. (2020). *The coronavirus shock: A story of another global crisis foretold and what policymakers should be doing about it*. Geneva: United Nations Trade and Development Agency.

合理的时间内，可以把它看作是生产力的增强器。从管理会计的角度来看，准时制可以让管理者更好地了解产品的全部成本。从这个角度来看，准时制对企业的业务既有优势也存在劣势。

在分析文献时，我们发现许多研究强调了准时制系统的优点和缺点。[1] 准时制系统的优缺点如图 18.5 所示。

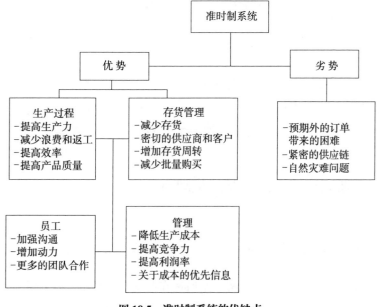

图 18.5　准时制系统的优缺点

1　Pinto, J. L., Matias, J., Pimentel, C., Azevedo, S. G., & Govindan, K. (2018). *Just in time factory implementation through lean manufacturing tools*. Bern: Springer.

García-Alcaraz, J. L., & Maldonado-Macías, A. (2016). *Just-in-time elements and benefits*. Bern: Springer.

Singh, G., & Ahuja, I. (2012). Just-in-time manufacturing: Literature review and directions. *International Journal of Business Continuity and Risk Management*, 3, pp. 57-98.

Schonberger, R. J. (1982). Some observations on the advantages and implementation issues of just-in-time production systems. *Journal of Operations Management*, 3(1), pp. 1-11.

Ebrahtmpour, M., & Schonberger, R. (1984). The Japanese just-in-time/total quality control production system: Potential for developing countries. *International Journal of Production Research*, 22, pp. 421-430.

在研究生产过程的优势时，准时制系统通过消除浪费的和不必要的材料，为整个公司提供生产力。从自动化的角度来看，由于问题在过程中一发生就被消除，自然提高了质量和效率。[1] 当我们试图 395 定义准时制时，我们认为它是一种思想体系。一个成功和有效的准时制系统要成为一种理念，应该被整个公司采用。员工可以执行多任务工作，承担责任，提供改进，也可以为可能的额外需求而加班。因此，工人们需要创建更多的团队合作来完成工作，并增加彼此之间的沟通。[2] 及时完成产品可以提高工人的积极性，并使工人对制度的忠诚度提高。[3]

准时制系统的主要目的是消除浪费和不必要的成本并减少库存，以便用最佳材料进行加工。以此为目标，在减少库存的同时，公司创建了一个紧密且与公司流程协调一致的供应链。采购小批量的材料成为一个普遍的过程，这会导致更多的库存周转。[4] 成功实施准时

1　Keller, A., & Kozazi, A. (1993). Just-in-time manufacturing systems: A literature review. *International Management & Data Systems*, 93(7), pp. 1-32.

Clark, B., & Mia, L. (1993). JIT manufacturing systems: Use and application in Australia. *International Journal of Operations & Production Management*, 13(7), pp. 69-82.

Oral, E. L., Mıstıkoğlu, G., & Ercan, E. (2003). JIT in developing countries—A case study of the Turkish prefabrication sector. *Building and Environment*, 38, pp. 853-860.

2　Peters, M., & Austin, M. (1995). The impact of JIT: A critical analysis. *Industrial Management & Data Systems*, 95(1), pp. 12-17.

Garg, D., & Deshmukh, S. (1999). JIT purchasing: Literature review and implications for Indian industry. *Production Planning & Control: The Management of Operations*, 10(3), pp. 276-285.

3　Hung, K.-T., Young, K., & Jeffrey, K. (2009). Further motivation for continuous improvement in just-in-time logistics. *IEEE Transactions on Engineering Management*, 56(4), pp. 571-582.

4　Frazier, G., Spekman, R., & O'Neal, C. (1988). Just-in-time exchange relationships in industrial markets. *Journal of Marketing*, 52(4), pp. 52-67.

Mistry, J. (2005). Origins of profitability through JIT processes in the supply chain. *Industrial Management & Data Systems*, 105(6), pp. 752-768.

制系统的管理层在竞争力方面获得了一些优势，例如详细了解生产成本，由于这种了解和降低生产成本的能力而提高了利润率。

虽然准时制系统为企业提供了许多优势，但它也有一些缺点。准时制系统是以采购和供应链为起点，这是该系统最关键的因素之一，与符合公司目标的、关系密切的供应商合作并为公司提供持续和充足的供应至关重要。然而，如果供应链中断，对公司来说将是一个巨大的限制。[1]此外，准时制系统容易受到自然灾害的影响，可能会停止或限制日常运营。

虽然供应链是该系统最重要和最有利的方面之一，但它可能是该系统最脆弱的部分。此外，准时制系统需要良好的规划。为了制定一个好的计划，对可能的需求波动和数量进行预测是基础。由于需求过剩，预测的错误可能导致系统过载。因此，公司可能会面临延迟交货的问题。另一方面，在非高峰期，公司可能会偏离效率。[2]

（接上页）Kojima, M., Nakashima, K., & Ohno, K. (2008). Performance evaluation of SCM in JIT environment. *International Journal Production Economics*, 115, pp. 439-443.

1　Franco, C. E., & Rubha, S. (2017). An overview about jit (just-in-time) — Inventory management system. *International Journal of Research*, 5(4), pp. 14-18.

Gahlan, S., & Arya, V. (2015). Study of Zero Inventory based on Just In Time (JIT) in the automotive industry. *International Journal of Advanced Engineering and Global Technology*, 3(11), pp. 1358-1373.

Tajari, S. (2018). What is 'Just In Time - JIT' and its advantages and disadvantages. *International Advances in Engineering and Technology*, 36, pp. 506-515.

2　Kootanaee, A. J., Babu, K., & Talari, H. F. (2013). Just-in-time manufacturing system: From introduction to implement. *International Journal of Economics, Business and Finance*, 1(2), pp. 7-25.

Kaneko, J., & Nojiri, W. (2008). The logistics of Just-in-Time between parts suppliers and car assemblers in Japan. *Journal of Transport Geography*, 16, pp. 155-173.

Alternburg, K., Griscom, D., Hart, J., Smith, F., & Wohler, G. (1999). Just-in-time logistics support for the automobile industry. *Production and Inventory Management Journal*, 3, pp. 59-66.

（二）在新冠病毒大流行中的准时制

在疫情期间，世界面临前所未有的局面。由于上文提到的预防措施，生产和服务部门陷入了停顿。新冠疫情引发的经济危机使得一些行业举步维艰，而另一些行业则在与需求过剩、重新安排流程等困难作斗争。这个疫情的时代改变了人们对生产技术使用的一些看法。在疫情之前，公司是在生产力、成本和风险的背景下作出战略决策的。然而，大多数公司并没有考虑到这种可能导致危及生命状况的风险。 396

准时制系统在正常情况下是有效的。从疫情的早期阶段开始，一些部门就面临着最初的需求冲击，这证明了供应链和库存管理的重要性。[1]正如准时制优缺点部分所提到的，供应链、存货和预测对于成功执行至关重要。在此基础上，本章将对那些最有可能使用准时制并受到疫情危机严重影响的部门进行观察。

新冠疫情严重影响了制造业。各国相互关闭边境，供应链受到巨大影响，需求的减少使得制造业陷入困境。由于经济衰退和采购延迟等宏观经济状况，需求将会下降。[2]由于各国实施的预防措施和宵禁，工厂暂时关闭了部分设施。制造业承担了准时制产生的所有负面影响。

零售业也受到新冠疫情的早期影响。在分析新冠疫情的影响时，最好将零售业分为两部分：必需品零售商（食品、医疗保健、杂货）和非必需品零售商。必需品零售商在面临供应链管理和存货管理等

1　Hobbs, J. E. (2020). Food supply chains during the COVID-19 pandemic. *Canadian Journal of Agricultural Economics*, 68, pp. 171-176.

2　Baldwin, R., & Weder di Mauro, B. (2020). *Economics in the time of COVID-19*. London: CEPR Press.

挑战的同时，也面临着需求过剩的问题。另一方面，非必需品零售商则面临需求减少的问题。[1] 在这样一个时期，预测需求似乎是不可能的。电子商务零售业也面临着存货管理和供应链问题。

最近的研究表明，由于供应链问题以及风险和需求的变化，企业生产存在问题。[2] 在新冠疫情大规模流行期间，准时制系统面临着重大问题，而这些工具使其在正常情况下成为一个有效的系统。新冠疫情将给系统的运作带来重大变化。

在新冠疫情期间，准时制系统似乎只有不利的一面。考虑到准时制在这个时期的优势和劣势，应该把企业分成两个部分：必需品行业的公司和其他公司。众所周知，在战争、疫情和自然灾害期间，人们倾向于满足自己的基本需求。在这种情况下，在宵禁和社交缺

1　Roggeveen, A. L., & Sethuraman, R. (2020). How the COVID-19 pandemic may change the world of retailing. *Journal of Retailing, Editorial Review.*

2　Ivanov, D. (2020). Predicting the impacts of epidemic outbreaks on global supply chains: A simulation-based analysis on the coronavirus outbreak (COVID-19/SARS-CoV-2) case. *Transportation Research Type E,* 136, pp. 1-14.

Mehrotra, S., Rahimian, H., Barah, M., Luo, F., & Schantz, K. (2020). A model of supply-chain decisions for resource sharing with an application to ventilator allocation to combat COVID-19. *Naval Research Logistics,* 67, pp. 303-320.

Baveja, A., Kapoor, A., & Melamed, B. (2020). Stopping Covid-19: A pandemic-management service value chain approach. *Annals of Operations Research,* 289(2), pp. 173-184.

Mann, C. L. (2020). Real and financial lenses to assess the economic consequences of COVID-19. In R. Baldwin & B. Weder di Mauro (Eds.), *Economics in the time of COVID-19* (pp. 81-85). London: CEPR Press.

Renzaho, A. (2020). The need for the right socio-economic and cultural fit in the COVID-19 response in Sub-Saharan Africa: Examining demographic, economic political, health, and socio-cultural differentials in COVID-19 morbidity and mortality. *International Journal of Enviromental Research and Public Health,* 17, pp. 1-14.

乏的期间，准时制可以被认为是非必需品部门公司的优势。因为在疫情的早期，几乎所有的公司都面临需求下降和供应链断裂的问题。使用准时制系统的公司不需要承担运费。它们必须承担的成本对所有公司来说都是共同的，所以它们在这种情况中占有优势。

397

另一方面，对于生活必需品行业的公司来说，准时制带来了很大的问题。由于食品和卫生等行业的高需求，企业面临着库存管理问题、交付问题和供应链问题，这些公司也一直在努力应对准时制系统的所有外部风险。

四、结论

准时制系统在世界范围内得到了广泛的应用。减少浪费和不必要的成本为公司提供了新的机会。准时制不仅是一个系统，也是一种哲学。虽然准时制提供了很多机会，但也是一个困难而且风险很大的程序。对于一个成功的准时制流程，公司需要拥有强大的供应链，作出准确的需求预测，并在整个公司实施该系统。在表18.1中，显示了准时制系统对不同行业在疫情之前、期间和之后是有利还是有害。

在新冠疫情大规模流行之前，准时制被认为是最有效的系统。而在大流行期间，公司一直面临着准时制的弊端。供应链问题、需求波动和宵禁严重打击了实施准时制系统的公司，尤其是生活必需品行业的公司。其他公司虽然拥有存货较少的优势，然而供应链问题也可能使它们陷入困境。

在疫情之后，公司会从不同的角度考虑准时制系统。公司将把它们的供应链转移到不同的地点，并使它们合作的公司多样化，以最大限度降低风险。创建一个本地供应链将是至关重要的。同时，为了应对需求风险的波动，精益生产也将发生变化。可以考虑将零库存的概念替换为足够的库存来满足突然的需求。因此，公司将承受更多存货成本。同时，由于社交大大减少，将需要进行更多的转移、运输到更多的地点，这将增加公司的成本。

表 18.1   疫情爆发之前、期间和之后准时制系统的优缺点

	行业	疫情之前	疫情期间	疫情之后
必需品	制造业	优势	劣势	劣势
	零售业	优势	劣势	劣势
	医疗保健行业	优势	劣势	劣势
非必需品	制造业	优势	优势	劣势
	零售业	优势	优势	劣势
	医疗保健行业	优势	优势	劣势

资料来源：作者编制

工业 4.0 技术进步在生产过程中占有更高的地位。在新冠疫情之后，更多的公司将渴望在诸如物联网和大数据等高科技进步方面进行投资，这可能是这场大流行对各行各业最重要的影响。为了减少来自人类的风险，更多的智能设施可以比预期更早地在世界各地使用，这可以为公司提供更有效的准时制系统。

从决策的战略成本会计角度来看，企业将为可能的紧急情况承担一些成本。减少浪费和消除不必要的成本将继续成为使用准时制系统的公司的主要目标。但是，存货管理将会发生改变，特别是对于那些生产必需品的公司。在大型疫情期间，流动性对于补偿暂时停止的交易非常重要。

第十九章

信息技术行业中会计价值关联性的调查：来自土耳其的证据

苏瓦伊普·多格斯·德米尔西　费亚兹·泽伦[*]

摘要：本章研究了信息技术行业中会计价值关系的存在。研究 403 中运用了奥尔森模型中的有效性，其中使用了 2006—2019 年的年度数据。分析中使用了 Kao 面板协整检验和 FMOLS（完全修正最小二乘法）面板协整估计方法。根据得到的结果，每股市值（MVPS）在长期内与每股利润（PPS）和每股账面价值（BVPS）都有关联。因此，当每股利润上涨 1% 时，股价就会上涨 1.51%。另一方面，每股账面价值上涨 1% 会导致股价也上涨 0.18%。因此，可以理解的是，对于股价来说，盈利能力比账面价值更重要。最后，事实证明，投资者可以在其投资决策中使用奥尔森模型。

关键词：会计价值关联性；信息技术行业；奥尔森模型；投资决策；面板协整检验

---

* 苏瓦伊普·多格斯·德米尔西，伊兹密尔卡蒂普·切莱比大学工商管理系，土耳其伊兹密尔。
E-mail:suayyipdogus.demirci@ikcu.edu.tr. 费亚兹·泽伦，亚洛瓦大学国际贸易与金融系，土耳其亚洛瓦。E-mail:feyyaz@yalova.edu.tr

一、简介

技术的快速发展，商业边界的消除，使大型资本集团能够在国家之间迅速流动。在如今所处的数字时代，需要几天和几周的过程可以在电脑上几分钟内完成。投资者有了快速购买/出售投资工具的自由。能够在资本市场上进行如此快速的交易，对于投资者获取信息来说也很重要。虽然他们可以获得他们将要投资的公司的财务信息，但各国之间存在不同的会计制度，这已成为不同国家的投资者难以投资的一个因素。为此，为了不妨碍资本市场的快速流通，《国际财务报告准则》已经开始被使用，信息不对称的情况已经被消除了。

随着这些技术的快速发展，会计也进入了一个电子化的转型过程。自20世纪90年代以来，当计算机开始在土耳其普及时，会计软件包开始被使用，所有的会计信息开始被保存在数字环境中。这种转变一直在加速进行，直到今天。许多会计和税务交易已经可以在网上快速进行。

随着上述的数字化运动，信息技术公司获得了重要的地位。创建会计和其他部门所需的软件和程序的信息技术公司随着技术的发展而增加，已经成为一个重要的部门。

所有运作的机构和组织都被要求定期与利益相关者分享它们的财务状况。这一要求可能是为了吸引银行的信贷，或者是为了获得新的股东并向现有的投资者展示情况。公司可以使用由会计信息产生的财务报表，与利益相关者分享它们的情况。通过财务报表，公司可以与公众分享其资产、债务、资本、收入-支出状况和现金流。同样，如果相关公司在股票市场上，股票市场的投资者在投资时也会考虑到公司分享的财务信息。出于这个原因，预计证券交易所的股票价格和披露的财务报表之间会有一定的关系。这种关系被称为"价值相关性"。

在这项研究中，信息技术行业的公司是当今数字技术最重要的供应商，这些公司的股票价值与它们在财务报表中说明的项目之间具有价值相关性。

二、会计和价值的相关性

在这部分研究中，我们将讨论会计信息系统的重要性、为提高会计产生的信息的质量和确保统一性而制定的《国际会计准则》，以及解释会计信息系统产生的信息与公司的市场价值之间关系的价值关系概念。

（一）会计信息系统

由于信息学领域的发展，技术引起了已知的企业管理和组织结构的变化。由于有了"治理"这一概念，公司开始成为基于信息的虚拟结构，而不是传统的组织结构。为了适应不断变化的市场条件并提供成本优势，公司不得不扩展它们的知识。这些信息中的很大一部分是由会计信息系统产生的。因此，会计系统受技术发展的影响最大。[1]

会计是一个信息系统，它产生的信息揭示了一个组织的资源从哪里获得，这些资源是如何使用的，组织的活动导致这些资源增

---

1 Yerli, A. N. (2007). Muhasebe Bilgi Sistemelrinin Risk Yönetimine Yönelik Bir Araştırma. *Muhasebe ve Denetime Bakış*, 7(23), pp. 15-33.

加或减少，以及组织的财务状况，并将这些信息传递给其利益相关者。[1] 会计信息系统通过与组织的内部和外部利益相关者进行更多的整合，存储所创建的信息并创建一个数据库来提高盈利能力。会计信息系统是企业的一个重要概念。它为管理层提供了关于管理人员决策阶段的许多问题的信息。会计信息系统结合了某些要素。获得依法应该准备的信息，向需要信息的人和机构提供可靠的财务信息，保护企业免受可能的风险，以及企业内外对会计信息的滥用，这些都可以说是会计信息系统的要素。[2] 对会计信息系统的操纵将影响所产生的信息的质量，并将影响投资者或决策者的决策，使他们以错误的方式使用相关信息。在这种情况下，它将对财务决策过程中的利益相关者的成功产生负面影响。[3]

　　会计信息系统最重要的功能之一是为投资者提供真实可靠的信息，并协助其进行决策。缺少可靠的信息会导致不对称信息。不对称信息（或信息不对称）是指信息在各方之间分配不均。对于利益相关者来说，作出属于公司的财务决策，有必要由公司提供关于公司的可靠的和有质量的信息。[4] 在资本市场上发行的股票和其他证券的定价是根据市场上与这些资产相关的信息共享量来决定的。例如，公司公布的盈亏信息会提高（降低）股票价格，没有在规定时间内分享的信息或以操纵方式进行的错误操作，会延迟股票价格的变动，

1　Sevilengül, O. (2016). *Genel Muhasebe (18. b.)*. Ankara: Gazi Kitabevi.

2　Gökdeniz, Ü. (2005). İşletmelerde Muhasebe Bilgi Sistemine Yaklaşım. *Muhasebe ve Finansman Dergisi*, 27, pp. 86-94.

3　Elitaş, B. L. (2013). Muhasebe Manipülasyonu ve Muhasebe Bilgi Kalitesine Etkisi. *Muhasebe ve Finansman Dergisi*, 58, pp. 41-54.

4　Özdemir, F. S. (2019). Finansal Raporlama Standartlarının Bilgi Asimetrisini Azaltıcı Rolüne Dair Teorik İnceleme. *Muhasebe Bilim Dünyası Dergisi*, 21(3), pp. 581-602.

使股票价格脱离其实际价值。[1]

　　会计信息系统旨在确保股票和其他投资工具的正确定价，并通过减少与不对称信息有关的问题来创造一个有效的市场。这样一来，经济领域中的资源浪费就会减少。防止经济领域的资源浪费，增加 406 系统参与者的信任，并将有助于系统的长期功能。[2] 由于信息对股票价格的影响，可以将其视为一种风险溢价。不正确、不完整和不可理解的信息将阻碍对影响投资决策的股票价格的准确定位。出于这个原因，会计信息系统准备的财务信息的质量对公司来说是非常重要的。会计信息系统的主要目标之一是保证提供高质量的信息，使利益相关者能够作出决策。[3]

　　会计系统产生的信息的质量由满足财务事项的水平来解释，如可理解、适当、可靠和可比较。通过编制具有特定要点的财务报表，可以确定公司的情况、预算编制和预测活动。因此，会计系统产生的信息的重要性与会计信息的质量有关。[4] 会计信息系统在会计登记系统的交易以及货币和信息转移和财务分析等活动中都高度使用信息技术。信息技术的发展和公司活动的透明度要求表明，有必要对会计系统和会计实践进行重组。

　　会计所产生的信息在决策过程中被广大量用户以各种理由广泛

1　Esen, M. F. (2015). Finansal Piyasalarda Bilgi Asimetrisi Kaynakları ve İçerideki Bilgi. *Uluslararası Sosyal Araştırmalar Dergisi The*, 8(40), pp. 700-707.

2　Demirel Arıcı, N., & Karğın, M. (2017). Muhasebe Bilgilerinin Kalitesini Etkileyen Faktörler Üzerine Bir Literatür İncelemesi. *Yönetim ve Ekonomi*, 24(1), pp. 215-232.

3　Demir, B. (2010). Muhasebe Bilgi Sistemlerinde Bilgi Kalitesi. *Muhasebe ve Finansman Dergisi*, 48, pp. 142-153.

4　Akkaya, B., & Aktaş, H. (2013). Muhasebe Bilgilerinin Değer İlişkisinde Firmalara Özgü Faktörlerin Etkisi. *Atatürk Üniversitesi İİBF Dergisi*, 17(3), pp. 313-326.

使用。出于这个原因，《国际财务报告准则》的制定和发布完全是为了提高所产生信息的质量。[1]

技术的发展和国家间贸易边界的消除，使世界成为一个巨大的国际市场。各国的货币和资本市场需要一种可以在国际市场上使用的通用会计语言，以吸引外国投资者到自己的国家，在国际市场上竞争，并使决策者准确和快速地决策。2005 年，在欧盟内建立了一种共同的会计语言，在欧盟资本市场交易的公司有义务执行《国际财务报告准则》/《国际会计准则》。自 2005 年以来，在土耳其资本市场交易的公司也使用《国际财务报告准则》/《国际会计准则》。这种共同语言的建立是为了产生适当和高质量的会计信息，并减少信息不对称。[2]

每个国家自己的会计规则和不同的财务报表都对投资者的决策产生了负面影响。因此，有必要编制一套统一、透明、可靠的财务报表，以便在国际范围内使用。这方面最重要的法规是《国际财务报告准则》。[3]

（二）《国际会计准则》

407　建立具有国际效力的统一会计准则的想法是在 20 世纪 60 年代出现的。1972 年在澳大利亚召开的第十届国际会计大会上，这个问题被提出来。国际会计准则委员会于 1973 年在伦敦成立，有九个国家（加拿大、法国、德国、日本、墨西哥、荷兰、英国、爱尔兰和美国）参

1　Karğın, M., & Demirel Arıcı, N. (2015). Muhasebe Bilgilerinin Kalitesini Ölçmeye Yönelik Bir Çalışma: Borsa İstanbul Örneği. *Muhasebe ve Finansman Dergisi*, 67, pp. 1-22.

2　Gücenme Gençoğlu, Ü., & Ertan, Y. (2012). Muhasebe Kalitesini Etkileyen Faktörler ve Türkiye'deki Durum. *Muhasebe ve Finansman Dergisi*, 53, pp. 1-24.

3　Kakilli Acaravcı, S. (2016). Finansal Oranlar ve Hisse Senedi Getirisi İlişkisi: Borsa İstanbul Üzerine Bir Araştırma. *Mustafa Kemal Üniversitesi Sosyal Bilimler Enstitüsü Dergisi*, 13(35), pp. 263-275.

加。该委员会的目的是确定编制财务报表所需的基本标准，以便与公众分享，并通过公开发布这些标准，提高全世界接受和考虑的可能性。[1]

在制定会计标准时，要考虑到各种标准。首先需要确定制定会计标准的委员会的法律地位。该委员会可以是一个公共机构、一个私营机构或一个属于公众的自治组织。国际会计准则委员会是一个由私营部门组织组成的委员会。此外，它采用普通法规则下的盎格鲁-撒克逊模式或罗马法规则下的欧洲大陆模式。国际会计准则委员会的结构更接近于盎格鲁-撒克逊模式。会计准则是简单的、灵活的、以原则为基础的、确定主要框架而不涉及细节的准则，还是以规则为基础的、详细确定所有会计过程的准则，这也是一个问题。编制的国际准则具有基于原则的准则特征。[2]

1982 年，国际会计准则委员会和国际会计师联合会就协调工作达成一致。所有作为国际会计师联合会成员的组织都被认为是国际会计准则委员会的成员。由于在实施方面没有义务，所以直到 20 世纪 80 年代后半期，它还不能发挥很大的作用。由于国际贸易的增加，标准开始变得重要起来。1993 年，国际会计准则委员会审查了 10 项标准，以符合国际证券委员会组织（IOSCO）的可比较性和改进项目的未来使用。1994 年，国际证券委员会组织宣布接受此标准的最终版本，并决定国际证券委员会组织成员在 1995 年使用国际会计准则委员会编制的标准。这一发展提高了《国际会计准则》的国际认可度。1998 年七国集团财政部长和中央银行行长发表声明，要求国际会计准则委员会在 1999 年初之前将准则制定完成，以加强国际金

1　Başpınar, A. (2004). Türkiye'de ve Dünyada Muhasebe Standartlarının Oluşumuna Genel Bir Bakış. *Maliye Dergisi*, 146, pp. 42-57.

2　Üstündağ, S. (2000). Muhasebe Standartları Oluşturulması Süreci. *Muhasebe ve Denetime Bakış*, pp. 31-57.

融体系。到 2000 年，国际会计准则委员会报告说，它已经完成了它所编制的标准，并决定使委员会的结构更加专业化。因此，该委员会在 2000 年被国际会计准则委员会取代，[1]所以虽然在此日期之前编制的准则被称为《国际会计准则》，但自此日期起发布的准则被称为《国际财务报告准则》。

2002 年，美国会计准则委员会和国际会计准则委员会签署了《诺沃克协议》，以协调会计准则，并在制定新准则时采取联合行动。同年，欧盟也规定包括金融机构在内的上市公司必须使用《国际会计准则》/《国际财务报告准则》。因此，会计准则的广泛使用已经开始。

会计准则在土耳其的使用也经历了某些阶段。1994 年，土耳其会计与审计准则委员会（TAASB）在土耳其注册会计师公会联盟的现场成立。该委员会的任务是制定会计标准。土耳其注册会计师公会联盟是国际会计师联合会的成员。国际会计师联合会的所有成员组织也被认为是国际会计准则委员会的成员。因此，土耳其注册会计师公会联盟是国际会计准则委员会的成员。由土耳其注册会计师公会联盟建立的土耳其会计与审计准则委员会的目的是建立符合国际会计准则委员会制定的《国际会计准则》的国家会计标准。1999 年颁布的法律规定，成立土耳其会计准则委员会（TASB），且赋予该机构制定准则的权力。该委员会作为一个由国家设立的自治机构运作。截至 2005 年，土耳其会计准则委员会已将《国际会计准则》/《国际财务报告准则》翻译成土耳其语，并开始以《土耳其会计准则》（TAS）/《土耳其财务报告准则》（TFRS）的名义发布。自

1　International Accounting Standart Board. (2020, May 20). *About the IASB*. https://www.IFRS.org/about-us/who-we-are/#history.

2011 年起，公共监督局代替土耳其会计准则委员会成立，准则的出版权移交给该机构，土耳其会计准则委员会被终止。

土耳其资本市场委员会于 2003 年 11 月 15 日首次实施《国际会计准则》，要求上市公司按照《国际会计准则》编制其财务报表，这已成为必要。根据相关规定，公司已于 2005 年 1 月 1 日开始适用《国际会计准则》/《国际财务报告准则》。随着 2011 年土耳其商法典的颁布，《土耳其会计准则》/《土耳其财务报告准则》已被纳入法律文本，截至 2013 年，所有有限公司和股份公司都有义务遵守。

财务报告准则是一套根据普遍接受的原则编制的准则。与各国拥有的国家规模的会计系统不同，财务报告准则不仅旨在以公平的方式报告构成财务报表的要素，而且还旨在满足财务报表用户所需的所有信息。出于这个原因，其对财务报表应该是什么以及应该怎样做感兴趣。关于这一主题的《土耳其会计准则》第 1 号已经发布，其名称为"财务报表的列报"，并解释了应如何创建财务报表。根据该标准，财务报表、综合收益表、权益变动表、现金流表和解释性脚注代表了一套完整的财务报表。[1] 它还将在国家标准法规中不属于强制性报表的权益变动表和现金流量表转变为强制性财务报表。国际标准旨在根据国家法规向利益相关者提供更详细和高质量的信息。在这方面，它还旨在将未列入财务报表的信息显示在脚注中。在编制会计准则时，考虑到了概念框架中所述的有用信息的定性特征。

概念框架将会计准则中应具备的定性特征分为基本定性特征和 409 支持性定性特征两类。基本定性特征被定义为基于需求的公平陈述。财务报告准则中的支持性定性特征是可比较性、可验证性、及时呈

1　Kamu Gözetim Kurumu. (2018b, May 24). *TMS 1 Finansal Tabloların Sunuluşu Standardı*. 30430 Sayılı Resmi Gazete.

现性和可理解性。[1]

在定性特征方面，当分析财务报告准则对不对称信息的影响时，可以看到信息不对称的减少与公平表述的基本定性特征之间存在着线性关系。提供不完整、不正确或故意不正确的公司信息将导致信息不对称。然而，财务报表的使用者无法理解信息的不对称性。因为用户认为公司提供的信息是真实的信息，并在决策过程中使用这些信息。为此，可以说，公平表述是减少不对称信息的最有效的基本品质。

随着会计准则在世界范围内的广泛使用，投资者获得可靠和透明的信息变得更加容易。它已经开始解释，与使用相关标准之前的时代相比，会计准则的使用和会计产生的信息与企业的股价之间的关系。它在有关的学术研究中支持这一理论。[2]

（三）会计价值的相关性

价值相关性的概念是学术界长期研究的课题。价值相关性的概念研究了股票市场价值和收益之间的关系，并与会计行业密切相关，因为投资者是根据会计所产生的信息来投资股票的。[3]

要投资资本市场工具的投资者难以预测股票价格的未来价值。

1　Kamu Gözetim Kurumu. (2018a, October 27). *Finansal Raporlamaya İlişkin Kavramsal Çerçeve (2018 Sürümü)*. 30578 Sayılı Resmi Gazete.

2　Uyar, U. (2017). Finansal Raporlama Standartları'nın Piyasa Değerini Açıklama Gücü Üzerine Etkisi: Borsa İstanbul Uygulaması. *Muhasebe ve Finansman Dergisi*, 73, pp. 69-92.

3　Beaver, W. H. (1968). The information content of annual earnings announcements. *Journal of Accounting Research*, 6(Empirical Research in Accounting: Selected Studies 1968), pp. 67-92.

学术界和投资者长期以来都在研究股票价格的估计。决定价格的因素之一是与公司有关的因素。在研究公司相关因素的过程中，财务信息和非财务信息是股票投资者在投资偏好中可以使用的信息。财务信息是由会计信息系统创造的重要衡量工具，供投资者作出投资决策。[1]

价值相关性的概念是一种试图将企业股价与财务报表中描述的会计指标联系起来的理论。[2]价值相关性同时检验了会计所产生的信息的有效性和可靠性。价值相关性表明，会计所产生的信息在公司估值中发挥着重要作用，并与公司的估值有显著的关系。

410

股价价值相关性指的是财务报表中共享的会计信息能够反映出股票投资者使用的信息的程度。[3]

价值相关性的测量有多种方法。根据资产负债表的方法，公司产生的会计信息和股票价值之间存在着相关性。在这种方法中，资产负债表中的资产和负债被用来作为解释变量。第二种方法是使用利润表。在这种方法中，利润项目和这些项目的变化被作为解释变量。第三种方法是奥尔森模型，它将会计信息作为一个线性函数。[4]

奥尔森模型是一个试图用收益、账面价值和每股收益来解释未

1　Özçelik, H. (2018). Muhasebe Bilgisi Değer İlişkisi: BİST Gıda İçecek Sektörü Üzerine Bir Araştırma. *MANAS Sosyal Araştırmalar Dergisi*, 7(4), pp. 127-137.

2　Güleç, Ö. F. (2017). Nakit Akışları ve Kazançların Değer İlişkisi: Borsa İstanbul Uygulaması. *Muhasebe Bilim Dünyası Dergisi*, 19(2), pp. 524-546.

3　Oral, İ. Ç., & Bekçi, İ. (2019). TFRS'nin Finansal Raporlara Etkisinin Değer İlgisi İle Tespiti: BİST İmalat Sanayi Sektöründe Bir Uygulama. *Süleyman Demirel Üniversitesi Vizyoner Dergisi*, 10 (23), pp. 99-107.

4　Kayalıdere, K. (2013). Hisse Senedi Piyasasında Muhasebe Bilgilerinin Rolü: İMKB-MaliSektör Üzerine Bir Uygulama. *İşletme Araştırmaları Dergisi*, 5(1), pp. 130-151.

来股票价值的模型。在该模型中，一些与价值相关的事件预计会在一定时期后反映在股票价值上。[1]这种方法将资产负债表和利润表一起使用，被称为混合模型或价格模型。这种方法的解释变量是资产负债表的账面价值和利润表的净利润项目。属于解释变量的系数估计值是正的，并且在统计上是显著的，这揭示了会计所产生的信息的重要性和价值关系。该模型的主要目的是将公司的市场价值与现代会计/信息变量联系起来。为了得出这个估值函数，该模型是基于一个参数化的顺序。所用的方法不仅提供了一个封闭式的估值函数，而且还提供了一个具体和完整的框架来处理价值和会计数据。虽然一些假设看起来相对受限，但事实证明，该模型的大部分基本特征在更普遍的条件下是有效的。随后的分析描述了各种会计结构与估值函数的特征之间的关系。在这种情况下，可以研究由价值而不是会计数据中的实际实现所反映出来的广泛问题。[2]

与价值相关性概念相关的测试是对价值相关性和可靠性的共同测量。要单独测量价值相关性和可靠性是很困难的。虽然会计价值相关性的存在表明了会计信息的相关性和可靠性，但也不能断定会计信息与股价之间没有关系或信息不可靠。[3]

在这项研究中，对根据伊斯坦布尔证券交易所信息指数中列出的公司公布的财务报表编制的每股账面价值和每股利润指标与4月

1　Ohlson, J. A. (1995). Earnings, book values and dividends in equity valuation. *Contemporary Accounting Research*, 11(2), pp. 661-687.

2　Ohlson, J. A. (1995). Earnings, book values and dividends in equity valuation. *Contemporary Accounting Research*, 11(2), pp. 661-687.

3　Barth, M. E., Beaver, W. H., & Landsman, W. R. (2001). The relevance of the value relevance literature for financial accounting standard setting: Another view. *Journal of Accounting and Economics*, 31(31), pp. 77-104.

底的股票价格之间的价值相关性进行了检验。研究的目的是揭示每股账面价值和每股利润的价格与其在股票市场的价格之间是否存在明显的关系，以及这种关系的方向。之后的几节主要考察了土耳其和外国文献中关于该主题的研究，然后解释了研究中使用的数据和计量经济学方法。最后一节描述了获得的实证结论。

三、文献综述

　　比弗 [1] 编写的文献是关于该主题最早的研究之一。这项研究是根据 1961—1965 年间在纽约证券交易所上市的 143 家公司发布的年度数据进行的。该研究考察了公司提供的信息是如何影响股票价格的。

　　鲍尔和布朗 [2] 得出的结论是，在 1957—1965 年间，年收入数字和公布的股票价格之间存在着关系，他们在研究中考察了活动报告、报告公布日期和公布日期后的股票活动。

　　阿米尔等人 [3] 在调查会计价值相关性的研究中调查了根据美国通用会计准则编制的财务报表中披露的数据与股价之间的关系。作为样本，他们研究了 1981—1991 年间 20 个国家的 101 家公司，并得出了存在价值关系的结论。

1　Beaver, W. H. (1968). The information content of annual earnings announcements. *Journal of Accounting Research,* 6(Empirical Research in Accounting: Selected Studies 1968), pp. 67-92.

2　Ball, R., & Brown, P. (1968). An empirical evaluation of accounting income numbers. *Journal of Accounting Research,* 6(2), pp. 159-178.

3　Amir, E., Harris, T. S., & Venuti, E. K. (1993). A comparison of the value-relevance of U.S. versus non-U.S. GAAP accounting measures using Form 20-F reconciliations. *Journal of Accounting Research,* 31(Studies on International Accounting), pp. 230-264.

奥尔森[1]在研究中解释了许多研究中使用的模型，他研究了公司的市场价值和公司的未来收益、账面价值和股息分配之间的关系。

洪[2]从对 21 个国家的工业公司 1991—1997 年间准备的财务信息的研究中得出结论，在股票保护程度低的国家，股票价值与权责发生制会计系统产生的信息之间存在着负相关。然而，他也指出，在股票保护力度大的国家，没有观察到这种负面关系。

马奎德和韦德曼[3]在研究中没有发现每股账面价值和股价之间的强烈关系，他们在研究中分析了财务报表和股价之间的价值相关性。

帕格莱蒂[4]研究了由于欧盟国家强制执行《国际财务报告准则》而编制的财务报告中股票市场价值之间的会计价值相关性的变化。他从对 2002—2007 年的 160 家意大利公司的研究中观察到随着《国际财务报告准则》的实施，会计价值相关性有所增加。

寇森尼迪斯等人[5]在研究中分析了 2003—2006 年间的 159 家希腊公司，研究了《国际财务报告准则》前后的会计价值关系。作为

---

1 Ohlson, J. A. (1995). Earnings, book values and dividends in equity valuation. *Contemporary Accounting Research*, 11(2), pp. 661-687.

2 Hung, M. (2001). Accounting standards and value relevance of financial statements: An interna tional analysis. *Journal of Accounting and Economics*, 30, pp. 401-420.

3 Marquardt, C. A., & Wiedman, C. I. (2004). The effect of earnings management on the value relevance of accounting information. *Journal of Business Finance & Accounting*, 31(3&4), pp. 297-332.

4 Paglietti, P. (2009). Investigating the effects of the EU mandatory adoption of IFRS on accounting quality: Evidence from Italy. *International Journal of Business and Management*, 4(12), pp. 3-18.

5 Kousenidis, D. V., Ladas, A. C., & Negakis, C. I. (2010). Value relevance of accounting information in the pre- and post-IFRS accounting periods. *European Research Studies*, XIII(1), pp. 145-154.

分析的结果，他们得出的结论是，在《国际财务报告准则》之后编制的财务报告在每股账面价值方面增强了价值相关性，但在每股利润方面没有发现变化。

查尔姆斯等人[1]在对澳大利亚证券交易所的公司进行的研究中得出结论，《国际财务报告准则》的统一增加了会计信息和股价之间的关系，在《国际财务报告准则》之前和之后（1990—2008 年之间），调查了会计价值相关性之间的关系。

布于克萨尔瓦次和乌亚尔[2]研究了 2004 年根据《土耳其会计准则》/《土耳其财务报告准则》编制的财务报表与国家会计制度之间的差异。该研究还考察了根据不同会计制度编制的财务报表的股票价格之间的关系。该研究的结论是，根据会计价值的相关性，两种 412 方法之间存在差异。

阿卡亚和阿克塔什[3]研究了 2005—2011 年间制造业上市公司的会计信息和股价之间的价值相关性。在研究中，他们得出结论，企业特有的因素在财务报表中具有不同的相对重要性。

谷坎和科什[4]在研究中考察了其他综合收入项目和市场价值之间

1　Chalmers, K., Clinch, G., & Godfrey, J. M. (2011). Changes in value relevance of accounting information upon IFRS adoption: Evidence from Australia. *Australian Journal of Management*, 36(2), pp. 151-173.

2　Büyükşalvarcı, A., & Uyar, S. (2012). Farklı Muhasebe Düzenlemelerine Göre Hazırlanan MaliTablolardan Elde Edilen Finansal Oranlar İle Şirketlerin Hisse Senedi Getirileri Ve Piyasa Değerleri Arasındaki İlişki. *Muhasebe ve Finansman Dergisi*, 53, pp. 25-48.

3　Akkaya, B., & Aktaş, H. (2013). Muhasebe Bilgilerinin Değer İlişkisinde Firmalara Özgü Faktörlerin Etkisi. *Atatürk Üniversitesi İİBF Dergisi*, 17(3), pp. 313-326.

4　Gürkan, S., & Köse, Y. (2013). Diğer Kapsamlı Gelir Kalemleri ile İşletmenin Piyasa Değeri Arasındaki İlişki. *Uluslararası İşletme ve Yönetim Dergisi*, 1(3), pp. 269-280.

的价值相关性，得出的结论是，如果对综合收入项目进行单独考察，其价值关系会更加强烈。

卡亚里德尔[1]分析了 2005—2011 年间金融机构公布的财务信息与股票价格之间的价值相关性。在对金融机构的研究中，得出的结论是，公司的会计权力掌握在拥有最高披露权限的银行中。

卡金[2]研究了 1998—2011 年间在证券交易所上市的公司的财务报告。在将相关时期划分为《国际财务报告准则》之前和之后的研究中，得出的结论是，在《国际财务报告准则》之后的时期，每股账面价值的会计价值相关性有所增强，而与《国际财务报告准则》之前相比，每股利润的价值相关性没有区别。

乌鲁散和阿塔[3]调查了 2009—2011 年上市公司根据《土耳其会计准则》/《土耳其财务报告准则》编制的财务措施的价值相关性，以及这种价值相关性是否造成公司之间的差异。研究结果表明，价值相关性因公司的特殊情况而不同，如公司是否为跨国企业、自由利润水平和综合收益报告。

维吉塔和尼玛拉塔桑[4]研究了斯里兰卡证券交易所中公司的价值相关性。他们得出结论，会计信息对股价有很强的影响，股价之间

1　Kayalıdere, K. (2013). Hisse Senedi Piyasasında Muhasebe Bilgilerinin Rolü: İMKB-MaliSektör Üzerine Bir Uygulama. *İşletme Araştırmaları Dergisi*, 5(1), pp. 130-151.

2　Karğın, S. (2013). The impact of IFRS on the value relevance of accounting information: Evidence from Turkish firms. *International Journal of Economics and Finance*, 5(4), pp. 71-80.

3　Ulusan, H., & Ata, H. A. (2014). UFRS Esaslı Muhasebe Ölçülerinin Değer İlgililiğinin Borsa İstanbul Pay Piyasası'nda Test Edilmesi. *Business and Economics Research Journal*, 5(2), pp. 61-78.

4　Vijitha, P., & Nimalathasan, B. (2014). Value relevance of accounting information and share price: A study of listed manufacturing companies in Sri Lanka. *Merit Research Journal of Business and Management*, 2(1), pp. 1-6.

有很强的相关性。

卡金和德米雷尔·阿勒奇[1]研究了 2005—2012 年间在土耳其伊斯坦布尔证券交易所运营的公司所准备的数据。在研究中，他们得出结论，会计产生的信息和股票市场价值可以在很大程度上得到解释（存在正值关系），并且在汇总的数据中，利润比账面价值更具决定性。

卡雅和厄兹图尔克[2]研究了 2000—2013 年期间在证券交易所上市的公司的会计利润和股票价格之间的关系。根据分析，他们得出结论，会计收益率和股价是协整的。

巴布卡多斯和瑞美[3]研究了在约翰内斯堡证券交易所交易并必须发布综合报告的公司的财务报告和股价之间的价值相关性。在研究中，他们得出结论，在发布综合报告后，总部的价值相关性大幅提高。

卡基里·阿卡拉夫奇[4]比较了上市公司根据《土耳其会计准则》/ 413
《土耳其财务报告准则》和当地会计法规编制的财务状况表之间的价值相关性，比较了 1996—2004 年和 2005—2014 年的 43 家证券交易所上市公司的情况。研究指出，根据《土耳其会计准则》/《土耳

1 Karğın, M., & Demirel Arıcı, N. (2015). Muhasebe Bilgilerinin Kalitesini Ölçmeye Yönelik Bir Çalışma: Borsa İstanbul Örneği. *Muhasebe ve Finansman Dergisi*, 67, pp. 1-22.

2 Kaya, A., & Öztürk, M. (2015). Muhasebe Kârlarıİle Hisse Senedi Fiyatları Arasındaki İlişki: BİST Firmaları Üzerine Bir Uygulama. *Muhasebe ve Finansman Dergisi*, 67, pp. 37-54.

3 Baboukardos, D., & Rimmel, G. (2016). Value relevance of accounting information under an integrated reporting approach: A research note. *Journal of Accounting and Public Policy*, 35, pp. 437-452.

4 Kakilli Acaravcı, S. (2016). Finansal Oranlar ve Hisse Senedi Getirisi İlişkisi: Borsa İstanbul Üzerine Bir Araştırma. *Mustafa Kemal Üniversitesi Sosyal Bilimler Enstitüsü Dergisi*, 13(35), pp. 263-275.

其财务报告准则》编制的财务报表能够解释股价，并给出更有力的
结果。

谷勒奇[1] 研究了 2006—2014 年间土耳其伊斯坦布尔证券交易所
中的 153 家企业。他分析了这些非金融企业在其生命周期阶段的收
益，以及它们在现金流报表中报告的信息之间的相对价值相关性。
虽然在收益生命周期曲线的所有阶段都确定了高价值关系，但结论
是投资活动的现金流表的价值关系最具解释力。

厄兹坎[2] 研究了 2000—2016 年间 108 家公司的《国际财务报告
准则》对无形资产的价值相关性。该研究得出结论，无形资产和股
价之间有很强的价值相关性。

乌亚尔[3] 分析了在 2005 年应用《土耳其会计准则》/《土耳其财务
报告准则》之前和之后，证券交易所 225 家上市公司产生的会计信
息质量。研究的结果是，根据会计准则编制的财务信息被认为对投
资者来说更可靠，而且这说明了 2005 年之后的定价要高于 2005 年
之前。

阿特[4] 研究了会计系统产生的信息质量与适应《国际财务报告准

1　Güleç, Ö. F. (2017). Nakit Akışları ve Kazançların Değer İlişkisi: Borsa İstanbul Uygulaması. *Muhasebe Bilim Dünyası Dergisi*, 19(2), pp. 524-546.

2　Özcan, A. (2017). Uluslararası Finansal Raporlama Standartlarına Göre Maddi Olmayan Duran Varlıkların Değer İlgililiğinin İncelenmesi: Borsa İstanbul'dan Bulgular. *Mustafa Kemal Üniversitesi Sosyal Bilimler Enstitüsü Dergisi*, 14(40), pp. 364-377.

3　Uyar, U. (2017). Finansal Raporlama Standartları'nın Piyasa Değerini Açıklama Gücü Üzerine Etkisi: Borsa İstanbul Uygulaması. *Muhasebe ve Finansman Dergisi*, 73, pp. 69-92.

4　Ateş, S. (2018). Uluslararası Finansal Raporlama Standartlarına Zorunlu Uyum, Ulusal Yapısal Faktörler ve Muhasebe Bilgilerinin Değer İlişkisi. *OPUS Uluslararası Toplum Araştırmaları Dergisi*, 9(16), pp. 1634-1659. https://doi.org/10.26466/opus.479275.

则》后的价值相关性之间的关系。在研究中，得出的结论是，在遵守《国际财务报告准则》的国家中，价值相关性会影响国家法律和税收法规的价值关系。

厄兹切利克[1]在研究中分析了 1997—2016 年间在证券交易所上市的食品和饮料行业经营公司公布的会计信息与股票价格之间的价值相关性。该研究得出的结论是，股价和会计信息之间存在价值相关性。

厄德米尔和翁奇[2]分析了 2010—2015 年间在土耳其伊斯坦布尔证券交易所上市的金属主业部门经营的公司的股票市场价值和会计产生的数据。研究的结果是，会计产生的信息可以解释 84% 的公司价值。

戈登和阿塔雷[3]在研究中对 2009—2016 年间在土耳其伊斯坦布尔证券交易所定期交易的 53 家企业的价值相关性进行了四种不同模型的研究。他们得出结论，根据奥尔森模型，存在价值相关性。在第二个模型中，他们分析了已经报告的无形固定资产，并注意到已经提到的无形固定资产的账面价值对市场价值的影响有限。在第三种方法中，未报告的无形资产被包括在分析中，他们表示，表外资产的价值相关性处于较高水平。净收益是有形资产和资产负债表上报告的第四种模式所形成的外部无形资产，由此得出的结论是在土 414

1　Özçelik, H. (2018). Muhasebe Bilgisi Değer İlişkisi: BİST Gıda İçecek Sektörü Üzerine Bir Araştırma. *MANAS Sosyal Araştırmalar Dergisi*, 7(4), pp. 127-137.

2　Özdemir, Ö., & Öncü, E. (2018). Muhasebe Verilerinin Firma Değerine Etkisi: Borsa İstanbul Metal Sektörü Üzerine Bir Uygulama. *Muhasebe ve Finansman Dergisi*, 78, pp. 125-138.

3　Gökten, S., & Atalay, B. (2019). Bilanço dışı varlıkların muhasebe bilgisinin değer ilgililiği üzerindeki etkisi: Türkiye'ye özgü bulgular. *Muhasebe ve Vergi Uygulamaları Dergisi*, 12(2), pp. 271-288.

耳其报告的会计数字的关系中存在更多的价值。

奥拉尔和贝克奇[1]研究了 2005 年开始应用《土耳其会计准则》/《土耳其财务报告准则》之前和之后的会计价值相关性。在这项研究中，对 2005 年之前的 6 年和 2005 年之后的 12 年的土耳其伊斯坦布尔证券交易所的 40 家制造业公司进行了面板数据分析。他们得出结论，财务信息和股票价格之间存在价值相关性。

厄图鲁尔[2]研究了 2009—2018 年间在土耳其伊斯坦布尔证券交易所上市的公司的无形资产的会计价值相关性。研究得出的结论是，无形资产具有商誉和商誉以外的无形资产的价值关系。在研究中，还考察了披露亏损的公司和披露盈利的公司之间是否有显著的差异，结果表明二者没有显著的差异。

在对这些研究进行分析时，虽然一些与价值相关性有关的研究是针对在整个股票市场上市的公司，但一般对经营制造业或贸易的公司也进行了检查。在一些研究中，提到了金融机构的价值相关性。在所考察的研究中，没有发现与信息技术商业相关的直接研究。这也是本章区别于其他研究的部分，使其具有独创性。此外，在对这些研究进行分析时，得出的结论是：在会计准则开始使用后，会计价值相关性对股价的披露力度增强了。在这项研究中，由于考虑的是 2006 年的数据，所以使用的所有数据都是根据会计准则编制的数据进行的。

1　Oral, İ. Ç., & Bekçi, İ. (2019). TFRS'nin Finansal Raporlara Etkisinin Değer İlgisi İle Tespiti: BİST İmalat Sanayi Sektöründe Bir Uygulama. *Süleyman Demirel Üniversitesi Vizyoner Dergisi*, 10 (23), pp. 99-107.

2　Ertuğrul, M. (2020). Maddi Olmayan Duran Varlıkların Değer İlişkisi. *Muhasebe ve Denetime Bakış*, 59, pp. 213-232.

四、数据和方法

这项研究对信息行业的公司的会计价值相关性进行了考察，使用了2006—2019年的年度数据。按照如卡亚里德尔、[1]卡金和德米雷尔·阿勒奇、[2]乌亚尔[3]的研究，通过奥尔森模型检验了会计价值关系。在分析过程中使用了 Eviews 10.0 和 Gauss 10.0 程序。这些分析是通过以下的回归模型进行的。

$$MVPS_{it}=\alpha_0+\beta_1 PPS_{it}+\beta_2 BVPS_{it}+\varepsilon_{it} \qquad (19.1)$$

方程中的 MVPS 表示的是每股的市场价值。另一方面，PPS 表示每股净利润，BVPS 表示每股账面价值。每股利润和每股账面价值的数值都是从伊斯坦布尔证券交易所和公开披露平台的官方网站上获得的。根据这个模型，本章遵循了如卡亚里德尔、[4]乌鲁散和阿塔、[5]卡金和德米雷尔·阿勒奇[6]的研究。企业的净利润和账面价值来自12月31日的资产负债表和利润表，而每股的市场价值则来自企业的财   415

1 Kayalıdere, K. (2013). Hisse Senedi Piyasasında Muhasebe Bilgilerinin Rolü: İMKB-MaliSektör Üzerine Bir Uygulama. *İşletme Araştırmaları Dergisi*, 5(1), pp. 130-151.

2 Karğın, M., & Demirel Arıcı, N. (2015). Muhasebe Bilgilerinin Kalitesini Ölçmeye Yönelik Bir Çalışma: Borsa İstanbul Örneği. *Muhasebe ve Finansman Dergisi*, 67, pp. 1-22.

3 Uyar, U. (2017). Finansal Raporlama Standartları'nın Piyasa Değerini Açıklama Gücü Üzerine Etkisi: Borsa İstanbul Uygulaması. *Muhasebe ve Finansman Dergisi*, 73, pp. 69-92.

4 Kayalıdere, K. (2013). Hisse Senedi Piyasasında Muhasebe Bilgilerinin Rolü: İMKB-MaliSektör Üzerine Bir Uygulama. *İşletme Araştırmaları Dergisi*, 5(1), pp. 130-151.

5 Ulusan, H., & Ata, H. A. (2014). UFRS Esaslı Muhasebe Ölçülerinin Değer İlgililiğinin Borsa İstanbul Pay Piyasası'nda Test Edilmesi. *Business and Economics Research Journal*, 5(2), pp. 61-78.

6 Karğın, M., & Demirel Arıcı, N. (2015). Muhasebe Bilgilerinin Kalitesini Ölçmeye Yönelik Bir Çalışma: Borsa İstanbul Örneği. *Muhasebe ve Finansman Dergisi*, 67, pp. 1-22.

务状况。正如奥尔森[1]在研究中所建议的，每股价值被用来建立一个模型以避免方差的变化问题。

这项研究是通过面板数据分析来考察每股利润和每股账面价值对每股市值的影响的。据此，又考察了 Kao 面板协整检验[2]和 DOLS 面板协整估计方法之间的长期关系。

Kao 面板协整检验[3]检验了零假设"面板中不存在协整关系"。Kao 建议使用基于 DF 和 ADF 的单位根检验来检验这一假设。首先，从固定效应模型的估计中获得残差用于 DF 检验。Kao 面板协整检验[4]使用了如下的回归模型。

$$Y_{it}=X'_{it}\beta+Z'_{it}y+u_{it} \tag{19.2}$$

这里，Y_{it} 和 X_{it} 是一阶平稳的，而 Z_{it} 是单位效应。在组内转换后，Z_{it} 从模型中跌落。在转化过程中，从固定效应模型的估计中得到的残差被表示为：

$$\hat{u}_{it}=\rho\hat{u}_{it-1}+e_{it} \tag{19.3}$$

ρ' 和 t 统计量的估计方法如下：

$$\hat{\rho} = \frac{\sum_{i=1}^{N}\sum_{t=2}^{T}\hat{e}_{i,t}\hat{e}_{i,t-1}}{\sum_{i=1}^{N}\sum_{t=2}^{T}\hat{e}_{i,t-1}^2} \tag{19.4}$$

1　Ohlson, J. A. (1995). Earnings, book values and dividends in equity valuation. *Contemporary Accounting Research*, 11(2), pp. 661-687.

2　Kao, C. (1999). Spurious regression and residual-based tests for cointegration in panel data. *Journal of Econometrics*, 90(1), pp. 1-44.

3　Kao, C. (1999). Spurious regression and residual-based tests for cointegration in panel data. *Journal of Econometrics*, 90(1), pp. 1-44.

4　Kao, C. (1999). Spurious regression and residual-based tests for cointegration in panel data. *Journal of Econometrics*, 90(1), pp. 1-44.

ρ=1 的 t 统计量：

$$t_p = \frac{(\hat{\rho}-1)\sqrt{\sum_{i=1}^{N}\sum_{t=2}^{T}\hat{e}_{i,t-2}^2}}{S_e}$$

$$S_e = \left(\frac{1}{NT}\right)\sum_{i=1}^{N}\sum_{t=2}^{T}(\hat{e}_{i,t} - \hat{\rho}\hat{e}_{i,t-1})^2 \qquad (19.5)$$

五、实证研究结果

在面板数据分析中，需要进行一些初步检验，以确定在研究过程中哪种方法是合适的，如协整性、因果关系和回归。在这种情况下，要进行的初步测试之一是调查横截面依赖性。

由布鲁什和佩根[1]开发的 CDLM 横截面依赖性检验，似乎是文献中在这一领域应用的第一个方法。当表 19.1 被检查时，根据通过这种方法得到的结果，可以看出每个面板都存在着横截面依赖性。然而，这些结果被佩萨朗等人[2]开发的修正的 CDLM 测试证明是不可靠的。布鲁什和佩根[3]认为，在个别平均数不同于零的情况下，CDLM 检验的结果将不可靠。通过在检验统计中加入方差和平均数，佩萨朗等人[4]进行了横截面依赖性的计算，得到了更可靠的结果。因此，当研究表 19.1 时，可以理解为根据 $CDLM_{ADJ}$ 检验，所有三个小组都没有横截面依赖性。在这种情况下，在以下阶段使用第一代方法将是合适的。

416

1　Breusch, T. S., & Pagan, A. R. (1980). The lagrange multiplier test and its applications to model specification in econometrics. *Review of Economic Studies*, 47(1), pp. 239-253.

2　Pesaran, M. H., Ullah, A., & Yamagata, T. (2008). A bias-adjusted LM test of error cross-section independence. *The Econometrics Journal*, 11, pp. 105-127.

3　Breusch, T. S., & Pagan, A. R. (1980). The lagrange multiplier test and its applications to model specification in econometrics. *Review of Economic Studies*, 47(1), pp. 239-253.

4　Pesaran, M. H., Ullah, A., & Yamagata, T. (2008). A bias-adjusted LM test of error cross-section independence. *The Econometrics Journal*, 11, pp. 105-127.

当对表 19.1 中的佩萨朗和雅玛戈塔 [1] 的研究中的斜率同质性检验结果进行检验时，可以了解到它在所有三个面板中都有一个异质性结构。对每股账面价值来说，该结论的可信度为 99%，对每股市值和每股利润面板来说，该结论的可信度为 95%。

研究的下一个阶段是确定面板的稳定性水平。表 19.2 列出了在这个方向上所作的分析。对于整个面板，考虑到异质性，使用了第一代面板单位根检验，即 IPS 面板单位根检验。[2] 根据得到的结果，可以理解为在所有三个面板中，在其水平上有一个单位根，并在第一差分取值后变得停滞不前。

根据得到的结果，研究的下一步将是检查面板之间的协整关系，如果检测到面板之间的长期关系，使用面板协整估计来确定这种关系的方向。因此，用第一代面板检验之一的 Kao 面板协整检验来处理面板之间的长期关系。分析的结果是，拒绝了每股市值是因变量的零假设和每股利润和每股账面价值作为自变量的模型，并接受了表明面板在长期内一起移动的替代假设。表 19.3 也列出了上述结论。

表 19.1　横截面依赖性和斜率同质性检验结果

	CDLM	T 值	$CDLM_{adj}$	T 值
横截面依赖性				
每股市值	110.763	0.009***	−1.170	0.879
每股利润	113.602	0.005***	−0.034	0.514
每股账面价值	115.944	0.003***	−1.850	0.968

1　Pesaran, M. H., & Yamagata, T. (2008). Testing slope homogeneity in large panels. *Journal of Econometrics*, 142(1), pp. 50-93.

2　Im, K. S., Pesaran, M. H., & Shin, Y. (2003). Testing for unit roots in heterogeneous panels. *Journal of Econometrics*, 115, pp. 53-74.

	△	T 值	△ adj	T 值
斜率同质性				
每股市值	2.061	0.02**	2.325	0.010**
每股利润	1.649	0.050**	1.860	0.031**
每股账面价值	2.771	0.003***	3.127	0.001***

注：*** 和 ** 分别表示 99% 和 95% 置信度的显著性。
资料来源：研究人员计算

表 19.2　IPS 面板单位根检验结果

417

变量	程度		一阶差分	
	检验统计量	T 值	检验统计量	T 值
每股市值	−6.46	0.99	−1.39	0.08*
每股利润	−0.91	0.18	−5.51	0.00***
每股账面价值	−0.45	0.32	−7.31	0.00***

注：***、** 和 * 分别表示 99%、95% 和 90% 置信度的显著性。
资料来源：研究人员计算

表 19.3　Kao 面板协整检验结果

检验统计量	T 值
3.4871	0.0002***

注：***、** 和 * 分别表示 99%、95% 和 90% 置信度的显著性。
资料来源：研究人员计算

表 19.4　FMOLS 面板协整估计的系数结果

因变量	自变量	系数	标准差	T 统计量	T 值
每股利润值	每股利润	1.51	0.77	1.95	0.05*
每股利润值	每股账面价值	0.18	0.09	1.95	0.05*

注：***、** 和 * 分别表示 99%、95% 和 90% 置信度的显著性。
资料来源：研究人员计算

在检测出面板之间存在的长期关系后，有必要确定这种关系的方向和系数。因此，本章采用了 FMOLS 方法，该方法可以纠正标准固定效应估计值的偏差（由自相关、方差等问题引起）。这种 FMOLS 方法，允许佩德罗尼检验的各个部分之间存在相当大的异质性，考虑到了常数项、误差项以及自变量差异之间可能存在的相关性。佩德罗尼[1]还研究了 FMOLS 方法在小样本中的影响力，并通过蒙特卡洛模拟计算出小样本中的 t 统计量，发现其性能良好。

根据表 19.4 的结果，两个自变量的系数都是正的，而且在统计上是显著的。因此，当每股利润上涨 1%，股价就会上涨 1.51%。另一方面，每股账面价值上涨 1% 会导致股价也上涨 0.18%。可以将此理解为盈利能力比账面价值更为重要。研究结果表明，企业每年 4 月公布的财务报表是股票投资的一个重要参数。因此，每股账面价值和每股利润的价值的积极发展为投资者提供了购买股票的信号。

六、结论

会计信息系统的目的是为财务报表的使用者提供有用的信息。所谓有用的信息是指用户可以帮助决定决策。各国都有自己的国家会计法规，这使得投资者很难获得有用的信息，造成信息不对称。从 2005 年开始实行的国家间会计准则的主要原因是通过减少这种信息不对称来为国际投资者提供有用的信息。当投资者要投资上市公司时，他们会审查财务报表中披露的信息。因为财务报表所公布的信息与证券交易所的股价之间存在着一种关系，这一点已经通过学术研究得到了证明。这种关系被称为"价值关系"。

1　Pedroni, P. (2000). Fully modified OLS for heterogeneous cointegrated panels. *Advances in Econometrics*, 15, pp. 93-130.

　　考虑到信息技术商业在当今数字世界的重要性，在以前的研究中，这个领域还没有被专门研究过。出于这个原因，在这项研究中，本章以年度为单位，研究了信息技术商业上市公司公布的财务报表与股价之间的关系，对2006—2019年的公司数据进行了研究。为了谈论会计价值关系，从奥尔森模型中得到的系数必须是正的和统计上有意义的。因此，作为用面板协整和面板协整估计方法进行分析的结果，已经确定在信息技术商业的公司中存在着会计价值关系。

　　当本章的实证结果与过去的文献研究进行比较时，可以发现有一些结果与以前的研究相重叠。本章得出的结论与如查尔姆斯等人、[1]卡亚里德尔、[2]维吉塔和尼玛拉塔桑、[3]卡金和德米雷尔·阿勒奇、[4]卡雅和厄兹图尔克、[5]谷勒奇、[6]厄兹切利克、[7]厄德米尔和翁奇[8]的研究中

1　Chalmers, K., Clinch, G., & Godfrey, J. M. (2011). Changes in value relevance of accounting information upon IFRS adoption: Evidence from Australia. *Australian Journal of Management*, 36(2), pp. 151-173.

2　Kayalıdere, K. (2013). Hisse Senedi Piyasasında Muhasebe Bilgilerinin Rolü: İMKB-MaliSektör Üzerine Bir Uygulama. *İşletme Araştırmaları Dergisi*, 5(1), pp. 130-151.

3　Vijitha, P., & Nimalathasan, B. (2014). Value relevance of accounting information and share price: A study of listed manufacturing companies in Sri Lanka. *Merit Research Journal of Business and Management*, 2(1), pp. 1-6.

4　Karğın, M., & Demirel Arıcı, N. (2015). Muhasebe Bilgilerinin Kalitesini Ölçmeye Yönelik Bir Çalışma: Borsa İstanbul Örneği. *Muhasebe ve Finansman Dergisi*, 67, pp. 1-22.

5　Kaya, A., & Öztürk, M. (2015). Muhasebe Kârlarıİle Hisse Senedi Fiyatları Arasındaki İlişki: BİST Firmaları Üzerine Bir Uygulama. *Muhasebe ve Finansman Dergisi*, 67, pp. 37-54.

6　Güleç, Ö. F. (2017). Nakit Akışları ve Kazançların Değer İlişkisi: Borsa İstanbul Uygulaması. *Muhasebe Bilim Dünyası Dergisi*, 19(2), pp. 524-546.

7　Özçelik, H. (2018). Muhasebe Bilgisi Değer İlişkisi: BİST Gıda İçecek Sektörü Üzerine Bir Araştırma. *MANAS Sosyal Araştırmalar Dergisi*, 7(4), pp. 127-137.

8　Özdemir, Ö., & Öncü, E. (2018). Muhasebe Verilerinin Firma Değerine Etkisi: Borsa İstanbul Metal Sektörü Üzerine Bir Uygulama. *Muhasebe ve Finansman Dergisi*, 78, pp. 125-138.

详细描述的结论类似。该研究还得出了支持奥尔森模型的结果的结论，并由此得到了应用模型。

由于研究中使用的数据集始于 2006 年，因此无法比较如帕格莱蒂、[1] 寇森尼迪斯等人、[2] 布于克萨尔瓦次和乌亚尔、[3] 卡金、[4] 卡基里·阿卡拉夫奇、[5] 乌亚尔[6]的研究中会计准则执行前后的情况。未来可以对未检验价值关系的行业的数据进行新的研究。此外，2005 年以前的数据可以用于研究《国际财务报告准则》在多大程度上强化了价值关系。

1   Paglietti, P. (2009). Investigating the effects of the EU mandatory adoption of IFRS on accounting quality: Evidence from Italy. *International Journal of Business and Management*, 4(12), pp. 3-18.

2   Kousenidis, D. V., Ladas, A. C., & Negakis, C. I. (2010). Value relevance of accounting information in the pre- and post-IFRS accounting periods. *European Research Studies*, XIII(1), pp. 145-154.

3   Büyükşalvarcı, A., & Uyar, S. (2012). Farklı Muhasebe Düzenlemelerine Göre Hazırlanan MaliTablolardan Elde Edilen Finansal Oranlar İle Şirketlerin Hisse Senedi Getirileri Ve Piyasa Değerleri Arasındaki İlişki. *Muhasebe ve Finansman Dergisi*, 53, pp. 25-48.

4   Karğın, S. (2013). The impact of IFRS on the value relevance of accounting information: Evidence from Turkish firms. *International Journal of Economics and Finance*, 5(4), pp. 71-80.

5   Kakilli Acaravcı, S. (2016). Finansal Oranlar ve Hisse Senedi Getirisi İlişkisi: Borsa İstanbul Üzerine Bir Araştırma. *Mustafa Kemal Üniversitesi Sosyal Bilimler Enstitüsü Dergisi*, 13(35), pp. 263-275.

6   Uyar, U. (2017). Finansal Raporlama Standartları'nın Piyasa Değerini Açıklama Gücü Üzerine Etkisi: Borsa İstanbul Uygulaması. *Muhasebe ve Finansman Dergisi*, 73, pp. 69-92.

索 引

（索引页码为原书页码，即本书边码）

图书在版编目 (CIP) 数据

数字时代审计生态系统与战略会计：全球方法与新机遇 / (土) 塔梅尔·阿克索伊, (土) 乌米特·哈西奥卢主编；郑国洪等译. — 北京：商务印书馆，2024
（国家金融安全与风险治理译丛）
ISBN 978-7-100-23569-3

Ⅰ.①数… Ⅱ.①塔… ②乌… ③郑… Ⅲ.①审计—数字化—研究②企业管理—会计信息—数字化—研究 Ⅳ.① F239.1-39 ② F275.2-39

中国国家版本馆 CIP 数据核字（2024）第 062305 号

国家金融安全与风险治理译丛
数字时代审计生态系统与战略会计
全球方法与新机遇

〔土〕 塔梅尔·阿克索伊
　　　 乌米特·哈西奥卢 主编

郑国洪 郑一玮 何秋霓 肖忠意 译

商 务 印 书 馆 出 版
（北京王府井大街 36 号　邮政编码 100710）
商 务 印 书 馆 发 行
南京新洲印刷有限公司印刷
ISBN 978-7-100-23569-3

2024 年 8 月第 1 版　　开本 890×1240 1/32
2024 年 8 月第 1 次印刷　　印张 18½
定价：98.00 元